古代歷史文化研究輯刊

十五編

王明蓀 主編

第20冊

箸史

徐華龍 著

國家圖書館出版品預行編目資料

箸史／徐華龍 著 — 初版 — 新北市：花木蘭文化出版社，
2016〔民105〕
序 14+ 目 4+328 面；19×26 公分
（古代歷史文化研究輯刊 十五編；第 20 冊）
ISBN 978-986-404-617-1（精裝）
1. 筷子 2. 文化研究
618   105002227

古代歷史文化研究輯刊
十五編　第二十冊   ISBN：978-986-404-617-1

箸史

作　　　者	徐華龍	
主　　　編	王明蓀	
總 編 輯	杜潔祥	
副總編輯	楊嘉樂	
編　　　輯	許郁翎	
出　　　版	花木蘭文化出版社	
社　　　長	高小娟	
聯絡地址	235 新北市中和區中安街七二號十三樓	
	電話：02-2923-1455 ／傳真：02-2923-1452	
網　　　址	http://www.huamulan.tw 信箱 hml810518@gmail.com	
印　　　刷	普羅文化出版廣告事業	
初　　　版	2016 年 3 月	
全書字數	250673 字	
定　　　價	十五編 23 冊（精裝）台幣 45,000 元	

版權所有・請勿翻印

箸 史

徐華龍 著

作者簡介

徐華龍，1948 年 9 月生，筆名有文彥生、曉園客、林新乃等，上海文藝出版社編審。上海筷箸文化促進會會長、中國東方文化研究會理事、中國少數民族文學會理事、上海非物質文化遺產保護中心評審專家、上海大學碩士生導師、中國盤古文化專業委員會名譽主任等。

學術專著：《國風與民俗研究》、《中國歌謠心理學》、《中國神話文化》、《中國鬼文化》、《泛民俗學》、《上海服裝文化史》、《鬼學》、《山與山神》、《非物質文化遺產與民俗》、《鬼》、《中國民國服裝文化史》、《中國民間故事及其技巧研究》等。主編著作：《鬼學全書》、《中國鬼文化大辭典》、《上海風俗》、《中國民間信仰口袋書》等。

《中國神話文化》獲 2001 年首屆中國民間文學山花獎學術著作二等獎。《中國歌謠心理學》獲首屆全國通俗文藝優秀作品「皖廣絲綢杯」論著三等獎。《泛民俗學》獲 2004 年「第五屆中國民間文藝山花獎・第二屆學術著作獎」三等獎。《鬼學》獲 2009 年「中國民間文藝山花獎・第三屆學術著作獎」入圍獎。

《中國鬼文化》和《中國鬼話》被日本青土社購得版權，被翻譯成為日語後，在日本出版發行。

提　　要

筷子是人類飲食史上一個的偉大的發明，也是中國人的文化標誌之一。筷子之前曾經有過各種名稱，其中箸的稱謂最流行。箸的出現，與中國人的飲食習慣有密切的關係，流行了千百年之後，直到民清時期，才慢慢演變成為「筷子」一詞，並逐漸被人們所接受。製作筷子的材質很多，大都為就地取材的木頭或者竹子，隨之社會的進步發展，又有了象牙筷、青銅筷、玉筷、銅筷、鐵筷、漆筷，乃至銀筷、金筷、犀角筷等。另外，筷子附著了大量的中國的傳統文化與歷史文明，是研究中國文化的必不可少的一部分。

本書從古代典籍裏梳理、整理出各種筷箸文化史料，從縱的歷史角度來研究箸的發展及其文化演變，有利於人們更好的瞭解中國箸的發展歷程。

代序：筷子文化與家庭教育

筷子是一日三餐都要使用的工具，也是家庭教育的重要道具；其不僅表示在筷子本身的訓練、使用方面，而且還體現出中國傳統文化的傳播與繼承。

第一節　筷子的民間創作對家教的影響

大家知道，傳統的文學作品，有積極的教育作用。在民間故事、歌謠、諺語、謎語等題材中，筷子也是其描述的對象之一。雖然這樣的作品未必很多，但通過這種筷子的敘述與歌詠，傳導了中國古老的思想與文明。

一、諺　語

源於生活的諺語是十分典型的生活經驗的總結，關於筷子的諺語，不是很多，卻非常精準地反映了筷子與家教的關係。胡祖德《滬諺》：「筷頭上出忤逆，棒頭上出孝子。」隨後，就說這是「言生子當教之以義方，不可一味溺愛也。」〔註1〕

所謂滬諺，就是上海地區的諺語，是從生活中提煉出來的哲理性的語言，短小精幹，準確反映事物的本質。如果說「棒頭上出孝子」，雖然也許是正確舉動，畢竟對孩子來說過於嚴苛，而「筷頭上出忤逆」卻道出了生活的真諦。

「筷敲鼓，一世苦」是民間諺語，流傳於江浙地區，這是教育大家特別是孩子的一句久遠的關於筷子的諺語，不能用筷子作為鼓槌來打擊其它東

〔註 1〕《滬諺》第 104 頁，上海古籍出版社 1989 年版。

西，否則的話，會一生一世都非常窮苦。爲什麼不能用筷子來敲擊其它東西，這是一種不文明的表現，再說，中國人講究吃有吃相，其骨子裏體現的是一種人的尊嚴，不能急吼吼地叫來飯吃。而用筷子來敲擊，就是一種討飯的行爲，這是絕對要禁止的，父母在教育孩子的時候，嚴禁這種出現這樣的舉動。

二、成 語

在成語裏，也有與筷子相關的語彙，叫持箸喂食。這個成語說的是，邢渠持箸喂食其父的故事。

漢・《邢渠哺父圖》畫像石
中間跪著左手握箸哺父

《太平御覽》卷四百一十一引蕭廣濟《孝子傳》云：「邢渠失母，與父仲居。性至孝，貧無子，傭以給父。父老齒落不能食，渠常自哺之，專專然，代其喘息。仲遂康休，齒落更生，百餘歲乃卒也。」

山東省嘉祥縣南武宅山的武氏祠裏，有武氏家族墓葬的雙闕三個東漢石祠畫像石，其中就有邢渠持箸喂食其父的圖案。武氏祠畫像中有歷史上的聖賢人物有伏羲、女媧、祝融、神農、黃帝等，有忠勇故事，如荊軻刺秦王、聶政刺韓王等，有表現節婦烈女的故事，還有表現孝子的故事，邢渠哺父就在其列。

邢渠哺父，即持箸喂食，表現的是一個孝子的形象，而其最有特徵的舉動，就是邢渠拿著筷子來侍奉父親。其在失去母親之後，與父親一起居住，親自照料父親的飲食起居。父親牙齒掉落，邢渠就咬嚼之後進行喂食，如此這樣，細心的照顧，父親逐漸康復，牙齒也長出來了，百歲才去世。

由此可見，邢渠作爲一個孝子，完全是一個社會的楷模，因此成爲封建

社會到處宣傳的一個孝文化的典型。

持箸喂食，是一個傳統的侍奉老人的故事，之所以被廣泛流傳接受，就在於是通過口耳相傳到文字記錄的全過程，是目的就是教育子女要盡孝，宣傳服侍父母的傳統家庭倫理。

三、歌　謠

讓人知道製作筷子的方法，也是家教的一個方面。上海過去有一種竹筷，是用水磨毛竹製作而成，因此在胡祖德《滬諺外編》就有了歌謠，叫《賣水磨筷》：「鐵尺磨繡針，只要功夫深。水磨毛竹製爲筷，一竹可劈幾千根。竹筷似比牙筷好，一樣是筷價公道。況且牙筷須配銀鑲杯，隨便用用竹筷好。」〔註2〕

這首歌謠告訴人們兩個道理：一是水磨筷子的來歷，二是竹筷要比牙筷（即象牙筷）好。前者說的是，竹筷製作也是不容易的，需要有「鐵尺磨繡針」的精神，才能製成好的竹筷。後者是說，竹筷比象牙筷還要好的意思。第一層意思在於竹筷沒有象牙筷那麼嬌貴，容易折斷、損壞；第二層意思是竹筷價格便宜；第三層意思是竹筷使用很隨和，不需要高檔的碗盆酒杯加以配套，一般家庭都可以來「隨便用用」。這裏，傳達一個最基本的信息，就是勤儉節約的治家理念可以在竹筷上得以表現。

四、民間故事

20世紀50年代小學課本裏有《一把筷子的故事》，父親先給兄弟每人一根筷子，讓他們折，一下子都能夠將其折斷，然後有拿出一把筷子，他們均無法將這把筷子折斷，說明了兄弟之間團結的重要性。

此故事源於宋代司馬光《家範》卷一《治家》中的「單箭易折，眾箭難斷」的記載：吐谷渾阿豺有子二十人，病且死，謂曰：「汝等各奉吾一支箭，將玩之。」俄而命母弟慕利延曰：「汝取一支箭折之。」慕利延折之。又曰：「汝取十九支箭折之。」慕利延不能折。阿豺曰：「汝曹知否？單者易折，眾者難摧。戮力一心，然後社稷可固。」言終而死。

隨後，司馬光有一番感慨：彼戎狄也，猶知宗族相保以爲強，況華夏乎？

〔註2〕《滬諺外編》第186頁，上海古籍出版社1989年版。

聖人知一族不足以獨立也，故又爲之甥舅、婚媾、姻婭以輔之。猶懼其未也，故又愛養百姓以衛之。故愛親者，所以愛其身也；愛民者，所以愛其親也。如是則其身安若泰山，壽如箕翼，他人安得而侮之哉！故自古聖賢，未有不先親其九族，然後能施及他人者也。彼愚者則不然，棄其九族，遠其兄弟，欲以專利其身。殊不知身既孤，人斯戕之矣，於利何有哉？〔註3〕

這個典故又叫「阿豺折箭」，比喻團結就是力量。《一把筷子的故事》很可能脫胎於吐谷渾的者箭的故事。

吐谷渾，是中國古代西北民族及其所建國名，本爲遼東鮮卑慕容部的一支，是游牧爲生的民族，箭矢就成爲他們主要武器，因此用箭來教育兒子，是很確確當的。對於漢人來說，箭矢就顯得很陌生，改爲筷子就十分自然，同時也能夠達到教育的目的。

家教除了用實際行動來進行教育之外，民間故事的潛移默化也是重要的一個反面。

在上海西部有個七寶鎮，爲什麼叫七寶，是因爲有七寶的存在而聞名，其中一寶就是玉筷。這則玉筷的傳說。

相傳古時候，有個皇帝賜給一吳姓的功臣一雙玉筷，這雙玉筷非常神奇，能驅除五毒，又能作劍劈邪。那功臣回到故鄉七寶後，晚上一直輾轉反側，想不出該把玉筷藏於何處，迷迷糊糊間夢到一位僊人前來指點，給他講了要獨善其身先須兼濟天下的道理，功臣聞言，茅塞頓開，天一亮就將玉筷放在家鄉七寶鎮的橋下，借助它扶正祛邪的法力來保祐一方平安。果然，此後，爲官七寶的仕人們大多廉政愛民、兩袖清風，七寶人民也因此安居樂業。玉筷的故事雖然只是流傳於民間的一種傳說，但它從一個側面反映了七寶人民憎恨邪惡、渴望正義的強烈心聲。

這裏，傳播的不僅僅是玉筷的來歷，更有道德、思想方面的教育。眾所週知，民間故事是家庭教育的形象作品，體現了中國人一貫的傳統教育方法及其思想，對孩子來說，民間故事更是受到他們喜歡的藝術讀本。

五、笑　話

笑話，是指以一個短小故事讓人覺得好笑。這種好笑的基本原理，是違背正常的行爲或許思維，因此產生一種幽默感，一般而言會反映一定的思想

〔註3〕司馬光《家範》卷一《治家》。

意義。

《笑林廣記‧閨風部》有一則故事：妻子病了，丈夫問她：「想吃點啥？」妻子回答說：「除非是鮮肉餛飩，還想吃一兩個。」丈夫就為她做了一大盆，想和妻子一同分享。沒想到等他剛剛拿筷子回來，妻子已經用手抓著吃完了，只剩下一個在盤子裏面。丈夫奇怪了就問：「為什麼不把這個一起吃掉？」妻子皺著眉頭說：「我如果吃得下這個，就不會生這病了。」〔註4〕

此雖是一則笑話，其實際意義在於極大地諷刺了那些言不由衷的人。其中有兩個笑點構成基本要素，一是妻子用手將餛飩幾乎完全吃掉；二是剩下一個餛飩的理由，由於妻子生病的原因。這兩個理由，看上去有合理的解釋，卻都站不腳。

撇開第二個笑點不論，其第一個笑點是用手抓吃餛飩，對於中國人來說，違背常理，不合符中國人吃飯用筷子的生活基本原則。

在這個笑話裏，不用筷子來進食，肯定與家教不無關係，因此，將這種人物來作為諷刺的對象，是符合邏輯的。

第二節 筷子文化對人們生活的影響

一、筷子使用從小就開始教育

1、家庭教育

家裏的小孩子一開始並不會用筷子，而是在家長教育下，他們才慢慢地知道如何來使用筷子，如何用筷子來夾取飯菜。

在上海西部，就餐用筷有六忌之說：一是忌半途筷，即將食品夾起然後再放下；二忌亂筷，即挑肥揀瘦，在菜碗裏亂翻亂攪；三忌窺筷，即手握筷子，目光盯住菜肴；四忌碎筷，即用嘴撕拉筷子上的食物；五忌簽筷，即將筷子當牙籤；六忌淚筷，夾起菜肴時滴湯不止。〔註5〕

這是松江一帶的筷子忌諱，其實在中國筷子的忌諱有很多，特別是南方

〔註4〕《笑林廣記‧閨風部》：一妻病，夫問曰：「想甚吃否？」妻曰：「除非好肉餛飩，想吃一二隻。」夫為治一盂，意欲與妻同享。方往取箸回，而妻已染指啖盡。止餘其一。夫曰：「何不並啖此枚？」妻攢眉曰：「我若吃得下此隻，不害這病了。」

〔註5〕歐粵《松江風俗》第127頁，百家出版社1991年版。

地區這種忌諱在民眾中流行更廣泛。所謂忌諱，因風俗習慣而對某些不吉利的語言或舉動有所顧忌。對於筷子忌諱來說，是對當地所有人而言的，必須要注意這樣的忌諱，爲此，就有以這些忌諱來教育孩子，使他們從小就知道筷子的忌諱，而在生活里保持高度的警覺，不得越雷池一步。

相反，如果不懂得用筷子規矩，會遭到家長以及社會的譴責，因此這種規矩是不能被破壞，一旦做不到，則：

在青浦，「當地人吃飯都使用筷子，所以小孩子長大到一定的時候，大人們就會教導他們使用筷子吃飯。對於小夥子們使用筷子的方式方法，通常都是大人們指導幾次後，具體的就由孩子們自己掌握。」〔註6〕

這種對孩子的筷子使用的教育方面，不僅做示範動作，往往還伴隨著傳統的文化意識，來加強這種正確筷子使用方法的傳播。

在這種傳統文化意識中，孩子拿筷子的方法上就可以判斷其未來的去向與婚姻的狀況。

雪米村的農民還會從孩子拿筷子的方法上，就可以判斷出這個孩子將來是否有出息。如果孩子在剛開始學用筷子的時候用手掌一把握住筷子，就被認爲長大以後不會很聰明。吃飯時，拿筷子的手總是握在筷子的末梢，人們就會認爲他長大以後喜歡出遠門。還有一種說法，將來他娶的妻子很可能是離開這裏很遠的人，如果是女孩子則會嫁到很遠的地方去。假如拿筷子的手常常握在筷子的下端，則表示他的婚姻在當地就能夠完成。〔註7〕

在這些習俗中，除了一把握筷之外，其它拿在筷子的上端還是下端，都預示著孩子未來離家的遠近。從拿筷子的方法中就可以判斷孩子的未來，實屬荒謬，沒有一點科學依據，然而人們千百年來信奉這種原則，不是沒有深刻的思想原因的。這是小農經濟社會的束縛所導致的傳統。「父母在不遠行」這是人生的一種規則。

在山東，教育孩子，吃飯忌敲飯碗，敲飯碗意味著沒飯吃；忌攥著飯碗，這是端著討飯的碗，受一輩子的窮；也忌筷子橫擔在飯碗上，臨清一帶說是供奉死人的放法。據說明代之前有把筷子擔在碗上的習俗，後來明太祖斥爲惡模樣，因而逐漸改變。另外，有人未吃完就收拾碗筷，是不禮貌的行爲。〔註8〕

〔註6〕陸新民《上海・雪米村民俗志》第 121 頁，上海文藝出版社 2008 年版。
〔註7〕陸新民《上海・雪米村民俗志》第 121～122 頁，上海文藝出版社 2008 年版。
〔註8〕山曼等《山東民俗》第 393～394 頁，山東友誼書社 1988 年版。

這些從忌諱的角度來談筷子，也是一種教育孩子的方法。要懂得筷子的習俗，這是需要從小就應該學習的，如果犯了禁忌，會受到整個家族或者村莊的指責。

家庭吃飯時的情景

家庭的筷子習俗的指導是最根本的筷子文化教育，到了社會之後，個人對筷子文化的認知已經達成共識，拿筷的方法也基本成型，不太改變了。

另外，家長的筷子舉動對孩子的影響是刻骨銘心的記憶。

孔明珠在《蟹蝴蝶》裏，回憶小時候其父孔另境父親用筷子吃蟹的情況：「剔吃蟹肉，爸爸有一秘訣，將蟹身橫咬一口，兩切面絲縷呈現長段狀，然後一一剔出。蟹的腳管更容易了，拔出，關節咬斷，嘴巴一吸，不出來？筷尖一捅，再一吸溜便成。」〔註9〕

之所以會有如此細緻的描寫，可以肯定其父親用筷子吃蟹的情形對孔明珠來說，記憶是十分深刻的。

在江浙地區，吃蟹有一套工具，叫蟹八件，一般為大戶人家專門用於吃蟹之用。但是對於絕大多數人家來說，更多的是用筷子來作為挑剔蟹肉的工

〔註9〕《孔另境先生紀念文集》第140頁，上海文藝出版社2014年版。

具。而這種吃蟹的方法，在潛移默化之中，影響著下一代的吃蟹思維和行爲。

與此同時，這篇回憶文章的精彩之處，還表現在用筷子教訓調皮的小哥哥的情景：

> 和爸爸一起吃蟹，就如完成一件儀式，在我是十分的喜歡。
>
> 小哥哥卻是不耐煩得很，往往是梗著脖子，受難似的。趁爸爸不注意，連殼亂嚼，草草了事。爸爸心情好的時候，大手一揮，將之大赦，過（錯誤，應爲在——筆者注）心情差時，鼓出眼珠，拎起筷子，「啪」地一下往他頭頂上敲去：「死小鬼！」〔註10〕

這種教訓，是用筷子敲頭。作者非常強調，是父親在心情不愉快的時候，所做出的舉動。強調這一點的其潛意識，就是認爲筷子打人是一種不理智的行爲；對於被教訓者而言，這種記憶卻是深刻的，難以忘懷的。

餐桌上用筷子來教育孩子，是中國傳統的家庭教育的一部分。從現代教育學來看，這種行爲是粗魯的暴力的，雖能夠起到立竿見影的效果，但卻會在孩子的心靈裏留下難以磨滅的陰影。

2、社會教育

社會教育，是一種傳統的教育，通過典籍來讓更多的人來認識筷子的文化，與家庭教育是相輔相成的。

只不過家庭教育伴隨著父母的教育而親身感知，而典籍中的教育，必須在有文化的基礎上來被認可。家庭教育是活態的，而歷史的典籍中的教育是一成不變，但是可以追尋的，原型的文化及其形態都固定不變的。對於筷子文化而言，更是如此。

例如，右手拿筷，就是歷史上就有明確的規定。《禮記正義》卷二十八《內則第十二》：「子能食食，教以右手」。〔註11〕其意，孩子剛剛開始懂得吃東西的時候，就應該教育他用右手拿筷子。

爲什麼要右手拿筷子，這是由於對右手的信仰觀念有關。

古人認爲，右手爲地，左手爲天。《周易正義‧繫辭上卷七》：「天於左手，地於右手」。在傳統觀念裏，天要比地大，但地最堅實的地方，因此右手拿筷子，是一種穩妥的正確方法；再說，右手拿筷，可以更加方便夾取食物，也是一種對食物的尊重。

〔註10〕《孔另境先生紀念文集》第140頁，上海文藝出版社2014年版。

〔註11〕亦見《《禮記‧內則第十二》、《孝經注疏》卷五《聖治章第九》。

《說文解字》解釋說：右，助也。從口從又。於救切【注】徐鍇曰：「言不足以左，復手助之。」言下之意，左手拿器物不穩當，右手可以加以幫助。

另外，右也可以指的是封建社會裏高等級職務，如漢初官名的右扶風；秦漢爵位的第十四級的右更；宋代樞密使和樞密院的別稱的右府；唐時指中書省的右垣（即「右掖」）；右相、右席（均指宰相之位）；右部（指戶部）；右揆（官名。右丞相）等。

此外，右手靈活，也是拿筷子的自然選擇。

「右手畫圓，左手畫方」，﹝註12﹞其一，表達的是圓比方難畫，其二右手比左手靈活。由於右手比左手靈巧、細緻，就能夠能夠將圓畫出來，這就表示右手的作用，而左手則稍遜一籌。

圓是人類進步的重要標誌，與人們的生活密切相關，如烹飪、飲食的器皿，其口都是圓形，也是特別難以製作的東西。從陶器的罐、瓶、盆、，到青銅器的鼎、瓴、罍、簋、觶、卣、鬲、瓿等，其口或者身都是圓形，是人類在實踐中逐漸懂得的一條重要的規律。

右手不僅應該拿筷子，而且匕也是右手拿的。

《儀禮注疏》卷四十九《有司徹第十七》：「雍人授次賓疏匕與俎，受於鼎西，左手執俎左廉，縮之，卻右手執匕枋，縮於俎上，以東面受於羊鼎之西。」其意為：雍人將柄上刻有花紋圖案的疏匕和俎授給次賓。次賓於鼎的西邊接過來，左手執拿俎的左邊，豎著俎，仰其右手執拿著匕柄，將其豎著放於俎上，面朝東於羊鼎之西接過俎。

這種禮儀形式，可以證明右手是拿著匕的長柄的。

到了唐代，這種右手拿筷的習俗依然沒有改變。《唐六典》卷十二《內官宮官內侍省》記載：「當御之者，以銀環進之，著於左手；既御，箸於右手。事無大小，記以成法。」可見，「箸於右手」的禮儀在唐代未變，即使在服侍帝皇的時候依然實行這樣的左手拿圓形的盤子，而右手則拿著筷子，事無大小，已經成為一種禮法。

現在，人們以為，習慣使用左手的人比使用右手的人智商要高，未必有科學道理，同時也破壞了中國人右手拿筷子的文化傳統。

﹝註12﹞《韓非子・功名第二十八》。

二、祭祀教育

祭祀中要擺放湯匙與筷子，即所謂的匕箸。

在東北地區，漢人向重宗法，尊敬祖禰，故祭禮之隆，首祀先人，世家巨族皆立宗祠，歲時致祭。祭祀中有各種各樣的供品，還有擺放匕箸。〔註13〕

滿族，家祭時候要恭迎祖宗匣子於前祭祀者之家，祭器有哈嗎刀、轟物（以木為之，長二尺有半，杆首綴銅鈴數枚）、抬鼓、單環鼓、箚板、腰鈴、裙子、盅（壺）、匙箸、碗碟、幾架、槽盆等。〔註14〕

祭祀是家庭或者家族的活動，是對先人的追思與懷念，同時這種祭祀是一種文化的傳承，也是對子孫的教育，事實上用這樣的形式教導他們如何做祭祀活動，如何將這種隊祖先的紀念一種能夠保留下來，其中很重要的是其儀式，而在儀式中，供品及其湯匙、碗筷的器皿的放置也是祭祀的一個組成部分。其中，筷子雖是一個小小的進餐工具，但是少了，就是缺憾，說重些是對祖先的不尊重。

除了家族的祭祀外，對於民間地方神靈的祭祀時候亦同樣如此。筆者2014年8月去上海金山農村考察，就看見地方神的祭祀中，一雙雙筷子整整齊齊地擺放在供桌上。此時雖沒有供品，只放著酒杯，那筷子就表達了人們的篤信與崇敬。

在家教中，如何傳授孩子使用筷子，是第一教務，另外家庭裏的各種祭祀活動中的供品、筷子等物品的擺放，也是一種自然的對下一輩的無形教育，使得他們在實踐中懂得筷子所包藏的語言及其文化。

三、批評不禮貌的行為

對於筷子的傳統文化，在長期的歷史進程中被逐漸放棄，人們更多的喜歡用自己的方式來使用筷子，而不太顧忌別人的看法。

《中國人生活的明與暗·祖先崇拜》：在磕了五個只有中國人才不會感到疼痛的響頭後，祭拜儀式終於結束了。人們馬上都湧向了幾乎被廚師精心製作的美味佳肴壓跨的桌子邊。這時的人群方顯出其本來面目。如果有什麼東西可以讓中國人傾心投入的，那便是一頓豐盛的大餐了。他們期待著這次盛宴就如同我們渴望聖誕節一樣迫不及待。誘人的肉塊、雪白的米飯、香脆

〔註13〕《中國地方志民俗資料彙編·東北卷》第17頁，書目文獻出版社1989年版。
〔註14〕《中國地方志民俗資料彙編·東北卷》第397頁，書目文獻出版社1989年版。

的醃黃瓜，只要聞一聞就可以大增食欲，另外還有主桌上的美味，如雞、鴨、燕窩湯等不勝枚舉。當他們在桌邊就坐時，這一美妙的情景立即浮現眼前。而當這極大的快樂真正到來的時候，又有誰能不去充分享受其中的樂趣呢？菜肴被樣樣不落的品嘗著，人們的胃口隨著食欲的增加而增大。在遇到另外一件喜事之前，他們會一直沉浸在對這次盛宴的美好回憶中，這頓大餐不用自己花錢，這實在是件讓人最最愉快的事了。據說，簡樸的人堅持認為飢餓是最好的調味品，但在中國人看起來，那簡直是愚蠢的念頭，中國人一貫以為參加一個免費的宴會可以激發起他們的最大食欲。剛開始吃飯的幾分鐘裏，聚會的人群是安靜的，**筷子間碰撞的聲音**、人們喉嚨中發出的吹涼熱米飯的奇怪的哈氣聲不絕於耳。雖然這些聲響在我們看來至少是不禮貌的，但中國人卻把它看作是可以加快消耗飯食的美妙音樂。〔註15〕

這種描述，將中國人祭祀背後的對食物的渴望，刻畫的栩栩如生，特別是「剛開始吃飯的幾分鐘裏，聚會的人群是安靜的，筷子間碰撞的聲音、人們喉嚨中發出的吹涼熱米飯的奇怪的哈氣聲不絕於耳」，用「筷子間碰撞的聲音」，更加將那種狼吞虎咽的難看吃相完全表露無遺。

這是沒有家教的群體，否則是不可能如此狼狽不堪。隨後的描寫，就顯得暴風驟雨之後的平靜：

> 一段時間後，人們最初的飢餓感得到了緩解，酒足飯飽之後，又可以聽到嘀嘀咕咕的談話聲。漸漸地，熱辣辣的米酒開始起作用，人們的臉都漲紅了，嘈雜的聲音充斥了整個大殿。也許是大餐之後獲得了滿足感，人們開始海闊天空的暇想。時間在不知不覺中流逝，他們期盼這次聚餐足有半年之久了，所以他們圍在桌邊，舉杯暢飲，品味佳肴，直到把所有飯菜都吃光，然後，他們將筷子放在桌上，表示自己不能再吃了。

將筷子放在桌子上，表示酒足飯飽，吃飯結束。這裏，恢復的是中國傳統筷子習俗，反映了普通民眾依然能夠自覺地遵循祖先留下的筷子禮儀；而這些禮俗的繼承，根本來自家庭教育，沒有這一環，是不可能如此自覺地將筷子放在桌子上的。

在小說《王貴與安娜》〔註16〕第二章《安娜首戰告捷》就明確地寫道：

〔註15〕 〔英〕麥高溫著，朱濤、倪靜譯《中國人生活的明與暗》，中華書局2006年版。
〔註16〕 《王貴與安娜》，花山文藝出版社2008年版。

安娜爲了王貴的吃相，不曉得發了多少次火，流了多少盆淚，她顯然把丈夫的吃相與自己的家教聯繫在一起。朋友家人一起吃飯，每當王貴甩開腮幫子狂吃海喝的時候，安娜的臉就青一陣紅一陣，感覺非常掛不住。安娜自嘲結婚這麼久還能保持良好的身材，實在是因爲王貴的吃相影響了她的胃口。王貴其它缺點都能改，就是一上桌就進入極樂世界，天性使然。安娜在多次勸阻無效後，就把全部教育重點放在我身上。從我會拿勺子起就告訴我，不要用勺子刮盤子，顯得一副饞相；吃飯要慢，不要上嘴唇打下嘴唇，食物是抿在口中含化的，不是用牙齒咬斷的。如果我的腮幫子有了明顯的咀嚼蠕動，安娜就面露不悅了，忍不住脫口而出：「改不了的農村坯子。」然後就手刷我臉蛋一筷子。王貴最不能忍受這種指桑罵槐。你安娜可以羞辱我，不可以羞辱我的祖宗；你安娜可以折磨我，不可以折磨我的孩子。王貴看不得我小嘴咧咧，想哭不敢哭的樣子，於是在我噙著眼淚，含著米飯的委屈中，兩個人開始破口大罵。安娜罵人陰損，語言豐富，常可以不重樣地將王貴的祖上八代不帶髒字地唾棄一遍。我長大後曾經冷靜總結過，主要是種族歧視，還有就是城市對農村的居高臨下。王貴罵安娜的語言比較貧乏，翻來覆去就是：「你他媽的有什麼了不起！操！」「別他媽的自以爲是，操！」有一次丈母蹲點，無意中聽見了，當時不響。過後走到廚房輕輕告訴王貴：「阿貴啊，媽媽沒什麼對不起你，女兒脾氣不好是我沒教育好。但我把她許給你做老婆，還養了兩個孩子，你的話裏怎麼能帶上我呢？以後不能那樣講了。」王貴對丈母的感激猶如再造父母，當下點頭稱是。自此，惟一的出氣語言也給封堵了。

《王貴與安娜》是網絡作家六六的一篇小說，敘述了一個出生於上海一個優越家庭的安娜，知青返城後在省城當了一名皮革廠工人。而王貴是一名從農村進城的「鄉下人」。然而這個「鄉下人」卻不可救藥的愛上了自命不凡的安娜。安娜對他不光是不愛，甚至還有厭惡。然而正是這樣的一對，卻陰差陽錯的走到了一起。在愛的包圍下、在對家庭的責任的約束下，兩個人挺過了一個又一個難關，彼此相牽的手隨著流逝的歲月越牽越緊。

在這樣一個上海人與外地人戀愛、結婚的平凡故事裏，反映的是兩地的文化上的差異，其中王貴不雅的吃相（包括拿筷子的方法、吃飯時候的響聲等），大大地刺激了安娜，「她顯然把丈夫的吃相與自己的家教聯繫在一起」。顯然，兩種不同的家教，就出現兩種完全不同的「吃相」，安娜爲了教訓王貴，

就手刷他臉蛋一筷子。很明顯，這是「以牙還牙」方法，屬於恨之入骨的無奈之舉。要知道，家教不是一蹴而就的。再說，用筷子「刷」王貴的臉，顯然也不是文明的行為。

如果說，不同的家庭有不同的家教，吃飯及拿筷子的樣子，農村與城市會有一定的差異，那麼男女兩個人結婚了，就需要磨合，達到某種契合，其中吃相就包括使用筷子在內。這時候的家教，是成年人之間的互相教育，以後生了下一代，同樣對孩子有一個筷子文化的教育問題。

綜上所述，筷子與家教緊密關聯：一筷子本身就是教育孩子（積極與消極）的工具，特別是在飯桌上，已經延續千百年的歷史；二從筷子的正規與否的使用上，可以看出一個人的家教及家境如何？三筷子文化大多數情況下是以家庭為主要單位進行傳播的。

2015 年 8 月 16 日星期四

目次

第一章　箸之原始

第一節　產生時間

一、時　間

關於箸的歷史，眾說紛紜，最早說法為 3000 年。其根據是《韓非子》所說的「紂為象箸」的記載。也有的說是 5000 年，一般以華夏文化起源而言。

其實，中國筷子起源，最可靠的根據就是考古資料。

2003 年 10 月初，考古學家對浙江省杭州市蕭山區城廂鎮湘湖村跨湖橋遺址進行發掘，出土了一批陶器、木器、骨器碎片，還出土了很多木槳，其中一半是半成品，上面滿是清晰的刀砍斧削痕。數量最多的是木錐形器，尺寸近似筷子，中間稍粗，一端平頭，另一端尖。〔註1〕

這種中間稍微粗一點，一頭平，另一頭尖，基本是筷子的最初形式。這時候的筷子不是原始狀態的形制，有了明晰的加工，以便更好地適用原始人粗壯肥大的手型。

專家進行科學考證之後，確認跨湖橋遺址是一處內涵豐富、文化面貌獨特的新石器時代早期遺址，距今八千年。〔註2〕

這是一個驚人的發現，也就是說，早在八千年的新石器時代，跨湖橋遺

〔註1〕 李微微編著《文化之源・湖底淤泥中的驚世文明──跨湖橋文化遺址》，中國友誼出版社 2006 年版。

〔註2〕 李微微編著《文化之源・湖底淤泥中的驚世文明──跨湖橋文化遺址》，中國友誼出版社 2006 年版。

址的人類就開始使用筷子來進食。

　　大家都知道，筷子是中國人的發明創造，但其何時出現的，一般都以史書爲證。

　　梁實秋在《圓桌與筷子》一文裏說過：「筷子是我們的一大發明。原始人吃東西用手抓，比不會用手抓的禽獸已經進步很多，而兩根筷子則等於是手指的伸展，比猿猴使用樹枝弄東西又進一步。筷子運用起來可以靈活無比，能夾、能戳、能撮、能挑、能扒、能掰、能剝，凡是手指能做的動作，筷子都能。沒人知道筷子是何時何人發明的。如果《史記》所載不虛，「紂爲象箸而箕子唏」，紂王使用象牙筷子而箕子忍泣吞聲地歎氣，象牙筷子的歷史可說是很久遠了。」〔註3〕

　　這裏，梁實秋關於筷子起源，說了主要的一層意思是，「沒人知道筷子是何時何人發明的」，所謂商紂王時期的象箸，雖然說「歷史可說是很久遠了」，其實也不過三千多年。

　　要回答梁實秋的問題，的確不易，但從以上考古所得資料來看，應該有了結論，筷子的產生至少有七八年的歷史。

　　在半坡文化遺址出土的刻符有 113 個、27 種，其中阿拉伯數字的 2，就是用兩豎「11」的刻痕來表示的。〔註4〕其是否與筷子有關，不得而知。或許有這樣一種可能，根據筷子的兩根棍子形狀而創造出來的呢。有的籀文寫成象形字，字形象一雙筷子。〔註5〕

　　以上這些資料都可以證明，筷子的原型應該是在新石器時代晚期就已經形成。

二、手食歷史

　　在用筷子之前，是用手來進食的。《路史·前紀》第五卷記載：太古之民，穴居而野處，搏生而咀華，與物相友。「有聖者作樓木而巢，教之巢居以避之，號有巢氏。其爲民也，登巢琢蠡，惰食鳥獸之肉。若不能飽者，飲其血，啜其肉。茹其皮毛，未有火化，捆橡栗以爲食」。

　　有巢氏就是一個以手來進食的氏族，尙處於一個茹毛飲血的時代，是不

〔註3〕《梁實秋文集》，內蒙古出版社 1999 年版。
〔註4〕《半坡博物館三十年學術論文選編》第 28 頁，西北大學出版社 1989 年版。
〔註5〕見《象形字典》網頁。

會使用筷子的。

事實上，在一個漫長的歷史階段裏，人類是用手來抓飯吃的。

《禮記·士虞禮》鄭玄注：「古者飯以手。」賈疏：「伯黍毋以箸，故知古者用手。」很顯然，這裏所說的遠古時候的人吃飯是不用筷子，而是用手來進食的。

不僅在古籍裏如此，在西南少數民族中，也普遍存在用手抓飯的現象。明李京《雲南志略》：「無匕匙，手搏飯而食之。」

以手抓飯，源遠流長。李京《雲南志略》說：僚人「無匕匙，手搏飯而食之。」

《西昌縣志》卷一二記載：彝族「器用簡單，食無箸，凡肉塊莜餅芋子之類，皆以手取食，和蕎麥亦以手攫食，食湯用長柄木匙」。

傣族的竹勺是取一節竹，留一枝爲柄，將竹筒削爲斜口，就是一件竹勺了。姚荷生《水擺夷風土記》考察：「最有趣的是他們只吃糯米飯，不吃秈米飯。每天吃飯沒有一定的頓數，也沒有一定的時間。清晨起來蒸好一鍋飯後，每人把自己的扁圓形的篾盒裝滿。出門工作時將盒子帶在身邊，坐在家中的把它放在竈旁。說明時候餓了，就用手抓寄把，吃下肚去。〔註6〕」

黎族也是用手抓飯的，其盛器的勺是椰殼製的。張慶長《黎歧紀聞》：「器用椰殼，或刳木爲之，炊煮熟，以木勺或釜取食，或以手撚成團而食之，無外間碗箸。」也有用葫蘆爲舀具者。〔註7〕

關於西南少數民族用手抓飯，而不用筷箸的記載，在明代朱孟震撰《西南夷風土記》就有明確說法：「不用匙箸，以手搏而齧之。」

近代，在一些少數民族中，仍然吃手抓飯，如傣族、哈尼族、獨龍族、珞巴族、拉祜族等。

雖然用手進食，吃前必須洗手，這是一條基本的規矩。

《禮記·曲禮上》：「共飯不澤手。」鄭玄注：「爲汗不潔也。澤謂挼莎也。禮飯以手。」孔穎達疏：「古之禮飯，不用箸，但用手，既與人共飯，手宜潔淨，不得臨食始接手乃食，恐爲人穢也。」

從民族學資料看，手抓的乾飯。而吃肉、吃荣、喝湯，都必須用餐具。康熙《臺灣府志》卷七：高山族「粥則環向鍋前，用柳瓢吸食，飯則各以手

〔註6〕姚荷生《水擺夷風土記》第157頁，上海文藝出版社1990年版。
〔註7〕參考《中國風俗通史·原始社會卷》第71頁，上海文藝出版社2001年版。

團之而食」。

　　古人注意到抓食時手應乾淨，故飯前盥洗手的衛生細禮也就產生。《禮記‧喪大記》云：食粥於盛不盥，食於豆者盥。孔穎達疏：「食粥於盛不盥者，以其歠粥不用手，故不盥；食於豆者盥者，謂竹節呂飯盛於豆，以手就豆取飯，故盥也。」喝粥不洗手而抓飯洗手，也仍是出於衛生的便宜考慮。

　　自從「人猿相揖別」之後，人們發現把食物做熟了吃更有滋味。人們在燒煮食物時，不可能直接用手操作，需借助竹枝一類的工具來夾取食物，另外，在陶製的罐、鼎等炊具中燒煮肉塊和蔬菜的羹湯，更需要筷子來取食，久而久之，聰明的先民逐漸學會用竹條來夾取，這就是筷子最早的雛形。

第二節　認知誤區

一、箸不是用來吃飯的

　　古時，箸被認為是吃飯的工具。漢許慎《說文解字》解釋：「箸，飯攲也。從竹者聲。」南朝顧野王《玉篇》稱，「箸者，夾也，飯具也」。清段玉裁《說文解字注》箸：「支部攲，持去也。危部攲，㩻也。攲者傾側意。箸必傾側用之。故曰飯攲。」這裏，將箸的使用方法都做了具體的介紹。

　　箸，是由竹字頭加者組成，是形聲字。者，既是聲旁也是形旁，是「煮」的省略，表示煮熟的食物。箸，金文（竹，筷子）（者，即「煮」，代表熟食），造字本義：古人在宰牲或祭祀的日子，將筷子插在煮熟的豬頭或其它獸頭上，以示敬請祖先和神靈欽享他們虔誠的供獻。〔註8〕

　　這種解釋的民俗依據如何，箸的造字的民俗，不知依據如何，姑且作為一種觀點。

　　在一般人的眼裏，箸是用來吃飯的，其實這是一個誤區，箸主要是夾取羹裏的菜，而不是直接用來吃米飯的。

　　箸，稱之為梜，或者梜提。《禮記‧曲禮上》「羹之有菜者用梜」。漢鄭玄注：「梜猶箸也。今人或謂箸為梜提。」於此，可知箸的最初的價值在於夾取羹中的菜肴。

　　關於這一點，我在韓國考察，也有同感。當時我問過寄幾個韓國人，他

〔註8〕見《象形字典》網頁。

們都說：在韓國筷箸是用來夾菜的，而匙是用來吃飯的。如果用筷箸來吃飯，會被長輩呵斥，認爲是不懂禮貌。

由此可知，古代箸的產生，其作用主要是用來吃羹中之菜的。

箸的甲骨文：

從其字形上，可以看出兩根棍子（象徵著筷子）是插在鍋裏的，表示從鍋裏夾取東西。

古代不少民族吃飯一般不用箸。明人郭子章《黔記·諸夷》記載：仲家（布依族）「飲食匙而不用莢」。清代以後筷子才在布依族地區流行開來，但也僅限於撈菜、吃粥，乾飯則流行抓飯。

二、匕

遠古時期，匕是吃飯工具。

人在掌握工具製造技術之後，吃飯的工具應該是匕，而不是箸。

匕，是一種取飯的工具，也是公共使用的取飯工具。《說文》：「匕，亦所以用匕取飯。」段注：「匕，即今之飯匙也。」

此時的匕，有骨、象牙質之分。不過，就形制劃分，所謂匕有兩種：一種是尖刃之匕，應該是匕首，用於吃肉；另一種是寬刃，長條狀，古代稱栖。

〔註9〕

對此，有一點需要說明，那就是吃飯用的匕，就是從游牧民族宰殺動物的匕首演化而來的。

《說文》：「匕，亦所以用匕取飯。」段注：「匕即今之飯匙也。」

匕除了有切割和挑取食物的功用外，還慢慢的演變成爲具有瓢取湯汁的作用，因此，被人認爲匕是湯匙的最早形態。

匕，挹取食物的匙子，考古發現匕常與鼎、鬲同出。青銅匕最早見於商代晚期，傳世很少見。體呈桃葉形，有長柄。

〔註9〕宋兆麟《中國風俗通史·原始社會卷》第 71～72 頁，上海文藝出版社 2001年版。

　　例如，湖北雲夢西漢早期墓中所出銅匕葉端略尖。安徽阜陽文帝時汝陰侯墓出土的玉柄漆匕與此相似。此後由於從食器內取羹的需要，扁平的匕逐漸演變爲凹度加深的匙。南昌西漢墓出土的匙已具現代勺的雛形。漢代普通百姓通常使用陶匙。山東棗莊出土有灰陶匙。

　　一般而言，匕是數人或者一個集體共同使用的盛飯工具。

　　因此，用匕吃飯，也有一定規矩，《文獻通考》卷三二九《四裔考五》：「數人供飯一盤，中植一匕，置杯中其旁，少長共匕而食。探匕於水，抄飯哺許，搏之盤，令圓淨，始加之匕上，躍以入口，蓋不欲污匕妨他人。」

　　用匕時，要先將手洗乾淨，尤其注重衛生。

　　殷墟侯家莊1400號大墓曾出土一套盥洗用具「寢小室盂」和挹水之勺及承接污水之銅盤。可知商代已有潔手之禮。

　　古人用匕進食，一般都用右手，或者人們大概很早就習慣於使右手，可以說用右手來使用匕，這是一個傳統。《管子·弟子職》云「右執挾、匕」，就是這個意思。

　　古代不少民族進食，是先用匙不用匕，隨後用箸。明人郭子章《黔記·諸夷》仲家「飲食匙而不匕」。清代以後筷子才在布依族地區流行開來，但也僅限於撈菜、吃粥，乾飯則流行抓飯。

三、柶

　　與匕相聯繫的，還有柶。

　　柶是餐匙一類的進食具。《說文》云：「匕，亦所以用匕取飯，一名柶。」匕、柶互訓，似一物而異名。柶是取食米飯的食具，亦稱梜。《急就篇》顏師古注：「梜，匕匙也，亦謂之柶。」

　　考古學家羅振玉對此曾有精細的考辨，他說：古者匕與柶多通稱，而形制則頗異。〔註10〕匕之下端尖銳，故短兵謂之匕首，言銳如匕也；而柶則下端爲廣而微方之。〔註11〕

　　今案，羅氏對匕、柶、勺三者的形制及其功用的考辨，大體得之，但有過迂之嫌。匕、柶之區別，不在抔柄、直柄之分，柶也有作曲體者，如《禮記·喪大記》「角柶」，唐代孔穎達疏云：「柶，以角爲之，長六寸，兩頭麯

〔註10〕宋鎮豪《中國風俗通史·夏商卷》第206頁，上海文藝出版社2001年版。
〔註11〕宋鎮豪《中國風俗通史·夏商卷》第206頁，上海文藝出版社2001年版。

屈」，知曲體者也可稱柶。從考古實物看，柶的形制確與匕十分接近，有的前端有淺凹槽和薄刃，有扁條形和曲體形等，質料有骨製、角製、木製等，後又出現銅、玉製者。從柄部和頭部來區分匕與柶，固然可行，但莫如從通體看去更爲簡明，即扁條形而兩頭梢向內翻者爲柶，柄和頭部有明顯界分者爲匕。日本林巳奈夫謂柶是細長薄板狀之匙或杓一類的挹取器。其說十分得當。〔註12〕

到了春秋時期，柶成爲禮器，其材質是動物的角，又稱角柶。

角柶，爲角製，狀如匙。《周禮·天官·玉府》：「角枕、角柶。」鄭玄注：「角柶，角匕也。」孫詒讓正義：「《說文·木部》云：禮有柶。柶，匕也⋯⋯《喪大記》孔疏云：『柶以角爲之，長六寸，兩頭曲屈。』《儀禮·士冠禮》：「有篚實、勺觶、角柶。」鄭玄注：「柶狀如匕，以角爲之者，欲滑也。」

雖然角柶變成禮器，其形制沒有改變，還是如前一樣，如匕。

在夏商之際乃至更早時期，匕、柶是連在一起使用的，考古資料可以證明這一點。

山西夏縣東下馮遺址，出有不少條形骨匕和曲體骨柶，長 10～19 釐米不一，其中一期 1 件，二期 6 件，三期 12 件，四期 39 件，呈猛增趨勢，說明匕、柶助食漸已風行。有商一代，這種進食法更有所推廣，各地商代遺址幾乎都有骨、角製的匕、柶發現。1935 年安陽西北岡王陵區 1567 號假大墓還出土過數量高達 700 餘件的骨柶叢，大概是當時王室貴族聚飲用的餐具。〔註13〕

第三節　箸的稱謂

筷子，古代木製的叫梜，竹製的叫箸。

最初僅是兩根小木棍或小竹棍而已，用以夾取羹中之菜。《禮記·曲禮》：「羹之有菜者也，無菜者不用。」

一、梜

箸，又名梜夾或梜夾提。《禮記·曲禮上》：「羹之有菜者用梜夾，其無菜者不用梜夾。」鄭玄注：「梜夾猶箸也。今人或謂箸爲梜夾提。」此梜，即爲

〔註12〕宋鎮豪《中國風俗通史·夏商卷》第 208 頁，上海文藝出版社 2001 年版。
〔註13〕宋鎮豪《夏商社會生活史》第 3 節《器以藏禮》，中國社會科學出版社 1994年版。

箸的代名詞。

二、挾

《禮記》云「羹之有菜用挾，其無菜者不用挾」。「挾即箸也，按照當時禮制，箸只能用於挾取羹湯中的菜食，飯是不能動箸的，否則被視爲失禮。由此可見，箸在當時雖已普遍，但其作用還較單純，僅是用來挾取菜羹而已。」〔註14〕

三、筴

《儀禮·士冠禮》：「筮人執筴。」《集韻》：「筴，箸也。」《廣雅·釋器》云：「筴謂之箸」。

有人認爲，筴與箸是兩個不同的餐具。其依據是：湖北隨縣戰國前期偏晚曾侯乙墓，出有一長方形黑漆酒具箱，內放漆耳杯 16 個，木勺 2 把，竹筴 2 副，又放有一些食品，如鯽魚兩尾，雞骨若干；另一長方形黑漆食具箱內，除有銅罐、銅勺各 1 個，及一點果皮外，也有竹筴 1 副。筴是用長竹片彎成，利用其彈性開闔，使兩片端能夾起食物，竹片寬 1.8 釐米，長 29 釐米或 38.6 釐米不等。從考古發現的實物可知，筴是夾子，與箸是兩種不同的餐具。〔註15〕

此說或有一定的道理。

四、筋

筋，與箸同。

筋，還指一雙筷子所夾的食物，也形容數量少。如唐黃滔《鍾陵故人》詩：「一筋鱸魚千古美，後人終少繼前蹤。」清吳敬梓《儒林外史》第二回：「吃完了茶，和尚又下了一筋牛肉麵吃了，各自散訖。」

五、櫡

櫡，同「箸」，筷子。只不過，比普通的筷子要大些，估計是一種大型的筷子，如同今天所見的點心店裏下面條的器物。

〔註14〕 呂琳《中日筷箸歷史與文化之探討》，載《科技信息》（學術研究）》2008 年第
　　　　 10 期 115〜117 頁。
〔註15〕 《中國全史》第 16 卷《春秋戰國習俗史》。

第四節 產生的主要原因

一、火的運用

《禮記・禮運》中說「昔者先王未有宮室，冬則居營窟，夏則居橧巢。未有火化，食草木之實，鳥獸之肉，飲其血，茹其毛，未有麻絲，衣其羽皮。」真實生動描繪了原始人不會用火，連毛帶血地生吃禽獸的生活，這便是成語「茹毛飲血」的由來。

火的發明，改變了茹毛飲血的原始生存狀況，是人類的一大進步，為人類的飲食創造了從生食到熟食奠定了可靠的保證。這時候不僅生活方式發生變化，而且人類的智力也進一步得到發展。舊石器時代的北京人的腦容量達1059 毫升，知道用火自衛，也許已知道燒烤熟食。〔註 16〕熟食可以直接在火上進行燒烤，也可以放在陶罐等器皿中烹飪，如果要拿取正在熱騰騰的食物就必須借助工具，隨手可得的最方便的就是木棍、竹棍，而它們就有可能成為最原始的箸的原型。

二、陶器炊具的誕生

製陶術的建設性，反應到了人類的思想上，製造一隻罐子，是人類創造性的一個最高的例子。〔註 17〕在很長的歲月內，陶器一直成為人們日常生活中主要的炊煮和飲食用器。中原地區出土的早期陶器，大體有炊器鼎、罐，飲食器三足缽、圓底缽、碗、瓢、盤、盂及用於炊事的支腳；到仰韶文化時期，炊器有罐、鼎、釜、甑等，飲食器有缽、碗、盆、豆、盂、杯、盤等。〔註 18〕

這些陶器製作炊具的鼎、罐、鬲、甑等，可以用來燒煮各種各樣的肉類和菜蔬，大多數情況下都是用水來烹飪，就形成羹，而且這些器物大多數口小而肚大，如在二里頭文化遺址裏就有深腹罐、圓腹罐等，〔註 19〕不易從中

〔註 16〕許倬雲《萬古江河——中國歷史文化的轉折與開展》，上海文藝出版社 2006年版。

〔註 17〕柴爾德著、周進楷譯《遠古文化史》第 85 頁，上海文藝出版社 1990 年版。

〔註 18〕宋鎮豪《夏商社會生活史》第 3 節《器以藏禮》，中國社會科學出版社 1994年版。

〔註 19〕《夏文化論文選集》第 322 頁，中州古籍出版社 1985 年版。

拿取。這樣要從鼎、罐裏取出食物就需要工具，而這種工具可能就是箸的最初的設想與作用。

三、手工技術的發展

人類在生產中，學會使用工具，特別是到了新石器時代，有了耕種和飼養，手工技術隨之有了很大的提高，懂得「把一塊礫石，纏在一根木棒的尖端上，作爲一種鋤頭來用」〔註20〕。

在中國先民的生產狀態同樣如此。隨著生產水平的進步，飲食所使用的工具也越來越多，其中懂得運用現實中的木頭、竹子作爲工具來夾取食物，就是手工技術有很大提升之後的情景，而這就是箸的最原始形態。

34.雲紋漆案及杯盤

風俗史 283

〔註20〕柴爾德著、周進楷譯《遠古文化史》第81頁，上海文藝出版社1990年版。

第二章　魏晉南北朝筷箸文化

　　魏晉南北朝，又稱三國兩晉南北朝，是中國歷史上政權更迭最頻繁、多國並存的時代。這個時期從 222 年孫權稱王到 589 年隋朝滅南朝陳而統一中國，共 369 年。可分為三國時期、晉朝（包括西晉、東晉）、十六國時期、南北朝時期（南朝與北朝對立時期，共有 150 年歷史）。

　　在長達三百多年的時間裏，中國的筷箸文化也是多姿多彩，精彩紛呈，表現出不同政權時期的地方特色和人文信息。

第一節　心　理

一、慌張落箸

　　落箸是一種不小心碰落的情況下產生的，但也有另外一種情況，是被嚇得碰掉的。

　　《三國志》卷六《魏書六・董二袁劉傳第六》：「卓豫施帳幔飲，誘降北地反者數百人，於坐中先斷其舌，或斬手足，或鑿眼，或鑊煮之，未死，偃轉杯案間，會者皆戰慄亡失匕箸，而卓飲食自若。」

　　董卓是個殺人如麻的傢夥，以上記載就可以清楚地看出，面對殺人的場景，他卻神情自定，悠閒喝酒，可見其殘忍至極。《三國志・董卓傳》記載：「卓性殘忍不仁，遂以嚴刑脅眾，睚眥之際必報，人不自保。」這些都成為董卓兇殘的注腳。

　　用誘騙的方法，招降了反叛他的部隊，用各種殘忍的手段，斷舌、斬手、

鑿眼、鑊煮等折磨這些人，嚇得在坐的人都哆哆嗦嗦，連調羹、筷子都被嚇得掉落在地了。

其實，匕箸都是放在桌子上的，不會輕易掉落，如果連手中拿著的筷子都被嚇得掉落，可見其緊張程度如此之高，說明心理與行為之間產生很大的距離，換言之，緊張使得人的協調能力大大降低，而且還會產生不能自控的情況。緊張是一種心理狀態，是人體在精神及肉體兩方面對外界事物反應的加強，突發性的緊張是一種恐懼感。一個人處於心理緊張狀態，或緊張狀態過於強烈，以致超過適應能力，它就可能受這種緊張的損害，導致各種心理障礙及疾患。從這個意義上看，董卓殺人，讓其它人進行觀看，就是為了使這這些人產生恐懼、驚慌，因而不敢對董卓懷有異心。

在《三國志》裏，由於緊張而失匕箸的例子還有一個，那就是劉備驚恐而掉落筷子。

《三國志》卷三十二《蜀書二·先主傳第二》載：

> 先主未出時，獻帝舅車騎將軍董承〔註1〕辭受帝衣帶中密詔，當誅曹公。先主未發。是時曹公從容謂先主曰：「今天下英雄，唯使君與操耳。本初之徒，不足數也。」先主方食，失匕箸。遂與承及長水校尉種輯、將軍吳子蘭、王子服等同謀。會見使，未發。事覺，承等皆伏誅。

《華陽國志》云：於時正當雷震，備因謂操曰：「聖人云『迅雷風烈必變』，良有以也。一震之威，乃可至於此也！」劉備這一句掩飾的話，在《三國志》沒有出現，可能後人加以揣測而加入的。

關於劉備這段情節，在很多史書上都有記載，表現的是劉備驚慌失措的樣子。其實，劉備「先主方食，失匕箸」，是心裏有鬼的一種表現。劉備與董承等人結盟，要推翻曹操大權獨攬的政局，同時他又在曹操的淫威的布控之下，當然心裏非常忐忑，一旦有風吹草動，就顯得十分反常。

本初，袁紹的字。袁紹（154年～202年），豫州汝南汝陽（今河南商水），東漢末年政治家、割據軍閥。控有幽、并、冀、青等河北四州。曹操卻不將袁紹放在眼裏，卻吹捧劉備，說「今天下英雄，唯使君與操耳」。劉備心虛，害怕被曹操識破他欲與獻帝勾結，殺掉曹操的陰謀。

〔註1〕臣松之案：董承，漢靈帝母董太后之姪，於獻帝為丈人。蓋古無丈人之名，故謂之舅也。

一旦聽說曹操這句話，當然嚇破了膽，連匕箸都從手裏掉下來了。

在中國傳統文化中，箸的落地，象徵著不吉利。因為箸是有神靈的，其一旦落地，就表示對神靈的不敬。劉備的筷子落地，一方面是表示其心裏緊張，另一方面也說明此舉已經對神靈的不敬，難怪劉備「遂與承及長水校尉種輯、將軍吳子蘭、王子服等同謀」〔註2〕，生怕會被曹操發現。

二、敬愛兄長

對於兄長的尊重，古人稱之為悌。賈誼《道術》：弟愛兄謂之悌。這是儒家宣揚的是「兄友弟恭」式的友愛。從心理層面上來看，也是一種真實的心靈的表現，否則是不會有這樣自覺的行為的。

《魏書》卷五十八《列傳第四十六》：播家世純厚，並敦義讓，昆季相事，有如父子。播剛毅。椿、津恭謙，與人言，自稱名字。兄弟旦則聚於廳堂，終日相對，未曾入內。有一美味，不集不食。廳堂間，往往幃幔隔障，為寢息之所，時就休偃，還共談笑。椿年老，曾他處醉歸，津扶侍還室，仍假寐閣前，承候安否。椿、津年過六十，並登臺鼎，而津嘗旦暮參問，子侄羅列階下，椿不命坐，津不敢坐。椿每近出，或日斜不至，津不先飯，椿還，然後共食。食則津親授匙箸，味皆先嘗，椿命食，然後食。〔註3〕

文中三人均為兄弟。楊播性格剛烈，而楊椿、楊津則是謙謙君子，懂得仁信禮儀，他們之間「昆季相事，有如父子」。楊播，字延慶，自云恒農華陰人也。「少修整，奉養盡禮」，深受魏高祖器重。楊椿，字延壽，本字仲考，太和中與播俱蒙高祖賜改。性寬謹。初拜中散、典御廄曹。以端慎小心，專司醫藥，遷內給事，與兄播並侍禁闥。楊津，字羅漢，本名延祚，高祖賜名焉。少端謹，以器度見稱。〔註4〕其中楊津最小。

其中楊椿、楊津的感情有如父子。當他們都已過了六十歲之後，楊津對

〔註2〕《三國志》卷三十二《蜀書二先主傳第二》。
〔註3〕《北史》卷四十一《列傳第二十九》有類似的記載：播家世純厚，為並敦議讓，昆季相事，有如父子。播性剛毅，椿、津恭謙，兄弟旦則聚於廳堂，終日相對，未曾入內。有一美味，不集不食。廳堂間，往往幃幔隔障，為寢息之所，時就休偃，還共談笑。椿年老，曾他處醉歸，津扶侍還室，仍假寢閣前，承候安否。椿、津年過六十，並登臺鼎；而津常旦暮參問，子侄羅列階下，椿不命坐，津不敢坐。椿每近出，或日斜不至，津不先飯；椿還，然後共食。食則津親授匙箸，味皆先嘗，椿命食，然後食。
〔註4〕《魏書》卷五十八《列傳第四十六》。

楊椿依然十分恭敬，每天問寒問暖，兒子侄子都「羅列階下」。每當楊椿外出，楊津則不敢先吃飯，要等楊椿回來，楊津才與之共同吃飯，吃飯的時候，楊津會親自將筷子遞上，味道先品嘗之後才讓楊椿吃。

　　這裏的「食則津親授匙箸，味皆先嘗」，集中表現了楊津對於兄長楊椿出自於內心的尊重。

第二節　政　治

　　筷箸是普通的用餐工具，但是在政治家眼裏，卻有不同的象徵意義。

　　特別是商紂王使用象箸之後，更是在歷史上一石激起千層浪，更進一步成爲朝廷更迭的預兆。

　　《晉書》卷五十五《列傳第二十五》：「且厚味臘毒，豐屋生災。辛作琁室，而夏興瑤臺。糟丘酒池，象箸玉杯。厥肴伊何？龍肝豹胎。惟此哲婦，職爲亂階。殷用喪師，夏亦不恢。是以帝堯在位，茅茨不翦。周文日昃，昧旦丕顯。夫德輶如毛，而或舉之者鮮。故《濩》有慚德，《武》未盡善。下世道衰，末俗化淺。耽樂逸遊，荒淫沉湎。不式古訓，而好是佞辯；不遵王路，而覆車是踐。成敗之效，載在先典。匪唯陵夷，厥世用殄。故曰樹君如之何？將人是司牧。視之猶傷，而知其寒莝奧。故能撫之斯柔，而敦之斯睦；無遠不懷，靡思不服。夫豈厭縱一人，而玩其耳目；內迷聲色，外荒弛逐；不修政事，而終於顛覆？」

　　晉代去商代，已經甚遠，但是紂王象牙筷的陰影依然存在於人們的腦海，會從高級的筷子會產生一系列的聯想，就去享受「糟丘酒池」、「龍肝豹胎」等美酒、美味，其結果就是國家的滅亡。

　　誠然，最高統治者整天花天酒地，醉生夢死，不理朝政，朝綱廢弛，這樣的政權肯定垮臺，但是將一雙小小的象箸就將國家的命運聯繫在一起，似乎有點危言聳聽。不過，在中國各種典籍上，持有這種觀點的史學家不在少數。

　　仔細分析，可以看到這種觀點是有雄厚的社會基礎與道德傾向的。

　　一是商紂王是個亡國國君的代名詞。

　　爲什麼會有如此稱謂，這是他的奢華淫逸的生活態度造成了國家的滅亡，造成人們的唾罵，成爲歷史的罪人。

紂王名字叫子辛，也叫帝辛。《尚書》記載，周武王伐紂時，有檄文式的誓言，開列了紂王的罪狀：聽信婦人之言，喜歡淫聲，不敬鬼神，荒於國政，耽於飲酒，殺害忠臣。〔註5〕他用「炮烙之刑」殘害人民，還用其它酷刑殘害向他進諫的忠臣，還用種種酷刑殺害大臣和親屬，處死向他進諫的比干，逼走微子，囚禁箕子。

這些罪狀的例舉，是一種傳統的觀點，從西周到清代，對商紂王進行妖魔化處理，但有人提出不同見解，認爲紂王是有歷史功績的：商朝爲什麼叫「商」朝呢？是因爲有了商品生產，這是郭沫若考證出來的。把紂王、秦始皇、曹操看做壞人是錯誤的，其實紂王是個很有本事、能文能武的人。他經營東南，把東夷和中原的統一鞏固起來，在歷史上是有功的。紂王伐徐州之夷，打了勝仗，但損失很大，俘虜太多，消化不了，周武王乘虛進攻，大批俘虜倒戈，結果使商朝亡了國。史書說：周武王伐紂，「血流漂杵」，這是虛張的說法。孟子不相信這個說法，他說：「盡信書，不如無書。」〔註6〕

郭沫若是最早對商紂王持有肯定態度的人，他說：「殷紂王這個人對於我們民族發展上的功勞倒是不可淹沒的。殷代末年有一個很宏大的歷史事件，便是經營東南，這幾乎完全爲周以來史家所抹殺了。這件事，在我看來，比較起周人的翦滅殷室，於我們民族的貢獻更要偉大。」〔註7〕

從筷箸史的角度來說，商紂王最早與象箸聯繫在一起，是第一位使用象牙筷的國君。而恰恰這一點就成爲被人攻擊的對象。《韓非子・喻老第二十一》的一則寓言：昔者紂爲象箸而箕子怖。以爲象箸必不加於土鉶，必將犀玉之杯；象箸玉杯必不羹菽藿，則必旄象豹胎；旄象豹胎必不衣短褐而食於茅屋之下，則錦衣九重，廣室高臺。

其意爲：當年紂王使用象牙筷子，箕子見了覺得害怕。因爲箕子認爲，用了象牙筷子，必然會不用陶杯，改用犀角做的杯子；用了象牙筷子，玉杯，必然不會吃粗糧菜蔬，而是去吃山珍海味；山珍海味必然不能穿著粗布短衣，坐在茅屋中吃，一定要穿著華貴的衣服，坐在寬廣的屋子，高高的亭臺上吃。

〔註5〕　《牧誓》：「今商王受，惟婦言是用，昏棄厥肆祀，弗答；昏棄厥遺王父母弟不迪，乃惟四方之多罪逋逃，是崇是長，是信是使，是以爲大夫卿士，俾暴虐於百姓，以奸宄於商邑。」

〔註6〕　《讀斯大林〈蘇聯社會主義經濟問題〉的談話》，見陳晉主編《毛澤東讀書筆記解析》第1158頁，廣東人民出版社1996年7月版。

〔註7〕　郭沫若《青銅器時代》《駁〈說儒〉》，重慶文治出版社1945年版。

這種邏輯推理，未必合理。但是，有一點可以肯定的是，象牙筷在商紂王時代已經被使用了。

二是每個朝代都會自己新建立的政權歌功頌德，而試圖攻擊過去的朝廷，這是一條規律。特別是在攻擊別人的時候，這種輿論的造勢尤其厲害，也可以說達到登峰造極的地步。

不僅是周在進攻商的時候如此，在商消滅夏的時候同樣如此。

商朝的開國君主為湯，名履。當時夏已到社會末期，桀荒淫暴虐，民怨很大；侵削諸侯，也引起諸侯怨恨。湯率領諸侯討伐夏桀。討伐桀之前，據說，伊尹相湯伐桀，升自陑，遂與桀欲戰於鳴條之野，這時候軍民已經不願進行戰爭。湯言辭灼灼，告喻眾人弔民伐罪的原因，這就是《尚書》中《湯誓》的一部分內容。篇中還特別用了一首民歌：「時日曷喪？予及汝皆亡」，翻譯成現代漢語則為：「這個太陽什麼時候才能消失？我們寧可和你一起滅亡。」此歌，表面上說的是太陽，其實在諷刺夏桀。其真實反映了夏國人民痛恨暴君推翻暴政的真實心理與堅強決心。

夏是中國歷史上的第一個奴隸制國家，建都安邑（今山西省夏縣北），即夏后氏。桀是夏最後一個國君桀，罪行以殘暴統治而聞名，他被商湯所消滅，是理所當然的事情。

到了商末，紂王荒淫無度，罪行累累，同樣要被周所滅。其中之一的罪行就是與筷子有關。商紂王使用象箸，就是糜爛生活的表現，以後歷朝都會以此為告誡的理由，希望朝政清廉，宮廷儉樸，否則會重蹈紂王之覆轍。

到了周時，周公告誡成王的也是希望他不要荒淫無逸，應該知道農人勞動生產的艱辛：周公曰：「嗚呼！君子所，其無逸。先知稼穡之艱難，乃逸，則知小人之依。相小人，厥父母勤勞稼穡，厥子乃不知稼穡之艱難，乃逸乃諺。既誕，否則侮厥父母，曰：『昔之人無聞知。』」〔註8〕《尚書・無逸》記錄了周公對成王的告誡，最有名的是《無逸》篇則集中表達了禁止荒淫的思想。

無逸，不要貪圖安逸，除此之外，還特別提及：「知稼穡之艱難」。其實從某種程度而言，徹底否定了商代所形成的商業文化雛形，確定了以農業為主要生產力的社會經濟基礎，這是周代的核心文化。

在奴隸制社會走向末路與封建社會蓬勃發展的交替時期，封建主義的農

〔註8〕《尚書・無逸》。

業文明一定會戰勝奴隸制社會，這是毫無懸念的結果。

這種社會進化論觀點古人是無法知曉的，但一定將此結果與象箸聯繫在一起，卻大有人在。《晉書》卷五十五《列傳第二十五》云：「接以商王之箸，承以帝辛之懷。」被稱之為「御亡國之器」〔註9〕。

遠古聖賢治理國家，以儉樸為基本準則，脫離這樣的準則就會有亡國喪宗的危險，這是古人治國勵志的一定之規。

古之聖王莫不以儉為德，故堯稱采椽茅茨，禹稱卑宮惡服，漢文身衣弋綈，足履革舄，以身先物，政致太平，存為明王，沒見宗祀。及諸侯修之者，魯僖以躬儉節用，聲列《雅頌》；蚡冒以篳路藍縷，用張楚國。大夫修之者，文子相魯，妾不衣帛；晏嬰相齊，鹿裘不補，亦能匡君濟俗，興國隆家。庶人修之者，顏回以簞食瓢飲，揚其仁聲；原憲以蓬戶繩樞，邁其清德。此皆聖主明君賢臣智士之所履行也。故能懸名日月，永世不朽，蓋儉之福也。及到末世，以奢失之者，帝王則有瑤臺瓊室，玉杯象箸，肴膳之珍則熊蹯豹胎，酒池肉林。諸侯為之者，至于丹楹刻桷，饋徵百牢。大夫有瓊弁玉纓，庶人有擊鍾鼎食。亦罔不亡國喪宗，破家失身，醜名彰聞，以為後戒。竊聞後園鏤飾金銀，刻磨犀象，畫室之巧，課試日精。〔註10〕

這一段敘述，就足以說明古人治國的一條基本看法，勤儉是「匡君濟俗，興國隆家」的根本之道，只有這樣國家才能夠「懸名日月，永世不朽」。相反，如果帝王講究奢華，建造「瑤臺瓊室」，講究「熊蹯豹胎」的美食，酒池肉林，就會亡國亡宗。並且還例舉紂王使用「玉杯象箸」而滅亡的事例，再次說明儉樸的重要性。

玉杯象箸，出典於商紂王。《史記·宋微子世家》：「紂始為象箸」。這裏是說，象箸使用的第一人為商紂王，也被視為奢侈浪費的代表性人物，往往成為反面人物的典型。

到了晉代，國力強盛及物質豐富較之過去有了很大的進步，但是作為一個國家，大臣們還是認為應該節儉為榮：「臣等以為今四海之廣，萬物之富，以今方古，不足為侈也。然上之所好，下必從之，是故居上者必慎其所好也。昔漢光武皇帝時，有獻千里馬及寶劍者，馬以駕鼓車，劍以賜騎士。世祖武皇帝有上雉頭裘者，即詔有司焚之都街。高世之主，不尚尤物，故能正天下

〔註9〕《晉書》卷五十五《列傳第二十五》。
〔註10〕《晉書》卷五十六《列傳第二十六》。

之俗，刑四方之風。臣等以爲畫室之功，可且減省，後園雜作，一皆罷遣，肅然清靜，優遊道德，則日新之美光於四海矣。」〔註11〕

此爲江統是因「太子（司馬遹）頗闕朝覲，又奢費過度，多諸禁忌」而進諫的一番話。

江統，字應元，西晉陳留圉人也。曾任山陰令、太子洗馬、尙書令、散騎常侍等職，對時事多有規諫。統深惟四夷亂華，宜杜其萌，乃作《徙戎論》。提出將氐、羌等族遷出關中的主張，並以并州的匈奴部落爲隱患，發還其本域，但意見未被採納。永嘉四年（310年），爲躲避禍亂逃奔到成皋（今河南滎陽西北），不久病逝。

江統是個風檢操行，良有可稱的人，他的節儉思想也是可稱道的，但其將象箸與亡國等量齊觀，是前朝思想觀念的影響和延續，而且有此觀念的當朝人也很多。《晉書》卷一百六《載記第六》：「亡君之馭海內也，傾宮瓊榭，象箸玉杯，截脛剖心，脯賢刳孕，故其亡也忽焉。」

由此可見，「象箸玉杯」成了亡國亡族的悲劇性的詞彙，而且還一直延續成爲大臣諫士的口頭禪。

還有人總結道：歷觀帝王，未嘗不以約素興，侈麗亡也。伏惟陛下，體唐城儉，踵虞爲樸，寢殿則素木卑構，膳器則陶瓢充御。瓊簪玉箸，碎以爲塵，珍裘繡服，焚之如草。斯實風高上代，民偃下世矣。然教信雖孚，氓染未革，宜加甄明，以速歸厚。詳察朝士，有柴車蓬館，高以殊等；雕牆華輪，卑其稱謂。馳禽荒色，長違清編，嗜音酗酒，守官不徙。物識義方，且懼且勸，則調風變俗，不俟終日。」〔註12〕

總而言之，帝皇的興盛是由於「約素」，其倒臺都是因爲「侈麗」。而「玉箸」則是其奢華的一種標誌，從這種意義上來說，奢侈的筷子就是亡國的信號，這或許是對的。

《舊五代史》卷八十三《（晉書）少帝紀三》：向者，造作軍器，破用稍多，但取堅剛，不須華楚；今後作坊製器械，不得更用金銀裝飾。比於游畋，素非所好，凡諸服御，尤欲去奢，應天下府州不得以珍寶玩好及鷹犬爲貢。在昔聖帝明君，無非惡衣菲食，況於薄德，所合恭行，今後大官尙膳，減去多品，衣服帷帳，務去華飾，在禦寒溫而已。峻宇雕牆，昔人所誡，玉杯象

〔註11〕　《晉書》卷五十六《列傳第二十六》。
〔註12〕　《南齊書》卷二十八《列傳第九》。

箸，前代攸非，今後凡有營繕之處，丹堊雕鏤，不得過度，宮闈之內，有非理費用，一切禁止。

在晉代，曾經有一段時間，崇尚奢華，即使是武器也多注重其華麗，而不重其使用價值，這樣往往造成不必要的浪費。到了晉少帝時候，更是「頻年災沴，稼穡不登」，「干戈尚興，邊陲多事」，「倉廩不足，則輟人之餱食；帑藏不足，則率人之資財；兵士不足，則取人之丁中；戰騎不足，則假人之乘馬」，而且「守臣叛命，敵騎入邊，致使甲兵不暇休息，軍旅有征戰之苦，人民有飛輓之勞，疲瘵未蘇，科徭尚急」〔註13〕。在此危亡之際，晉少帝「寢食何安」、「側身罪已」，決定減少一切不必要的開支：「所宜去無用之資，罷不急之務，棄華取實，惜費省功，一則符先帝慈儉之規，一則慕前王樸素之德」〔註14〕，必須牢記：「昔人所誡，玉杯象箸，前代攸非，今後凡有營繕之處，丹堊雕鏤，不得過度，宮闈之內，有非理費用，一切禁止。」

石重貴，是後晉皇帝石敬瑭的侄子（也是養子），在位五年，史稱晉少帝。晉少帝被人稱之為：昏庸無道，驕奢淫逸，朝堂朝外，官吏腐敗成風。即便如此，作為皇帝，還是有憂患意識的：「朕思利兆民，惟日不足，氣象環回，每弘憂簡」〔註15〕，希望改變「玉杯象箸」的政治局面，已是不可能了。但不管史書如何加以粉飾，「宮闈之內，有非理費用，一切禁止」，但在契丹攻擊之下，晉少帝的滅亡必然是一種無可挽回的趨勢。

第三節　工　具

一、巫術之具

箸是一種文化，它不僅僅在於吃飯時候使用，如果將箸局限於用餐工具，就顯得非常狹隘了。在中國歷史上，筷子的用處何至於此，而箸作為占卜之具，則其另外用途之一。

1、橫箸測試

將筷子橫放，以測試靈驗。

〔註13〕《舊五代史》卷八十三《（晉書）少帝紀三》。
〔註14〕《舊五代史》卷八十三《（晉書）少帝紀三》。
〔註15〕《舊五代史》卷八十三《（晉書）少帝紀三》。

　　《三國志》卷六十三《吳書十八・吳范劉惇趙達傳第十八》：趙達，河南人也。少從漢侍中單甫受學，用思精密，謂東南有王者氣，可以避難，故脫身渡江。治九宮一算之術，究其微旨，是以能應機立成，對問若神，至計飛蝗，射隱伏，無不中效。或難達曰：「飛者固不可校，誰知其然，此殆妄耳。」達使其人取小豆數斗，播之席上，立處其數，驗覆果信。嘗過知故，知故爲之具食。食畢，謂曰：「倉卒乏酒，又無嘉肴，無以敘意，如何？」達因取盤中隻箸，再三從橫之，乃言：「卿東壁下有美酒一斛，又有鹿肉三斤，何以辭無？」時坐有他賓，內得主人情，主人慚曰：「以卿善射有無，欲相試耳，竟效如此。」遂出酒酣飲。又有書簡上作千萬數，著空倉中封之，令達算之。達處如數，云：「但有名無實。」其精微若是。

　　九宮一算之術是一種推算方法，是當時「名儒善士，親屈節就學，達秘而不告」〔註16〕的神秘文化。趙達就是這樣一位精於此術的高士。他不僅能夠預測政治災難，而且還能夠知道哪裏有酒、菜。這在「倉卒乏酒，又無嘉肴」的情況下，他用一隻筷子推算出主人的酒菜在何處，主人非常尷尬，不得不自我掩飾：「以卿善射有無，欲相試耳，竟效如此。」

2、箸能行船

　　箸作爲巫術工具，在其它地方也能夠派上用處。

　　《晉書》卷九十五《列傳第六十五》：時順陽樊長賓爲建昌令，發百姓作官船於建城山中，吏令人各作箸一雙。靈作而未輸，或竊之焉。俄而竊者心痛欲死，靈謂之曰：「爾得無竊我箸乎？」竊者不應。有頃，愈急，靈曰：「若爾不以情告我者，今眞死矣。」竊者急遽，乃首出之。靈於是飲之以水，病即立愈。行人由此敬畏之。船成，當下，吏以二百人引一艘，不能動，方請益人。靈曰：「此以過足，但部分未至耳。靈請自牽之。」乃手執箸，惟用百人，而船去如流。眾大驚怪，咸稱其神，於是知名。

　　引文裏的「靈」，即幸靈。根據文獻記載：幸靈者，豫章建昌人也。性少言，與小人群居，見侵辱而無慍色，邑里號之癡，雖其父母兄弟亦以爲癡也。嘗使守稻，群牛食之，靈見而不驅，待牛去乃往理其殘亂者。其父母見而怒之，靈曰：「夫萬物生天地之間，各欲得食。牛方食，奈何驅之！」其父愈怒曰：「即如汝言，復用理壞者何爲？」靈曰：「此稻又欲得終其性，牛自犯之，

〔註16〕　《三國志》卷六十三《吳書十八・吳范劉惇趙達傳第十八》。

靈可以不收乎！」〔註17〕

此段文字，可以看出，幸靈是個富有個性的人，思想超乎常規。就是這樣一個人會巫術，就合情合理了。他會懲罰偷盜筷子的傢夥，也會治癒他的病痛。更為神奇的是，他能夠「執箸」，「用百人」就能夠使得船行駛快如流水，真是一個奇跡，難怪「眾大驚怪，咸稱其神」。

這裏的箸，就不僅僅是用於吃飯的，而且還成為驅動船隻行駛的指揮棒。由此可見，幸靈與筷子之間似乎有一種神秘的聯繫。筷子有靈性，幸靈也有靈性，兩者都在神靈的感悟下進行互動，體現了人與筷子的超現實的文化創作。雖然這個故事帶有虛構的色彩，但是它卻被記載於正史之中，造成了毋容置疑的可信度，這在筷箸文化史上的確是值得記錄的民間文化。

3、箸象巫術

箸象，是傳統巫術的一種卜相。《雲陽縣志》載：「又以令牌象棺，箸象櫝，觀棺櫝之象，知生死遲速；其說……大抵本楚古俗，而中化於張魯及黃巾之遺傳。」

此處可以箸象早在漢末就已有之，到了晉代箸象依然大行其道。

《晉書》卷九十五《列傳第六十五》：孝廉令狐策夢立冰上，與冰下人語。紞曰：「冰上為陽，冰下為陰，陰陽事也。士如歸妻，迨冰未泮，婚姻事也。君在冰上與冰下人語，為陽語陰，媒介事也。君當為人作媒，冰泮而婚成。」策曰：「老夫耄矣，不為媒也。」會太守田豹因策為子求鄉人張公徵女，仲春而成婚焉。郡主簿張宅夢走馬上山，還繞舍三周，但見松柏，不知門處。紞曰：「馬屬離，離為火。火，禍也。人上山，為凶字。但見松伯，墓門象也。不知門處，為無門也。三周，三期也。後三年必有大禍。」宅果以謀反伏誅。索充初夢天上有二棺落充前，紞曰：「棺者，職也，當有京師貴人舉君。二官者，頻再遷。」俄而司徒王戎書屬太守使舉充，太守先署充功曹而舉孝廉。充後夢見一虜，脫上衣來詣充。紞曰：「虜去上中，下半男字，夷狄陰類，君婦當生男。」終如其言。宋桷夢內中有一人著赤衣，桷手把兩杖，極打之。紞曰：「內中有人，肉字也。肉色，赤也。兩杖，箸象也。極打之，飽肉食也。」俄而亦驗焉。黃平問紞曰：「我昨夜夢舍中馬舞，數十人向馬拍手，此何祥也？」紞曰：「馬者，火也，舞為火起。向馬拍手，

救火人也。」平未歸而火作。索綏夢東有二角書詣綏，大角杇敗，小角有題韋囊角佩，一在前，一在後。統曰：「大角杇敗，腐棺木。小角有題，題所詣。一在前，前統凶也。一在後，後背也。當有凶背之問。」時綏父在東，居三日而凶問至。郡功曹張邈嘗奉使詣州，夜夢狼啖一腳。統曰：「腳肉被啖，爲卻字。」會東虜反，遂不行。凡所占莫不驗。

　　索統，字叔徹，敦煌人也。少游京師，受業太學，博綜經籍，遂爲通儒。明陰陽天文，善術數占侯。司徒辟，除郎中，知中國將亂，避世而歸。鄉人從統占問吉凶，門中如市，統曰：「攻乎異端，戒在害己；無爲多事，多事多患。」遂詭言虛說，無驗乃止。惟以占夢爲無悔吝，乃不逆問者。〔註18〕而這些本領是索統在太學任職之後，跟著一位父老學歷來的：「因一父老爲主人，其人無所不知，又匿姓名，有似隱者，統因從父老問占夢之術」〔註19〕，此後對陰陽、天文、術數頗爲精通，造詣很深，是當地一位傳奇性的預占家。

　　索統一再破解別人的夢，占卜很準，莫不靈驗。其中一夢就與筷箸有關。宋柏夢見一個人穿著紅色的衣服，他就用木杖重重地擊打這個人。這是什麼夢呢？宋柏不解，就問索統。統曰：「內中有人，肉字也。肉色，赤也。兩杖，箸象也。極打之，飽肉食也。」

　　這裏的兩杖，象徵著兩根筷子，而內中有人，則爲肉，其夢解爲用筷子夾肉來吃，無疑是高興的事；「極打之」，則表示非常飽矣。

二、武器之具

　　筷子作爲武器，在歷史上也不無鮮見。但在《晉書》卷七十五《列傳第四十五》中敘述王述時，筷子作爲武器卻不是眞正的殺人工具，而是像一種玩具而已。史書是這樣描寫的：初，述家貧。求試宛陵令。頗受贈遺。而修傢具，爲州司所檢，有一千三百條。王導使謂之曰：「名父之子不患無祿，屈臨小縣，甚不宜耳。」述答曰：「足自當止。時人未之達也。」比後屢居州郡，清潔絕倫，祿賜皆散之親故，宅宇舊物不革於昔，始爲當時所歎。但性急爲累。嘗食雞子，以箸刺之，不得，便大怒擲地。雞子圓轉不止，便下床以屐齒踏之，又不得。瞋甚，掇內口中，齧破而吐之。既躋重位，每以柔

〔註18〕《晉書・列傳第六十五》。
〔註19〕《晉書・列傳第六十五》。

克爲用。〔註20〕

　　王述是個急性子，想吃雞蛋，卻用筷子來刺，當然不會成功；「擲地。雞子圓轉不止，便下床以屐齒踏之，又不得」；最後直接將雞蛋塞進嘴裏，「齧破而吐之」。

　　這是一個真實的歷史人物故事，似乎又具有一則寓言故事的價值，說明一切事物都應該以柔克剛，而不能夠蠻幹的道理。

三、遴選之具

　　將幾個官員的名字放入琉璃瓶中，再用箸將其中的其中一張紙夾出，在這張紙上寫有名字的人則被當選此次遴選的首要官位。

　　《舊五代史》卷一百二十七《（周書）列傳七》：盧文紀，字子持，京兆萬年人。長興末，爲太常卿。文紀形貌魁偉，語音高朗，占對鏗鏘，健於飲啖。奉使蜀川，路由岐下，時唐末帝爲岐帥，以主禮待之，觀其儀形旨趣，遇之頗厚。清泰初，中書闕輔相，末帝訪之於朝，左右曰：「臣見班行中所譽，當大拜者，姚顗、盧文紀、崔居儉耳。」或品藻三人才行，其心愈惑。末帝乃俱書當時清望達官數人姓名，投琉璃瓶中，月夜焚香，禱請於天，旭旦以箸挾之，首得文紀之名，次即姚顗。末帝素已奇待，歡然命之，即授中書侍郎、同平章事，與姚顗同升相位。

　　這一記載在《新五代史》裏亦有。〔註21〕

　　這是一次宰相的遴選。鑒於姚顗、盧文紀、崔居生活很儉樸，都是唐末帝看中的宰相人選。無奈之下，只好將他們的名字分別寫在三張紙上，放入瓶中，然後用筷子把其中的一張夾出，此紙上有誰的名字，誰就是宰相。這樣盧文紀當上了宰相。當時朝廷在戰亂之後，國家雖然剛剛安寧，但外有寇兵入侵，內有強臣在境。盧文紀身處國家中樞之地，卻沒有治國安邦的大計，

〔註20〕《晉書》卷七十五《列傳第四十五》。

〔註21〕《新五代史》卷五十五《雜傳第四十三》：文紀素與宰相崔協有隙，協除工部郎中於鄴，文紀以鄴與其父名同音，大怒，鄴赴省參上，文紀不見之，因請連假。已而鄴奉使未行，文紀即出視事，鄴因醉忿自經死，文紀坐貶石州司馬。久之，爲秘書監、太常卿。奉使於蜀，過鳳翔。時廢帝爲鳳翔節度使，文紀爲人形貌魁偉、語音琅然，廢帝奇之。後廢帝入立，欲擇宰相，問於左右，左右皆言：「文紀及姚顗有人望。」廢帝因悉書清望官姓名內琉璃瓶中，夜焚香祝天，以箸挾之，首得文紀，欣然相之，乃拜中書侍郎、同中書門下平章事。

所談論的是所憎朋黨的小過失，所糾查的是選舉任免的小事情。當時有叫史在德的蜀人任太常丞，進入權貴要人家庭，評論比較朝廷眾官，多有譏諷抨擊，呈上奏章說：「文武兩班官員，應選擇有才幹的人提拔使用。現有的軍都將校和朝廷士大夫，請均加以審核考察，分別刪汰，有才幹的提拔任用，無能平庸的罷免屏棄，不限於名位的高低。」奏疏上到中書省，盧文紀認爲這是非議自己，非常生氣，召來諫議大夫盧損寫成答覆的公文，文辭意義混亂蕪雜，被眾人譏笑。〔註22〕

以箸挾官員的名字來作爲選擇的標準，也是箸的一種功用吧。

皇帝遴選宰相，還有一套程序，還需要焚香。而焚香是中國傳統文化，長期以來流行於宮廷、貴族之中，成爲人們奢華、嚮往生活的一部分。而箸則成爲遴選的一種工具，不過需要夜裏「焚香祝天」。因此，筷子來作爲夾取的工具，是與焚香聯繫在一起，成爲宮廷遴選的一個組成部分。這時候的箸，是用來夾取的，而非吃飯之用。

《新五代史》卷五十五《雜傳第四十三》記載：時廢帝爲鳳翔節度使，文紀爲人形貌魁偉、語音琅然，廢帝奇之。後廢帝入立，欲擇宰相，問於左右，左右皆言：「文紀及姚顗有人望。」廢帝因悉書清望官姓名內琉璃瓶中，夜焚香祝天，以箸挾之，首得文紀，欣然相之，乃拜中書侍郎、同中書門下平章事。

盧文紀雖然外貌堂堂，卻少有治國之策，即使當上一人之下萬人之上的宰相，也無任何方略。當然也不能全怪他，皇帝的眼光同樣很重要。

引文裏的皇帝，即五代十國時期後唐末代皇帝，史稱後唐末帝或後唐廢帝，後唐明宗李嗣源養子。其爲李從珂（886～936），本姓王，小字二十三，母魏氏，鎮州平山（今河北正定）人。其雖勇猛，但治國無能。登基之後，搜括民財，怨聲載道。特別是用箸來夾取名單來任用盧文紀等庸才爲相，這是國家走向衰敗的一個重要因素之一。〔註23〕

四、音樂之具

箸作爲打擊音樂的工具，古已有之。音樂發展史，可以證明音樂最早起源於擊打，通過敲擊發出聲音，然後進行組合成爲節奏，愉悅人們的心與耳，

〔註22〕《舊五代史》卷一百二十七《（周書）列傳七》。
〔註23〕《舊五代史‧唐書二十四末帝紀下》。

而箸或許就是人們在飯後之餘的擊打碗盞的工具。

《南史》卷三十八《列傳第二十八》：初，惲父世隆彈琴，爲士流第一，惲每奏其父曲，常感思。復變體備寫古曲。嘗賦詩未就，以筆捶琴，坐客過，以箸扣之，惲驚其哀韻，乃製爲雅音。後傳擊琴自於此。

柳惲，字文暢，生於宋泰始元年（465）。祖籍河東解州（今山西運城），南朝梁著名詩人、音樂家、棋手。他投壺時，擅長「驍箭」，能把箭投入壺中，箭反躍後接得再投，持續不斷，連投皆中。「齊竟陵王常宿晏，明旦將朝，見惲投壺梟不絕，停輿久之，進見遂晚。齊武帝遲之，王以實對。武帝復使爲之，賜絹二十四。」〔註24〕曾與沈約等共同定新律。柳惲生活在個音樂世家之中。其父世隆會彈琴，位於「士流」中最有名的一個。柳惲也會彈琴作曲，又變體改寫了各種古曲。他曾經賦詩未成，用筆捶琴，因爲有客人前來，便用筷子敲擊，柳惲驚異於它的哀惋意韻，便譜寫爲雅曲。後來傳說用筷子擊琴就是從這裏開始的。

用箸作爲樂器的，不僅是柳惲一人，還有萬寶常。

《北史》卷九十《列傳第七十八藝術下》：「萬寶常，不知何許人也。父大通，從梁將王琳歸齊，後謀還江南，事泄伏誅。由是寶常被配爲樂戶，因妙達鍾律，遍工八音。與人方食，論及聲調。時無樂器，寶常因取前食器及雜物，以箸扣之，品其高下，宮商畢備，諧於絲竹，大爲時人所賞。然歷周、隋，俱不得調。」

萬寶常生於南北朝時期的梁國（治今安徽碭山）。陳滅梁後，他跟著父親萬大通隨梁大將王琳投奔北齊。王琳戰死，其父被北齊誅殺，他當時還不滿10歲就被當了「樂戶」。後被祖珽收爲弟子，萬寶常承繼下祖珽所有技藝，並在當時的音樂機構「太常」中參與修編洛陽舊曲，從而成爲個深通音律，擅長演奏各種樂器的音樂大家。特別是萬寶常另有一技，以箸敲擊的本領，令人讚歎：是萬寶常「因取前食器及雜物，以箸扣之，品其高下，宮商畢備，諧於絲竹，大爲時人所賞」。

以上無論是柳惲還是萬寶常都是「以箸扣之」的音樂高手，但從水平高下而言，萬寶常是在柳惲之上的。

〔註24〕《南史》卷三十八《列傳第二十八》。

五、賭博之具

箸作爲博弈的工具，古亦有之。

《顏氏家訓・雜藝篇》：古爲大博則六箸，小博則二煢，今無曉者。比世所行，一煢十二棋，數術淺短，不足可玩。

這裏的箸，表示博弈工具。六箸，是古人的遊戲之一。三國曹植《僊人篇》：「僊人攬六箸，對博太山隅。」其中的箸，古代博戲用具，俗名骰子、色子、究。明周祈《名義考》：「著，籤也。今名骰子，自麼至六曰六箸。」早期的箸是用竹做成的。《招魂》注云：『箟簬作箸。』故其字從竹。」《西京雜記》卷四：「許博昌，安陵人也，善陸博……法用六箸，或謂之究，以竹爲之，長六分。」後亦用玉石骨或象牙等做成。

六箸，也稱之爲六簿，古博弈之具。《說文・竹部》：「簿，局戲也。六箸十二棊也。」段玉裁注：「古戲，今不得其實。箸，韓非所謂博箭。」

六簿亦作六博。戰國時期就已形成的一種下棋比賽遊戲。在《楚辭・招魂》就有具體下棋的做法：「菎蔽象棊，有六簿些。分曹並行，遒相迫些。成梟而牟，呼五白些。」王逸注：「投六箸，行六棊，故爲六簿也。言宴樂既畢，乃設六簿，以菎蔽爲箸，象牙爲棊，麗而且好也。」

洪興祖補注引《古博經》云：「博法：二人相對坐向局，局分爲十二道，兩頭當中名爲水，用棊十二枚，六白六黑，又用魚二枚置於水中。其擲採以瓊爲之，瓊熒方寸三分，長寸五分，銳其頭，鑽刻瓊四面爲眼，亦名爲齒。二人互擲採行棊，棊行到處即豎之，名爲驍棊，即入水食魚，亦名牽魚，每牽一魚獲二籌，翻一魚獲三籌。」馬王堆漢墓所出博具無「魚」，或西漢時尚不用「魚」。

在山東，六博十分流行。《戰國策・齊策一》：「臨淄甚富而實，其民無不吹竽鼓瑟，擊筑彈琴，鬥雞走犬，六博蹹踘者。」

無論是六箸、六簿、六博，都是博弈的工具。六箸中所說的箸，並非與筷子等同，而是一種籌碼。這種籌碼，只是稍長而已，猶如筷子一般。

這種博弈遊戲，君子是不玩的，因爲會妨礙品德的修養。《顏氏家訓・雜藝》就說過：君子不博，爲其兼行惡道故也。」孔子說：「整天吃飽了飯，什麼心思也不用，眞太難了！不是還有玩博和下棋的遊戲嗎？幹這個，也比閒著好。」〔註25〕但是顏之推依然認爲：「聖人不用博弈爲敎」。〔註26〕

〔註25〕子曰：「飽食終日，無所用心，難矣哉！不有博弈者乎？爲之猶賢乎已。」

汉六博布局方式（表2）								
马				王				车
	卒			相		卒		
楚河　汉界								
	卒			相		卒		
马				王				车

第四節　外形與內涵

一、金鏤匕箸

　　到宋時，筷子十分講究，宮廷裏有了金鏤匕箸。所謂金鏤匕箸，就是用金子鏤刻的匕與箸。如此之箸，材質上乘，而且十分精緻，一般都屬於皇宮後院所有，其它人無法享用。因此金鏤匕箸，成爲王朝帝皇的象徵。爲了表彰，皇帝往往會將金箸賜予功臣，以示獎勵。

　　《宋書》卷七十七《列傳第三十七》：四年，西陽五水蠻復爲寇，慶之以郡公統諸軍討之，攻戰經年，皆悉平定，獲生口數萬人。居清明門外，有宅四所，室宇甚麗。又有園舍在婁湖，慶之一夜攜子孫徙居之，以宅還官。悉移親戚中表於婁湖，列門同閈焉。廣開田園之業，每指地示人曰：「錢盡在此中。」身享大國，家素富厚，產業累萬金，奴僮千計。再獻錢千萬，穀萬斛。以始興憂近，求改封南海郡，不許。妓妾數十人，並美容工藝。慶之優遊無事，盡意歡愉，非朝賀不出門。每從遊幸及校獵，據鞍陵屬，不異少壯。太子妃上世祖金鏤匕箸及杆杓，上以賜慶之，曰：「卿辛勤匪殊，歡宴宜等，且

〔註26〕《顏氏家訓‧雜藝篇》。

觴酌之賜，宜以大夫爲先也。」上嘗歡飲，普令群臣賦詩，慶之手不知書，眼不識字，上逼令作詩，慶之曰：「臣不知書，請口授師伯。」上即令顏師伯執筆，慶之口授之曰：「微命值多幸，得逢時運昌。朽老筋力盡，徒步還南崗。辭榮此聖世，何愧張子房。」上甚悅，眾坐稱其辭意之美。

這裏的慶之，即沈慶之，字弘先，吳興武康人也。慶之少有志力。孫恩之亂也，遣人寇武康，慶之未冠，隨鄉族擊之，由是以勇聞。荒擾之後，鄉邑流散，慶之躬耕壟畝，勤苦自立。年三十，未知名，往襄陽省兄，倫之見而賞之。

孝建四年，慶之已經七十四歲，依然精神矍鑠，就是這樣一個老人依然領軍平寇，大捷而歸，在豪宅裏頤享天年。爲此，皇帝賜予其金樓筷子，以表示敬佩之意。

除了金筷子之外，還有玉筷子，都屬於皇親國戚、貴族豪門所有。這種筷子，表示的是一種高貴的門第。

二、箸之意象

箸是一種物體，也表示一種意象，反映出其背後的文化含義。金銀筷箸表示家境的富有，就是意象。但在很多情況下，箸要與動詞進行組合，才形成一定的文化意義。

1、一箸

一箸，很少的意思。

《梁書》卷五十《列傳第四十四》：張纘時爲湘州，與雲公叔襄、兄晏子書曰：「都信至，承賢兄子賢弟黃門殞折，非唯貴門喪寶，實有識同悲，痛惋傷惜，不能已已。賢兄子賢弟神情早著，標令弱年，經目所睹，殆無再問。懷橘抱柰，稟自天情；倨坐列薪，非因外獎。學以聚之，則一箸能立；問以辯之，則師心獨寤。始逾弱歲，辭藝通洽，陞降多士，秀也詩流。見與齒過肩隨，禮殊拜絕，懷抱相得，忘其年義。

張纘「好學，兄緬有書萬餘卷，晝夜披讀，殆不輟手」。由此可以判斷，他的學、問觀念是很有見地的。所謂「一箸能立」，是指一頓飯的時間學習就能夠有成效。「問以辯之」，則表示一個人的見解是要自己獨自覺悟出來的。

2、製 箸

重新製作碗筷，其言下之意，就是再一次

《南齊書》卷四十二《列傳第二十三》：高宗初許事克用諶爲揚州，及有此授，諶恚曰：「見炊飯熟，推以與人。」王晏聞之曰：「誰復爲蕭諶作甌箸者。」諶恃勳重，干豫朝政，諸有選用，輒命議尙書使爲申論。上新即位，遣左右要人於外聽察，具知諶言，深相疑阻。

蕭諶，字彥孚，南蘭陵蘭陵人也，[註27] 爲太宗、世宗、鬱林王、海陵王等數朝元老。他深得皇帝的喜歡，一再被晉升，其原因：一是皇族，二是能幹，三是「喜好旁門左道」[註28]，與當時朝廷所流行的玄學之風一脈相承。

齊高宗爲明皇帝蕭鸞（452～498），字景棲，小名玄度，南齊的第五任皇帝。高宗當初答應事情成功以後用蕭諶爲揚州刺史，誰知道他卻被任命爲南徐州刺史，蕭諶就埋怨說：「看見把飯做熟了，卻轉讓給了別人。」王晏聽見這話說：「誰還會再替蕭諶準備碗筷呢。」蕭諶仰仗自己功勞卓著，就干涉朝政，凡是有選拔任用人才的事，就命令尙書臺爲他申述議論。蕭鸞皇上剛剛即位，派遣左右手下心腹在外面詢查，把蕭諶說的話打聽得很清楚，心裏很懷疑他。

蕭鸞在 494 年廢殺蕭昭業，改立其弟蕭昭文；不久又廢蕭昭文爲海陵王自立爲帝。蕭鸞自小父母雙亡，生性多疑，任內長期深居簡出，生活要求節儉。正因爲這個原因，蕭諶在知道蕭鸞不封其爲揚州刺史之後，有了最簡單的吃飯來作比喻：「見炊飯熟，推以與人。」大臣王晏聞之曰：「誰復爲蕭諶作甌箸者。」

王晏字士彥，是琅邪臨沂人。王晏官位高重，朝夕進見皇上，談論朝廷政事，連豫章王蕭嶷、尙書令王儉對他都要客氣幾分，而王晏卻常常由於疏漏而受到皇上的呵責，於是他不斷推說有病長期不上班。皇上以爲他是索要俸祿，七年，轉爲江州刺史，他堅決拒絕不願出外任官，得到允許，留下做吏部尙書，領太子右衛率。最終還是憑著和皇上的老關係而受到寵用。當時尙書令王儉雖然地位顯貴卻和皇帝關係不親密，王晏擔任吏部尙書後，便插手中央機構的許多工作，和王儉常常不能統一。王儉去世時，禮官討論給證

〔註27〕《南齊書》卷四十二《列傳第二十三》。
〔註28〕《南齊書》卷四十二《列傳第二十三》。

號的問題，皇上有心參照王導的諡號諡王儉爲「文獻」，王晏啓說：「王導可以得此諡號，但宋朝以來，這個諡號不給素族出身的人的。」王晏出來對其親信說：「那姓王的頭兒的事已經完了。」永明八年，王晏改領右衞將軍，但說有病主動要求解除此職。〔註29〕

此段記載，可以知道王晏是個敢於衝撞皇帝的人，而且敢說敢言，他在聽說蕭諶不滿意當上揚州刺史的時候，就頂撞道：誰再給蕭諶來製作碗筷呢？言下之意，蕭諶你不要再妄想，再想做揚州刺史已經不可能了。這種大膽的指責，是王晏眞實的性格所致。

王晏所說的這裏的箸，是一種意象，象徵著揚州刺史這一職位。

3、舉　箸

舉箸，一般象徵著開始進餐，但有的時候，舉箸或許只是一種象徵性的動作而已。

《梁書》卷十一《列傳第五》：僧珍有大勳，任總心膂，恩遇隆密，莫與爲比。性甚恭愼，當直禁中，盛暑不敢解衣。每侍御座，屛氣鞠躬，果食未嘗舉箸。嘗因醉後，取一柑食之。高祖笑謂曰：「便是大有所進。」祿俸之外，又月給錢十萬；其餘賜賚不絕於時。

僧珍，姓呂，字元瑜，東平範人也。世居廣陵，家甚寒微，卻是個忠心耿耿的大臣，深得梁文帝的喜歡。〔註30〕僧珍立下大功之後，當上總心膂，受到很好的待遇，但他依然小心謹愼，即使盛夏也不解衣甲。每次侍奉皇上，總是畢恭畢敬，不吃果食，卻舉起筷子。一次因爲喝醉了，才吃了一個柑橘。梁高祖大笑：你比以前有了進步。爲了表彰他，不僅給予俸祿，而且不斷進行賞賜。

這種「果食未嘗舉箸」，只是一種象徵性的吃飯，主要是爲了精心地服侍皇帝，正因爲如此，受到皇帝的獎賞，也是順理成章的事情。

舉箸還有另外的意象，如果爲別人舉箸，表示喜歡別人。

《魏書》卷三十五《列傳第二十三》：（崔）浩明識天文，好觀星變。常置金銀銅鋌於酢器中，令青，夜有所見即以鋌畫紙作字以記其異。世祖每幸

〔註29〕《南齊書》卷四十二《列傳第二十三》。
〔註30〕《南史・呂僧珍傳》：事梁文帝爲門下書佐。身長七尺七寸，容貌甚偉，曹輩皆敬之。妖賊唐宇之寇東陽，文帝率衆東討，使僧珍知行軍衆局事。僧珍宅在建陽門東，自受命當行，每日由建陽門道，不過私室。文帝益以此知之。

浩第，多問以異事。或倉卒不及束帶，奉進蔬食，不暇精美。世祖爲舉匕箸，或立嘗而旋。其見寵愛如此。〔註31〕

崔浩，字伯淵，小名桃簡，清河郡人，出身北方高門士族。少好文學，博覽經史，玄象陰陽，百家之言，無不涉及，精研經義，時人沒有趕得上他的。魏太祖喜歡他的書法，經常要求他在左右侍候。魏太祖是個威嚴的人，而宮廷內的人都害怕而躲避得遠遠的，崔浩卻「恭勤不怠，或終日不歸」，深得魏太祖褒獎。〔註32〕由於崔浩「筮吉凶，參觀天文」〔註33〕，也得到北魏世祖的寵幸，爲他「舉匕箸」，表示對崔浩的喜歡。

舉箸之反義詞，則爲不舉箸，也可以視爲「箸未舉」。

《舊五代史》卷一百三十五《僭僞列傳二》：及周世宗嗣位，崇復乞師於契丹，以圖入寇，契丹遣將楊袞合勢大舉，來迫潞州。顯德元年三月，周世宗親征，與崇戰於高平，大敗之。崇與親騎十數人逾山而遁，中夜迷慒，不知所適，劫村民使爲鄉導，誤趨晉州路，行百餘里方覺。崇怒，殺鄉導者，得他路而去，乃易名號，被毛褐、張樺笠而行。至沁州，與從者三五騎止於郊舍，寒餒尤甚，潛令告僞刺史李廷誨，廷誨饋盤餐、解衣裘而與之。每至屬邑，縣吏奉食，**匕箸未舉**，聞周師至，即蒼黃而去。崇年老力憊，伏於馬上，日夜奔竄，僅能支持。距太原一舍，其子承鈞夜以兵百人迎之而入。及周師臨城下，崇氣懾，自固閉壘不出。月餘，世宗乃旋軍。

這是一段歷史，所說的是劉崇投靠契丹而與周世宗大戰的故事。

劉崇，太原人，漢高祖之從弟也。少無賴，好陸博意錢之戲，弱冠隸河東軍。周廣順元年正月，劉崇僭號於河東，稱漢，改名旻，仍以乾祐爲年號。顯德元年三月，周世宗親征，劉崇大敗逃逸，至沁州，更是飢寒交迫，「每至屬邑，縣吏奉食，匕箸未舉，聞周師至，即蒼黃而去」，猶如一隻喪家之犬。

這裏的「匕箸未舉」，將劉崇那種惶惶不安的神情表現得栩栩如生。

〔註31〕《北史》卷二十一《列傳第九》亦有相同的文字：浩明識天文，好觀星變。常置金銀銅鋌於酢器中，令青，夜有所見，即以鋌畫紙作字，以記其異。太武每幸浩第，多問以異事。或倉卒不及束帶，奉進蔬食，不暇精美，帝爲舉匕箸，或立嘗而還。其見寵愛如此。

〔註32〕《魏書》卷三十五《列傳第二十三》：太祖以其工書，常置左右。太祖季年，威嚴頗峻，宮省左右多以微過得罪，莫不逃隱，避目下之變。浩獨恭勤不怠，或終日不歸。太祖知之，輒命賜以御粥。其砥直任時，不爲窮通改節，皆此類也。

〔註33〕《魏書》卷三十五《列傳第二十三》。

4、請　箸

請箸，是計算的意思。

《梁書》卷二十九《列傳第二十三》：自我國五十許年，恩格玄穹，德彌赤縣，雖有逆難，未亂邑熙。溥天率土，忠臣憤慨，比屋罹禍，忠義奮發，無不抱甲負戈，衝冠裂眥，咸欲剚刃於侯景腹中，所須兵主唱耳。今人皆樂死，赴者如流。弟英略振遠，雄伯當代，唯德唯藝，資文資武，拯溺濟難，朝野咸屬，一匡九合，非弟而誰？豈得自違物望，致招群讟！其間患難，俱如所陳。斯理皎然，無勞請箸；驗之以實，寧須確引。

這是「元帝圍河東王譽於長沙既久，內外斷絕，綸聞其急，欲往救之，為軍糧不繼，遂止」之後，給梁世祖蕭繹的一封信中的部分內容，其中提及「無勞請箸」，其意為不用計算。

將上述文字翻譯成為現代漢語，即為：自我國成立五十多年來，恩感蒼天，德漫全國，雖有逆難，但沒有發生破壞國家安寧的現象。如今天下，忠臣憤慨，近鄰遇禍，大家忠義奮發，無不戴上盔甲背負武器，怒髮衝冠，怒目圓睜，都想把刀插入侯景腹中，所須主帥一聲令下，人們都會去赴湯蹈火，而且參加的人會像流水一般。弟英才大略威震動四方，朝野都會聽命於你，九合諸侯一匡天下，非弟莫屬？怎能自己違背眾望，招致眾人的怨恨！其中艱苦處境，都如我所陳述的那樣。不用計算的道理很清楚，無庸贅述。檢驗都真實，不須再精確表明。

蕭綸，字世調，高祖第六子也。少聰穎，博學善屬文，尤工尺牘。蕭繹（508～554年），字世誠，小字七符，自號金樓子。南北朝時期梁代皇帝（552年~554年在位），元帝。梁武帝蕭衍第七子。故在文中，被蕭綸稱之為弟。

不勞請箸一詞，在南北朝時期多有運用，另還有不勞請箸為籌一詞。

《陳書》卷二十六《列傳第二十》：假使吾徒還為凶黨，侯景生於趙代，家自幽恒，居則臺司，行為連率，山川形勢，軍國彝章，不勞請箸為籌，便當屈指能算。景以逋逃小丑，羊豕同群，身寓江皋，家留河朔。春春井井，如鬼如神。其不然乎？

以上是徐陵給楊遵彥的一封信中的一段話：假使我等回去作了侯景的幫兇，侯景生在趙代一帶，家在幽恒之間，居住在官衙裏，行動時有統帥的儀仗，山川形勢，軍國日常規章，用不著拿箸作籌，只消屈指即能算計出來。侯景逃亡小丑，猶如豬羊一般，寓身長江邊上，家人卻棄置在黃河北岸。侯

景心神不寧、行止無定的樣子，像鬼神一般，難道不是這樣嗎？

侯景（503～552），字萬景，北魏懷朔鎮（今內蒙古固陽南）鮮卑化羯人。少小行為不拘，驍勇好鬥，做過鎮功曹史。以後，侯景多次換其主子。先是率眾投降高歡，之後，高澄上臺，他立刻叛變，想獲得宇文泰的支持，未果。他又率部投降南朝梁。公元549年，侯景攻破建康（南京），梁武帝蕭衍被困餓死，侯景又立太子蕭綱為皇帝，侯景自封為大都督。梁大寶二年（551），侯景廢蕭綱，再立豫章王蕭棟為帝，同年，再命蕭棟禪讓，侯景登基為帝。被人稱之為「侯景凶逆，殲我國家，天下含靈，人懷憤懣」〔註34〕。

請箸為籌，與借箸意思相同。所謂借箸，典出於張良。據《史記・留侯世家》記載：「食其未行，張良從外來謁。漢王方食，曰：『字房前！客有為我計橈楚權者。』具以酈生語告，曰：『於子房何如？』良曰：『誰為陛下畫此計者？陛下事去矣。』漢王曰：『何哉？』張良對曰：『臣請藉前箸為大王籌之。』」藉，作「借」。箸，筷子。後因以「借箸」指為人謀劃。

三、箸之情景

箸，本來為用餐的，因此也被視為一種吃飯時候的情景。

1、投 箸

投箸，表示放下吃飯。

《晉書》卷九十《列傳第六十》：與太常韓康伯鄰居，康伯母，殷浩之姊，賢明婦人也，每聞隱之哭聲，輟餐投箸，為之悲泣。

文中韓伯，字康伯，東晉玄學家。自幼家中貧寒，後舉秀才，善於思辯，才華橫溢，徵召任職皆不就任。晉簡文帝在藩鎮時，引為談客，從司徒左西屬轉任撫軍掾、中書郎、散騎常侍、豫章太守、丹楊尹、吏部尚書、領軍將軍。去世時，年僅四十九歲。其母親則是殷浩〔註35〕的姐姐，是個「賢明婦人」，非常善良，而且頗多情感，「每聞隱之哭聲，輟餐投箸，為之悲泣」。吃飯中間，聽到別人哭泣，自己也放下筷子而隨之悲泣，可見其心腸之軟。

投箸，是一種動作，但可以表達不同的情緒。

《宋書》卷七十二《列傳第三十二》：「臣聞孝悌為志者，不以犯上，曾

〔註34〕《陳書》卷二十六《列傳第二十》。
〔註35〕殷浩（303～356），字淵源，陳郡長平（今河南西華）人，東晉時期大臣、將領。

子不逆薪而爨，知其不爲暴也；秦仁獲霓，知其可爲傅也。臣聞王之事獻太妃也，朝夕不違養，甘苦不見色。帳下進珍饌，太妃未食，王投箸輟飯。太妃起居有不安，王傍行蓬髮。臣聞求忠臣者於孝子之門，安有孝如王而不忠者乎？其可明一也。」

投箸，還表示迅速的樣子。

在《梁書》卷二十三《列傳第十七》裏，其中講述了一段梁高祖長兄蕭懿的歷史。「懿字元達，少有令譽。解褐齊安南邵陵王行參軍，襲爵臨湘縣侯。遷太子舍人、洗馬、建安王友。出爲晉陵太守，曾未期月，訟理人和，稱爲善政。入爲中書侍郎。永明季，授持節、都督梁、南、北秦、沙四州諸軍事、西戎校尉、梁、南秦二州刺史，加冠軍將軍。」〔註 36〕可見蕭懿是一個很有政治才幹的人，一路陞遷。他會打仗，當魏人入漢中，遂圍南鄭。蕭懿隨機拒擊，傷殺甚多，乃解圍遁去。隨後，「懿又遣氐帥楊元秀攻魏歷城、皋蘭、駱谷、坑池等六戍，克之。魏人震懼，邊境遂寧。進號征虜將軍，增封三百戶，遷督益、寧二州軍事、益州刺史。入爲太子右衛率、尚書吏部郎、衛尉卿。」〔註 37〕

到了「永元二年，裴叔業據豫州反，授持節、征虜將軍、督豫州諸軍事、豫州刺史，領歷陽、南譙二郡太守，討叔業。叔業懼，降於魏。既而平西將軍崔慧景入寇京邑，奉江夏王寶玄圍臺城。齊室大亂，詔徵懿。懿時方食，投箸而起，率銳卒三千人援城。慧景遣其子覺來拒，懿奔擊，大破之，覺單騎走。乘勝而進，慧景眾潰，追斬之。」〔註 38〕

此段文字說，裴叔業在豫州反叛，蕭懿前往征討，裴叔業害怕而投降於北魏。不久，「平西將軍崔慧景入寇京邑」，齊室大亂，就徵召蕭懿。這時候，蕭懿正在吃飯，聽到旨意，「投箸而起」，率領三千精兵前去救援，將崔慧景的兵馬打得落花流水。

這裏的「投箸」表示是一種動作，也表現了一種剛毅的性格，特別是用在這樣一位會打仗的將軍身上是再合適不過了。

有戰事來臨，投箸就去參戰，更是一種雷厲風行的態度。《南史》卷三十八《列傳第二十八》：「韋粲見攻，仲禮方食，投箸被練馳之，騎能屬者七十。」

〔註 36〕　《梁書》卷二十三《列傳第十七》。
〔註 37〕　《梁書》卷二十三《列傳第十七》。
〔註 38〕　《梁書》卷二十三《列傳第十七》。

柳仲禮是個很有勇氣與膽量的人，史書記載其「勇力兼人，少有膽氣，身長八尺」〔註39〕，一旦聽說韋粲來攻打，當然會立刻放下碗筷，前往迎戰，將韋粲打得一敗塗地。〔註40〕

投箸，用在梁武帝身上，則表現其廢寢忘食的勤政為民的形象。

《梁書》卷三《本紀第三》：七年春正月辛巳，輿駕親祠南郊，赦天下，其有流移及失桑梓者，各還田宅，蠲課五年。辛丑，輿駕親祠明堂。二月乙巳，以行宕昌王梁彌泰為平西將軍、河涼二州刺史、宕昌王。辛亥，輿駕躬耕籍田。乙卯，京師地震。丁巳，以中領軍、鄱陽王範為鎮北將軍、雍州刺史。三月乙亥，宕昌王遣使獻馬及方物。高麗、百濟、滑國各遣使獻方物。夏四月戊申，魏遣使來聘。五月癸巳，以侍中南康王會理兼領軍。秋九月戊寅，芮芮國遣使獻方物。冬十月丙午，以侍中劉孺為吏部尚書。十一月丙子，詔停在所役使女丁。丁丑，詔曰：「民之多幸，國之不幸，恩澤屢加，彌長奸盜，朕亦知此之為病矣。如不優赦，非仁人之心。凡厥愆耗逋負，起今七年十一月九日昧爽以前，在民間無問多少，言上尚書，督所未入者，皆赦除之。」又詔曰：「用天之道，分地之利，蓋先聖之格訓也。凡是田桑廢宅沒入者，公創之外，悉以分給貧民，皆使量其所能以受田分。如聞頃者，豪家富室，多占取公田，貴價僦稅，以與貧民，傷時害政，為蠹已甚。自今公田悉不得假與豪家；已假者特聽不追。其若富室給貧民種糧共營作者，不在禁例。」己丑，以金紫光祿大夫臧盾為領軍將軍。十二月壬寅，詔曰：「古人云，一物失所，如納諸隍，未是切言也。朕寒心消志，為日久矣，每當食投箸，方眠徹枕，獨坐懷憂，憤慨申旦，非為一人，萬姓故耳。州牧多非良才，守宰虎而傅翼，楊皋是故憂憤，賈誼所以流涕。至於民間誅求萬端，或供廚帳，或供廄庫，或遣使命，或待賓客，皆無自費，取給於民。又復多遣遊軍，稱為遏防，奸盜不止，暴掠繁多，或求供設，或責腳步。又行劫縱，更相枉逼，良人命盡，富室財殫。此為怨酷，非止一事。亦頻禁斷，猶自未已，外司明加聽採，隨事舉奏。又復公私傳、屯、邸、冶，爰至僧尼，當其地界，止應依限守視；乃至廣加封固，越界分斷，水陸采捕，及以樵蘇，遂致細民措手無所。凡自今有越界禁斷者，禁斷之身，皆以軍法從事。若是公家創內，止不得輒自立屯，與公競作，以收私利。至百姓樵採以供煙爨者，悉不得禁。及

〔註39〕《南史》卷三十八《列傳第二十八》。
〔註40〕《南史》卷三十八《列傳第二十八》：「比至，粲已敗」。

以采捕，亦勿訶問。若不遵承，皆以死罪結正。」魏遣使來聘。丙辰，於宮城西立士林館，延集學者。是歲，交州土民李賁攻刺史蕭諮，諮輸賂，得還越州。

　　這裏說的是梁武帝的政績。他大赦天下，親祠天地，祭祀祖先，功拜將領，國家強盛，四方來朝，一派欣欣向榮的景象。

　　蕭衍，小名「練兒」、「阿練」。生於 464 年，死於 549 年，終年八十四歲。梁武帝，南朝梁的開國皇帝，南蘭陵中都里人（今常州市新北區孟河鎮萬綏村）。蕭衍是蘭陵蕭氏的世家子弟，出生在秣陵，爲漢朝相國蕭何的二十五世孫。南齊中興二年（502），齊和帝被迫「禪位」於蕭衍，南梁建立。蕭衍是具有雄才大略的皇帝，在位四十八年，頗有政績，頒佈法令、建國學、開五經館、修孔廟、尊崇佛道等，使國家在政治、經濟、軍事、文化各方面都有發展。而這些他個人的博學多藝不無關係，據載：他「六藝備閑，棊登逸品，陰陽、緯候、卜筮、占決、草隸、尺牘、騎射，莫不稱妙」〔註 41〕。在位期間，他發佈各種有利於發展經濟的詔書：「凡是田桑廢宅沒入者，公創之外，悉以分給貧民，皆使量其所能以受田分。如聞頃者，豪家富室，多占取公田，貴價僦稅，以與貧民，傷時害政，爲蠹已甚。自今公田悉不得假與豪家；已假者特聽不追。」〔註 42〕

　　到了十二月壬寅，詔曰：「古人云，一物失所，如納諸隍，未是切言也。朕寒心消志，爲日久矣，每當食投箸，方眠徹枕，獨坐懷憂，憤慨申旦，非爲一人，萬姓故耳。州牧多非良才，守宰虎而傅翼，楊阜是故憂憤，賈誼所以流涕。至於民間誅求萬端，或供廚帳，或供廄庫，或遣使命，或待賓客，皆無自費，取給於民。又復多遣遊軍，稱爲遏防，奸盜不止，暴掠繁多，或求供設，或責腳步。又行劫縱，更相枉逼，良人命盡，富室財殫。此爲怨酷，非止一事。亦頻禁斷，猶自未已，外司明加聽採，隨事舉奏。又復公私傳、屯、邸、冶，爰至僧尼，當其地界，止應依限守視；乃至廣加封固，越界分斷，水陸采捕，及以樵蘇，遂致細民措手無所。凡自今有越界禁斷者，禁斷之身，皆以軍法從事。若是公家創內，止不得輒自立屯，與公競作，以收私利。至百姓樵採以供煙爨者，悉不得禁。及以采捕，亦勿訶問。若不遵承，皆以死罪結正。〔註 43〕

〔註 41〕　《南史》卷七之《梁武帝紀中》。
〔註 42〕　《梁書》卷三《本紀第三》。
〔註 43〕　《梁書》卷三《本紀第三》。

梁武帝所說的「朕寒心消志，爲日久矣，每當食投箸，方眠徹枕，獨坐懷憂，憤慨申旦，非爲一人，萬姓故耳」，表現了他爲國爲民而憂愁的心理狀況。此中所言，當有美譽之嫌，但也的確展示了梁武帝勤政憂民之心。在這一段感人的句子中，最爲讓人動容的應該是「當食投箸，方眠徹枕」了。

2、棄　箸

棄，爲放棄。棄箸的言下之意，就是奮不顧身，

《南齊書》卷二十九《列傳第十》：盤龍方食，棄箸，馳馬奮槊，直奔虜陣，自稱「周公來！」虜素畏盤龍驍名，即時披靡。時奉叔已大殺虜，得出在外，盤龍不知，乃衝東擊西，奔南突北，賊眾莫敢當。

周盤龍（415～493），北蘭陵蘭陵人也。根據史書記載：「盤龍膽氣過人，尤便弓馬。泰始初，隨軍討赭圻賊，躬自鬥戰，陷陣先登。累至龍驤將軍，積射將軍，封晉安縣子，邑四百戶。元徽二年，桂陽賊起，盤龍時爲冗從僕射、騎官主、領馬軍主，隨太祖頓新亭，與屯騎校尉黃回出城南，與賊對陣，尋引還城中，合力拒戰。事寧，除南東莞太守，加前軍將軍，稍至驍騎將軍。昇明元年，出爲假節、督交廣二州軍事、征虜將軍、平越中郎將、廣州刺史，未之官，預平石頭。二年，沈攸之平，司州刺史姚道和懷貳被徵，以盤龍督司州軍事、司州刺史，假節、將軍如故。改封沌陽縣。太祖即位，進號右將軍。」〔註44〕

正是這樣的大將軍，能夠棄箸，馳馬奮槊，英勇殺敵。

3、罷　箸

罷箸，也是一種放下筷子，但其意義有主觀意象，就是心裏的不願意而採取的行動。

《南齊書》卷四十一《列傳第二十二》：建元初，爲長沙王參軍，後軍參軍，山陰令。縣舊訂滂民，以供雜使。顥言之於太守聞喜公子良曰：「竊見滂民之困，困實極矣。役命有常，只應轉竭，蹙迫驅催，莫安其所。險者或竄避山湖，困者自經溝瀆爾。亦有摧臂斫手，苟自殘落，販傭貼子，權赴急難。每至滂使發動，遵赴常促，輒有柤杖被錄，稽顙階垂，泣涕告哀，不知所振。下官未嘗不臨食罷箸，當書偃筆，爲之久之，愴不能已。交事不濟，不得不就加捶罰，見此辛酸，時不可過。山陰邦治，事倍餘城；然略聞諸縣，亦處

〔註44〕《南齊書》卷二十九《列傳第十》。

處皆躓。唯上虞以百戶一滂，大爲憂足，過此列城，不無凋罄。宜應有以普救倒懸，設流開便，則轉患爲功，得之何遠。」還爲文惠太子中軍錄事參軍，隨府轉征北。文惠在東宮，顒還正員郎，始興王前軍諮議。直侍殿省，復見賞遇。

4、輟箸

輟箸，是一種輕輕地放下的意思，可以表示一種情緒上的鬆弛。

《南史》卷二十七《列傳第十七》：子孚，有父風。嘗與侍中何勗共食，孚羹盡，勗云：「益殷蓴羹。」勗，司空無忌子也。孚徐輟箸曰：「何無忌諱。」孚位吏部郎，爲順帝撫軍長史。

孚，爲殷淳之子。殷淳，字粹遠，史書記載他性格上是「高簡寡言，早有清尙，愛好文義」，其子孚，「有父風」，即也有殷淳的性格特徵。一次與司空無忌的兒子何勗「共食」，殷孚的羹吃完了，何勗隨口說了句：「益殷蓴羹」。其中提及「殷」，也可以理解爲增加，但是這裏有個忌諱，不應該在姓殷的人前，提到殷字，有忌諱之嫌。但是殷孚卻很坦然，慢慢放下筷子，說了一句「何無忌諱」。

此話一語雙關，一是調侃何勗是司空無忌之子，言下之意，你是沒有忌諱的；二是認爲我殷孚是有忌諱的，與你是不同的。不過，其放下筷子的動作是慢慢地，很有分寸，既闡述了你我的不同，同時也十分尊重別人，以致他能夠步步高升，成爲「撫軍長史」。

輟箸，也可以表示一種痛楚。

《魏書》卷五十九《列傳第四十七》：寶夤之在淮堰，蕭衍手書與寶夤曰：謝齊建安王寶夤。亡兄長沙宣武王，昔投漢中，值北寇華陽，地絕一隅，內無素畜，外絕繼援，守危疏勒，計逾田單，卒能全土破敵，以弱爲強。使至之日，君臣動色，左右相賀，齊明帝每念此功，未嘗不輟箸咨嗟。及至張永、崔慧景事，大將覆軍於外，小將懷貳於內，事危累卵，勢過綴旒。亡兄忠勇奮發，旋師大峴，重圍累日，一鼓魚潰，克定慧景，功逾桓文。亡弟衛尉，兄弟戮力，盡心內外。

蕭寶夤，一作蕭寶寅，字智亮，南北朝時期北魏將領、南齊宗室，齊明帝第六子。蕭衍在給寶夤的書信裏，說到齊明帝對長沙宣武王的深切情感。齊明帝「每念此功，未嘗不輟箸咨嗟」，就直接體現了他的可信又無奈的複雜情緒。

五、放　箸

放箸，即放下筷子。

《南史》卷二十九《列傳第十九》：時帝將爲昭明太子納妃，意在謝氏。袁昂曰：「當今貞素簡勝，唯有蔡撙。」乃遣吏部尙書徐勉詣之，停車三通不報。勉笑曰：「當須我召也。」遂投刺乃入。天監九年，宣城郡吏吳承伯挾襖道聚眾攻宣城，殺太守朱僧勇，轉寇吳興，吏人並請避之。撙堅守不動，命眾出戰，摧破斬承伯，餘黨悉平。累遷吏部尙書，在選弘簡有名稱。又爲侍中，領秘書監。武帝嘗謂曰：「卿門舊尙有堪事者多少？」撙曰：「臣門客沈約、范岫各已被陞擢，此外無人。」約時爲太子少傅，岫爲右衛將軍。撙風骨鯁正，氣調英嶷，當朝無所屈讓。嘗奏用琅邪王筠爲殿中郎，武帝嫌不取參掌通署，乃推白牒於香橙地下，曰：「卿殊不了事。」撙正色俯身拾牒起，曰：「臣謂舉爾所知，許允已有前事；既是所知而用，無煩參掌署名。臣撙少而仕宦，未嘗有不了事之目。」因捧牒直出，便命駕而去，仍欲抗表自解。帝尋悔，取事爲畫。帝嘗設大臣餅，撙在坐。帝頻呼姓名，撙竟不答，食餅如故。帝覺其負氣，乃改喚蔡尙書，撙始放箸執笏曰：「爾。」帝曰：「卿向何聾，今何聰？」對曰：「臣預爲右戚，且職在納言，陛下不應以名垂喚。」帝有慚色。

第五節　時代特點

魏晉南北朝是個特殊的時期，社會動亂，但是思想活躍，新興門閥士夫階層的人格、思想、行爲極爲自信、風流、瀟灑，不講究物質，不拘泥禮節。他們獨立特行，喜歡雅集，在生活上不拘禮法，喝酒縱歌，清靜無爲，造就了這個時代特有的文化風貌。

一、不拘小節

關於這一點，在《北齊書》卷二十三《列傳第十五》就有記載：

瞻性簡傲，以才地自矜，所與周旋，皆一時名望。在御史臺，恒於宅中送食，備盡珍羞，別室獨餐，處之自若。有一河東人士姓裴，亦爲御史，伺瞻食，便往造焉。瞻不與交言，又不命匕箸。裴坐觀瞻食罷而退。明日，裴自攜匕箸，恣情飲噉。瞻方謂裴云：「我

> 初不喚君食，亦不共君語，君遂能不拘小節。昔劉毅在京口，冒請
> 鵝炙，豈亦異於是乎？君定名士。」於是每與之同食。

　　引文裏所說的瞻，是崔鷗的兒子。崔鷗，字長孺，清河東武城人，一表人才，狀貌偉麗，善於容止，少有名望，爲當時所知。崔鷗歷覽群書，兼有詞藻，自中興立後，迄於武帝，詔誥表檄，多鷗所爲」〔註45〕。

　　其子崔瞻，字彥通，聰明強學，有文情，善容止，神采嶷然，言不妄發。年十五，就被刺史高昂召署主簿，清河公岳辟開府西閣祭酒。

　　一次，魏耄靜帝於人日登雲龍門，崔瞻的父親崔棱陪同宴飲，又命崔瞻坐在孝靜帝近邊，也讓崔瞻作應詔詩，孝靜帝問邢邵等人道：「此詩與他父親作的詩相比怎麼樣？」眾人都說：「崔餃的詩博雅弘麗，崔瞻的詩格調清新，都可被稱爲詩人之冠。」宴會結束後，眾人共同感歎讚賞他們，都說：「今天的宴會是同時爲崔瞻父子舉辦的。」〔註46〕

　　可見，崔鷗、崔瞻父子的才華之高令人折服。

　　就是這樣一位才華橫溢的崔瞻，吃飯時不講究禮儀，對來看望他的人「不與交言，又不命匕箸」。氣得來訪的人，第二天只好自帶調羹與筷子。

　　歷史記載：崔瞻性情傲慢，因有才能和門第而自傲，所交往的都是當時有名望的人。在御史臺，一直由家中送飯，山珍海味齊備，在單間裏獨自用餐，處之自若。有一位河東人士姓裴，也是御史，等到崔瞻用餐的時候，便前去造訪。崔瞻不與他交談，也不讓人給他羹匙和筷子。裴御史便坐觀崔瞻吃完之後才告退。第二天，裴御史自帶匙筷，縱情吃喝。崔瞻此時才對裴御史說：「我起初不讓你吃飯，也不與你說話，於是你才能不拘小節。過去劉毅在京口，冒然地要求吃烤鵝，難道與你的做法有什麼不同嗎？你肯定是位名士。」於是每日與裴御史一起用餐。〔註47〕

〔註45〕　《北齊書》卷二十三《列傳第十五》。

〔註46〕　《北齊書》卷二十三《列傳第十五》：魏孝靜帝元善見以人日登雲龍門，其父鷗侍宴，又敕瞻令近御坐，亦有應詔詩，問邢邵等曰：「此詩何如其父？」咸云：「鷗博雅弘麗，瞻氣調清新，並詩人之冠。」宴罷，共嗟賞之，咸云：「今日之宴，並爲崔瞻父子。」

〔註47〕　《北史》卷二十四《列傳第十二》：瞻性簡傲，以才地自矜，所與周旋，皆一時名望。在御史臺，恒宅中送食，備盡珍羞；別室獨餐，處之自若。有一河東人士姓裴，亦爲御史，伺瞻食，便往造焉。瞻不與交言，又不命匕箸。裴坐觀瞻食罷而退。明日，自攜匕箸，恣情飲啖。瞻謂曰：「我初不喚君食，亦不共君語，遂能不拘小節。昔劉毅在京口，冒請鵝炙，豈亦異是？君定名士。」

魏晉南北朝時期的名士，都不講究循規蹈矩，而是十分有個性。他們追求的是那種率直任誕、清俊通脫的行為風格，飲酒、服藥、清談和縱情山水是魏晉時期名士所普遍崇尚的生活方式。崔瞻在吃飯的時候，也毫無客套而言，即使對他同僚也是如此，裴御史「自攜匕箸，恣情飲啖」，崔瞻反而覺得很好，認可這樣的行為。

二、傳說較多

民間傳說，即街頭巷尾流行的口頭傳聞，而這些傳聞一般都是根據真人真事來改變的，隨後人們對此進行添油加醋地加工，使之更加受到眾人的喜歡，進而成為一種相對固定的情節與內核，這樣就形成了民間傳說。

《新五代史》卷七十三《四夷附錄第二》：又北，狗國，人身狗首，長毛不衣，手捕猛獸，語為犬嗥，其妻皆人，能漢語，生男為狗，女為人，自相婚嫁，穴居食生，而妻女人食。云嘗有中國人至其國，其妻憐之使逃歸，與其箸十餘隻，教其每走十餘里遺一箸，狗夫追之，見其家物，必銜而歸，則不能追矣。」其說如此。

這裏的狗國，其實應該是一個以狗為圖騰的國家。只不過是當時的史書書寫者並不瞭解他們國家的真實情況，根據道聽途說而編纂的故事。其中最明顯的地方，就是：中國人誤入他們國度，狗妻為了幫助他逃出，給了他十餘隻筷子，並告訴說每走十里就丟下一隻筷子。狗夫追上來，看見自己家裏的筷子，就不會再去追逐了。

很顯然，這是一則民間傳說。所謂「其說如此」，更加表現出民間傳說的創作特徵。

在《南史》卷七十三《列傳第六十三孝義上》就可以看到民間傳說的另外一個側面：「蕭睿明，字景濟，南蘭陵人也。母病風，積年沈臥。睿明晝夜祈禱，時寒，睿明下淚為之冰如箸，額上叩頭血亦冰不溜。」〔註48〕

蕭睿明在母親病重的時候，不斷晝夜祈禱，當時天氣寒冷，他的眼淚都結了冰，好像筷子一樣。可見他的悲傷到何等程度。正是蕭睿明的行為感動上蒼，使得其母親得以康復：忽有一人以小石函授之，曰：「此療夫人病。」睿明跪受之，忽不見。以函奉母，函中唯有三寸絹，丹書為「日月」字，母

於是每與之同食。
〔註48〕亦載於《太平廣記·感應一·蕭睿明》。

服之即平復。〔註49〕

　　箸作爲形容詞，在魏晉南北朝時期已經存在。不過，在這裏要告知人們的是，一則地地道道的民間傳說。它不僅有積極的社會教育意義，而且在形式上也有了一定的發展，將眞實的人物故事與神奇的志怪串聯在一起，形成了具有時代特色與民族特點的民間傳說。

2015 年 5 月 9 日星期六

魏晉樂師且奏且飲圖中有兩雙筷子（嘉峪關魏晉墓磚畫）

拿著筷子的女僕（甘肅嘉峪關魏晉墓磚畫局部）

〔註49〕　《南史》卷七十三《列傳第六十三孝義上》。

河西魏晉十六國墓葬壁畫（考古學報 2014 年第 1 期）

朱然家族墓出土的漆碗、漆勺、漆匕

◎酒泉魏晉墓炊廚彩绘砖画

酒泉魏晉墓燒飯彩繪磚畫

六朝埋藏的廚師

395 紙畫墓主人生活圖

第三章　隋唐筷箸

　　隋朝上承南北朝、下啓唐朝重要的朝代。隋朝確立了三省六部制，制定出完整的科舉制度，弱化世族壟斷仕官的能力，還建立政事堂議事制度、監察制度、考績制度，這些都強化了政府機制，深刻影響到唐朝與後世的政治制度。

　　唐朝（618～907），中國封建社會強盛的大一統封建帝國，共二十一位皇帝。唐朝是當時科技、文化、經濟、藝術極其繁盛時期，其文化兼容並蓄，海內外交流頻繁，形成開放的多元的社會格局。

　　由於隋代存在的歷史較短，人們也常把其與唐朝合稱隋唐。

　　筷箸文化到了隋唐時期，有了一個大的飛躍，不僅是在材質方面有更大的擴展，而且在涉及筷箸文化的方方面面也越來越多。

第一節　另類筷箸

　　箸是吃飯工具，但是也不盡然，有時候會有其它用途。

一、樂　器

　　作為器樂的一部分，如萬寶常就會利用箸來敲擊產生悅耳的音樂。

　　《隋書》卷七十八《列傳第四十三》：萬寶常，不知何許人也。父大通，從梁將王琳歸於齊。後復謀還江南，事泄，伏誅。由是寶常被配為樂戶，因而妙達鍾律，遍工八音。造玉磬以獻於齊。又嘗與人方食，論及聲調。時無樂器，寶常因取前食器及雜物，以箸扣之，品其高下，宮商畢備，諧於絲竹，

大爲時人所賞。〔註1〕

　　據此翻譯現代漢語爲：萬寶常，不知是什麼地方的人。他的父親叫萬大通，隨梁將王琳歸順了北齊。後來企圖逃回江南梁朝，事情泄漏，被殺。因而，萬寶常被發配爲樂戶，也因此他精通音律，各種樂器都能精熟演奏。他自己曾製造了一組玉磬，獻給北齊皇帝。萬寶常曾和別人在一起吃飯，飯間討論起音調，當時現場沒有樂器，他就拿面前的餐具和其它雜物，用筷子敲擊，定其音調的高低，五音配齊，敲擊起來，和樂器一樣音調和諧，被當時的人大爲讚賞。但他歷事北周和隋朝，都沒能被提拔。

　　這段記載可以說明：萬寶常是個音樂奇才，有一次和人一起正吃著飯，談論到音樂的事，身邊沒有樂器，就隨手持筷在幾個食器上敲起來，居然諸音俱備，頗爲動聽，而且大爲「時人所賞」。可見，這種音樂受到歡迎的程度。

　　萬寶常雖然是一個普通藝人，但他對音樂的貢獻卻是超群的。到了隋文帝開皇初年，沛國公鄭譯等人主持確定樂曲的聲調，起初定爲聲音洪亮的黃鐘調。鄭譯等人也常常叫他來一起商量。後來，鄭譯等人的樂曲譜成功要演奏了，隋文帝叫萬寶常來，詢問他這首曲子可不可以，萬寶常說：「這是亡國之音，難道是陛下您該聽的聲調嗎！」隋文帝很不高興。萬寶常極力說明這種聲調表現了哀怨、淫邪、放肆的情緒，不是莊重的雅音，請求用水尺爲準，來調正樂器聲調。隋文帝採納了他的意見。萬寶常奉皇帝的命令，製造各種樂器，樂器的聲調都比鄭譯等人所定的調值降了兩個調。

　　萬寶常因其不凡的音樂才能，幫助宮廷製作音樂，遭到有些人的詬病與妒忌：太子洗馬蘇夔以擅長音律自命不凡，尤其嫉妒萬寶常。蘇夔的父親蘇威有權勢，因此凡是談論樂律的人，都附合蘇夔，而說萬寶常的壞話。萬寶常多次到達官貴人們那裏訴苦，蘇威因此責問萬寶常，問他的音律理論是從哪裏學來的。有一個和尚對萬寶常說：「皇帝平素喜歡有祥瑞徵兆的東西，只要聽到能表達吉祥的音樂，他就很高興，先生應該說你的樂理是從外族僧人那裏學來的，並說這是佛門菩薩親身所傳，皇帝一定會喜歡的。這樣，你所作的樂律就可以推行了。」萬寶常認爲這樣說對，就按和尚教的那樣來回答蘇威，蘇威聽了，勃然大怒，說道：「外族僧人所傳授的，是四周蠻夷的音樂，不應該在中原地區推行。」這事最後還是被擱置下來。萬寶常曾經聽太常寺演奏的樂曲，聽完之後，痛哭流涕。問他爲什麼哭，萬寶常說：「這樂聲淫厲

〔註1〕 《太平御覽・雅樂中》亦記載這樣的故事。

而悲哀，預示著天下將自相殘殺，並且人要被殺光。」當時全國形勢一片大好，聽到他說的這些話都認爲不會這樣。隋煬帝末年，他的話終於應驗了。

雖然萬寶常是個極其有音樂才華的人，晚年卻悲慘，他家裏很窮，且沒有兒子，他的妻子乘他臥病在床的時候，把家的東西洗劫一空後逃走了。萬寶常受寒挨餓，竟然被活活餓死。臨終之前，他把所著的書燒掉，還說：「留著這些幹什麼？」人們看見從火中搶救出幾卷，現在這些音樂還流傳在世上。人們談到此事時，還爲萬寶常而悲哀。〔註2〕

儘管萬寶常整個一生是個不幸的，但他是傑出的隋唐時期的音樂家，特別是他「因取前食器及雜物，以箸扣之，品其高下，宮商畢備，諧於絲竹」，這樣一種新的演奏方法，以及用箸敲擊之後所產生的優美音樂旋律，至今還依稀可以聽見。

關於萬寶常以箸敲擊而產生美妙的音樂的記載，在其它典籍中亦有。〔註3〕

〔註2〕　《隋書》卷七十八《列傳第四十三》：開皇初，沛國公鄭譯等定樂，初爲黃
　　　　鍾調。寶常雖爲伶人，譯等每召與議，然言多不用。後譯樂成奏之，上召寶
　　　　常，問其可不，寶常曰：「此亡國之音，豈陛下之所宜聞！」上不悅。寶常
　　　　因極言樂聲哀怨淫放，非雅正之音，請以水尺爲律，以調樂器。上從之。寶
　　　　常奉詔，遂造諸樂器，其聲率下鄭譯調二律。並撰《樂譜》六十四卷，具論
　　　　八音旋相爲宮之法，改弦移柱之變。爲八十四調，一百四十四律，變化終於
　　　　一千八百聲。時人以《周禮》有旋宮之義，自漢、魏巳來，知音者皆不能通，
　　　　見寶常特創其事，皆哂之。試令爲之，應手成曲，無所凝滯，見者莫不嗟異。
　　　　於是損益樂器，不可勝紀，其聲雅淡，不爲時人所好，太常善聲者多排毀之。
　　　　又太子洗馬蘇夔以鍾律自命，尤忌寶常。夔父威，方用事，凡言樂者，皆附
　　　　之而短寶常。數詣公卿怨望，蘇威因詰寶常，所爲何所傳受。有一沙門謂寶
　　　　常曰：「上雅好符瑞，有言徵祥者，上皆悅之。先生當言就胡僧受學，云是
　　　　佛家菩薩所傳音律，則上必悅。先生所爲，可以行矣。」寶常然之，遂如其
　　　　言以答威。威怒曰：「胡僧所傳，乃是四夷之樂，非中國所宜行也。」其事
　　　　竟寢。寶常嘗聽太常所奏樂，泫然而泣。人問其故，寶常曰：「樂聲淫厲而
　　　　哀，天下不久相殺將盡。」時四海全盛，聞其言者皆謂爲不然。大業之末，
　　　　其言卒驗。寶常貧無子，其妻因其臥疾，遂竊其資物而逃。寶常饑餒，無人
　　　　瞻遺，竟餓而死。將死也，取其所著書而焚之，曰：「何用此爲？」見者於
　　　　火中探得數卷，見行於世，時論哀之。

〔註3〕　《通典》卷一百四十三《樂三》：有萬寶常者，妙達鍾律，遍解八音。常與
　　　　人方食，論及聲調，時無樂器，因取前食器及雜物，以箸扣之，品其高下，
　　　　宮商畢備，諧於絲竹。文帝後召見，問鄭譯所定音樂可否，對曰：「此亡國
　　　　之音，豈陛下之所宜聞。」遂極言樂聲哀怨淫放，非雅正之音，請以水尺
　　　　爲律，以調樂器。上遂從之。遂造諸樂器，其聲率下於譯調二律。並撰樂
　　　　譜六十四卷，論八音旋相爲宮之法，改弦移柱之變。爲八十四調，百四十
　　　　四律，變化終於千八百聲。時人以周禮有旋宮之義，自漢魏以來，知音者

因此可以知道這是一個真實的人物，也是中國歷史上以筷子爲樂器的第一個代表性的人物。

二、箸替代籌

箸，不僅是吃飯工具，也可以是一種籌碼，因此常常用來作爲運籌的工具，或借來表達運籌帷幄的說法。

借箸，比喻從旁爲人出主意，計劃事情。這個典故源於《史記・留侯世家》：「請借前箸以籌之」。也稱借箸代籌，到了唐代，依然延續這樣的說法「借前箸以籌之」。

《舊唐書》卷九十四《列傳第四十四》：今之所以稅關市者，何也？豈不以國用不足，邊寇爲虞，一行斯術，冀有殷贍然也！微臣敢借前箸以籌之。

這是崔融向皇帝勸諫書：「時有司表稅關市，融深以爲不可」，而發表的一番見解：今天之所以珍獸關稅，爲什麼呢？難道不是因爲國力不濟，邊境有敵寇嗎？一旦實現這種關稅，希望與更多的補充。微臣我膽敢「借前箸以籌之」，說說我的看法。

只要皇帝，「御玄籙，沈璧於洛，刻石於嵩，鑄寶鼎以窮奸，坐明堂而布政，神化廣洽，至德潛通」。就會使得「東夷暫驚，應時平殄；南蠻才動，計日歸降。西域五十餘國，廣輸一萬餘里，城堡清夷，亭埤靜謐。比爲患者，唯苦二蕃。今吐蕃請命，邊事不起，即目雖尙屯兵，久後疑成馳柝。獨有默啜，假息孤恩，惡貫禍盈，覆亡不暇。」〔註4〕很顯然，這是爲崔融不贊成施行關稅的一段說辭。很幸運的是，這個建議，被武則天所採納了。〔註5〕

崔融（653～706），字安成。唐代齊州全節（今濟南市章丘市）人。初，應八科舉擢第。累補宮門丞，兼直崇文館學士。中宗在春宮，制融爲侍讀，兼侍屬文，東朝表疏，多成其手。據說武則天，可見他寫的《啓母廟碑》，大加讚賞。〔註6〕

這裏的「借前箸以籌之」，顯然亦是箸的另外用法。

皆不能通，見寶常特創其事，皆哂之。至是，試令爲之，應手成曲，無所凝滯，見者莫不嗟異。於是損益樂器，不可勝紀，其聲雅淡，不爲時所好，太常善聲者多排毀之。

〔註4〕　《舊唐書》卷九十四《列傳第四十四》。
〔註5〕　《舊唐書》卷九十四《列傳第四十四》。
〔註6〕　《舊唐書》卷九十四《列傳第四十四》。

第二節　箸之禮儀

一、儀式上的筷子

　　唐朝婚禮中需要擺放有筷子，在皇宮裏的婚禮只是更氣派更儀式化而已。

　　《新唐書》卷十八《志第八・禮樂八》：同牢之日，內侍之屬設皇后大次於皇帝所御殿門外之東，南向。將夕，尚寢設皇帝御幄於室內之奧，東向。鋪地席重茵，施屏障。初昏，尚食設洗於東階，東西當東霤，南北以堂深。後洗於東房，近北。設饌於東房西墉下，籩、豆各二十四，簋、簠各二，登各三，俎三。尊於室內北牖下，玄酒在西。又尊於房戶外之東，無玄酒。坫在南，加四爵，合卺。器皆烏漆，卺以匏。皇后入大門，鳴鐘鼓。從永巷至大次前，回車南向，施步障。尚儀進，當車前跪請降車。皇后降，入次。尚宮引詣殿門之外，西向立。尚儀跪奏「外辦，請降坐禮迎」。皇帝降坐，尚宮前引，詣門內之西，東面揖後以入。尚食酌玄酒三注於尊，尚寢設席於室內之西，東向。皇帝導後升自西階，入室即席，東向立。皇后入，立於尊西，南面。皇帝盥於西洗，後盥於北洗。饌入，設醬於席前，菹醢在其北；俎三設於豆東，豕俎特在北。尚食設黍於醬東，稷、稻、粱又在東；設棜湆於醬南。設後對醬於東，當特俎，菹醢在其南，北上；設黍於豕俎北，其西稷、稻、粱，設湆於醬北。尚食啓會卻於簠簋之南，對簠簋於北，加匕箸，尚寢設對席於饌東。尚食跪奏「饌具」。皇帝揖皇后升，對席，西面，皆坐。尚食跪取韭擩醢授皇帝，取菹擩醢授皇后，俱受，祭於豆間。尚食又取黍實於左手，遍取稷、稻、粱反於右手，授皇帝，又取黍、稷、稻、粱授皇后，俱受，祭於豆間。又各取鶯絕末授帝、后，俱祭於豆間。尚食各以鶯加於俎。司飾二人以巾授皇帝及皇后，俱帨手。尚食各跪品嘗饌，移黍置於席上，以次授鶯脊，帝、后皆食，三飯，卒食。尚食二人俱盥手洗爵於房，入室，酌於尊，以授帝、后，俱受，祭。尚食各以肝從，皆奠爵、振祭、嚌之。尚食皆受，實於俎、豆。各取爵，皆飲。尚儀受虛爵，奠於坫。再酳如初，三酳用卺，如再酳。尚食俱降東階，洗爵，升，酌於戶外，進，北面奠爵，興，再拜，跪取爵祭酒，遂飲卒爵，奠，遂拜，執爵興，降，奠於篚。尚儀北面跪，奏稱：「禮畢，興。」帝、后俱興。尚宮引皇帝入東房，釋冕服，御常服；尚宮引皇后入幄，脫服。尚宮引皇帝入。尚食徹饌，設於東房，如初。皇后從者餕皇帝之饌，皇帝侍者餕皇后之饌。

　　同牢，古代婚禮中，新夫婦共食一牲的儀式。在這一天，要舉行一連串的繁文縟節的婚禮，在這些皇帝與皇后的儀式過程中，其中與筷箸直接相關的禮節就是，在簠簋的北面，擺放匕箸。簠、簋，兩種盛黍稷稻梁之禮器，借指酒食、筵席。或者也可以說，筷子是皇帝與皇后結婚的一個重要儀式的一部分。

　　在《通典》也記載了開元時王與妃進行嘉禮，需要有進行儀式的「掌者」給他們授箸的情形：「王揖妃，妃即對席西面，皆坐。贊者皆授箸，各以菹擩於醢，皆祭於豆間。」〔註7〕

　　如果是皇太子納妃的時候，則沒有箸的細節。「同牢之日，司閨設妃次於閤內道東，南向。設皇太子御幄於內殿室內西廂，東向。設席重茵，施屏障。設同牢之席於室內，皇太子之席西廂，東向，妃席東廂，西向。席間量容牢饌。設洗於東階東南，設妃洗於東房近北。饌於東房西墉下，籩、豆各二十，簠、簋各二，鉶各三，瓦登一，俎三。」〔註8〕

　　這裏，在簠簋之下有「加匕箸」的內容，而只說「簠、簋各二」，其中道理未可知曉，但肯定有其緣由。《新唐書》雖是歐陽修、宋祁等人修撰，不會忘記唐朝皇太子納妃的基本禮儀，唯一的可能就是在唐代皇太子納妃時進行同牢的禮儀裏，就沒有擺放筷子的儀式。

　　通過皇帝納皇后與皇太子納妃的禮儀比較中，可以看出筷子的地位。只有在皇帝納皇后的儀式中，有「加匕箸」的禮儀，而在皇太子納妃的時候卻沒有「加匕箸」的重要擺放，或許說明兩者之間的地位完全不同。前者有匕箸，表示尊崇，而後者沒有匕箸的設置，恰恰證明了尊卑上下的不同的身份及其地位。

　　同樣在在親王納妃的禮節中，也要施行「加匕箸」禮儀，是對父母尊敬的一種表示，其實也是對長輩的尊崇。

　　《新唐書》卷十八《志第八‧禮樂八》：「盥饋。舅、姑入於室，婦盥饋。布席於室之奧，舅、姑共席坐，俱東面南上。贊者設尊於室內北墉下，饌於房內西墉下，如同牢。牲體皆節折，右載之於舅俎，左載之於姑俎。婦入，升自西階，入房，以醬進。其它饌，從者設之，皆加匕箸。俎入，設於豆東。贊者各授箸，舅、姑各以籩菹擩於醬，祭於籩、豆之間，又祭飯訖，乃食。

〔註7〕　《通典》卷一百二十九《禮八十九‧開元禮纂類二十四‧嘉禮八》。
〔註8〕　《新唐書》卷十八《志第八‧禮樂八》。

三飯，卒食。」

　　盥饋，即侍奉長者、尊者盥洗及進膳食。《儀禮・士昏禮》：「舅姑入於室，婦盥饋。」這是親王納妃時候說進行的婚禮儀式，要對親王父母行盥饋之禮。這是一套有程序的祭拜儀式。在這樣的儀式上，用的牲口和甜酒就要擺放菜肴，給來參加的人設置筷子和調羹，放祭品的俎進入之後，再設豆這樣的器物，主持禮儀的人各自給新郎的父母一雙筷子，新郎父母就用筐裏的菜蘸上醬汁，放在籩豆之間，再盛上飯祭祀，結束後就可以吃了，三碗之後，就停止進食。

　　在這裏，筷子成為必要的祭祀和吃飯的用具。

　　在一品官員以下的婚禮中，同樣有授筷的禮儀。

　　根據《通典》卷一百二十九《禮八十九・開元禮纂類二十四・嘉禮八》記載：一品以下見舅姑儀：質明，贊者見婦於舅姑，立於寢門外。贊者布舅席於東序，西向；布姑席於戶外之西，南向。舅姑俱即席坐。婦執笲棗栗自門外入，升自西階，東面再拜，進，跪奠於舅席前。舅撫之，贊者進徹以東。婦退復東面位，又再拜，降自西階。受笲腵修。婦從者執俟於階下。升，進，北面再拜，進，跪奠於姑席前。姑撫之，內贊者徹以東。婦退復北面位，又再拜。贊設婦席於室戶西，南面，在姑席之西，少北。側樽甒醴於房內東壁下，加勺冪；籩豆各一實以脯醢，在樽北。設洗於東房近北，罍水在洗西，篚在洗東，北肆，篚實以觶、巾、角柶各一，加冪。婦立於席西，南面。內贊者盥手洗觶，酌醴，加柶，面柄，出房詣婦席前，北面立。婦進，東面拜，受，退復位。內贊者西階上北面拜送。內贊薦脯醢於席前。婦升席坐，左執觶，右取脯，擩於醢，祭於籩豆之間，以柶祭醴三，始扱一祭，又扱再祭，加柶於觶，面葉，興，降席西，東面坐，啐醴，建柶，興，拜。內贊者答拜。婦進，升席，跪奠觶於豆東，取脯，降自西階以出，授婦氏，從入於寢門外。婦盥饋儀：舅姑入於室，婦盥饋。贊者布席於室之奧，舅姑共席坐，俱東面，南上。贊者設樽於室內北墉下，饌於房內西墉下，具饌如同牢，牲體皆節折，右載之於舅俎，左載之於姑俎。婦入，升自西階，入房，以醬進設於舅姑席前。其它饌從者設之。加匕箸，俱以南為上。俎入，各設於豆東訖，贊者各授箸。舅姑各以韭菹擩於醬，祭於籩豆之間，又祭飯訖，乃食。三飯卒食。婦入於房，盥手洗爵，入室，酌酒酳舅，進奠爵於舅席前少東，西面再拜。舅取爵，祭酒，飲之。婦受爵，出戶入房，奠於篚。又盥洗爵，酌酒酳姑，

如酳舅之禮。設婦席於室內北墉下樽東，南面。婦徹饌，設於席如初，西上。婦親徹醬設之，其它從者設之。婦進，西面再拜，退，升席南向坐。將餕，舅辭，命易醬，內贊者易之，婦乃餕姑饌。婦祭，內贊者助之。既祭乃食，三飯卒食。內贊者洗爵，酌酒酳婦。婦降席，西面再拜，受爵，升席坐，祭酒，飲訖，執爵興，降席東，南面立。內贊者受爵，奠於篚。婦進，西面再拜。舅姑先降自西階，婦降自阼階。凡庶子婦，舅姑不降，而婦降自西階以出。

在這些繁文縟節的一系列儀式裏，清楚地看到有「加匕箸」的存在，與王族的納妃儀禮也相同之處。

根據唐代禮儀規定，皇太子進行祭祀活動，同樣需要司饌者做好一切祭品之後，還要爲他們準備匕箸。

《通典》卷一百二十七《禮八十七・開元禮纂類二十二・嘉禮六》：皇太子揖妃以入。司閨前引升自西階，姆從升，執扇燭者陳於東西階內。皇太子即席東向立，妃即席西向立。司饌進詣階間，北面跪奏稱：「司饌妾姓言，請具牢饌。」興。司則承令曰諾。司饌帥其屬升，奉饌入設於皇太子及妃座前。醬在席前，菹醢在其北，俎三入陳於豆東，豕俎特於俎北。司饌設黍於醬東，稷在東，設湆於醬南。設對醬於東，菹醢在其南，北上。設黍於豕俎北，其西稷、稻、粱。設湆於醬北。司饌啓會，卻於簋簠之南，對簋簠於北，各加匕箸。設訖，司饌北面跪奏：「饌具。」興。

在親王納妃的嘉禮中，在納采、問名、納吉、納徵、請期、親迎之後，有個同牢儀式，筷子往往成爲重要的餐具。

《通典》卷一百二十九《禮八十九・開元禮纂類二十四・嘉禮八》：

> 贊者以饌入設於席前。贊者設醬於席前，菹醢在其北。俎三入設於豆東，臘特於豆北。（豆東，菹醢之東。）設黍於醬東，稷、稻、粱在東，設湆於醬南。設對醬於東，（對醬，婦醬也。設之當特俎。）菹醢在其南，北上。設黍於臘北，其西稷、稻、粱。設湆於醬北。司饌啓會，卻於簋簠之南，對簋簠於北，（啓，發也。）皆加匕箸。王從者對席於饌東。贊者西南面告：「饌具。」王揖妃，妃即對席西面，皆坐。贊者皆授箸，各以菹擩於醢，皆祭於豆間。

這裏是同牢儀式的一部分，首先要將筷子放置在祭品中，然後當王與妃坐定之後，贊者要給他們「授箸」，讓他們夾起酸菜黏上肉醬來進行祭祀。

除了喜事需要放置筷子，即使是在辦理喪事的時候，也有筷子來表示祭奠、哀悼之情。

唐代有一種祭禮，要在棺材裏，要放置筷子。

《通典》卷八十六《禮四十六・沿革四十六・凶禮八》：飾棺衣以布，玄上纁下。畫帷荒雲氣，不爲龍。等帷易布以紺繒。池以象承霤，以竹爲籠，如今車等，帷以青絹代布。紐，玄纁二。其明器：憑几一，酒壺二，（受六升，冪以功布。）漆屛風一，三穀三器，（粳、黍、稷，灼而乾。）瓦唾壺一，脯一篋，（以三牲之肉爲一，代苞俎，所遣奠之俎爲藏物也。）屨一，瓦樽一，屐一，瓦杯盤杓杖一，瓦燭盤一，箸百副，瓦盒一，瓦竈一，瓦香爐一，釜二，枕一，瓦甒一，手巾贈幣玄三纁二，博充幅，長尺，瓦爐一，瓦鹽盤一。」

這裏，可以知道棺木裏隨葬的物品中就有筷子，而且有「百副」之多，可見筷子在人們觀念中有多麼重要。

二、不遵守規矩則被處罰

在唐代，筷子禮儀是要遵守的，然而，一旦有人不遵守筷子的禮儀，則會被斥責，哪怕你是皇家公主也會得到如此的下場。

《新唐書》卷八十三《列傳第八・諸帝公主》：廣德公主，下嫁於琮。初，琮尚永福公主，主與帝食，怒折匕箸，帝曰：「此可爲士人妻乎？」更許琮尚主。〔註9〕琮爲黃巢所害，主泣曰：「今日誼不獨存，賊宜殺我！」巢不許，乃縊室中。主治家有禮法，嘗從琮貶韶州，侍者才數人，卻州縣饋遺。凡內外冠、婚、喪、祭，主皆身答勞，疏戚咸得其心，爲世聞婦。

廣德公主，唐宣宗李忱之女，母元昭皇后晃氏。下嫁給於琮。開始，是唐宣宗李忱之女永福公主許配於琮。一次永福公主與唐宣宗吃飯時候，很不高興，將筷子折斷。唐宣宗說：這樣怎能成爲士大夫的妻子呢？就將其更嫁於琮。

關於廣德公主還有一則故事，當時宣宗正選士大夫尚公主，鄭顥就對於琮說：「你才華出眾，但太過不拘小節，才被眾人詆毀壓抑。去應徵駙馬吧。」

〔註9〕《資治通鑒》卷第二百四十九亦有記載：夏，四月，辛卯，以校書郎於琮爲左拾遺內供奉。初，上欲以悰尚永福公主，既而中寢。宰相請其故，上曰：「朕近與此女子會食，對朕輒折匕箸。性情如是，豈可爲士大夫妻！」乃更命悰尚廣德公主。二公主皆上女。琮，敖之子也。

於琮答應了。皇家很快答應了婚事，打算讓永福嫁給他。並讓於琮連連陞官，先是秘書省校書郎、右拾遺，賜緋，又升左補闕，賜紫。突然，宣宗下旨，這門婚事取消。宰相問爲什麼，宣宗說：「我這個女兒，前幾天和我一起吃飯，在我面前就敢因爲一點小事把筷子折了，這樣的性情，恐怕不能做士大夫的妻子。」結果，把廣德公主嫁給了許琮。〔註10〕

據記載，廣德公主十分賢德。孫棨《北里志‧俞洛眞》：「於公琮尙廣德公主，宣宗子也，頗有賢淑之譽。」她不僅賢淑，而且果敢，看到於琮被害，果斷了結自己的生命。《舊唐書‧列傳九十九》：黃寇犯京師，僖宗（唐僖宗）出幸，琮病不能從。既僭號，起琮爲相。琮以疾辭。迫脅不已，琮曰：「吾病亟矣，死在旦夕。加以唐室親姻，義不受命，死即甘心。」竟爲賊所害，而赦公主。主視琮受禍，謂賊曰：「妾李氏女也，義不獨存，願與於公並命。」賊不許，公主入室自縊而卒。

在這場婚姻中，或許可以說「匕箸」，是一重要的婚姻媒介。永福公主「怒折匕箸」而導致她與於琮的婚姻就此中斷，於琮就因此得到美麗賢惠的廣德公主，這中間，就是因爲永福公主不懂筷箸禮儀，居然當作唐宣宗的面，「怒折匕箸」，才到手的婚姻卻離她而去了。

第三節　判　斷

判斷是對思維對象有所肯定或有所否定的一種思維形式。

筷箸文化的判斷是多種多樣，其含義也各不相同。

一、辨別是否爲逃兵

《新唐書》卷一百七十《列傳第九十五‧二高伊朱二劉范二王孟趙李任張》：劉闢反，宰相杜黃裳薦其才，詔檢校工部尙書、左神策行營節度使。俾統左右神策、麟遊奉天諸屯兵討闢。時顯功宿將，人人自謂當選，及詔出，皆大驚。始，崇文選兵五千，常若寇至。至是，卯漏受命，辰已出師，器良

〔註10〕　《新唐書》卷一百四《列傳第二十九‧于高張》：琮字禮用，落魄不事事，以門資爲吏，久不調，駙馬都尉鄭顥獨器之。宣宗詔選士人尙公主者，顥語琮曰：「子有美才，不飾細行，爲眾毀所抑，能爲之乎？」琮許諾。中書舍人李潘知貢舉，顥以琮託之，擢第，授左拾遺。初尙永福公主，主未降，食帝前，以事折匕箸，帝知其不可妻士大夫，更詔尙廣德公主。

械完，無一不具。過興元，士有折逆旅匕箸者，即斬以徇。乃西自閬中出，卻劍門兵，解梓潼之圍，賊將邢泚退守梓州。詔拜崇文東川節度使。〔註11〕

劉辟爲西川節度使韋皋的手下，韋皋死後，劉闢自立爲留後，通過宰相黃裳薦舉後，當了節度使。元和元年（公元 806 年）正月二十三日，唐憲宗命左神策行營節度使高崇文、神策京西行營兵馬使李元奕、山南西道節度使嚴礪共同出兵討伐劉闢。皇帝詔書未下達時，將軍們人人摩拳擦掌，義憤填膺，然而詔書一出，均大驚失色。高崇文挑選精兵五千，時刻準備敵寇入侵。訓練士兵，卯時受到命令，辰時就可出發。帶著武器精良。到了公元 784 年（興元）之後，即刻發兵，此時士兵如果「有折逆旅匕箸者」，即以叛逃斬殺而論罪。過了閬中，殺退了劍門的敵兵，解放了梓潼，賊將邢泚退守梓州。皇帝發詔書，任命高崇文爲東川節度使。

根據古籍記載：高崇文，字崇文。其先自渤海徙幽州，七世不異居，開元中，再表其閭。崇文性樸重寡言，少籍平盧軍。貞元中，從韓全義鎮長武城，治軍有聲。〔註12〕此處可見，高崇文是個很會帶兵打仗的將領。

在打敗劉闢的過程中，軍令如山，對叛逃的兵士毫不留情，這就是文中所說的「有折逆旅匕箸者，即斬以徇」。除此之外，這裏還告訴我們一個重要的信息，那就是唐代士兵行軍打仗，隨身帶著匕箸。如果帶著匕箸而折逆的士兵肯定是逃兵，這樣的話，必須要殺無赦，否則會動搖軍心，以至於全軍潰敗。如果是連身上帶著的匕箸都無法保全，那一定是進行一番廝殺之後的情景，應該不會是逃兵。從以上這兩種情形來看，足見匕箸對人的判斷價值。

二、判斷是否國家興廢

從象牙筷來判斷國家的興盛敗落，乃至國君的勤儉還是奢華的重要標

〔註11〕《舊唐書》卷一百五十一《列傳第一百一》亦有類似的記載：永貞元年冬，劉闢阻兵，朝議討伐，宰臣杜黃裳以爲獨任崇文，可以成功。元和元年春，拜檢校工部尚書、兼御史大夫，充左神策行營節度使，兼統左右神策、奉天麟遊諸鎮兵以討闢。時宿將專征者甚眾，人人自謂當選，及詔出大驚。崇文在長武城，練卒五千，常若寇至。及是，中使至長武，卯時宣命，而辰時出師五千，器用無闕者。軍至興元，軍中有折逆旅之匕箸，斬之以徇。西從閬中入，遂卻劍門之師，解梓潼之圍，賊將邢泚遁歸。屯軍梓州，因拜崇文爲東川節度使。先是，劉闢攻陷東川，擒節度使李康；及崇文克梓州，乃歸康求雪己罪，崇文以康敗軍失守，遂斬之。

〔註12〕《新唐書》卷一百七十《列傳第九十五·二高伊朱二劉范二王孟趙李任張》。

誌，這是自從商紂王以來，各種朝代所一直關注的焦點。

《新唐書》卷一百一十二《列傳第三十七・王韓蘇薛王柳馮蔣》：開元中，轉殿中侍御史，監嶺南選。時市舶使、右威衛中郎將周慶立造奇器以進，澤上書曰：「『不見可欲，使心不亂，是知見可欲而心必亂矣。慶立雕製詭物，造作奇器，用浮巧爲珍玩，以譎怪爲異寶，乃治國之巨蠹，明王所宜嚴罰者也。昔露臺無費，明君不忍；象箸非大，忠臣憤歎。慶立求媚聖意，搖蕩上心。陛下信而使之乎，是宣淫於天下；慶立矯而爲之乎，是禁典之所無赦。陛下新即位，固宜昭宣菲薄，廣示節儉，豈可以怪好示四方哉！」書奏，玄宗稱善。歷遷太子右庶子。爲鄭州刺史，未行，卒，贈兵部侍郎。

柳澤，蒲州解人，耿介少言笑，風度方嚴。開元時，市舶使、右威衛中郎將周慶立造奇器以進貢給新登基的唐玄宗。柳澤知道，立刻上書，認爲：周慶立「雕製詭物，造作奇器，用浮巧爲珍玩，以譎怪爲異寶，乃治國之巨蠹」，這應該是「明王所宜嚴罰」的人。這些奇器，猶如象箸，雖然不大，但是忠臣憤歎。周慶立「求媚聖意，搖蕩上心」，特別是在你唐玄宗上位不久，應該「昭宣菲薄，廣示節儉」。唐玄宗聽了稱善，還對柳澤進行封官加爵。

這裏的象箸作爲一個腐敗、奢華的代名詞，所以唐玄宗立馬認識到這一點，同意了柳澤的建議。

關於象箸爲鑒的記載在唐朝有不少。

《新唐書》卷二百一《列傳第一百二十六・文藝上》：

> 初，帝即位，直中書省張蘊古上《大寶箴》，諷帝以民畏而未懷，其辭挺切，擢大理丞。偃又獻《惟皇誠德賦》，其序大略言：「治忘亂，安忘危，逸忘勞，得忘失，四者人主莫不然。桀以瑤臺爲麗，而不悟南巢之禍；殷辛以象箸爲華，而不知牧野之敗。是以聖人處宮室則思前王所以亡，朝萬國則思己所以尊，巡府庫則思今所以得，視功臣則思其輔佐之始，見名將則思用力之初，如此則人無易心，天下何患乎不化哉？旦行之堯、舜，暮失之桀、紂，豈異人哉？」
> 其賦蓋規帝成功而自處至難云。

張蘊古，相州洹水人，生年不詳。性聰敏，博涉群書，善綴文，強記憶，尤曉時務，爲州閭所稱。唐太宗初即位，他獻上《大寶箴》以諷。太宗嘉之，賜束帛，除大理丞。不久，謝偃又獻上《惟皇誠德賦》，其序中就寫道，桀因爲瑤臺而倒臺，紂王由於象箸而失敗，這樣的歷史教訓不應該輕易忘記的。

　　謝偃，衛縣人也，本姓直勒氏。他敢於勸諫，深得唐太宗的賞識。在《舊唐書》卷一百九十上《列傳第一百四十·文苑上》中也有謝偃上獻《惟皇誠德賦》以申諷的記載：「臣聞理忘亂，安忘危，逸忘勞，得忘失。此四者，人君莫不皆然。是以夏桀以瑤臺璿室爲麗，而不悟鳴條南巢之禍；殷辛以象箸玉杯爲華，而不知牧野白旗之敗。」

　　無論是《新唐書》還是《舊唐書》，在謝偃呈獻《惟皇誠德賦》時的文字有所不同，但都有關於象箸的例證，其相同而根本的要點，就在於勸告帝皇不要玩物喪志，不要因爲奢侈而喪失國家。

　　這種預判在很多人的著作中都有，不贅。〔註13〕

三、判斷即將被殺

　　謠讖是中國一種獨特的歷史文化現象，屬於政治預言。在史籍上都有記載，是民間流傳的神秘現象，特別是兒童口中唱出來的謠諺，更加富有預言性質，成爲被政治家、方士以及儒生所利用的對象。這些打著兒童謠諺的旗號，以吸引公眾的注意，引起他們對現實的不滿與對未來運勢的預判。

　　《新唐書》卷三十五《志第二十五·五行二》：德宗時，或爲詩曰；「此水連涇水，雙眸血滿川，青牛逐朱虎，方號太平年。」近詩妖也。朱泚未敗前兩月，有童謠曰：「一隻箸，兩頭朱，五六月，化爲胆。」〔註14〕

　　這首童謠就對朱泚的命運做了預判。朱泚，生於742年，卒於784年，幽州昌平（今北京昌平南）人，唐朝先後任命他爲隴右節度使、鳳翔節度使等要職。建中四年（783），朱泚自立爲帝，國號秦，年號應天。興元元年（784），改國號爲漢，年號天皇。不久，李晟收復長安，朱泚逃往涇州，因涇原節度使田希鑒閉門不納，只得繼續西逃。在逃到彭原西城屯時，被部將殺死，時年四十三歲。

　　「一隻箸，兩頭朱」，所要表達的是兩層意思：一、眞實意義：唐代的筷子還可能是紅色的，頭和尾都塗有紅漆。否則就不會有這樣的比興出現。二、象徵意義，即以紅色的筷子來表示朱泚姓朱。這裏表示做皇帝的是朱泚，最

〔註13〕《柳宗元文集》卷十四：厥萌在初，何所意焉？（王逸曰：言賢者預見施行萌芽之端，而知其存亡善惡之所終，非虛意也。）璜臺十成，誰所極焉？（王逸曰：璜，石次玉者也。言紂作象箸而箕子怖，預知象箸必有玉杯，玉杯必盛熊蹯豹胎，如此，則必崇廣宮室。紂果作玉臺十重，糟丘酒池，以至於亡也。）

〔註14〕又見《雜辭》卷八百七十八。

後被殺的也是朱泚。

這個謠讖早在「朱泚未敗前兩月」前就有傳唱，可見其有很大的神秘性。同時也預示著朱泚的必然倒臺，最後其被殺的時間就是五六月之後。

四、判斷貞烈

如果一個女子擔憂母親病情，不吃飯，就連看也不看筷子一眼，應該可以判斷這個女子是一個孝女，從社會道德層面來說，也可以稱之爲烈女。

《新唐書》卷二百五《列傳第一百三十・列女》：李孝女者，名妙法，瀛州博野人。安祿山亂，被劫徙它州。聞父亡，欲間道奔喪，一子不忍去，割一乳留以行。既至，父已葬，號踊請開父墓以視，宗族不許。復持刀刺心，乃爲開。見棺，舌去塵，發治拭之。結廬墓左，手植松柏，有異鳥至。後，母病，或不食飲，女終日未嘗視匕箸，及亡，刺血書於母臂而葬，廬墓終身。

這位李孝女，在安史之亂中受盡磨難，先是自己被劫持到其它地方，又聽說父親身亡，奔喪途中，不忍兒子挨餓，割下一乳。等趕到時候，父已葬，意欲開館，族人不許，她以刀刺心相逼，見棺之後重新埋葬，再結廬守靈。後來母親生病，她十分擔憂，整天悶悶不樂，不想吃飯。所謂「終日未嘗視匕箸」，則將其痛苦的心情表露得淋漓盡致。

就是這樣一句「終日未嘗視匕箸」，就將烈女的形象展示在人們的面前。《新唐書》把她列爲烈女，當是毫無爭議的。

第四節　特　點

在隋唐，筷子文化有自己的特點。

一、筷子成爲貢品

據記載，筷子曾經是巴蜀地區進貢的對象之一。

《新唐書》卷四十二《志第三十二・地理六》：合州巴川郡，中。本涪陵郡，天寶元年更名。土貢：麩金、葛、桃、竹箸、雙陸子、書筒、橙、牡丹、藥實。戶六萬六千八百一十四，口七萬七千二百二十。

巴蜀地區人口眾多，且有各種各樣的土特產，因此成爲「土貢」產品，而在這些產品中，竹箸就是其中的一部分。

在此，可見筷子雖然很小卻成為貢品，其意義有二：一是巴蜀的竹製的筷子是很不錯的土特產；二是朝廷裏需要這樣的東西。由於這兩者原因，筷子才被列入地方政府進貢的名錄。

二、銀筷子多

箸大多是以竹、木等材料製成，但到了隋唐時期開始盛行使用貴金屬製成的箸。

在考古中，不斷地發現隋唐時期的銀箸。這些銀筷子的出現，可能和陪葬習俗有很大關係。從唐代出土大量的銀箸來看，筷箸在魏晉南北朝的階段有了很大的發展，在魏晉以前出土的多為竹木箸、牙骨箸和銅箸，而隋代長安李靜訓墓出土的一雙銀箸。長 29 公分，兩頭細、中間粗，這是迄今為止考古發現的我國最早銀箸。

唐代銀箸形狀多為首粗足細，箸首開始出現了一些裝飾，有的鏤刻為螺旋蓮花形，有的打製成葫蘆形，還有的鏨刻有文字。據稱唐人向範待客時有「漆花盤、科斗箸、魚尾匙」，所謂「科斗箸」，應該就是指箸首的裝飾性形狀說的。〔註15〕

唐代出土的銀箸，不但數量多，而且箸也長，最長者竟有 33.1 公分。這與唐代的冶煉技術的發展有很大的關係，一是銀子相對冶煉比較容易，而是銀子雖為貴重金屬，但其價格遠低於金。這樣一來，銀製的筷子就出現在官宦、及有錢人家，他們不敢使用金子來製作筷子，只好用銀子來製作用餐工具，這樣銀筷就自然地不斷出現在他們的餐桌上了。

三、筷子表彰功臣

用筷子來表彰功臣，是從唐代開始的。

《開元天寶遺事》有一則故事稱，宋璟任宰相時，深得朝野敬重，在一次春天皇宮的宴會上，玄宗將一雙金箸賜給了他。按照慣例，得到皇帝賜物之後，首先應該表示感謝，但是宋璟對玄宗賜箸的寓意並不十分清楚，所以沒有貿然陳謝，玄宗說：「所賜之物，非賜汝金，蓋賜卿之箸，表卿之直也。」表明這一時期的箸還有「正直」的含義。〔註16〕

〔註15〕 參考吳玉貴《中國風俗通史‧隋唐卷》，上海文藝出版社 2001 年版。
〔註16〕 《開元天寶遺事》：「宋璟為宰相，朝野人心歸美焉，時春御宴，帝以所用金

　　唐代是砂金的淘採。劉禹錫《浪淘沙》寫道：「日照澄州江霧開，淘金女伴湧江隈，美人首飾侯王印，盡是河中浪底來。」敘述了那時珠江上游支流澄州（今廣西上林縣）的淘金盛況。由於產量低下，當年黃金及其餐具器皿為皇宮所壟斷，私造金器者是犯法的。

　　在唐朝，金子能夠表現一個人的地位與官職。

　　《舊唐書》卷四十五《志第二十五・輿服》：「諸鞶囊，二品以上金縷，三品金銀縷，四品銀縷，五品彩縷。」鞶囊，古人用以盛手巾細物，也是古代職官用以盛印綬。北魏後，以其不同繡飾表示官階。唐代二品官員才可以在鞶囊上面繡上金縷，三品官員只能用金銀縷，四品只能用銀縷，五品只能用彩縷。這種嚴格的等級制度，也決定了金子是唐代最高等級的金屬製品。

　　即使是皇帝也不可以隨意將金銀器作為陪葬物品。在唐代就明確規定，金銀製品乃至金銀紋飾的器皿不得與皇帝隨葬，並在玄宗時期，就下旨作了規定：「凡諸送終之具，並不得以金銀為飾。如有違者，先決杖一百。州縣長官不能舉察，並貶授遠官。」〔註17〕到了唐懿宗時期又再次申明：「其山陵制度，切在儉約，並不得以金銀錦繡文飾喪具。」〔註18〕

　　正是在這種情況下，當宋璟聽說唐玄宗賜他金箸，這位宰相誠惶誠恐，不知所措。唐玄宗就說：「不是送你金子，而是賜予你筷子，以表彰你的正直。」這一下，宋璟才知道唐玄宗的用意，受寵若驚地接過金製的筷子。

　　其實，唐玄宗用金箸來表彰宋璟，是符合唐朝禮制的。這位剛正不阿的大臣是位宰相，屬於二品官員，有資格來接受這份特殊的禮物。

　　宋璟（663～737），「少耿介有大節」〔註19〕，唐開元十七年（729）拜尚書右丞相。經武周、中宗、睿宗、殤帝、玄宗五帝，在任五十二年。其一直以耿直而出名，就連武則天都非常器重他。〔註20〕。皮日休《桃花賦》序對宋璟進行褒揚：「貞姿勁質，剛態毅狀，疑其鐵腸石心，不能吐婉媚辭。」

　　開元四年（716），其秋，駕幸東都，次永寧之崤谷，馳道隘狹，車騎停擁，河南尹李朝隱、知頓使王怡並失於部伍，上令黜其官爵。璟入奏曰：「陛下富有春秋，方事巡狩，一以墊隘，致罪二臣，竊恐將來人受艱弊。」於是

　　　　箸令內臣賜璟。」
〔註17〕　《舊唐書》卷八《本紀第八・玄宗上》。
〔註18〕　《舊唐書》卷十九上《本紀第十九上・懿宗》。
〔註19〕　《舊唐書・列傳第四十六・姚崇宋璟》。
〔註20〕　《舊唐書・列傳第四十六・姚崇宋璟》：「當官正色，則天甚重之」

遽令捨之。〔註21〕

　　其文為：秋天，宋璟隨同玄宗巡幸東都，路過崤谷（今河南陝縣），山高路窄，難以行走。玄宗十分惱怒，要罷免河南尹李朝隱和負責旅途事務的知頓使王怡。而宋璟進諫，據理力爭，最後唐玄宗就免去二人罪過。

　　宋璟不僅諫勸皇帝，而且與朝廷權臣進行針鋒相對的頂撞。他彈劾張易之兄弟、與武三思鬥爭就是例證。

　　他敢於冒犯幸臣張易之，勸導鳳閣舍人張說不做偽證，保全魏元忠的性命。《舊唐書・列傳第四十六・姚崇宋璟》：長安中，幸臣張易之誣構御史大夫魏元忠有不順之言，引鳳閣舍人張說令證之。說將入於御前對覆，惶惑迫懼，璟謂曰：「名義至重，神道難欺，必不可黨邪陷正，以求苟免。若緣犯顏流貶，芬芳多矣。或至不測，吾必叩閤救子，將與子同死。努力，萬代瞻仰，在此舉也。」說感其言。及入，乃保明元忠，竟得免死。

　　這些言行舉止，都表現了一個忠臣的正直與無畏。難怪唐玄宗要敕贈他金筷子。金，本身表示非常稀罕、珍貴、不易折斷，而筷子的形制就是筆直的，就象徵著宋璟的為人、處事的性格。

四、橫放的筷子習俗

　　唐代當年常舉行盛大飲宴，從敦煌 473 窟的壁畫《宴飲圖》就可以看出當時橫放筷子的習俗。在涼亭的長桌兩邊，坐著男女，按照男左女右的習慣，坐著四男五女，他們的皆放有匕箸，特別的是筷子是橫放著的。

　　這是唐代的筷子禮儀及其文化。這種習俗，可以在日本的餐飲文化中得到印證。至今日本的筷子依然是橫放在吃飯人的面前，而不是筷尖對著對方。

　　1987 年出土於陝西省長安縣南里王村的一座唐代豎井單室磚墓中，出土有位於墓室西壁的屏風畫，與墓主人的棺床相依，通長 3.6 米，通高 1.62 米，屏條之間用紅框相隔，每條屏風長 1.44 米、寬約半米，其基本內容為一裝束、形象大致相似的貴婦及男女侍從在室外園林遊玩的場景。〔註22〕其中一幅表現的是唐長安士人在郊外宴飲壁畫，桌子上的筷子就是橫放的，這也充分反映了唐代長安人的日常餐飲時候的情景，圖中就進一步證明了唐朝筷子是橫放的。

〔註21〕《舊唐書・列傳第四十六・姚崇宋璟》。
〔註22〕《新華網・陝西頻道》5 月 9 日報導。

五、唐朝周邊有不用筷子的國家

　　筷子在唐代是主要的用餐工具，但是在其邊遠的地區或者國家，也存在有不用筷子的習俗。

　　《舊唐書》卷一百九十七《列傳第一百四十七・南蠻、西南蠻》：訶陵國，在南方海中洲上居，東與婆利、西與墮婆登、北與眞臘接，南臨大海。豎木爲城，作大屋重閣，以棕櫚皮覆之。王坐其中，悉用象牙爲床。食不用匙箸，以手而撮。亦有文字，頗識星曆。俗以椰樹花爲酒，其樹生花，長三尺餘，大如人膊，割之取汁以成酒，味甘，飲之亦醉。

　　訶陵國，古南海國名，其境主要在今印度尼西亞爪哇島一帶。唐朝時，一度爲佛教國家。與唐朝多有交往，他們的文化受到了關注。因此，他們「食不用匙箸，以手而撮」的習慣，受到史書撰寫者的注意。

　　另外一個不用筷子的國家是尼泊爾。

　　《舊唐書》卷一百九十八《列傳第一百四十八・西戎》記載：泥婆羅國，在吐蕃西。其俗翦髮與眉齊，穿耳，揎以竹桶牛角，綴至肩者以爲姣麗。食用手，無匕箸。其器皆銅。多商賈，少田作。

　　泥婆羅國，尼泊爾的譯名。唐封演《封氏聞見記・蜀無兔鴿》：「波羅拔藻，葉似紅蘭，實如蒺藜，泥婆羅國所獻也。」在他們的國度裏，也是用手吃飯，而不用匕箸的。

關於尼泊爾不用筷子的記載，在《新唐書》卷二百二十一上《列傳第一百四十六上·西域上》亦有文字：泥婆羅，直吐蕃之西樂陵川。土多赤銅、犛牛。俗翦髮逮眉，穿耳，楦以筒若角，緩至肩者爲姣好。無匕箸，攫而食。其器皆用銅，其居版屋畫壁。俗不知牛耕，故少田作，習商賈。一幅布蔽身，日數鹽浴。重博戲，通推步曆術。祀天神，鐫石爲象，日浴之，烹羊以祭。鑄銅爲錢，面文人形，背牛馬形。其君服珠、頗黎、車渠、珊瑚、虎魄垂纓，耳金鉤玉璫，佩寶伏突，御師子大床，燎香布花於堂，而大臣坐地不藉。左右持兵，數百列侍。宮中有七重樓，覆銅瓦，檻極皆大琲雜寶，四隅置銅槽，下有金龍，口激水仰注槽中。

在這些史書裏，眞實記載了西南地區的國家，在使用筷子方面與唐朝的不同的文化習俗與背景。

2015 年 5 月 30 日星期六

第四章　唐詩與筷箸

唐代詩歌是中國詩歌史上最輝煌的時期，不僅數量巨大、作者多，[註1]而且所涉及的社會面貌、戰爭場景及其思想情感都十分豐富，特別是各種應酬、宴飲、做客等內容繁複多樣，故在此情景下，必然會有大量的與筷箸相關的描述出現，爲中國筷箸文化史提供了多姿多彩的生活畫面。

第一節　應　酬

對於筷子的歌頌，在唐詩裏，就顯得非常多且明顯，直接表現了一種美的意境。

白居易《過李生》：

> 蘋小蒲葉短，南湖春水生。
> 子近湖邊住，靜境稱高情。
> 我爲郡司馬，散拙無所營。
> 使君知性野，衙退任閒行。
> 行攜小榼出，逢花輒獨傾。
> 半酣到子舍，下馬叩柴荊。
> 何以引我步？繞籬竹萬莖。
> 何以醒我酒？吳音吟一聲。
> 須臾進野飯，飯稻茹芹英。

〔註1〕據《全唐詩》統計，全書共九百卷。共收錄唐代詩人二千五百二十九人的詩作四萬二千八百六十三首。

> 白甌青竹箸，儉潔無膻腥。
>
> 欲去復徘徊，夕鴉已飛鳴。
>
> 何當重遊此？待君湖水平。

白居易，字樂天，號香山居士，又號醉吟先生，唐代著名詩人，主張恢復古代的采詩制度，發揚《詩經》和漢魏樂府諷喻時事的傳統，因此他的詩歌表現出形式多樣，語言平易通俗。他的《採蓮曲》就是根據採蓮女所唱民歌形式而創作的一首詩歌，清新明快，具有江南民歌的韻味。

《過李生》也有如此的風格，是白居易任江州司馬所作，描寫到李生家吃飯的情景，其中就涉及筷箸。所謂「白甌青竹箸，儉潔無膻腥」，就是真實的生活現實的描述。白色的盆子，青色的竹筷，非常儉樸的器皿，毫無膻腥氣味。這裏，不光將李生喜歡湖邊居住，的「靜境」、「高情」的性格表現出來，還將作者與之相同的特性聯繫在一起。「使君知性野，衙退任閒行」，就是說，讓你知道我的心情也是很閒散的，他那個時候心情的真實反應。

這是一首應酬的詩歌，表示了杜甫開心的心情。他喝酒回家，已經夕陽西下，還想故地重遊，要好好招待這位朋友。

此詩語言樸素，感情真實，不愧為杜甫詩中的精品。

杜甫還有一首應酬類的詩歌，不僅有名，而且表現了至今不多見的有關生魚片的製作與吃食時候的情景。

杜甫《閬鄉姜七少府設膾·戲贈長歌》這樣吟誦道：

> 姜侯設膾當嚴冬，昨日今日皆天風。
>
> 河凍未漁不易得，鑿冰恐侵河伯宮。
>
> 饔人受魚鮫人手，洗魚磨刀魚眼紅。
>
> 無聲細下飛碎雪，有骨已剁觜春蔥。
>
> 偏勸腹腴愧年少，軟炊香飯緣老翁。
>
> 落砧何曾白紙濕，**放箸未覺金盤空**。
>
> 新歡便飽姜侯德，清觴異味情屢極。
>
> 東歸貪路自覺難，欲別上馬身無力。
>
> 可憐為人好心事，於我見子真顏色。
>
> 不恨我衰子貴時，悵望且為今相憶。

這首詩是杜甫冬天去朋友家做客，姜七少府為他舉行的生魚宴的情景。在嚴寒的季節裏，要鑿冰抓魚，得到之後，還要一連串的洗魚、磨刀、削下

骨頭，可惜的是肥美的魚肉不像小夥子那樣大快朵頤，我只能少吃點，而米飯則是最可口的。膾，形聲字，從月，會聲，本義是指切細切薄的肉。《說文》：「膾，細切肉也。」《漢書‧東方朔傳》也說：「生肉爲膾。」而且古人喜歡吃生肉，包括生的魚肉。《詩經。小雅。六月》記載了這件事：「飲御諸友，炮鼈膾鯉」，「膾鯉」就是生鯉魚。《禮記》又有：「膾，春用蔥，秋用芥」的記載，說明生魚片是用蔥、芥來去腥的。

「食不厭精，膾不厭細。」〔註2〕如果從飲食史來說，孔子所說的「食不厭精」，是指的是精肉，而「膾不厭細」，則指的是魚肉，兩者是有區別的。因此可以得知生魚片是傳統的美食之一，一直到唐代依然流行。

詩句中最精彩的是「落砧何曾白紙濕，放箸未覺金盤空」。這是非常工整的對仗句。

生魚片放在墊有白紙上，卻沒有將紙弄濕，可見魚處理得很到位，放下筷子沒有發現盤子是空的。前一句，表現的是生魚片製作的功夫十分了得，後一句，則說明生魚片源源不斷地供應，直到吃飽之後，盤子依然有不少魚片。這裏的「放箸」，是吃飽的意思。

如果再繼續追究一下，就會發現詩歌裏的「白紙」、「金盤」，未必眞是白色的紙張，和金製的盤子，這都是詩人的語言而已。少府，在唐代只是縣衙一級的官員，根據唐代的規定，他肯定是不准用金製品的。再推而知道，所謂白紙就是很普通的紙張。只是在杜甫的筆下產生了熠熠生輝的光彩。

第二節　描　述

一、眞實性

對筷箸的描述，在唐代詩歌裏，不勝枚舉。其原因是，這時候的經濟有了很高的發展，製作各種各樣的筷子就成爲可能；另外，社會比較穩定，各種宴席、交往流行，人們在讚美菜肴的特色，人際的和諧，也很自然地描寫桌子上的筷子。

1、攪　棒

筷子有多種用途，除了夾，還可以用來攪動羹湯。

〔註2〕《論語‧鄉黨》。

薛令之《自悼》：

> 朝日上團圓，照見先生盤。
>
> 盤中何所有，苜蓿長闌干。
>
> 飯澀匙難綰，羹稀箸易寬。
>
> 只可謀朝夕，何由保歲寒。〔註3〕

這是一幅窮困潦倒的景象，家裏盤裏是空的，草都快長進了欄杆。接下來兩句「飯澀匙難綰，羹稀箸易寬」就與唐代的飲食文化有關。這兩句詩，前一句表現的是飯很難吃無法入口；後一句直接與筷子相關，「羹稀」則表明羹裏的肉菜幾乎等於零，當然筷子插在羹裏加以攪拌時更加覺得沒有任何阻礙，「箸易寬」就進一步證明羹的稀薄。

雖說，這兩句表現了貧窮與不堪，但卻與中國人傳統的飲食習慣與用餐方法相關。「飯澀匙難綰」，其意是飯很難吃，表現在「匙難綰」。綰的解釋是盤繞成結，吃飯時，綰後再送到嘴裏。筷子與羹聯繫在一起進行組合成為一個詩句，也絕不是一種巧合，而反映了當時社會的生活習慣與飲食狀態。

所以，這兩句詩歌顯得非常重要，是筷箸史上的一個文化現象，說明了唐代還延續先秦時期的飲食文化。古時，匙是用來吃飯之用。匙，即匕。關於這個問題，以前文章中已有論述，此處不贅。而筷子是用來夾揀羹裏的肉菜之類，否則，就不會有「羹稀箸易寬」的有機組合了。

2、醉　態

拿起筷子，表示的是吃飯；而丟下筷子，是表示不用餐了，但其中的含義有各種各樣，或者可以這樣說，詩歌中所描寫的場景不同，而出現不同的情緒。「投箸」在李白的詩裏，則表現出醉態，這種活靈活現的醉態，就反映了其消極、失落的情緒。

李白在《玉眞公主別館苦雨，贈衛尉張卿二首》中的後一首，其中歌曰：

> 苦雨思白日，浮云何由卷。稷契和天人，陰陽乃驕蹇。
>
> 秋霖劇倒井，昏霧橫絕巘。欲往咫尺途，遂成山川限。
>
> 潨潨奔溜聞，浩浩驚波轉。泥沙塞中途，牛馬不可辨。
>
> 饑從漂母食，閒綴羽陵簡。園家逢秋蔬，藜藿不滿眼。
>
> 蠨蛸結思幽，蟋蟀傷褊淺。廚竈無青煙，刀機生綠蘚。

〔註3〕《全唐詩》卷二一五。

投箸解鸔鸑，換酒醉北堂。丹徒布衣者，慷慨未可量。

何時黃金盤，一斛薦檳榔。功成拂衣去，搖曳滄洲傍。〔註4〕

將這段詩翻譯以後，就成爲以下文字：

天天下雨讓人思念晴天，浮雲爲何一次次席卷？

稷、契與天、人，是陰陽諧調的，不應該這樣久雨不晴。

秋雨很大，倒灌井水，水霧層層，遮住了群山峻嶺。

原來是到近在咫尺的地方，現在卻被山川阻隔。

眾水相會處，匯流成大川。泥石流鋪天蓋地，道路中斷，看不清對岸的牛馬。

餓了就從洗衣的老婦人那裏獲得食物，閒暇時就收拾書簡看會書。

秋天的菜園裏的蔬菜十分稀少，粗劣的飯菜也不多。

蜘蛛結出憂思之網，蟋蟀更是叫聲一陣陣。

廚房裏沒有生火，也沒有做飯，連砧板、刀柄都發黴了。

臨到吃飯時候，只是扔下筷子，解開鸔鸑拿去賣，換酒回來再喝個大醉。

丹徒的劉穆之原是個普通百姓，好運來了，不可限量。

或許有一天，用黃金的果盤，滿盛著檳榔來招待讓你。

等到功成名就，我將拂衣而去，到滄州之外的地方雲遊。

此詩是李白三十歲時第一次入長安干謁時所作。公元730年（唐玄宗開元十八年），李白到長安，本擬通過張說、張垍父子引薦見玄宗以受重用，施展抱負，不意遭張氏父子冷遇，將他置於終南山下的「玉眞公主別館」，又遇淫雨連綿，生活艱難。詩人有受愚弄之感，故作此二首詩以抒其憤。

寫的是陰雨連綿的天氣下所遭遇到的各種窘境。這種窘境，用了一句「投箸解鸔鸑，換酒醉北堂」就完全展現出現。但他並不眼下的困境所嚇退，而是滿懷希望；雖有醉意，卻頭腦很清楚，要以南朝宋人劉穆之〔註5〕爲奮鬥的榜樣，表現了李白是頑強不屈的精神。

〔註4〕《全唐詩》卷一六八。

〔註5〕劉穆之，字道和，小字道人，東莞莒（今山東莒縣）人，世居京口（今江蘇鎭江）。西漢齊王劉肥的後裔。在晉至左僕射。贈侍中司徒，爲南昌縣侯。劉穆之深受劉裕倚仗，留守建康時，總掌朝廷內外事務。宋受禪追封南康郡公，謚文宣。

3、相互映襯

筷子與食物相互映襯的唐詩

杜甫《槐葉冷淘》：

> 青青高槐葉，採掇付中廚。
> 新麵來近市，汁滓宛相俱。
> 入鼎資過熟，加餐愁欲無。
> **碧鮮俱照箸**，香飯兼芑蘆。
> 經齒冷於雪，勸人投此珠。
> 願隨金騕裹，走置錦屠蘇。
> 路遠思恐泥，興深終不渝。
> 獻芹則小小，薦藻明區區。
> 萬里露寒殿，開冰清玉壺。
> 君王納涼晚，此味亦時須。〔註6〕

冷淘是唐代夏季食品，不僅民間普遍食用，皇宮內也有此習俗。《唐六典》卷十五《光祿寺》：「行幸從官供六羊，釋奠觀禮具五羊。冬月則加造湯餅及黍臛，夏月加冷淘粉粥，寒食加餳粥，正月七日、三月三日加煎餅，正月十五日、晦日加糕糜，五月五日加粽糬壹，七月七日加斫餅，九月九日加糕，十月一日加黍臛，並於常食之外而加焉。」〔註7〕

所謂冷淘，就是冷麵，一直到清末依然有記載：莊獻可「功力猛進，中年精氣遂耗，心灼灼如焚，每嚼黃連咽之，餐則冷淘鹽腐而已。後更患便血，左苦口進規。」〔註8〕類似今天所能夠見到的韓國冷麵一樣。

冷淘中加上槐樹葉，這是農村裏一種傳統涼食，也是盛夏消暑美味。採集槐樹葉與麵調和，切成各種餅、條、絲等形狀，煮熟之後，用涼水浸過方可食用。在杜甫的筆下，唐代製作槐葉冷淘十分高超，入鼎燒過之後，在筷子的映照下，更加顯得的槐樹葉的「碧鮮」，可見其烹飪技巧。

在《槐葉冷淘》一詩裏，用了一大半的文字，書寫了冷淘的製作過程，以及產生的美感味道，然後以此爲爲比擬，表示他的諫言。這種立意是從詩中使用「獻芹」「薦藻」這些典故中顯露出來的。在唐人的詩文中，「獻芹」「薦

<hr />

〔註6〕《全唐詩》卷二二一。
〔註7〕《唐會要》卷六五亦有「夏月冷淘粉粥」的記載。
〔註8〕《清稗類鈔·經術類4》。

「藻」的對象若是君主，則毫無例外的是向君主進獻的建議。詩歌最後兩句「君王納涼晚，此味亦時須」，則將他的建議與冷淘的美味完美的結合在一起。

二、延伸性

1、比　喻

杜甫《秋日阮隱居致薤三十束》：

> 隱者柴門內，畦蔬繞舍秋。
> 盈筐承露薤，不待致書求。
> 束比青芻色，圓齊玉箸頭。
> 衰年關鬲冷，味暖並無憂。

杜甫寫的是其姓阮的朋友，是個隱居者，房子前後種了菜蔬，秋天收穫了滿筐惡帶著露水的薤菜。薤菜，多年生草本植物，地下有鱗莖，鱗莖和嫩葉可食。有的地方，也叫藠頭，成熟之後，潔白晶瑩，辛香嫩糯。杜甫將其比喻為「圓齊玉箸頭」，並聲稱這種薤菜，對年紀大的人來說，可以暖胃、保健的作用。這裏的「玉箸」，非指的是玉筷，而是一種形容，將薤菜的外形象玉箸一樣圓潤、潔白。

第三節　狀　態

一、表示尊敬

舉起筷子，是對別人的一種尊重的表示。特別是在某種特殊場合，舉起筷子，不僅表示出對別人的祝福，更顯示出自己的眼光與氣度。

劉禹錫《送張盥赴舉詩》：「爾生始懸弧，我作座上賓。引箸舉湯餅，祝詞天麒麟。」〔註9〕其意：你剛剛出生的時候，我曾經參與為你家為你舉辦的慶生宴。那時我拿起筷子舉起湯餅，祝願你就像天上的麒麟那樣傑出。

懸弧，是古代一種生育風俗，表示尚武。家中生了男孩子，則於門左掛弓一張，故稱。為了慶祝男孩的誕生，要吃湯餅，表示慶賀。湯餅，就如今天的麵條。《釋名·釋飲食》：「餅，並也，溲麵使合併也。」溲麵做成的麵食，只要是加湯煮的，古時統稱為「湯餅」，以別於「蒸餅」饅頭、「胡餅」

〔註9〕《全唐詩》卷二五四。

大餅、燒餅等。麵條是常食的湯餅，所以後來多指麵條。〔註10〕

　　煮湯餅有一套程序，《齊民要術》卷九一記載，這是一種「水引」方法，先把麵「按如箸大，一尺一斷，盤中盛水浸，宜以手臨鐺十四上，按令薄如韭葉，逐沸煮」。其意思是把麵揉搓像筷子一般細，然後一尺一斷，在盤中盛水浸泡。宜以手臨鐺上，再在鍋邊上揉搓到韭菜葉那樣薄，下水煮沸。這種吃湯餅的形式，慢慢變成了聚會形式，就又稱之爲湯餅會。

　　湯餅會在明清時期更加盛行。如《初刻拍案驚奇》卷二十就描寫道：「轉眼間，又是滿月，少不得做湯餅會，眾鄉紳親友，齊來慶賀。」

　　這種煮沸的湯餅，不可能用手或者用其它工具，最適合的是筷子。因此就有了劉禹錫的「引箸舉湯餅」的佳句。此地，值得注意的是「引箸」，拿起筷子，舉起盛著湯餅的碗，表示對孩子未來的一種祝福。

二、表示僵硬

　　韓愈《苦寒》：

> 四時各平分，一氣不可兼。隆寒奪春序，顓頊固不廉。
> 太昊弛維綱，畏避但守謙。遂令黃泉下，萌牙天句尖。
> 草木不復抽，百味失苦甜。凶飆攪宇宙，鋩刃甚割砭。
> 日月雖云尊，不能活烏蟾。義和送日出，惝怳頻窺覘。
> 炎帝持祝融，呵噓不相炎。而我當此時，恩光何由沾。
> 肌膚生鱗甲，衣被如刀鐮。氣寒鼻莫嗅，血凍指不拈。
> 濁醪沸入喉，口角如銜箝。**將持匕箸食**，觸指如排簽。
> 侵爐不覺暖，熾炭屢已添。探湯無所益，何況纊與縑。
> 虎豹僵穴中，蛟螭死幽潛。熒惑喪纏次，六龍冰脫髯。
> 芒碭大包內，生類恐盡殲。啾啾窗間雀，不知己微纖。
> 舉頭仰天鳴，所願晷刻淹。不如彈射死，卻得親炰燖。
> 鸞皇苟不存，爾固不在占。其餘蠢動儔，俱死誰恩嫌。
> 伊我稱最靈，不能女覆苫。悲哀激憤歎，五藏難安恬。
> 中宵倚牆立，淫淚何漸漸。天王哀無辜，惠我下顧瞻。
> 褰旒去耳纊，調和進梅鹽。賢能日登御，黜彼傲與憸。
> 生風吹死氣，豁達如褰簾。懸乳零落墮，晨光入前簷。

〔註10〕《齊民要術》卷第七。

> 雪霜頓銷釋，土脈膏且黏。豈徒蘭蕙榮，施及艾與蒹。
>
> 日萼行爍爍，風條坐襜襜。天乎苟其能，吾死意亦厭。〔註11〕

據《新唐書‧五行志三》載，貞元十九年（803）三月，天降大雪。此詩可能作於這個時間。韓愈時任四門博士。唐代，四門博士品級低，俸祿也很低，難以養家糊口。在這樣一個天寒地凍的日子裏，更加體會到寒冷對於一個貧困的家庭來說，簡直就是災難。

韓愈用大冷天與朝政聯繫在一起進行描述，表現他遠大的政治理想與不畏艱苦的勇敢性格。即使「虎豹僵穴中，蛟螭死幽潛」，「天王哀無辜，惠我下顧瞻」，但他看到了光明：「懸乳零落墮，晨光入前簷」；與此同時，他也看到了另外一番冰化雪停的景象：「雪霜頓銷釋，土脈膏且黏」。最後作者希望未來日光照耀的花萼十分鮮豔，和風輕輕地吹拂。如果上天有這樣的能量，我死也無憾了。

《苦寒》詩最集中地描寫了作者在寒冷中的慘狀：「肌膚生鱗甲，衣被如刀鐮。氣寒鼻莫嗅，血凍指不拈。濁醪沸入喉，口角如銜箝。將持匕箸食，觸指如排簽。侵爐不覺暖，熾炭屢已添。探湯無所益，何況纊與縑。」皮膚凍得像動物的鱗甲，衣被冷得像刀鐮。寒氣冷得無法呼吸，手指被凍住伸不開，酒也沒有辦法喝進喉嚨，口角像被鉗住了。要拿筷子來吃飯，但是手指硬的如排簽一樣。靠近爐子也不感覺到溫暖，雖然已經加了炭火。想得到熱水也無辦法，更何況想要新絲綿的粗厚織成的衣服呢。

這一連串的描述中，就涉及用筷子來進食的情景，雖然肚子餓了想吃東西，但手指已經非常僵硬，如同「排簽」一樣，根本無法自如地拿筷子，這個情節，更增加了對於寒冷天氣的想像。

三、表示惆悵

停下筷子，可以表示一種惆悵。

在李白詩中就有表現：

> 金尊清酒斗十千，玉盤珍羞直萬錢。
>
> **停杯投箸不能食，拔劍四顧心茫然。**
>
> 欲渡黃河冰塞川，將登太行雪暗天。
>
> 閒來垂釣坐溪上，忽復乘舟夢日邊。

行路難！行路難！多歧路，今安在？

長風破浪會有時，直掛雲帆濟滄海。〔註12〕

這是李白《雜曲歌辭‧行路難》之一。此詩表達了詩人在政治道路上遭遇艱難，卻依然盼望要展示自己遠大抱負的志向。在美味佳肴面前，作者躊躇、惘然的心情，如何裏表達，一是停箸，一是拔劍。停箸在前，拔劍在後，來表達食之無味，舞劍消愁的境況。「停杯投箸不能食」的原因，不是食物不誘人，而是無欲望，即使面對「金尊清酒斗十千，玉盤珍羞直萬錢」的豪華宴席，他同樣不被誘惑，可見茫然之心。

在李群玉《始奏四座奏狀聞薦蒙恩授官，旋進歌詩延英宣‧二十四韻》裏：兩鬢有二毛，光陰流浪中。形骸日土木，志氣隨雲風。冥默楚江畔，蕭條林巷空。幽鳥事翔翥，斂翼依蒿蓬。一飯五放箸，愀然念途窮。孟門在步武，所向何由通。〔註13〕

這首詩中的「一飯五放箸」就表現了內心非常憂慮、惆悵的神情。

四、表示友誼

白居易《和微之詩二十三首‧和三月三十日四十韻》：

送春君何在，君在山陰署。憶我蘇杭時，春遊亦多處。

為君歌往事，豈敢辭勞慮。莫怪言語狂，須知酬答遽。

江南臘月半，水凍凝如瘀。寒景尚蒼茫，和風已吹噓。

女牆城似竈，雁齒橋如鋸。魚尾上蕭淪，草芽生沮洳。

律遲太簇管，日緩羲和馭。布澤木龍催，迎春土牛助。

雨師習習灑，雲將飄飄煮。四野萬里晴，千山一時曙。

杭土麗且康，蘇民富而庶。善惡有懲勸，剛柔無吐茹。

兩衙少辭牒，四境稀書疏。俗以勞倈安，政因閒暇著。

仙亭日登眺，虎丘時遊豫。尋幽駐旌軒，選勝回賓御。

舟移溪鳥避，樂作林猿覷。池古莫耶沈，石奇羅剎踞。

水苗泥易耨，畬粟灰難鋤。紫蕨抽出畦，白蓮埋在淤。

荄花紅帶黯，濕葉黃含菸。鏡動波颭菱，雪回風旋絮。

手經攀桂馥，齒為嘗梅楚。坐並船腳欹，行多馬蹄跙。

〔註12〕　《全唐詩》卷二五《雜曲歌辭‧行路難三首》之一。
〔註13〕　《全唐詩》卷五六八。

　　　　聖賢清濁醉，水陸鮮肥飫。魚鱠芥醬調，水葵鹽豉絮。

　　　　雖微五袴詠，幸免兆人詛。但令樂不荒，何必遊無倨。

　　　　吳苑僕尋罷，越城公尚據。舊遊幾客存，新宴誰人與。

　　　　莫空文舉酒，**強下何曾箸**。江上易優遊，城中多毀譽。

　　　　分應當自盡，事勿求人恕。我既無子孫，君仍畢婚娶。

　　　　久為雲雨別，終擬江湖去。范蠡有扁舟，陶潛有籃輿。

　　　　兩心苦相憶，兩口遙相語。最恨七年春，春來各一處。〔註14〕

白居易是和微之是好朋友，多有唱和。微之，是元稹的字。元稹（779～831），河南洛陽人，支持白居易倡導的「新樂府運動」，詩與白居易齊名，又被稱為「元白」。

　　此詩是與元稹唱和，比較形象，也比較真切。此時回憶他們當年春遊蘇杭情景，互相答酬，賞品江南美味。宴席上喝酒作詩，自然隨意，沒有強行舉箸勸飲。所謂「莫空文舉酒，強下何曾箸」，則表達了白居易與元稹之間深厚友誼。

五、表示驚嚇

　　劉禹錫《平蔡州三首》：

　　　　蔡州城中眾心死，妖星夜落照壕水。

　　　　漢家飛將下天來，馬箠一揮門洞開。

　　　　賊徒崩騰望旗拜，有若群蟄驚春雷。

　　　　狂童面縛登檻車，太白天矯垂捷書。

　　　　相公從容來鎮撫，常侍郊迎負文弩。

　　　　四人歸業閭里間，小兒跳浪健兒舞。

　　　　汝南晨雞喔喔鳴，城頭鼓角音和平。

　　　　路傍老人憶舊事，相與感激皆涕零。

　　　　老人收泣前致辭，官軍入城人不知。

　　　　忽驚元和十二載，重見天寶承平時。

　　　　九衢車馬渾渾流，使臣來獻淮西囚。

〔註14〕《全唐詩》卷四四五。

四夷聞風失匕箸，天子受賀登高樓。

妖童擢髮不足數，血污城西一抔土。

南峰無火楚澤間，夜行不鎖穆陵關。

策勳禮畢天下泰，猛士按劍看恒山。〔註15〕

　　劉禹錫《平蔡州三首》是在李愬率軍襲破蔡州，活捉了淮西藩帥吳元濟之後所寫的一首詩。第一段寫的是，蔡州城裏死氣沉沉，壞人當道，而李愬攻破蔡州，賊徒聞風而逃，人們彈冠相慶的景象。第二段爲官軍克復蔡州城、人們重見天日，回憶往事，感激涕零。第三段則描寫的是，吳元濟被囚禁，其它藩王聞風喪膽，而其它臣民紛紛前來拜見天子，從此天下太平。

　　劉禹錫滿懷激情地熱烈讚頌這一重大勝利。此詩一氣呵成，流走飛動，而又通俗淺近，表示了作者獨特的語言駕馭能力。「四夷聞風失匕箸」一句中更是巧妙地用了歷史典故。失匕箸，典出《三國志》卷三十二《蜀書・先主備傳》：「是時曹公從容謂先主曰：『今天下英雄，惟使君與操耳。本初之徒，不足數也。』先主方食，失匕箸。」後稱受驚嚇而手足無措爲「失匕箸」。

　　「失匕箸」一詞，表現了失匕箸者的兩個重要的心理層面：一是內懷野心，二非常緊張。兩者又是相互聯繫：因爲有異心就十分緊張，而緊張的結果就是失匕箸，其實更表現了會被別人看穿他的陰謀詭計，而驚慌失措的樣子。劉禹錫將此典故用在對朝廷懷有二心的藩王身上，顯然十分妥切。

六、表示味美

　　美味的菜肴，需要筷子夾取，沒有筷子就不能品嘗到碗裏的熱氣騰騰的飯菜。白居易在《飽食閒坐》一首詩裏，其中有這樣的描寫：「紅粒陸渾稻，白鱗伊水魴。庖童呼我食，飯熱魚鮮香。箸箸適我口，匙匙充我腸。八珍與五鼎，無復心思量。」〔註16〕這裏，「箸箸適我口，匙匙充我腸」，就充分將可口的飯菜表現出現。飯是「紅粒陸渾稻」打的米做成的，菜有「白鱗伊水魴」，這種「飯熱魚鮮香」的滋味，當然符合白居易的口味。

　　「箸箸適我口」裏的「箸」，已不是筷子的原意；而「箸箸」一詞，則改變原來箸的詞性，成爲形容詞，表示飯菜非常可口好吃。

　　在白居易另外一首詩《寄楊六侍郎（時楊初授戶部，予不赴同州）》中，

〔註15〕《全唐詩》卷三五六。

〔註16〕《全唐詩》卷四五三。

雖然只有一個箸字，同樣也起到了美味的作用：

> 西戶最榮君好去，左馮雖穩我慵來。
>
> **秋風一箸鱸魚膾，張翰搖頭喚不回**。〔註17〕

秋天的鱸魚是一種時令佳肴，特別是在江南地區的四鰓鱸魚。《本草綱目》：「時珍曰：鱸出吳中，淞江尤盛，四五月方出。長僅數寸，黑點，巨口細鱗，有四鰓。楊誠齋詩頗盡其狀，云：鱸出鱸鄉蘆葉前，來玉尺如何短，鑄出銀梭直是圓。白質黑章三四點，細鱗巨口一雙鮮。春風已得秋風更迥然。《南郡記》云：吳人獻淞江鱸於隋煬帝。帝曰：金齏玉。」

白居易詩歌裏所說的是否為四鰓鱸魚不得而知，就鱸魚而言，同樣十分鮮美，經過燴製的鱸魚非常鮮香可口，難怪白居易說：「秋風一箸鱸魚膾，張翰搖頭喚不回」。

關於張翰，《晉書》有傳，他為了思念家鄉的菰菜、蓴羹、鱸魚膾，不惜棄官返回吳郡故里。〔註18〕白居易以此典故，說明鱸魚之鮮美，令人難忘。

劉兼的一首《秋夕書懷》中的「一箸鱸魚直萬金」〔註19〕，將鱸魚的美味捧上了天。

七、表示高興

古人高興的時候，飯後會用筷子敲打盤碗，是一種情緒的宣泄。

白居易在《醉贈劉二十八使君》中就詠唱道：

> **為我引杯添酒飲，與君把箸擊盤歌。**

〔註17〕《全唐詩》卷四五五。

〔註18〕《晉書》卷九十二列傳第六十二：張翰，字季鷹，吳郡吳人也。父儼，吳大鴻臚。翰有清才，善屬文，而縱任不拘，時人號為「江東步兵。」會稽賀循赴命入洛，經吳閶門，於船中彈琴。翰初不相識，乃就循譚，便大相欽悅。問循，知其入洛，翰曰：「吾亦有事北京。」便同載即去，而不告家人。齊王同辟為大司馬東曹掾。同時執權，翰謂同郡顧榮曰：「天下紛紛，禍難未已。夫有四海之名者，求退良難。吾本山林間人，無望於時。子善以明防前，以智慮後。」榮執其手，愴然曰：「吾亦與子採南山蕨，飲三江水耳。」翰因見秋風起，乃思吳中菰菜、蓴羹、鱸魚膾，曰：「人生貴得適志，何能羈宦數千里以要名爵乎！」遂命駕而歸。著《首丘賦》，文多不載。俄而同敗，人皆謂之見機。然府以其輒去，除吏名。翰任心自適，不求當世。或謂之曰：「卿乃可縱適一時，獨不為身後名邪？」答曰：「使我有身後名，不如即時一杯酒。」時人貴其曠達。性至孝，遭母憂，哀毀過禮。年五十七卒。其文筆數十篇行於世。

〔註19〕《全唐詩》卷七六六。

　　　　詩稱國手徒爲爾，命壓人頭不奈何。

　　　　舉眼風光長寂寞，滿朝官職獨蹉跎。

　　　　亦知合被才名折，二十三年折太多。〔註20〕

　　劉二十八即爲劉禹錫。劉禹錫和白居易（樂天）都是中唐時期的大詩人，彼此慕名已久，並有書信往來，但在很長時間內，一直不曾謀面。敬宗寶曆二年（826），劉禹錫由和州刺史罷歸洛陽，當時白居易也因病免去蘇州刺史，在返京途中，兩人在揚州相遇，神交已久，初次相逢，既喜且悲，彼此談起了過去在政治上遭受打擊、迫害的事情，感慨萬端。在宴席上，白居易即席吟了一首《醉贈劉二十八使君》。〔註21〕

　　這時候，白居易與朋友劉禹錫一邊喝酒，一邊敲著盤子，雖然說劉禹錫是詩歌界的佼佼者，卻遭到埋沒，受到壓抑，無法出人頭地，前途不明，而滿朝文武大臣渾渾噩噩，根本不重視人才。你也知道不應該被才高名顯所累，但這二十三年的損失也太多了。

　　這是白居易送給劉禹錫的詩，表達了對劉禹錫悲慘遭遇的同情和憤恨。雖然說命運不可逆轉，但實際上是把矛頭指向滿朝的官吏和當權者的，抱怨他們不珍惜人才。

　　這裏所說的「與君把箸擊盤歌」，其實是一種苦中作樂的無奈之舉。

八、表示入神

　　薛能《舞者》：

　　　　綠毛釵動小相思，一唱南軒日午時。

　　　　慢鞡輕裾行欲近，待調諸曲起來遲。

　　　　筵停匕箸無非聽，吻帶宮商盡是詞。

　　　　爲問傾城年幾許，更勝瓊樹是瓊枝。〔註22〕

　　看舞蹈，看到癡迷的程度，這可以算爲一首。舞者綠色毛髮上的髮簪令人思念，唱《南軒》歌一唱到了中午。慢慢地移動鞋子，輕輕地飄蕩裙擺，靠近觀眾，而那些曲調卻姍姍來遲。宴會上的調羹筷子都停下，聽清楚了她們口裏音樂都有歌詞。請問美麗的舞蹈女子多少年紀了，她們一個比一個年

〔註20〕《全唐詩》卷四四八。
〔註21〕見《唐詩鑒賞辭典》，北京出版社 2009 年版。
〔註22〕《全唐詩》卷五五九。

輕。其實，無論是「待調諸曲起來遲」，還是「更勝瓊樹是瓊枝」，都表示出年輕舞蹈女子的美貌。前者表示，人們只顧著看跳舞，而忘卻了音樂，以爲音樂來得太晚。而「筵停匕箸無非聽，吻帶宮商盡是詞」，則更將人們停止筷子去夾取菜肴來欣賞美妙的音樂，並且聽清楚了她們所唱歌詞的神情，表現得入木三分。

關於用筷子來描述入神而不知其它的唐詩，還有溫庭筠《題李衛公詩二首》。其詩歌云：「蒿棘深春衛國門，九年於此盜乾坤。兩行密疏傾天下，一夜陰謀達至尊。肉視具僚忘匕箸，氣吞同列削寒溫。當時誰是承恩者，肯有餘波達鬼村。勢欲凌雲威觸天，權傾諸夏力排山。三年驥尾有人附，一日龍鬚無路攀。畫閣不開梁燕去，朱門罷掃乳鴉還。千岩萬壑應惆悵，流水斜傾出武關。」〔註23〕這首詩可能是寫李靖被冤造反的事。

李衛公，即李靖，字藥師，是唐朝文武兼備的著名軍事家。後封衛國公，世稱李衛公。貞觀十七年（643），唐太宗命人畫二十四功臣圖於淩煙閣，皆眞人大小，李靖名列其中，位於第八名。可見李靖在唐王朝的地位。

不過，再偉大的功臣也有反對者。李靖在進擊吐谷渾時，利州刺史高甑生任鹽澤道總管，因貽誤戰機，受到李靖責備。於是他心懷不滿，串通廣州都督府長史唐奉義誣告李靖謀反。不過，唐太宗查清楚事實眞象，判定高甑生以誣罔罪，流放邊疆。〔註24〕

溫庭筠是個性喜譏刺權貴，不受羈束，縱酒放浪的人，在李靖被誣之後的好多年，他還寫下了關於李靖這段歷史的詩歌，意在說明，個人權勢再大，也抵不過王朝政權，造反是沒有好下場的。

所謂「肉視具僚忘匕箸」，就是看到了所有的大臣都忘記了湯匙和筷子，顯示出非常驚訝的神態。由於太入神之後，忘卻了進餐，而處於停滯的狀態。

九、表示難吃

用箸，可以表示美味，同時也可以表示難吃。如徐夤《嘉運》詩云：「嘉運良時兩阻修，釣竿蓑笠樂林丘。家無寸帛渾閒事，身似浮雲且自由。庭際

〔註23〕　《全唐詩》卷五八三。
〔註24〕　《新唐書》卷九十三列傳第十八《二李勣》：甑生軍縣鹽澤道後期，靖簿責之。既歸而憾，與廣州長史唐奉義告靖謀反，有司按驗無狀，甑生等以誣罔論。

鳥啼花旋落，潭心月在水空流。晨炊一箸紅銀粒，憶著長安索米秋。」〔註25〕

「晨炊一箸紅銀粒，憶著長安索米秋」，這兩句表現的是作者在異地他鄉吃到的是紅銀粒飯，而自己喜歡的是回憶中的秋天收穫的索米做的飯。「一箸」，表示很少。就是這樣很少的紅銀粒飯，即使吃那麼一箸，也十分不爽口。之所以有這樣的感覺，是從「憶著長安索米秋」而來。其中表達的情感非常強烈，原因有二：一是對長安的懷念，一是對紅銀粒飯的責怪。通過比較，一方面是現實中的對「晨炊一箸紅銀粒」的不滿，另一方面更加想念過去長安的舒適生活。

總之，「紅銀粒」做成的米飯，即使是「一箸」，也肯定不會那麼地香甜可口。

第四節　材　質

關於唐代筷子的材質，在唐詩裏有了記載，遠比史書記載更爲豐富，反映了當時各種各樣的筷子的實際情況。

一、犀牛角做的筷子

犀牛角是一種比較罕見的材質，用犀牛角做成的筷子，一般用於高檔宴會。

杜甫《雜曲歌辭・麗人行》：

三月三日天氣新，長安水邊多麗人。
態濃意遠淑且眞，肌理細膩骨肉勻。
繡羅衣裳照暮春，蹙金孔雀銀麒麟。
頭上何所有？翠微盍葉垂鬢唇。
背後何所見？珠壓腰衱穩稱身。
就中雲幕椒房親，賜名大國虢與秦。
紫駝之峰出翠釜，水晶之盤行素鱗。
犀箸厭飫久未下，鸞刀縷切空紛綸。
黃門飛鞚不動塵，御廚絲絡送八珍。
簫鼓哀吟感鬼神，賓從雜沓實要津。

〔註25〕《全唐詩》卷七〇八。

後來鞍馬何逡巡，當軒下馬入錦茵。

楊花雪落覆白蘋，青鳥飛去銜紅巾。

炙手可熱勢絕倫，慎莫近前丞相嗔。〔註26〕

雜曲是樂府的一種，它本是一些散失了或殘存下來的民間樂調的雜曲，由樂府加以整理。其內容多是詩人述誌感懷之作，形式上也不合音律。與五言古詩相接近。主要流行於漢代至唐代。

本詩約作於天寶十二載（753）春天（楊國忠於天寶十一載十一月爲右丞相），旨在譏刺楊國忠兄妹驕奢淫亂的生活，曲折地反映了君王的昏庸和時政的腐敗。但是詩歌並沒有直奔主題，而是首先寫景，從三月三的風俗開始，寫上巳曲江水邊踏青麗人之眾多，以及她們意態之嫻雅、體態之優美、衣著之華麗。

三月三是傳統的節日，原爲上巳節。魏晉以後，上巳節改爲三月三，後代沿襲，遂成水邊飲宴、郊外遊春的節日。《北史》卷十六《列傳第四道武七王明元六王太武五王》：「有南戍主妻，三月三日遊戲沔水側」的記載。到了唐代，三月三依然爲節日，每到這一天，官員放假，到野外遊樂。《舊唐書》卷十三《本紀第十三德宗下》：「今方隅無事，烝庶小康，其正月晦日、三月三日、九月九日三節日，宜任文武百僚選勝地追賞爲樂。」

這篇歌行的主題思想並不隱晦難懂，但並非直發議論而是從場面和情節中自然而然地流露出來的。詩人描寫簡短的場面和情節，都採取象《陌上桑》那樣一些樂府民歌中所慣常用的正面詠歎方式，筆觸精工細膩，著色鮮豔富麗，諷刺了整個貴族階層驕奢淫佚之頹風。〔註27〕

特別在肴饌精美豐盛，還具有色、香、味，並且盛放在精美的器皿中：「紫駝之峰出翠釜，水精之盤行素鱗」，不僅如此，還配用犀牛角做的筷子，面對如此名貴的山珍海味，她們將食物切了又切，已經變成非常之細了，依然沒有食欲，足見三夫人的驕貴暴殄。「黃門飛鞚不動塵，御廚絡繹送八珍」，其實送來再多的佳珍上品，也只是一種排場而已！

這裏的「犀箸」的出現，不僅表現皇家的氣派，而且起到畫龍點睛的作用。

〔註26〕《全唐詩》卷二五。

〔註27〕《唐詩鑒賞辭典》，上海辭書出版社1983年版。

二、鐵製的火箸

劉言史《相和歌辭・長門怨》：

> 獨坐爐邊結夜愁，暫時恩去亦難留。
>
> 手持金箸垂紅淚，亂撥寒灰不舉頭。〔註28〕

這裏，手持「金箸」，不是是金子做的筷子，而是金屬製作的火箸。

漢武帝的陳皇后失寵後，被貶到了長門宮。因此，漢以來古典詩歌中，常以「長門怨」爲題抒發失寵宮妃的哀怨之情，淒婉動人。

寫過《長門怨》詩歌的人很多，如崔道融、岳珂、李白、劉皂、陸游、李紳、高啓、沈佺期、李華、劉長卿等，但都未在詩出現箸的字樣。劉言史則在《長門怨》裏將筷子描寫其中，達到意想不到的悲劇效果。夜裏，女子坐在爐子邊，獨自發愁，思念著夫妻之間的恩愛。她拿著鐵箸垂下了眼淚，而此眼淚是紅色的，象徵著內心的悲憤達到極點，流出了血來。胡亂地撥動著爐子裏的早已熄滅了的灰燼，而不願意抬起頭來。這種怨婦的形象歷歷在目，生動而感人，是一傳世佳作。

劉言史，中唐詩人，無甚官運，多遊賞酬應之作；但此詩卻有眞情實感，再現了怨婦的行爲舉止，反映其悲哀無助的神情，也是不多見的描寫火箸的詩篇。

火箸的描寫，在來鵠《鄂渚除夜書懷》一詩裏也有：

> 鸚鵡洲頭夜泊船，此時形影共淒然。
>
> 難歸故國干戈後，欲告何人雨雪天。
>
> 箸撥冷灰書悶字，枕陪寒席帶愁眠。
>
> 自嗟落魄無成事，明日春風又一年。〔註29〕

這裏的「箸撥冷灰書悶字」，就是用火箸來撥動炭盆裏的冷灰來進行書寫，表現的是一種無奈、冷峻的情緒。

來鵠（？～883），即來鵬，豫章人。廣明元年（880）黃巢起義軍攻克長安後，來鵠避難流落荊襄。正是在這種情況下，才有此詩。詩中，抒發了他爲唐王朝效力卻被落魄他鄉的胸懷。而用火箸在灰上寫劃的無功之舉，是其這時候低落情緒的有力證據。

〔註28〕 《全唐詩》卷二〇。
〔註29〕 《全唐詩》卷六四二。

三、玉製作的筷子

在唐詩裏，玉箸除了作爲眼淚來解之外，還有其本意，那就是玉石製作的筷子。這種玉箸，在唐詩中也屢見不鮮，也可謂是一種高級材質的筷子。

杜甫《野人送朱櫻》：

> 西蜀櫻桃也自紅，野人相贈滿筠籠。
>
> 數回細寫愁仍破，萬顆勻圓訝許同。
>
> 憶昨賜沾門下省，退朝擎出大明宮。
>
> **金盤玉箸無消息**，此日嘗新任轉蓬。〔註30〕

此詩以蜀地農人送櫻桃爲由，表達了作者當時複雜的情緒。全詩前四句爲起興，後四句爲其當下的狀況，以及對過去朝廷生活的追憶。「金盤玉箸」，象徵著官宦的奢華生活，並以此與「櫻桃也自紅」鄉村生活相比較，表現出兩者之間的差距，是不言而喻的。詩歌語言簡樸、平和，對比強烈，寓意卻耐人尋味。

玉箸，是一種飲食工具，其材質的好與差，體現出的生活境遇。

韓翃《送戴迪赴鳳翔幕府》：

> 青春帶文綬，去事魏徵西。
>
> 上路金羈出，**中人玉箸齊**。
>
> 當歌酒萬斛，看獵馬千蹄。
>
> 自有從軍樂，何須怨解攜。〔註31〕

魏徵西，指的是曹操。南朝宋裴松之注《魏武故事》載公十二月己亥令曰：「孤始舉孝廉，年少，自以本非巖穴知名之士，恐爲海內人之所見凡愚，欲爲一郡守，好作政教，以建立名譽，使世士明知之；故在濟南，始除殘去穢，平心選舉，違迕諸常侍。以爲彊豪所忿，恐致家禍，故以病還。去官之後，年紀尚少，顧視同歲中，年有五十，未名爲老，內自圖之，從此卻去二十年，待天下清，乃與同歲中始舉者等耳。故以四時歸鄉里，於譙東五十里築精舍，欲秋夏讀書，冬春射獵，求底下之地，欲以泥水自蔽，絕賓客往來之望，然不能得如意。後徵爲都尉，遷典軍校尉，意遂更欲爲國家討賊立功，欲望封侯作征西將軍，然後題墓道言『漢故征西將軍曹侯之墓』，此其志也。」〔註32〕

〔註30〕《全唐詩》卷二二六。

〔註31〕《全唐詩》卷二四四。

〔註32〕《三國志》卷一《魏書·武帝紀》。

另外，魏徵西亦用以尊稱軍府長官。鳳翔，古稱雍、雍州、雍城，地處關中平原。

這是韓翃為戴迪去鳳翔幕府而寫的一首詩歌。此歌用比喻的手法，鼓勵戴迪要像曹操一樣勇敢地到軍事前線，應該為從軍感到快樂，而不要怨恨身上攜帶攜帶東西。在唐代，戰士除了武器，還有碗筷之類的生活用品。

「上路金羈出，中人玉箸齊」，是說騎馬上路飛奔，露出了馬的鐵蹄，馬背上的「中人」像玉箸一般高，與此同時，也將唐朝戰士要攜帶筷子之類的吃飯工具真實地展現出來。不過，這裏所說的玉箸，不可能是玉的材質，只是筷子的象徵而已。

玉箸，的確存在於生活之中，成為奢華的一個組成部分。

司空曙《長林令衛象餽絲結歌》：

> 主人雕盤盤素絲，寒女眷眷墨子悲。
> 乃言假使餽為之，八珍重沓失顏色。
> **手援玉箸不敢持**，始狀芙蓉新出水。
> 仰坼重衣傾萬蕊，又如合歡交亂枝。
> 紅茸向暮花參差，吳蠶絡繭抽尚絕，細縷纖毫看欲滅。
> 雪髮羞垂倭墮鬟，繡囊畏並茱萸結。
> 我愛此絲巧，妙絕世間無，為君作歌陳座隅。〔註33〕

衛象，唐詩人。約於德宗建中中至貞元初任長林令，後佐荊南幕，檢校侍御史。與司空曙交往甚密。

司空曙，字文明，廣平（今河北省永年縣）人，進士。歷任洛陽主簿、水部郎中、虞部郎中等職。其詩多寫身世羈旅之思、悲歡離合之歎、常寄興山水，語言質樸，情深意婉。這是首描寫素絲的詩歌，生動、靈現。主人盤裏裝著盤起的素絲，旁邊的女孩一雙眼睛直呆呆地看著，假如加上糖水，更使得其它佳肴頓時失色。手拿著筷子不敢下夾，就怕碰壞了像芙蓉出水一般的饈珍。接下來是對素絲的具體描述：「仰坼重衣傾萬蕊，又如合歡交亂枝。紅茸向暮花參差，吳蠶絡繭抽尚絕，細縷纖毫看欲滅」。為此，還進行比較，就像老人已經無法打出倭墮鬟，繡花的香囊上不應該再拼上茱萸結。最後三句為點題，他非常喜歡這道菜肴，如此精巧，是世上所沒有的，因此作詩呈現給客人。

〔註33〕《全唐詩》卷二九三。

整首詩歌都是描述餳素絲的精細、造型的完美，可以說是描寫菜肴的上乘之作。而其中「手援玉箸不敢持」，則表現了吃客的心情與狀態，很想去親口嘗嘗，卻又怕破壞了原來的菜式造型。這種描述的真實，恰恰反映的是人的普遍的共同的情緒與感覺，雖然過去一兩千年，但其所描寫的情景和感受，至今依然感同身受。

吃魚的時候，玉箸可以用來剔除其中的骨與刺。

皮日休《奉和魯望謝惠巨魚之半》就表現了吃魚時候的場景：

> 釣公來信自松江，三尺春魚撥刺霜。
> 腹內舊鉤苔染澀，腮中新餌藻和香。
> 冷鱗中斷榆錢破，寒骨平分玉箸光。
> 何事眤君偏得所，只緣同是越航郎。〔註34〕

皮日休（834年/839～902），字逸少。其雖是襄陽（今屬湖北省襄陽市）人。曾在蘇州做過官，懂得吃魚的方法。釣公釣到的一條大魚，送給魯望、謝惠一人一半，為此他寫下了這首詩。為什麼要送他們，因為他們都是吳越地區的人。

「寒骨平分玉箸光」，就是分魚時的情景，用筷子平分，而且乾脆利落。

同樣，說到吃魚，用筷子，在曹唐《長安客舍敘邵陵舊宴，寄永州蕭使君五首》裏則有另外一番景象：

> 百分散打銀船溢，十指寬催玉箸輕。
> 星斗漸稀賓客散，碧雲猶戀豔歌聲。〔註35〕

顯然，每次到能夠百分之百打上銀魚，不久船就滿了，經過烹飪之後，馬上就可以吃，由於銀魚很小很輕，筷子夾取起來格外活絡。直到星斗漸漸稀少，遊客才離去，天空飄著碧雲，還能夠依稀聽到男女戀愛的歌聲。

這種描寫，十分形象，很有詩情畫意。

關於玉箸，在唐詩裏很多，除了是玉製作的筷子之外，很懷疑還有另外一種可能，這種所謂的玉箸，就是普通的竹木製作的筷子，由於材質的顏色是白的，故用詩一般的語言來描寫，就有了玉箸的名稱。

四、象牙製作的筷子

象牙筷在唐代不是新鮮的筷子材質，特別是在官僚們的宴請之中，用象

〔註34〕《全唐詩》卷六一三。
〔註35〕《全唐詩》卷六四〇。

牙筷的現象，不屬罕見。

李咸用《長歌行》

> 要衣須破束，欲炙須解牛。
>
> 當年不快意，徒爲他人留。
>
> 百歲之約何悠悠，華髮星星稀滿頭。
>
> 峨眉蟻首聊我仇，圓紅闕白令人愁。
>
> 何不夕引清奏，朝登翠樓，逢花便折，聞勝即遊？
>
> 鼓腕騰棍晴雷收，舞腰困裹垂楊柔。
>
> **象箸擊折歌勿休，玉山未到非風流。**
>
> 眼前有物俱是夢，莫將身作黃金仇。
>
> 死生同域不用懼，富貴在天何足憂！〔註36〕

李咸用，生卒年不詳。族望隴西（今甘肅臨洮）。習儒業，有詩集。根據《文獻通考》記載：「唐末李咸用《披沙集》者，即其遠祖也。」〔註37〕由於無官運，久不第，遂寓居廬山等地。

歷史上對李咸用的詩歌，「雖有集相傳，皆氣卑格下，負魚目唐突之慚，竊碔砆韞襲之濫」。《唐才子傳》卷十《殷文圭》：「唐季，文體澆離，才調荒穢，稍稍作者，強名曰詩，南郭之竽，苟存於從響，非復盛時之萬一也。如王周、劉兼、司馬筍、蘇拯、許琳、李咸用等數人，雖有集相傳，皆氣卑格下，負魚目唐突之慚，竊碔砆韞襲之濫，所謂家有弊帚，享之千金，不自見之患也。文圭稍入風度，間見奇崛，其殆庶幾乎。」在這段文字裏，可以知道，對李咸用的詩歌評價不高。

《長歌行》是首樂府詩，模仿之作，其內容更顯得低沉，缺乏積極向上的力量，詩歌裏表現的是他頹廢、無意進取的精神面貌。前半部分，是回憶過去，如今已經白髮鬢鬢，何不及時行樂呢。後半部分，是醉生夢死的人生寫照，不再爲以後擔憂吧，在這裏，最精彩的場景，莫過於「象箸擊折歌勿休」，其就表現的是，一邊用象牙筷來擊打來進行伴奏，一邊高聲引吭高歌。

李咸用的另外一首詩《富貴曲》裏，也說及象牙筷。

> 畫藻雕山金碧彩，鴛鴦疊翠眠晴靄。
>
> 編珠影裏醉春庭，圓紅片下攢歌黛。

〔註36〕《全唐詩》卷六四四。

〔註37〕《文獻通考》卷二百四十五《經籍考七十二》。

> 革咽絲煩歡不改，繳絳垂緹忽如晦。
> 活花起舞夜春來，蠟焰煌煌天日在。
> 雪暖瑤杯鳳髓融，**紅拖象箸猩唇細**。
> 空中漢轉星移蓋，火城擁出隨朝會。
> 車如雷兮馬如龍，鬼神辟易不敢害。
> 冠峨劍重鏘環珮，步入天門相眞宰。
> 開口長爲爵祿筌，回眸便是公卿罪。
> 珍珠索得龍宮貧，膏腴刮下蒼生背。
> 九野干戈指著心，威福滿拳猶未快。
> 我聞周公貴爲天子弟，富有半四海，蔑有驕奢貽後悔。
> 紅錦障收，珊瑚樹碎，至今笑石崇王愷。〔註38〕

這是在奢華的環境裏，除了室內像宮殿一般的金碧輝煌、畫梁雕棟，還有歌舞昇平、車水馬龍，更有峨冠博帶的男人與步搖環珮的女子。這種繁華景象，堪比石崇、王愷更奢華淫逸。而「雪暖瑤杯鳳髓融，紅拖象箸猩唇細」，雪天裏的杯子可以溫暖鳳鳥的骨髓，嘴裏吃的東西把紅紅的嘴唇變得細細的，這種帶有性感的描述，則爲如此的氣氛增添幾分華貴的色彩。

五、紅色的筷子

羅隱《東歸別常修》：

> 六載辛勤九陌中，卻尋歸路五湖東。
> 名慚桂苑一枝綠，鱠憶松江兩箸紅。
> 浮世到頭須適性，男兒何必盡成功。
> 唯慚鮑叔深知我，他日蒲帆百尺風。〔註39〕

這是描述吃鱸魚的情景，其中就寫到「兩箸紅」。「兩箸紅」，顧名思義，兩隻筷子是紅色的。這裏的紅筷子，是一種漆筷，應該是江南一帶的民俗，人們喜歡帶有色彩的筷子。關於紅筷子，在唐代流傳的《兩頭朱童謠》也可以得到證實：一隻箸，兩頭朱，五六月化爲膽。〔註40〕再次證明了當時有紅筷子的存在，否則的話，民間謠諺是不可能將此作爲比興的，而且達到一語雙關的效果。

〔註38〕《全唐詩》卷六四四。
〔註39〕《全唐詩》卷六六四。
〔註40〕《全唐詩》卷八七八。

這種紅筷子，雖然不屬於製作的材質，但是爲了方便歸類，故且放在這裏。

第五節　其它用處

箸的詞意，在古代有多種意思，而其與其它字進行組合，就成爲另外的意思了。如借箸就是一個例證。

一、籌　箸

在唐詩裏，用籌箸的詩句有好多，運用非常得法，這或可以認爲這是箸一詞的延伸與發展。

籌箸，竹籌和筷子。籌，原本是計數目的用具；箸，原爲筷子。兩者組合之後，就成爲新的詞彙，被唐代詩人經常使用。如蘇曼殊《娑羅海濱遁跡記》：「雖析諸峯草木，以爲籌箸，不能算之矣。」

如此詞彙組合之後，被運用到詩歌寫作中，就形成新的詩句，換言之，籌箸一詞的出現，是詩歌寫作的需要。馬異《暮春醉中寄李幹秀才》：「歡異且交親，酒生開甕春。不須愁犯卯，且乞醉過申。**折草爲籌箸**，鋪花作錦裀。嬌鶯解言語，留客也殷勤。」〔註41〕元稹《遣春十首》：「梨葉已成陰，柳條紛起絮。波綠紫屏風，**螺紅碧籌箸**。三杯面上熱，萬事心中去。我意風散雲，何勞問行處。」〔註42〕元稹另外一首詩《酬翰林白學士代書一百韻（此後江陵時作）》：「翰墨題名盡，光陰聽話移。綠袍因醉典，烏帽逆風遺。**暗插輕籌箸**，仍提小屈卮。本弦才一舉，下口已三遲。」〔註43〕元稹《店臥聞幕中諸公徵樂會飲，因有戲呈三十韻》裏同樣提及：「白紵顰歌黛，同蹄墜舞釵。纖身霞出海，豔臉月臨淮。**籌箸隨宜放**，投盤止罰哇。紅娘留醉打，舴使及醒差。」〔註44〕

二、象　徵

唐詩裏，寫及玉箸的很多，有各種用途，其中一個，最普遍的是象徵眼

〔註41〕《全唐詩》卷三六九。
〔註42〕《全唐詩》卷四〇二。
〔註43〕《全唐詩》卷四〇二。
〔註44〕《全唐詩》卷四〇六。

淚。

　　駱賓王《相和歌辭‧王昭君》：

　　　　斂容辭豹尾，緘怨度龍鱗。

　　　　金鈿明漢月，**玉箸染胡塵**。

　　　　妝鏡菱花暗，愁眉柳葉顰。

　　　　惟有清笳曲，時聞芳樹春。〔註45〕

　　王昭君是漢代人物，記載於《漢書》、《後漢書》中。漢元帝時被選入宮，匈奴呼韓邪單于入朝求和親，昭君請嫁匈奴，被稱為寧胡閼氏。《西京雜記》卷二：「元帝後宮既多，不得常見，乃使畫工圖形，案圖召幸之。諸宮人皆賂畫工，多者十萬，少者亦不減五萬，獨王嬙不肯，遂不得見。後匈奴入朝求美人為閼氏，於是上案圖以昭君行。及去，召見，貌為後宮第一，善應對，舉止閒雅，帝悔之，而名籍已定，帝重信於外國，故不復更人，乃窮案其事，畫工皆棄市。」其實，此載未必是真，但由於昭君一是宮廷美人，二是外嫁千里之外，自然被人們津津樂道，其故事後來成為傳說、故事、詩詞、戲曲、小說等的流行題材。

　　在普通老百姓的眼裏，一個年輕年紀輕輕的少女，遠嫁他鄉，肯定有悲劇色彩，因此在唐詩裏，駱賓王的「金鈿明漢月，玉箸染胡塵」，多麼悲壯，又多麼淒涼。這裏的「玉箸」是眼淚。用玉箸來表示眼淚，更加妥帖，也更加形象。詩歌裏所描寫的：眼淚染上胡地的風塵，頭上的髮簪映照著月亮，非常工整、對仗，顯示了作者高超的文字的組織功力，這樣就將將那種荒涼氣氛、悲涼心情都充分展現出來，躍然於紙上了。

　　歌詠王昭君，在唐詩中有很多，基本都是那種悲泣、無奈的景象。

　　高適《相和歌辭‧燕歌行》：

　　　　漢家煙塵在東北，漢將辭家破殘賊。

　　　　男兒本自重橫行，天子非常賜顏色。

　　　　摐金伐鼓下榆關，旌旗逶迤碣石間。

　　　　校尉羽書飛瀚海，單于獵火照狼山。

　　　　山川蕭條極邊土，胡騎憑陵雜風雨。

　　　　戰士軍前半死生，美人帳下猶歌舞。

〔註45〕《全唐詩》卷十九。

大漠窮秋塞草衰，孤城落日鬥兵稀。

身當恩遇常輕敵，力盡關山未解圍。

鐵衣遠戍辛勤久，**玉箸應啼別離後**。

少婦城南欲斷腸。征人薊北空回首。

邊庭飄飄那可度，絕域蒼茫更何有。

殺氣三日作陣雲，寒聲一夜傳刁斗。

相看白刃血紛紛，死節從來豈顧勳。

君不見沙場征戰苦，至今猶憶李將軍。〔註46〕

　　這是一首邊塞詩中的傑作，以簡潔、白描的手法，敘述了一個戰役的全過程：第一段描寫出師前，漢家軍隊與單于部隊進行交鋒時雙方的陣勢。第二段寫戰鬥即將爆發時，戰士與將軍不同的境遇。第三段寫大漠荒原上留下的淒慘景象，少婦想念前方的親人，征人想念家鄉卻無法回家的情景。第四段描寫的是士兵們與敵人短兵相接，浴血奮戰他們這種視死如歸的精神，不是爲了區區勳章。雖說沙場上戰士精神抖擻，士氣高昂，卻得不到朝廷的關懷，所以至今人們依然懷念威鎮北邊的飛將軍李廣。

　　詩中的「玉箸應啼別離後」，是與箸相關的一句，也是全詩中最出彩的內容。它形象地表現的婦人在送別男子去征戰時候，強忍離別時候的痛苦，噙著淚水的情形，她們知道大哭應該在離別之後，故有「應啼別離後」的句子，而「玉箸」在此之前做了一個很好的鋪墊。玉箸是詩化的眼淚一詞。婦人在即將離別的親人面前只是含著淚水，卻沒有大聲哭泣，十分形象地將女性那種難分難捨的矛盾心情表現出來。

　　在唐朝邊塞詩裏，涉及玉箸的舉不勝舉，如陸龜蒙《雜曲歌辭·鳴雁行》：朔風動地來，吹起沙上聲。閨中有邊思，**玉箸此時橫**。莫怕兒女恨，主人烹不鳴。〔註47〕還有令狐楚《雜曲歌辭·長相思二首》：君行登隴上，妾夢在閨中。玉箸千行落，銀床一半空。綺席春眠覺，紗窗曉望迷。朦朧殘夢裏，猶自在遼西。〔註48〕趙嘏《雜曲歌辭·昔昔鹽·驚魂同夜鵲》：萬里無人見，

〔註46〕《全唐詩》卷十九。

〔註47〕《全唐詩》卷二十五。

〔註48〕《全唐詩》卷二十五。

眾情難與論。思君常入夢，同鵲屢驚魂。孤寢紅羅帳，雙啼玉箸痕。妾心甘自保，豈復暫忘恩。〔註49〕

在這三首詩裏，都描寫到玉箸。第一首是「玉箸此時橫」，其意思是一旦想起邊關的征夫，就淚流滿面。第二首是「玉箸千行落」，更是將淚水流佈停的狀態淋漓盡致表現出來。第三首是「雙啼玉箸痕」，淚水像筷子一般掛在面頰上，無疑是痛楚萬分之狀。這些「玉箸」，說的都是眼淚，同一的人類感情，表達出極其痛苦的神情和畫面。

在唐詩裏，李白寫及玉箸的甚多，如：啼流玉箸盡（《代贈遠》）〔註50〕、玉箸夜垂流（《閨情》）〔註51〕、玉箸並墮菱花前（《代美人愁鏡二首》）〔註52〕、玉箸落春鏡（《寄遠十一首》），〔註53〕的都形象地表現了淚流滿面的神情。另外，沈佺期《雜詩三首》的「闌干玉箸齊」〔註54〕、賀朝《從軍行》的「玉箸應啼紅粉顏」〔註55〕、令狐楚《閨人贈遠二首》的「玉箸千行落」〔註56〕、權德輿《雜詩五首》的「萬恨隨玉箸」〔註57〕等，均表現了戰爭期間的生死離別、無限痛楚的情感。

玉箸用來象徵眼淚，可能有兩個理由：第一是顏色一致。眼淚是透明的，與現實中的玉製作的筷子，在顏色上是相近似的，第二是非常形象。筷子有一定長度，生活中有目共睹，痛苦的眼淚會形成一條線掛在臉上，就像兩根筷子一樣。

其它例子亦有，如——

趙嘏《昔昔鹽二十首·驚魂同夜鵲》：

> 孤寢紅羅帳，雙啼**玉箸**痕。
>
> 妾心甘自保，豈復暫忘恩。〔註58〕

杜牧《見劉秀才與池州妓別》：

〔註49〕《全唐詩》卷二七。
〔註50〕《全唐詩》卷一八四。
〔註51〕《全唐詩》卷一八四。
〔註52〕《全唐詩》卷一八四。
〔註53〕《全唐詩》卷一八四。
〔註54〕《全唐詩》卷九六。
〔註55〕《全唐詩》卷一一七。
〔註56〕《全唐詩》卷三三四。
〔註57〕《全唐詩》卷三二八。
〔註58〕《全唐詩》卷五四九。

金釵橫處綠雲墮，**玉箸**凝時紅粉和。

待得枚桑相見日，自應妝鏡笑蹉跎。〔註59〕

胡曾《詠史詩·漢宮》：

明妃遠嫁泣西風，**玉箸雙垂出漢宮**。

何事將軍封萬戶，卻令紅粉爲和戎。〔註60〕

羅鄴《春夕寄友人時有與歌者南北》：

愁眼向誰零玉箸，征蹄何處駐紅埃。

中宵吟罷正惆悵，從此蘭堂鎖綠苔。〔註61〕

羅鄴《別夜》：

秋入江天河漢清，迢迢鐘漏出孤城。

金波千里別來夜，**玉箸兩行流到明**。〔註62〕

馬戴《離夜二首》：

東征遼水迥，北近單于臺。

戎衣掛寶劍，**玉箸銜金杯**。〔註63〕

陸龜蒙《鳴雁行》：

朔風動地來，吹起沙上聲。

閨中有邊思，**玉箸此時橫**。

莫怕兒女恨，主人烹不鳴。〔註64〕

曹唐《病馬五首呈鄭校書章三吳十五先輩》：

驥耳何年別渥窪，病來顏色半泥沙。

四蹄不鑿金砧裂，**雙眼慵開玉箸斜**。〔註65〕

這些詩歌都將眼淚寫成玉箸來進行描寫，生動形象，不僅展現得惟妙惟肖，同時也有詩情畫意。

三、籌　劃

用箸，來用作籌劃之意的，除了借箸，還有前箸一詞。

〔註59〕《全唐詩》卷五二二。
〔註60〕《全唐詩》卷六四七。
〔註61〕《全唐詩》卷六五四。
〔註62〕《全唐詩》卷六五四。
〔註63〕《全唐詩》卷五五六。
〔註64〕《全唐詩》卷六一九。
〔註65〕《全唐詩》卷六四〇。

殷潛之《題籌筆驛》：

> 江東矜割據，鄴下奪孤嫠。霸略非匡漢，宏圖欲佐誰。
> 奏書辭後主，仗劍出全師。重襲褒斜路，懸開反正旗。
> 欲將苴有截，必使舉無遺。沈慮經謀際，揮毫決勝時。
> 園舠當分畫，**前箸此操持**。山秀扶英氣，川流入妙思。
> 算成功在轂，運去事終虧。命屈天方厭，人亡國自隨。
> 艱難推舊姓，開創極初基。總歎曾過地，寧探作教資。
> 若歸新歷數，誰復顧衰危。報德兼明道，長留識者知。〔註66〕

前箸，進餐時座前的筷子；求借所食之箸，用指畫，故曰籌劃，也與借箸同義。

殷潛之，晚唐人，未進仕，故被杜牧稱之為野人。〔註67〕其雖為普通老百姓，卻知道國家大事，亦想報效祖國。可惜生不逢時，他那個時代，江河日下，盛世早已不在，邊事不斷，宦官專權，黨爭延續，在這種內憂外患的情況下，他寫了這首詩，借「江東矜割據，鄴下奪孤嫠」的歷史典故，希望人們知道他的遠大願望：「報德兼明道，長留識者知」。

所謂「園舠當分畫，前箸此操持」，就是拯救國家四分五裂的狀況，實現國富民強的國家願景；而「山秀扶英氣，川流入妙思」更將這種做法具體化，有更多的好點子、好主意注入到「前箸」之中。

在路德延《小兒詩》中，則將小時候學習溫酒、煮茶、繡花以及籌劃的方法表現出來：「酒瀰丹砂暖，茶催小玉煎。頻邀籌箸挮，時乞繡針穿。」〔註68〕

眾所週知，借箸的典故來自於張良借箸。因此，在貫休《繡州張相公見訪》裏直接有「張良箸」一詞，用來表示策劃、籌謀之意：「德符唐德瑞通天，曾叱讒諛玉座前。千襲彩衣宮錦薄，數床御箚主恩偏。出師暫放張良箸，得罪惟撐范蠡船。未報君恩終必報，不妨金地禮青蓮。」〔註69〕

四、攪　棒

在唐代，筷子也用作製作茶葉的工具。

〔註66〕《全唐詩》卷五四六。
〔註67〕見杜牧《和野人殷潛之題籌筆驛十四韻》。
〔註68〕《全唐詩》卷七一九。
〔註69〕《全唐詩》卷八三七。

秦韜玉《採茶歌（一作紫筍茶歌）》：

> 天柱香芽露香發，爛研瑟瑟穿荻篾。
> 太守憐才寄野人，山童碾破團團月。
> 倚雲便酌泉聲煮，獸炭潛然虬珠吐。
> 看著晴天早日明，鼎中颯颯篩風雨。
> 老翠看塵下才熟，**攪時繞箸天雲綠**。
> 耽書病酒兩多情，坐對閩甌睡先足。
> 洗我胸中幽思清，鬼神應愁歌欲成。〔註70〕

秦韜玉，字仲明，京兆長安（今陝西西安）人，少有詞藻，工歌吟，語言清雅，意境渾然，佳句迭出。這首詩，是他到天柱山做客時候看到茶葉製作過程而寫下的。「看著晴天早日明，鼎中颯颯篩風雨。老翠看塵下才熟，攪時繞箸天雲綠」，是炒茶的一個程序，其中就用到筷子在綠色的茶葉中進行攪動的情景。

第六節　思　考

為什麼唐代詩歌裏出現如此多的筷子的書寫，其原因何在？

一、宴　飲

宴飲是一種交際。人們在一邊吃喝一邊聊天中，可以獲得心靈、知識、情感、關係的交流。在一個開放性的社會裏，人們希望從中瞭解彼此，增強友誼，鞏固親朋好友之間紐帶關係。唐代就是這樣一個社會，因此宴飲活動就非常之多。而由於宴飲使用筷子的機會也就增加，有了

羅隱《錢唐見芮逢》：

> 蔡倫池北雁峰前，罹亂相兼十九年。
> 所喜故人猶會面，不堪良牧已重泉。
> **醉思把箸歌歌席**，狂憶判身入酒船。
> 今日與君贏得在，戴家灣里兩皤然。〔註71〕

這是羅隱在錢塘江上與友人芮逢久別重逢的情景。他們的宴飲在酒船

〔註70〕《全唐詩》卷六七〇。
〔註71〕《全唐詩》卷六六三。

上，喝酒喝得醉醺醺，還拿著筷子，靠在歌席邊。顯然，罹亂相兼十九年，老朋友重新相聚，很不容易，故放開酒量，不拘小節。他們邊喝酒邊聽歌，真是好不熱鬧的場景。如今他與芮逢都還健在，實屬不容易，但是與十九年之前已經完全不一樣了。

二、吃　魚

在唐詩裏，似乎發現吃魚的時候與筷子的聯繫甚多。如：

李群玉《石門韋明府爲致東陽潭石鯽鱠》：

> 錦鱗銜餌出清漣，暖日江亭動鱠筵。
> 疊雪亂飛消箸底，散絲繁灑拂刀前。
> 太湖浪說朱衣鮒，漢浦休誇縮項鯿。
> 雋味品流知第一，更勞霜橘助芳鮮。〔註72〕

羅隱《覽晉史（張翰思吳中鱸鱠蓴羹）》：

> 齊王僚屬好男兒，偶覓東歸便得歸。
> 滿目路岐拋似夢，一船風雨去如飛。
> 盤擎紫線蓴初熟，箸撥紅絲鱠正肥。
> 惆悵途中無限事，與君千載兩忘機。〔註73〕

吳融《即事》：

> 抵鵲山前雲掩扉，更甘終老脫朝衣。
> 曉窺青鏡千峰入，暮倚長松獨鶴歸。
> 雲裏引來泉脈細，雨中移得藥苗肥。
> 何須一箸鱸魚膾，始掛孤帆問釣磯。〔註74〕

黃滔《鍾陵故人》：

> 滕王閣下昔相逢，此地今難訪所從。
> 唯愛金籠貯鸚鵡，誰論鐵柱鎖蛟龍。
> 荊榛翠是錢神染，河嶽期須國士鍾，
> 一箸鱸魚千古美，後人終少繼前蹤。〔註75〕

以上所舉的幾首詩歌的筷子，都與魚相關。

〔註72〕《全唐詩》卷五六九
〔註73〕《全唐詩》卷六六〇。
〔註74〕《全唐詩》卷六八七。
〔註75〕《全唐詩》卷七〇五。

　　唐代，淡水養魚的技術有了長足的發展。這時候，人們掌握了魚的產卵規律，對養魚業起到了促進作用。另外，自然江河中生長的魚類亦多。《嶺南錄異》卷下記載：「嘉魚，形如鱒，出梧州戎城縣江水口。甚肥美，眾魚莫可與比。」「黃臘魚，即江湖之橫魚。」「竹魚產江溪間，形如鱧魚，大而少骨，青黑色。鱗下間以朱點，鬐可玩，或烹以爲羹，臛肥而美。」另外，還有海裏的各種魚，如海鱒、鹿子魚、比目魚、烏賊魚等。

　　這些都說明，魚已經成爲人們關注的對象，不僅如此，喜歡吃魚，也是有唐一代人們喜好的飲食習慣。

　　江河裏的黃臘魚，「南人變爲炙」〔註 76〕；「嘉魚，形如鱒，出梧州戎城縣江水口。甚肥美，眾魚莫可與比。」〔註 77〕

　　特別是海魚、海蝦、貝類等，更是南方人的最愛：「吳中人好食之」〔註 78〕。「廣人得之，多爲膾，不腥而美，諸魚無以過也。」〔註 79〕「鸚鵡螺，旋尖處屈而朱，如鸚鵡嘴，故以此名。殼上青綠斑文，大者可受三升，殼內光瑩如雲母，裝爲酒杯，奇而可玩，又，紅螺大小亦類鸚鵡螺殼，薄而紅，亦堪爲酒器，刳小螺爲足，綴以膠漆，尤可佳尚。瓦屋子，蓋蚌蛤之類也。南中舊呼爲「蚶子頭」.因鈞尚書作鎭，遂改爲瓦屋子，以其殼上有棱如瓦壟，故名焉。殼中有肉，紫色而滿腹，廣人尤重之。多燒以薦酒，俗呼爲「天臠炙」，吃多即壅氣，背膊煩疼，未測其本性也。」〔註 80〕

　　這種飲食習慣，就造成筷子出現的高頻率。

三、戰　事

　　唐朝是世界公認的中國最強盛的時代。從李淵於 618 年建立唐朝，至 902 年河東之戰之間，，發生的戰爭有數百次之多，其中有貞觀時期的唐退吐谷渾岷州之戰、唐滅東突厥之戰、西突厥攻薛延陀之戰、唐滅高昌之戰、唐滅百濟之戰、武則天平李敬業之戰等；盛唐時期的冷陘之戰、武街之戰、唐破吐蕃松州之戰、石堡城之戰、唐攻契丹之戰、唐擊小勃律之戰、唐與南詔戰爭等；安史之亂從 755 年到 757 年的三年裏，發生的戰爭就有十多次。到了

〔註 76〕　《嶺南錄異》卷下。
〔註 77〕　《嶺南錄異》卷下。
〔註 78〕　《嶺南錄異》卷下。
〔註 79〕　《嶺南錄異》卷下。
〔註 80〕　《嶺南錄異》卷下。

唐朝中晚時期，戰爭亦未見少，鄴城之戰、河陽之戰、邙山之戰、唐滅史朝義之戰、魏州之戰、李晟收復長安之戰、神川之戰、交趾之戰、黃巢轉戰中原之戰、唐奪長安之戰、河東之戰等。這一時期的戰爭既有領土擴張的對外戰爭，更有應對農民起義的戰爭，以及爭奪首都長安的戰爭。

由於戰事頻繁，征戰的詩歌也是唐詩中佔據很重要的一部分。在這些詩歌裏，離別、相思等場景不斷出現，就有了玉箸的描述。

這裏的玉箸，為眼淚的形容詞。其雖不是筷子，卻是與筷子緊密相連的引申詞彙，也是箸文化的一個組成部分。

羅虬《比紅兒詩》：

　　鋒鏑縱橫不敢看，**淚垂玉箸正汍瀾**。〔註81〕

章碣《春別》：

　　花邊馬嚼金銜去，**樓上人垂玉箸看**。〔註82〕

吳融《和韓致光侍郎無題三首十四韻》：

　　漫遊多卜夜，慵起不知晨。

　　玉箸和妝裛，金蓮逐步新。〔註83〕

崔道融《銅雀妓二首》：

　　嚴妝垂玉箸，妙舞對清風。

　　無復君王顧，春來起漸慵。〔註84〕

玉箸，在這些詩裏，均作為眼淚來進行描述，把人心中的痛苦、悲楚的內心世界通過眼淚真切地展示出現了。

在各種情感描寫的詩歌中間，寫因為戰事離別、思念的詩句更多。

裴說《聞砧（一作寄邊衣）》：

　　深閨乍冷鑒開篋，**玉箸微微濕紅頰**。〔註85〕

劉鄴《登樓望月二首》：

　　未得金波轉，俄成玉箸流。

　　不堪三五夕，夫婿在邊州。〔註86〕

〔註81〕《全唐詩》卷六六六。
〔註82〕《全唐詩》卷六六九。
〔註83〕《全唐詩》卷六八五。
〔註84〕《全唐詩》卷七一四。
〔註85〕《全唐詩》卷七二〇。
〔註86〕《全唐詩》卷七三三。

陳陶《水調詞十首》：

> 點虜迢迢未肯和，五陵年少重橫戈。
>
> 誰家不結空閨恨，玉箸闌干妾最多。〔註87〕

李中《代別》：

> 紅樓有恨金波轉，翠黛無言玉箸垂。
>
> 浮蟻不能迷遠意，回紋從此寄相思。〔註88〕

　　關於唐詩裏的玉箸，佳句甚多：玉箸闌干界粉腮〔註89〕，雙垂玉箸翠鬟低〔註90〕，玉箸闌干歎非所〔註91〕，玉箸垂朝鏡〔註92〕，莫怪闌干垂玉箸〔註93〕，玉箸凝腮憶魏宮〔註94〕，懶展羅衾垂玉箸〔註95〕

　　綜上所述，唐詩中的箸文化是中國筷箸文化史中很重要的一個組成部分，是用詩歌的形式來展現有唐一代的筷箸文化，體現了當時人們的社會、生活及其情感，值得深入加以研究和分析。

2015 年 6 月 28 日星期日

〔註87〕 《全唐詩》卷七四六。

〔註88〕 《全唐詩》卷七四九。

〔註89〕 劉兼《征婦怨》，《全唐詩》卷七六六。

〔註90〕 無名氏《雜詩》，《全唐詩》卷七八五。

〔註91〕 程長文《獄中書情上使君（長文爲強暴所誣繫獄，獻詩雪冤）》，《全唐詩》卷七九九。

〔註92〕 薛濤《春望詞四首》，《全唐詩》卷八〇三。

〔註93〕 李冶《得閻伯鈞書》，《全唐詩》卷八〇五。

〔註94〕 甄后《與蕭曠冥會詩（甄后留別蕭曠）》，《全唐詩》卷八六六。

〔註95〕 顧夐《木蘭花（即玉樓春）》，《全唐詩》卷八九四。

第五章　宋代箸文化

　　宋朝是經濟十分繁榮的社會，在文化方面，創立了宋明理學，復興儒家文化；在科技發展上亦突飛猛進，政治開明廉潔，由於這一系列的政治、文化科技的發展，形成了社會的穩定，人口的增加，最多的時候已達到 1 億餘，在此基礎上，使用筷子的人亦達到前所未有的高峰，與筷子相關的各種文化、禮儀也逐漸豐富，成為當時社會繁榮的一個標誌。

第一節　多種表意

　　與箸的組合所產生的詞彙，可以是與筷子有關，也可以與之無關。這種多種詞彙組合，其表意也是多方面的，大大地豐富了箸的外延和內涵。

一、眼　淚

　　在唐詩裏，經常出現的作為眼淚的玉箸，在宋詞裏亦有，表示一種與痛苦相關的心理境界。

　　柳永《鳳銜杯（二之一・大石調）》：「有美瑤卿能染翰。千里寄、小詩長簡。想初襞苔箋，旋揮翠管紅窗畔。漸玉箸、銀鉤滿。錦囊收，犀軸卷。常珍重、小齋吟玩。更寶若珠璣，置之懷袖時時看。似頻見、千嬌面。」〔註1〕

　　這是一首相思的詩歌，寫在月亮上陞到了天空，而相思的人卻是淚流滿面。柳永寫這種羈旅愁思，離情別緒的詞，十分到位，風格婉約，細緻含蓄，纏綿俳惻，情感真摯，意境秀麗，而用玉箸則將思念的情緒通過白淨的眼淚

─────────────────────

〔註1〕《全宋詞》卷一，中華書局 2009 年版。以下所引均自此書。

充分的表現出來。

《全宋詞》卷一晏幾道《河滿子》：對鏡偷勻玉箸，背人學寫銀鈎。繫誰紅豆羅帶角，心情正著春遊。那日楊花陌上，多時杏子牆頭。眼底關山無奈，夢中雲雨空休。問看幾許憐才意，兩蛾藏盡離愁。難拚此迴腸斷，終須鎖定紅樓。

晏幾道，北宋著名詞人，字叔原，號小山，撫州臨川人。與其父晏殊合稱「二晏」。詞風工於男女愛情，語言清麗，表達直率而情感淒婉。他的小令，短小精幹，歌詞合樂，清壯頓挫，是宋初的一個高峰。

河滿子也作何滿子，據說開元年間一個叫何滿的人，臨就刑時進此曲以贖死罪，後來就以何滿的人名爲此曲名。由此可知，河（何）滿子，本身就是一闋悲傷動情的詞牌，因此寫作的內容亦與此情感相關。

詞開始兩句通過對著鏡子，偷偷地抹勻流下的淚水，背地裏學習書法，表現思念的嗟歎。三四兩句，嚮往遊春的心情，希望在「楊花陌上」遇見有情人。但是「眼底關山無奈」，只好借助「夢中雲雨」，表現一種無可奈何的境遇。這裏透露出知音難求、終身無靠的苦悶。以下四句，更表現出懷才不遇的雖說有過拼搏，終究無法施展才華，而被鎖在家中。

這是借助美女暗暗流著玉箸一般的眼淚思想情人的故事，反映的是他眞實的思想情感，那就是自己滿腹經綸，卻得不到別人的賞識。

《全宋詞》卷一有首詞，唱曰：

> 瀟湘門外水平鋪，月寒征棹孤。
>
> 紅妝飲罷少踟蹰，有人偷嚮隅。
>
> 揮玉箸，灑眞珠，梨花春雨餘。
>
> 人人盡道斷腸初，那堪腸已無。〔註2〕

這是假借一個離別場景：征人乘船出戰之後，女子偷偷地流淚的情景。「揮玉箸，灑眞珠」就是這種神態、心情的眞實表露。這首詞係秦觀貶謫郴州時的感慨之作的一首，抒發一種悲痛欲絕的是思鄉之情。

向子諲《鷓鴣天（宣和己亥代人贈別）》：說著分飛百種猜。泥人細數幾時回。風流可慣曾孤冷，懷抱如何得好開。垂玉箸，下香階。憑肩小語更兜鞋。再三莫遣歸期誤，第一頻教入夢來。〔註3〕

〔註2〕秦觀《阮郎歸（四之三）》。

〔註3〕《全宋詞》卷一。

垂玉箸，就將流著眼淚。

王之道《惜奴嬌》：「甚麼因緣，恰得一年相聚。和閏月、更無剩數。說著分飛，背面偷彈玉箸。好去。記取許時言語。」〔註4〕

背面偷彈玉箸，就是暗中偷偷地流淚。

宋詞中用玉箸比喻爲眼淚的很多，就不再枚舉。〔註5〕

二、冰　柱

玉箸不僅象徵眼淚，也可以表示冰天雪地中的冰柱。

蘇軾《滿庭芳》：「香靉雕盤，寒生冰箸，畫堂別是風光。主人情重，開宴出紅妝。膩玉圓搓素頸，藕絲嫩、新織仙裳。雙歌罷，虛簷轉月，餘韻尚悠揚。人間，何處有，司空見慣，應謂尋常。坐中有狂客，惱亂愁腸。報導金釵墜也，十指露、春筍纖長。親曾見，全勝宋玉，想像賦高唐。」〔註6〕

這首詞寫作者在友人宴席上一次不尋常的豔遇故事，倍寫了對靚麗歌女的驚詫和傾慕心態。這首詞寫得靈動逼眞，意趣盎然。

其詞翻譯爲：雕刻花盤裏香煙繚繞，冰柱裏發出寒氣，畫堂另有一番風景，主人盛情，設宴招待美人。那些美人凝脂玉潤的脖頸，猶如藕絲白嫩的衣服，像新製成的仙女衣衫。數首歌曲唱完之後，月亮已升上太空，屋內卻餘音嫋繞。人間哪裏有如此美妙的歌聲。這些歌女，司空見慣，應該說也十分平常。狂放的客人雖然在坐，卻惆悵萬分、坐立不安。正巧歌女的金釵掉落，正想要撿，露出了尖尖十指，好像細長的春筍一般。親自看見了她，遠比宋玉還美，更比《高唐賦》裏描寫的人還要美。

蘇軾的這樣一番描述，將歌女飛形象栩栩如生地表現出來。過去的解釋中很少涉及當時的天氣情況，其實就在詞的最後中與開始的「寒生冰箸」的冬天景致做了很好的呼應。爲什麼歌女金釵落地，才看見她的纖纖細手，就

〔註4〕　《全宋詞》卷一。

〔註5〕　《全宋詞》卷一王之道《減字木蘭花（和孔純老別）》：「離筵暫住。君在龍舒曾是主。今作行人。臥轍何妨借寇恂。清歌妙舞。斷送吟鞭乘醉去。一醉休辭。捧爵佳人玉箸垂。」《全宋詞》卷一韓元吉《瑞鶴仙（送王季夷）》：「休問功名何在，綠鬢吳霜，素衣塵土。離觴緩舉。收玉箸，聽金縷。歎凌雲才調，烏絲闌上，省把清詩漫與。見洛陽、年少交遊，倩君寄語。」《全宋詞》卷二汪元量《憶秦娥》：「雪霏霏。薊門冷落人行稀。人行稀。秦娥漸老，著破宮衣。強將纖指按金徽。未成曲調心先悲。心先悲。更無言語，玉箸雙垂。」

〔註6〕　《全宋詞》卷一。

是由於穿著厚重，才掩蓋住了歌女的手指。從手的描寫裏，就發現其人之美，這是有宋一代文人傳統的審美文化的一種表現。

將冰柱形容成為箸的詞句，還可以舉出一些。

趙長卿《探春令（賞梅十首）》：

　　　　冰簷垂箸，雪花飛絮，時方嚴肅。向尋常搖曳，凡花野草，怎生敢誇紅綠。　　江梅孤潔無拘束。只溫然如玉。自一般天賦，風流清秀，總不同粗俗。〔註7〕

同樣是趙長卿，在他的《玉蝴蝶（雪詞）》中另有「冰箸」一詞：

　　　　片片空中剪水，巧妝春色，照耀江湖。漸覺花毯轉柳，莢陣飛榆。散銀盃、時時逐馬。翻縞帶、一一隨車。遍簾隅。寒生冰箸，光剖明珠。　　應須。淺斟低唱，氈垂紅帳，獸爇金爐。更向高樓，縱觀吟醉謝娘扶。靜時聞、竹聲巖谷，漫不見、禽影江湖。盡躊躇。歌闋寶玉，賦就相如。」〔註8〕

在辛棄疾《鷓鴣天（用前韻和趙文鼎提舉賦雪）》裏，也有「畫簷玉箸已偷垂」的佳句：

　　　　莫上扁舟向剡溪。淺斟低唱正相宜。從□犬吠千家白，且與梅成一段奇。　　香暖處，酒醒時。畫簷玉箸已偷垂。笑君解釋春風恨，倩拂蠻箋只費時。〔註9〕

而這些垂箸、冰箸、玉箸都是冰柱的代名詞。它們的相似之處就在於晶瑩剔透，有一定的長度，這樣人們就往往將它們聯繫在一起，成為一種詩詞中常見的詞語結構組合。

在陳德武《西江月》中還出現「冰箸掌中爭看」的情景：

　　　　疏散屨穿東郭，流離馬沒藍關。

　　　　瓜洲誰問臥袁安。辜負新年月半。

　　　　鐵甕成銀甕出，金山做玉山看。

　　　　無知兒女不知寒。冰箸掌中爭看。〔註10〕

這種情景，只有不怕冷的孩子們才能夠做出來的行為。就是這樣無知的兒女，卻不知道瓜州嚴重的大軍壓境的危險形勢。正是這兩種情形的比較下，

〔註7〕《全宋詞》卷二。
〔註8〕《全宋詞》卷二。
〔註9〕《全宋詞》卷二。
〔註10〕《全宋詞》卷三。

可以看出作者憂國憂民的情緒。

三、女 性

玉箸人是玉箸與人的結合，是新的一個詞彙，則表示女性。

王安中《蝶戀花》有一句「玉箸人爭瑩」，是表現女子拿著酥山時候冰水閃爍的樣子：未帖宜春雙彩勝。手點酥山，玉箸人爭瑩。節過日長心自準。遲留碧瓦看紅影。樓外尖風吹鬢冷。一望平林，□□花相映。落粉篩雲晴未定。朝醒只憑闌干醒。〔註11〕

王安中（1075～1134），字履道，號初僚，曾從師蘇軾。在《蝶戀花》裏介紹了一個宋代民間風俗，立春日，女子要剪紙或綢作旛戴在頭上或繫在花下，以慶祝春日來臨。此風俗叫彩勝，又稱旛勝。詞中，節日裏的女子頭戴彩勝，手拿著酥山（相當於今天的冰淇淋），互相「爭瑩」。心裏總覺得日子過得很慢，站在屋檐下，望著紅牆。樓外風吹鬢髮，遠望山林，紅花綠葉，天氣陰沉，隔夜醉酒早晨酒醒後仍困懨如病，只好靠在圍欄邊。

這裏所說的玉箸人，顯然是位女性，通過她表現了雖然是在節日裏，卻沒有高興的愉悅氣氛，體現了作者的一種心灰意冷，無可奈何的失意心情。

四、前 箸

前箸，事實上就是籌箸之簡稱，是與箸相關的詞組。

曾協《水調歌頭（送史侍郎）》：

> 今日復何日，歡動楚江濱。紫泥來自天上，優詔起元臣。想見傅岩夢斷，記得金甌名在，卻念佩蘭人。永晝通明殿，曾聽話經綸。
>
> 促歸裝，趨北闕，覲嚴宸。玉階陳跡如故，天笑一番新。好借食間前箸，盡吐胸中奇計，指顧靜煙塵。九萬雲霄路，飛走趁新春。

〔註12〕

「好借食間前箸」，其實就是爲國家籌箸、策劃，言下之意，是爲國效勞，要展示自己的才能。曹勳《錢大參有和用韻謝之七首》正表現了這樣理想與抱負：曾春清言吐屑霏，岩廊又復仰幾微。正須國論籌前箸，毋使人間風亦稀。〔註13〕

〔註11〕《全宋詞》卷一。
〔註12〕《全宋詞》卷一。
〔註13〕《全宋詩》第一部。

　　另外，宋詩裏用及前箸的還有：陳長方《酈生長揖》：「終煩前箸還銷印，王表知君淺丈夫。」〔註14〕程公許《制幕孫君即益昌舍館疊石栽竹於盆池索賦》：「從君差樂休念歸，臍借前箸裨籌帷。」〔註15〕度正《送王中父制幹東歸探韻得限字分韻用離別不堪無限意艱危深仗濟時才》：「橫身借前箸，逸氣薄雲棧。」〔註16〕

　　這些詩歌裏的前箸，都表示的是運籌帷幄、爲國效力的志趣與意向。

五、鼻　涕

　　將鼻涕比喻爲玉箸，在宋詩裏就有出現。

　　《全宋詩》第一部白玉蟾《萬法歸一歌》：忘卻家珍向外尋，百年做個陰靈鬼。鼻頭流出兩條涕，便敢呼爲玉箸仙。

　　這裏，很清楚地將鼻涕比喻爲玉箸。所謂將流鼻涕者稱之爲玉箸仙，顯然是一種調侃，是詩歌精美語言的再現吧。

第二節　多重神態

　　箸在使用場合中，不同的動作可以表示不同的心情。

一、匆　忙

　　箸，未必能夠表達出更多的語義，但是進行組合之後，再放在詩歌特定的環境裏，其意義就大不相同。

　　晁元禮《金蕉葉》：「樓頭已報多多鼓。華堂漸、停杯投箸。更聞急管頻催，鳳口香銷炷。花映玉山傾處。主人無計留賓住。溪泉泛、越甌春乳。醉魂一啜都醒，絳蠟迎歸去。更看後房歌舞。」〔註17〕

　　《金蕉葉》，是詞牌名，始作於宋代柳永。晁元禮（1046～1113），北宋詞人，一名端禮，字次膺。其爲《金蕉葉》填詞。內容是，晁元禮在別人家做客，聞聽鼓樂之聲，停止餐飲，放下筷子、酒杯，即使主人再三挽留，再好的美酒也擋不住急急地要去歌舞表演的決心。

〔註14〕《全宋詩》第二部。
〔註15〕《全宋詩》第三部。
〔註16〕《全宋詩》第五部。
〔註17〕《全宋詞》卷一。

其中就有「停杯投箸」一詞，從字面理解，停下手中的酒杯，放下吃飯的筷子。其實從詞意來解釋，則是非常形象，表達的是一種神態，而這種神態是匆匆忙忙，不顧一切的樣子。

二、化　妝

用箸作為工具來進行化妝，大概是宋代的民間風俗。關於這一點，在蘇軾《殢人嬌（或云贈朝雲）》就有表現：

> 白髮蒼顏，正是維摩境界。空方丈、散花何礙。朱唇箸點，更
> 髻鬟生彩。這些個，千生萬生只在。
>
> 好事心腸，著人情態。閒窗下、斂雲凝黛。明朝端午，待學紉
> 蘭為佩。尋一首好詩，要書裙帶。〔註18〕

蘇軾，字子瞻，號東坡居士，學識淵博，詩清新，善用誇張、比喻，藝術表現獨具風格，詞豪健灑脫，開豪放一派之先河，《殢人嬌（或云贈朝雲）》就顯示出其詞的豪邁風格。

王朝雲，字子霞，錢塘人，自幼淪落為妓。蘇東坡將其納為姬妾。隨後，東坡謫居惠州，朝雲隨之，亡故並葬於惠州西湖孤山。〔註19〕蘇東坡與朝雲感情篤厚，共度患難。另外，朝雲一生向佛，頗有悟性和靈性，而蘇東坡也頗信佛；於是，兩人有共同心靈交流的語言。

《殢人嬌》前半闋是寫蘇東坡自己已經白髮蒼蒼，但有了「維摩境界」，在方丈室裏散花，嘴唇上塗抹胭脂，使得整個人精神起來，有了生氣，生生世世永在人間。後半闋則表述的是，朝雲的神情與姿態，明天端午節，要學習古人人品高潔，並且寫一首好詩，獻給朝雲。裙帶，原來指的是女子束裙裳的腰帶，比喻跟妻女姊妹等有關的親戚關係，此處即代指朝雲。

所謂「朱唇箸點」，就是用箸來點蘸口紅用以塗抹嘴唇，男子同樣喜歡塗抹口紅，當時這是一種風俗。

古代男子塗抹口紅，可以給人健康、年輕、充滿活力的印象。口紅又稱之為口脂、唇脂，為紅色，塗在嘴唇上。唐段成式《酉陽雜俎》卷一：「臘日，賜北門學士口脂、蠟脂，盛以碧鏤牙筒。」

北門學士，典出於《舊唐書》卷八十七《劉褘之列傳》：「褘之少與孟利

〔註18〕　《全宋詞》卷一。
〔註19〕　《東坡詩集・朝雲詩序》。

貞、高智周、郭正一俱以文藻知名，時人號爲劉、孟、高、郭。尋與利貞等同直昭文館。上元中，遷左史、弘文館直學士，與著作郎元萬頃，左史范履冰、苗楚客，右史周思茂、韓楚賓等，皆召入禁中，共撰《列女傳》、《臣軌》、《百僚新誡》、《樂書》，凡千餘卷。時又密令參決，以分宰相之權，時人謂之『北門學士』。褘之兄懿之，時爲給事中，兄弟並居兩省，論者美之。」可知，北門學士學識超群，而且權重一時，有「分宰相之權」的威力。

同時也可以知道，這些北門學士均爲男士。根據《酉陽雜俎》所記，唐王送給北門學士的裝在象牙筒裏的口脂等化妝品，是一種高貴的賞賜，而且也說明這種化妝品主要是用於他們的臉部裝扮。因此蘇軾《殢人嬌》所說的「朱唇箸點」就眞實地反映了宋代的這種男性化妝習俗。

三、憤懣

眾所週知，高興的時候會手舞足蹈，而在酒足飯飽以後，也會覺得非常無聊，不開心，也會情疏意懶形，用筷子來擊打桌子、飯碗來展示自己內心的不快和痛苦。

《全宋詞》卷一有朱敦儒《減字木蘭花》一詞：

　　尋花攜李。紅漾輕舟汀柳外。小簇春山。溪雨岩雲不飽帆。相
　逢心醉。容易堆盤銀燭淚。痛飲何言。犀箸敲殘玉酒船。

這是攜妓上船，與好友一起開懷暢飲之後，無聊之極，然後將犀牛筷子來敲擊酒碗的情景。「犀箸敲殘玉酒船」，一說的是筷子的材質，使用犀牛角做成的。由此可知，這不是普通的遊船。二說的是將船敲得破殘，可見其心中的憤懣的情緒。

相對朱敦儒《減字木蘭花》一詞裏的「犀箸敲殘玉酒船」，楊無咎《一叢花》在的犀牛箸敲擊就顯得十分柔和，婉轉：

　　娟娟□月可庭方。窗戶進新涼。美人爲我歌新曲，翻聲調、韻
　超出宮商。犀箸細敲，花瓷清響，餘韻繞紅梁。
　　風流難似我清狂。隨處占煙光。憐君語帶京華樣，縱嬌軟、不
　似吳邦。拚了醉眠，不須重唱，眞個已無腸。

楊無咎，字無咎。自號逃禪老人、清夷長者、紫陽居士。臨江清江（今江西樟樹市）人。師從李公麟畫水墨人物，書法學習歐陽詢。今存《逃禪詞》一卷，詞多題畫之作，風格婉麗。故此詞有餘音繞梁、醉生夢死的感覺。「犀

箸細敲」與朱敦儒「犀箸敲殘玉酒船」形成強烈的對比：朱敦儒是暴風驟雨、希望有驚天動地之聲，而楊無咎則是和風細雨，娓娓道來，顯出不急不忙的樣子。

四、抒　情

借助吃魚的機會，來抒發心中的感情，張元幹《春光好（爲楊聰父侍兒切鱠作）》是一首不可多得的好詞：

> 花恨雨，柳嫌風。客愁濃。坐久霜刀飛碎雪，一尊同。勞煩玉
> 指春蔥。未放箸、金盤已空。更與個中尋尺素，兩情通。〔註20〕

春天裏，雨季去做客，看見楊聰父侍兒在切生魚片，誰知，魚片剛剛放上來，筷子未動，盤子裏的魚片就已沒有，這時候他跟懷念故鄉。

張元幹，字仲宗，號蘆川居士、眞隱山人，蘆川永福（今福建永泰）人。有《蘆川詞》二卷。〔註21〕對於張元幹作品的評價，有認爲他的詞承上啓下的作用：在國難當頭的特定歷史條件下，不少作家以詞爲武器，發出了抗戰復國的呼聲。其中有主戰派的大臣、將領，如李綱、岳飛，而代表作家爲張元幹、張孝祥等。他們上承蘇軾豪放詞風，下開辛棄疾愛國詞派的先河，爲南宋前期詞風的變化揭開了序幕。〔註22〕

儘管他是個愛國詞人，但不影響到他會品嘗味美的情緒，其值得人們敬仰的地方是：在享受甜美的生魚片時，沒有忘記國家所處的災難，沒有忘記作爲「匹夫」的滿腔熱情與社會責任。

五、猶　豫

使用筷子的表情多種多樣，停止筷子、放下筷子、拿起筷子都可以不同的心理狀況，以及不同的情緒、心情等。

停箸，可以表示一種擔憂、猶豫。

劉克莊《水龍吟（林中書生日六月十九日）》：

> □齋不是凡人，海山仙聖知來處。清英融結，佩瑤臺月，飲金
> 莖露。翰墨流行，禁中有本，御前停箸。向弘文館裏，薰風殿上，

〔註20〕《全宋詞》卷一。
〔註21〕《宋史》卷二八《志》第一六一《藝文七》。
〔註22〕《中國全史》第五九卷《宋遼金夏文學史》，人民出版社1994年版。

親屬和、微涼句。

　　　　已被昭陽人妒。更那堪、鼎成龍去。曾傳寶苑，曾將玉杵，付
長生兔。地覆天翻，河清海淺，朱顏常駐。算給扶朝者，臨雍拜者，
下梢須做。〔註23〕

　　劉克莊，字潛夫，號後村。福建莆田人。詞風豪邁慷慨，喜歡用《水調
歌頭》、《沁園春》、《漢宮春》、《龍水吟》等詞牌來書寫自己的抱負與情懷。

　　前半闋表現他在六月十九日生日的時候，依然為朝廷操心。後半闋則說
他雖然遭到別人的嫉妒，卻希望「朱顏常駐」，要重新效力宮廷。詞中的「御
前停箸」，則一言點破其欲為國憂慮的心情。這與他當官的歷程有關。宋寧宗
嘉定二年（1209）以父蔭入仕，任仕靖安主簿、眞州錄事，宋理宗寶慶元年
（1225）十月任建陽縣知縣，理宗淳祐六年（1246）以「文名久著」，賜進士，
歷任樞密院編修、中書舍人、兵部侍郎等，官至龍圖閣直學士。

四、驚　慌

　　魏了翁《水調歌頭（即席和李潼川□韻）》：

　　　　清燕臥霜角，月魄幾回哉。一聲雲雁清叫，推枕賦歸來。流水
落花去路，畫像棠陰陳跡，宵觀傍樓臺。別憶入梅豔，愁色上田萊。

　　　　記來時，驚列缺，走吳回。人間都失匕箸，老婢亦驚猜。匹馬
曉風鞭袖，孤堞暮煙烽柝，揮卻掛蛇杯。不負此邦去，笑只也應開。

〔註24〕

　　失匕箸，就是驚慌的表現。其典出於《三國志》卷三十二《蜀書・先主
備傳》，是最早的與箸相關的受驚失措的詞語。

　　魏了翁，字華父，號鶴山，邛州蒲江人，是南宋理學家，能詩善文。其
詞意高曠，風格多樣，或清麗，或亢奮。此《水調歌頭》就顯得十分悲壯：

　　　　清涼的燕子落在結霜的屋簷，月亮來來回回，聽得雲間大雁鳴
叫，推開枕頭起床來作詩，只見地上流水中的落花，畫衣冠以示懲
誡、以及良吏所做的惠行都是過去的痕跡，好像從天上看地上的樓
臺亭閣。不要回憶以往的好時光，現在正是愁雲密佈。記得來的時
候，驚得手上的列缺穴位都失去知覺，連遠古傑出的半人半神的人

〔註23〕《全宋詞》卷二。
〔註24〕《全宋詞》卷二。

物都走掉。人們都驚慌得連手中的匕箸都掉在地上，老婢女更是神情慌張。城上的牆垛燃起烽煙，巡夜打更用的梆子不斷敲擊，揮劍忘卻心中的疑慮。不辜負此次番邦之行，笑著迎接新的歷程。

這可能是畫家李潼川爲魏了翁送行時候賦詩一首，隨即魏了翁根據李潼川詩歌的韻腳回覆了一首。

據史記載：宋理宗時，戊辰，禮部郎中洪咨夔進對：今日急務，進君子，退小人，如眞德秀、魏了翁當聚之於朝。帝是其言，命咨夔洎王遂同爲監察御史。己巳，趙葵入見，帝問以金事，對曰：「今國家兵力未贍，姑從和議。俟根本既壯，雪二帝之恥，以復中原。」〔註25〕

有一段時間，金兵經常進犯竟陵（即今天門），朝廷無法，只好請魏了翁來幫助出謀劃策。《宋史》卷三百九十七《列傳第一百五十六》記載：「時金人再犯竟陵，張榮死之，襄陽、德安俱急。吳曦俄反於蜀，警報至，獨請魏了翁攝參議官，訪以西事，募死士入竟陵，命其將王宗廉死守，調大軍及忠義、保捷分道夾擊，金人遂去。又督董逵等援德安，董世雄、孟宗政等解襄陽之圍。」可見魏了翁是個有軍事方面才能的人，因此他會在《水調歌頭》裏，大聲疾呼：不負此邦去，笑只也應開。但是，不是每個人都如同魏了翁一樣，他們在停聽到金兵打來的時候，都會驚慌失措，四處逃亡，呈現一種「人間都失匕箸」的驚恐場景。

在魏了翁的另外一首《摸魚兒（高嘉定生日泰叔）》的詞牌裏，還有「怕君驚落前箸」句子：

> 記年時、三星明處。尊前攜手相語。家山幸有瓜和芋，何苦投身官府。誰知道，尚隨逐風華，爲蜀分南土。依前廉取。便卷卻旌麾，提將繡斧。
>
> 天口笑應許。逢初度。從頭要爲君數。怕君驚落前箸。天東扶木三千丈，不照關河煙雨。誰砥柱。想造物生才，肯恁無分付。九州風露，待公等歸來，爲清天步。容我賦歸去。〔註26〕

「怕君驚落前箸」，同樣也是驚慌之意，只不過這裏更強調了驚慌的程度，其意爲：害怕你由於驚慌的緣故，以至於連想好了計劃都忘記了。

〔註25〕　《宋史》卷四一《本紀第四十一》。
〔註26〕　《全宋詞》卷二。

第三節　多類材質

　　筷子在宋代有各種各樣的材質，因此在宋詞裏出現不同材質的筷子，如金箸、犀牛箸、玉箸等。

一、犀牛箸

　　在王千秋的兩首詞《鷓鴣天（蒸繭）》和《點絳唇》均提到了犀牛箸。

　　《鷓鴣天（蒸繭）》

　　　　　比屋燒燈作好春。先須歌舞賽蠶神。便將簇上如霜樣，來餉尊
　　前似玉人。絲餡細，粉肌勻。從它犀箸破花紋。殷勤又作梅羹送，
　　酒力消除笑語新。〔註27〕

　　《點絳唇》：

　　　　　何處春來，試煩君向盤中看。韭黃猶短。玉指呵寒翦。犀箸調
　　勻，更爲雙雙卷。情何限。怕寒須暖。先酌黃金盞。〔註28〕

　　關於犀牛，中國自古就有其活動的記載，《山海經・海內南經》：「兕兕西北有犀牛，其狀如牛而黑。」《山海經・西山經第二》：「又西三百二十里，曰嶓冢之山，漢水出焉，而東南流注於沔；囂水出焉，北流注於湯水。其上多桃枝鈎端，獸多犀兕熊羆，鳥多白翰赤鷩。有草焉，其葉如蕙，其本如桔梗，黑華而不實，名曰蓇蓉。食之使人無子。」

　　在湖北荊州地區就有犀牛的存在。《戰國策》卷三十二《宋衛》有記載：「公輸般爲楚設機，將以攻宋」，墨子聽到後以爲不可，並且以宋與荊兩地進行比較。「墨子曰：「荊之地方五千里，宋方五百里，此猶文軒之與弊輿也。荊有雲夢，犀兕麋鹿盈之，江、漢魚鱉黿鼉爲天下饒，宋所謂無雉兔鮒魚者也，此由七梁肉之與糟糠也。」這裏，可知荊地不僅地域廣闊，而且動物非常豐富，其中就包括犀牛在內。至今還發現有彩繪木胎犀牛。〔註29〕

　　考古發現，犀科動物在我國分部很廣，在河南、河北、山西、浙江、西藏等地區都有。殷墟卜辭中記有犀牛生活在黃河中下游的一帶，然後沿黃河兩岸自西向東行走。由中法兩國洞穴專家組成的考察隊，對「中國最長洞穴」

〔註27〕《全宋詞》卷一。
〔註28〕《全宋詞》卷一。
〔註29〕《大鵬展翅兮揚四方——楚文化藝術珍品圖典》第 32 頁，上海文藝出版社
　　　　2015 年版。

——貴州綏陽縣雙河溶洞系統進行的聯合探險科考近日結束，據探測，洞穴長度再增 10 公里，並發現疑似亞洲犀牛化石，體長接近 2 米。〔註30〕

由此可知，犀牛箸的出現，並非無水之源。

二、金　箸

《全宋詞》卷二載有曹冠《朝中措（茶）》，詞云：

> 春芽北苑小方珪，碾畔玉塵飛。金箸春葱擊拂，花瓷雪乳珍奇。　　主人情重，留連佳客，不醉無歸。邀住清風兩腋，重斟上馬金卮。

曹冠，字宗臣，一字宗元，號雙溪居士，由於是東陽人，對於茶的製作與飲茶都很有講究，因此在《朝中措》中就有深刻細緻的描述，其前半闋講述的是關於製作茶葉以及泡茶的過程，後半闋講述的是主人的好客，請喝酒的友誼場景。

而在這首詞裏，所說的金箸，指的是點茶擊拂使用的黃金之類製成的茶匙。換言之，在宋代炒茶的時候需要用箸來幫助。所謂的金箸，未必一定是金子製作的筷子，但是其顏色肯定與金或者紅有一定的關聯度，否則是不可能稱之爲金箸的。

三、普通筷子

莫將《木蘭花（晨景）》：

> 梅邊曉景清無比。林下詩人呵凍指。玉龍留住麝臍煙，銀漏滴殘龍腦水。　　晨光漸漸收寒氣。昨夜遺箸猶在地。好生折贈鏡中人，只恐綠窗慵未起。〔註31〕

冬天的早晨起來，寒氣逼人，發現昨天晚上遺失的筷子尚在地上。心想將鏡子裏的人，只是恐怕他還沒有起床。

莫將，字少虛，譜名文硯。生於宋神宗元豐三年。修水漫江人。曾任工部尚書，出色地完成朝廷交辦的任務。據史書記載：高宗初至南京，孟太后以乘輿服御及御輦儀仗來進。建炎初，詔東京所屬起發祭器、法服、儀仗赴行在所。十一月，帝郊於揚州，儀仗用一千三百五十五人。倉卒渡江，皆爲

〔註30〕《貴州商報》2014 年 12 月 21 日。
〔註31〕《全宋詞》卷三

金兵所焚。紹興十二年，有司言：「天子起居，當備法駕，況太母回鑾，將奉郊迎。」遂令工部尙書莫將等檢會本朝文德、大慶殿舊儀，下太常定，用二千二百六十五人，於是始備黃麾仗，慶、冊、親饗皆用焉。是年冬，玉輅成。〔註32〕後出使金，進行議和，被囚：「先是，莫將、韓恕使金，拘於涿州。至是，兀朮有求和意，縱之歸。」〔註33〕

　　由於他的這種人生經歷，所以詞就寫得比較平和，在景物的敘述中展示自己的理想與抱負。明明是筷子遺落在地，卻要折梅花去贈送給意中人（即鏡中人），還生怕這個人還在睡懶覺呢。從早上起床，發現筷箸在地上而引發的起興，想要去折贈梅花去達到討好別人的意思，在當時特定的社會情況下，也是一種不得已而爲之的事情。

四、玉　箸

　　玉箸有時候表達的是眼淚，但是更多的場合其表達的是用美玉來製作筷子。這種玉箸，在現實生活經常可以見到的，其實在古代玉箸並非鮮見，否則就不可能在唐詩宋詞裏出現那麼多的美好的句子。

　　宋楊澤民《少年遊》就有玉箸一詞：

　　　　鸞胎麟角，金盤玉箸，芳果薦香橙。洛浦佳人，緱山仙子，高
　　會共吹笙。揮毫便掃千章曲，一字不須更。絳闕瑤臺，星橋雲帳，
　　全勝少年行。〔註34〕

　　《少年遊》是詞牌名，因詞有『長似少年時』句，取以爲名。或許由於詞牌的關係，大多數爲歡快、喜悅的內容。此詞大致可以翻譯爲：稀罕名貴的食物，高級的金盆與玉箸。芳香的水果，各路美女陪伴，笙簫歌舞，揮毫抒懷，更勝過千首樂曲，仙宮樓臺，星星搭橋雲作爲幔帳，任憑少年來遊玩。

　　在這樣一種社會氛圍中，玉箸的出現，合情合理，襯托出貴族般的奢華淫逸的生活場面。

　　《蘇軾文集》補遺《雙井白龍》中亦有玉箸的描寫，不過這裏所說的玉箸的作用，只是用來戲弄泉水而已：岩泉未入井，蒙然冒沙石。泉嫩石爲厭，石老生罅隙。異哉寸波中，露此橫海脊。先生酌泉笑，泉秀神龍蟄。舉手玉

〔註32〕　《宋史》卷一四五《志第九十八‧儀衛三》。
〔註33〕　《宋史》卷四七三《列傳第二百三十二‧奸臣三》。
〔註34〕　《全宋詞》卷九。

箸插，忽去銀釘擲。大身何時布，大翮翔霹靂。誰言鵬背大，更覺宇宙窄。

五、朱漆筷

漆筷，是傳統的筷子品種之一。

《宋史》卷六十七《志第二十·五行五》：宣和四年，北方用兵，雄州地大震。玄武見於州之正寢，有龜大如錢，蛇若朱漆箸，相逐而行，宣撫使焚香再拜，以銀盦貯二物。俄俱死。六年正月，京師連日地震，宮殿門皆動有聲。七年七月己亥，熙河路地震，有裂數十丈者，蘭州尤甚。陷數百家，倉庫俱沒。河東諸郡或震裂。

這裏沒有直接說及漆筷，但從其描述裏可以看出這一點。「有龜大如錢，蛇若朱漆箸」，這種比喻裏，可知當時是有漆筷的存在，不僅如此，而且顏色還是紅色的，象徵著吉祥美好。這種紅漆筷，在很長時間裏，伴隨著中國人的餐飲習俗，成為一種生活審美的一部分。

朱漆箸早在唐《酉陽雜俎》就有記載，後被收入《太平廣記》卷第四十二《神仙四十二》，其云：秀才權同休，元和中落第，旅遊蘇湖間。遇疾貧窘。走使者本村墅人，顧已一年矣。疾中思甘豆湯，令其市甘草。顧者久而不去，但具湯火來。秀才且意其怠於祇承，復見折樹枝盈握，仍再三搓之，微近火上，忽成甘草。秀才心大異之，且意必道者。良久，取粗沙數壞，按捊已成豆矣。及湯成，與常無異。疾亦漸差。秀才謂曰：「予貧迫若此，無以寸進，因褫垢衣授之，可以此辦少酒肉。將會村老，丐少道路資也。」顧者微笑曰：「此固不足辦，某當營之。」乃斫一枯桑樹，成數筐柴，聚於盤上，嘆之，遂成牛肉。復汲數瓶水，傾之，乃旨酒也。村老皆醉飽。獲束縑五十。秀才慚謝顧者曰：「某本驕稚，不識道者，今返請為僕。」顧者曰：「予固異人，有少失，謫於下賤，合役於秀才，若限不足，復須力於他人，請秀才勿變常，庶卒某事也。」秀才雖諾之，每呼指，色上面戚戚不安。顧者乃辭曰：「秀才若此，果妨某事也。」因談秀才修短窮達之數，且言萬物皆可化者，唯淤泥中朱漆箸及髮，藥力不能化。因不知所之。

這是神奇的故事，卻告訴了一個真實的筷子文化史，即在唐代就有朱漆箸，而且流行於「蘇湖間」。「蘇湖」，就是蘇州、湖州一帶。到了宋代，這種朱漆箸依舊流行在江南地區，不只是在蘇湖一帶，還擴展到更大的區域。

陳棣《挽處士吳德載二首》

> 憶昔知公日，東嘉逆旅中。
> 遊從三月久，談笑一樽同。
> 卻暑瓜盤綠，亨鮮膾箸紅。
> 傷心棲止地，萬事轉頭空。〔註35〕

　　這是一首懷念有才德而隱居不仕的吳德載的詩，詩中回憶吳德載去永嘉去旅遊三個月，回來時候一起喝酒的情景。「卻暑瓜盤綠，亨鮮膾箸紅」，消暑吃瓜果，要吃魚肉用紅色的筷子。此詩歌中的「綠」和「紅」的詞尾運用，或許有人會以為是為了對應，其實也反映了一個現實，那就是當時的筷子是被漆成了紅色，否則就不會有如此顏色的對應。

　　由此可以推斷，浙江南部亦包括福建，筷子的顏色都是紅色的，可能會有些武斷，但是有一部分用紅木來製作的筷子，使用時間長了以後，會呈現暗紅色也許是不無可能的。

六、鐵箸

　　鐵箸，鐵製作的筷子，多數情況下與吃飯無關。在《神仙感遇錄》裏，鐵箸有其獨特的作用，即為神仙的一種驗證密碼。

　　《太平廣記》卷第四十六《神仙四十六》：王子芝字仙苗，白雲河南緱氏人。常遊京洛間。耆老云：「五十年來見之，狀貌恒如四十許人，莫知其甲子也。好養氣而嗜酒。故蒲帥琅琊公重盈作鎮之初年，仙苗居於紫極宮，王令待之甚厚。又聞其嗜酒，日以三榼餉之。間日仙苗出，遇一樵者，荷擔於宮門，貌非常，意甚異焉。因市其薪，厚償厥直。樵者得金，亦不讓而去。子芝潛令人躡其後，以伺之。樵者徑趨酒肆，盡飲以歸。他日復來。子芝謂曰：「知子好酒，吾有中令所餉醇醪，償子薪價，可乎？」曰：「可。」乃飲之數盂，因謂子芝：「是酒佳矣。然殊不及解縣石氏之醞也。余適自彼來，恨向者無侶，不果盡於斯酌。」子芝因降階執手，與之擁爐。祈於樵者曰：「石氏芳醪可致否？」樵者頷之。因命丹筆，書一符，置於火上，煙未絕，有一小豎立於前。樵者敕之：「爾領尊師之僕，挈此二榼，但往石家取酒。吾待與尊師一醉。」時既昏夜，門已扃禁，小豎謂芝僕曰：「可閉其目。」因搭其頭，人與酒壺偕出自門隙，已及解縣，攜酒而還，因與子芝共傾焉。其甘醇鬱烈，非世所儔。中宵，樵者謂子芝曰：「已醉矣。余召一客伴子飲，

〔註35〕《全宋詩》第二部。

可乎？」子芝曰：「諾。」復書一朱符，置火上，瞬息聞異香滿室，有一人來，堂堂美鬚眉，拖紫秉簡，揖樵者而坐。引滿兩巡，二壺且竭。樵者燒一鐵箸，以焌紫衣者，云：「可去，時東方明矣。」遂各執別。樵者因謂子芝曰：「識向來人否？少頃，可造河瀆廟視之。」子芝送樵，者訖，因過廟所，睹夜來共飲者，乃神耳，鐵箸之驗宛然。趙鈞郎中時在幕府，目驗此事。弘文館校書郎蘇悅亦寓於中條，甚熟蹤跡。其後子芝再遇樵仙，別傳修煉之訣，且為地仙矣。（出《神仙感遇錄》）

此地所引的鐵箸，就有這樣密碼驗證的作用。

七、火　箸

火箸是撩撥柴火、炭火的工具。

《太平廣記》卷第一百六十五　廉儉（吝嗇附）

舊蜀嘉王召一經業孝廉仲庭預，令教授諸子。庭預雖通墳典，常厄飢寒。至門下，亦未甚禮。時方凝寒，正以舊火爐送學院。庭預方獨坐太息，以箸撥灰。俄灰中得一雙金火箸，遽求謁見王。王曰：「貧窮之士見吾，必有所求。」命告庭預曰：「見為製衣。」庭預白曰：「非斯意。」嘉王素樂神仙，多採方術，恐其別有所長，勉強而見。庭預遽出金火箸，陳其本末。王曰：「吾家失此物已十年，吾子得之，還以相示，真有古人之風。」贈錢十萬，衣一襲，米麥三十石。竟以賓介相遇，禮待甚厚，薦授榮州錄事參軍。（出《玉溪編事》）〔註36〕

八、竹　箸

竹箸，是最傳統的筷子製作的材質之一，一直到唐宋時期，依然是人們喜歡的用餐工具。

《太平廣記》卷第一百六十五《廉儉（吝嗇附）》：齊明帝嘗飲食，捉竹箸，謂衛尉應昭光曰：「卿解我用竹箸意否？」答曰：「昔夏禹衣惡，往誥流言。象箸豪腴，先哲垂誡。今睿情沖素，還風反古。太平之跡，唯竹箸而已。」（出《談藪》）

〔註36〕《太平廣記》是一文言小說集，為宋代人所編的一部類書，取材於漢代至宋初的野史傳說等。本文所引用《太平廣記》的材料不僅是宋代，還有少數其他朝代內容，特此說明。

齊明帝，蕭鸞，字景棲，小名玄度，南蘭陵（今江蘇常州西北）人，始安王蕭道生之子、齊高帝蕭道成之姪，南北朝時期南朝齊第五任皇帝。蕭鸞是非常節儉的皇帝，長期深居簡出，要求節儉，停止各地向中央的進獻。

長期以來，象箸代表的是奢華淫逸，與此相反的竹箸，則是勤儉、節約的象徵。如果說使用象箸的代表性人物是商紂王，那麼使用竹箸的代表性人物則非齊明帝莫屬。

竹箸是最普通的生活用品，其雖然沒有很高的經濟價值，但卻是最簡單且最實用的就餐用具。

在以上記載裏，竹箸不僅僅是生活餐具，而且還上陞至個人道德的層面，成為評判一個人是非好壞的標準。特別是對於最高統治者而言，就更能夠從其喜好不同材質的筷子，就可以看出他個人的生活態度，以及他所統治之下的社會狀況。「太平之跡，唯竹箸而已」，就集中表示出用這樣最質樸簡單材質所製作出來的竹箸，所蘊藏的和睦太平、安居樂業的社會美景。

竹箸，在皇帝看來，可以從中影射出其治國的理念；對神仙來說，同樣反映的是他們所追求的就是這種恬靜、素樸生活目標。有書記載：「叟至，丐者相顧而起，牆立以俟其命。叟令掃除舍下，陳列蓬蓀，布以菅席，相邀環坐。日既旰矣，咸有饑色。久之，各以醯鹽竹箸，置於客前，逡巡，數輩共舉一巨板如案，長四五尺，設於席中，以油帕幕之。」〔註37〕

這裏的竹箸，顯然與神仙、乞丐的生活場景相匹配的。

第四節　多樣作用

一、誘　惑

用筷子來誘惑別人，這是也是一種戰術。

有史書記載：宋淳熙間，琉求巨豪率數百人猝至泉州水澳圍頭等村殺掠，人閉戶則免，刓其門圈以去。擲以匙箸，則縱拾之。見鐵騎，爭刓其甲。官軍追襲之，泅水而遁。其境在漳、泉、福、興界，與彭湖諸島相對，西、南、北岸皆水，水至澎湖漸低，近琉求則謂之落漈，漈者，水趨下而不回也。凡西岸，漁舟到澎湖以下，遇颶風漂流落漈，回者百一，故其地小而最險。

〔註37〕《太平廣記》卷第五三《神仙五十三》。

〔註38〕

　　宋人用筷子吃飯，眾所週知。正因為這個原因，琉球兵打到泉州，就利用這個特點，故意「擲以匙箸」，讓眾人紛紛來「拾之」。從這則史料裏，可以看出，琉球是瞭解宋人的吃飯習俗的，他們利用這種習俗來使得人們來搶撿調羹、筷子，以便趁亂搶奪他們所需要的財物。

　　據史記載，琉球人吃飯是不用筷子，「食皆用手」，〔註39〕「其人食用手」。〔註40〕這些記載都證明了在有宋甚至更早時期，琉球還處於原始社會末期，「無賦，有事則均稅。俗無文字。視月虧盈以紀時節，候草枯以為年歲。人深目、長鼻，頗類於胡。人縱年老，髮多不白。無君臣上下之節、伏拜之禮；父子同床而寢。婦人產乳，必食子衣。以槽曝海水為鹽、木汁為酢，釀米麵為酒。遇得異味，先進尊者。凡有宴會，執酒者必待呼名而後飲。上王有酒，亦呼王名，銜杯同飲；頗同突厥。」〔註41〕在這樣一種社會形態中，人們吃飯不用筷子，就是自然的事情。

　　關於「擲以匙箸」以吸引眾人「拾之」的事情，在《宋書》裏有幾乎相同文字記載。〔註42〕

二、卷　餅

　　《歐陽修文集》卷一二六《歸田錄》卷一《計六十條》：張僕射齊賢體質豐大，飲食過人，尤嗜肥豬肉，每食數斤。天壽院風藥黑神丸，常人所服不過一彈丸，公常以五七兩為一大劑，夾以胡餅而頓食之。淳化中，罷相知安州。安陸，山郡，未嘗識達官，見公飲啖不類常人，舉郡驚駭。嘗與賓客會食，廚吏置一金漆大桶於廳側，窺視公所食，如其物投桶中。至暮，酒漿浸漬，漲益滿桶。郡人嗟愕，以謂享富貴者，必有異於人也。然而晏元獻公清瘦如削，其飲食甚微，每析半餅，以箸卷之，抽去其箸內撚頭一莖而食，此

〔註38〕《新元史》卷二五三《列傳第一五十》。
〔註39〕《通典》卷一八六。
〔註40〕《太平寰宇記》卷一七五。
〔註41〕《太平御覽》卷七八四。
〔註42〕《宋史》卷四百九十一《列傳第二百五十‧外國七》：旁有毗舍邪國，語言不通，袒裸盱睢，殆非人類。淳熙間，國之酋豪嘗率數百輩猝至泉之水沃、圍頭等村，肆行殺掠。喜鐵器及匙箸，人閉戶則免，但刓其門圈而去。擲以匙箸則頫拾之，見鐵騎則爭刓其甲，駢首就戮而不知悔。臨敵用標槍，繫繩十餘丈為操縱，蓋惜其鐵不忍棄也。不駕舟楫，惟縛竹為筏，急則群舁之泅水而遁。

亦異於常人也。

　　通過張齊賢、晏元獻兩個人的比較，說明異人並非一定會吃飯量很大，飯量小的也可能是非同一般的人。

　　晏元獻，即晏殊，字同叔，撫州臨川人，謚號元獻。他善於寫詩，詞藻華麗，甚得人們的稱讚。宋祁《筆記》載：「晏相國，今世之工爲詩者也。末年見編集者乃過萬篇，唐人以來所未有。」但是他的飯量卻很小，「飲食甚微，每析半餅，以箸卷之，抽去其箸內撚頭一莖而食」，足見其胃口之小了。即便如此，他於 991 年生，1055 年卒，活了六十五歲，故歐陽修稱之爲「異人」了。

三、吃　菜

　　《蘇軾文集》卷十四《詩》七十九首：「偶隨樵父採都梁，竹屋松扉試乞漿。但見東軒堪隱几，不知公子是監倉。溪中亂石牆垣古，山下寒蔬匕箸香。我是江南舊遊客，掛冠知有老蕭郎。」

　　在這首詩裏的「山下寒蔬匕箸香」，其意爲在荒山野嶺裏，雖然吃的是普通的菜蔬，卻是非常香甜可口的。這種感覺從何而來？它從使用夾菜的工具「箸」中的滋味而來。反映了蘇軾一種積極向上的生活態度，不爲眼前的困境所難倒。此詩歌裏所描寫的境遇十分糟糕，但是他吃起來卻是香噴噴，這是何等之思想灑脫、性格之豪放。

四、喝　粥

　　喝粥一般可以不要筷子，但是在蘇軾的筆下，卻將粥與箸放在一起進行描述，以產生一種強烈的對比。蘇軾有詩《過湯陰市得豌豆大麥粥示三兒子》云：「朔野方赤地，河堨但黃塵。秋霖暗豆漆，夏旱臞麥人。逆旅唱晨粥，行庖得時珍。青班照匕箸，脆響鳴牙齦。玉食謝故吏，風餐便逐臣。漂零竟何適，浩蕩寄此身。爭勸加餐食，實無負吏民。何當萬里客，歸及三年新。」

　　這裏說，蘇軾到湯陰得到一碗豌豆大麥粥有感而發的詩歌。粥是去年秋天被雨淋過的豆子，和今年夏天收穫的乾癟的麥子熬成的，即便如此，蘇軾吃起來都很香甜、津津有味。「青班照匕箸」，是指青雜色的粥湯映照著白色的匕箸，顯出一種意境，更有詩意。但卻將當時艱苦生活表現出來，希望兒子不要忘卻這些飄零、逆境的場景。

五、吃　蟹

《蘇軾文集》卷二十三第六十七首詩《次韻正輔同遊白水山》這樣寫道：

> 只知楚越為天涯，不知肝膽非一家。此身如線自縈繞，左旋右轉隨繰車。誤拋山林入朝市，平地咫尺千崠斜。欲從稚川隱羅浮，先與靈運開永嘉。首參虞舜款韶石，次謁六祖登南華。仙山一見五色羽，雪樹兩摘南枝花。赤魚白蟹箸屢下，黃柑綠橘籩常加。糖霜不待蜀客寄，荔支莫信閩人誇。恣傾白蜜收五棱，細劚黃土栽三椏。朱明洞裏得靈草，翩然放杖凌蒼霞。豈無軒車駕熟鹿，亦有鼓吹號寒蛙。僊人勸酒不用勺，石上自有樽罍窪。徑從此路朝玉闕，千里莫遣毫釐差。故人日夜望我歸，相迎欲到長風沙。豈知乘槎天女側，獨倚雲機看織紗。世間誰似老兄弟，篤愛不復相疵瑕。相攜行到水窮處，庶幾一見留子嗟。千年枸杞常夜吠，無數草棘工藏遮。但令凡心一洗濯，神人仙藥不我遐。山中歸來萬想滅，豈復回顧雙雲鴉。

這是蘇軾寫的一首旅遊詩。白水山，是山名，在廣東省境內。清屈大均《廣東新語》云：「廣東三白水山。一陽春、二增城、三博羅，為東粵三白水山之勝。」蘇東坡被貶惠州時亦曾慕名登山遊覽，並寫下這首詩歌。其中，筆者最感興趣的是「赤魚白蟹箸屢下」。這裏清楚地說明，筷子可以用來吃魚同時也可以吃蟹，這或許好像是一個常識，但是蘇軾所要表達的是，魚、蟹非常好吃，因此就出現筷子不停地「屢下」這種情景。

六、寫　字

蘇軾在《子姑神記》中有這樣一番書寫：

> 元豐三年正月朔日，予始去京師來黃州。二月朔至郡。至之明年，進士潘丙謂予曰：「異哉，公之始受命，黃人未知也。有神降於州之僑人郭氏之第，與人言如響，且善賦詩，曰，蘇公將至，而吾不及見也。已而，公以是日至，而神以是日去。」其明年正月，丙又曰：「神復降於郭氏。」予往觀之，則衣草木為婦人，而口箸手中，二小童子扶焉，以箸畫字曰：「妾，壽陽人也，姓何氏，名媚，字麗卿。自幼知讀書屬文，為伶人婦。唐垂拱中，壽陽刺史害妾夫，納妾為侍妾，而其妻妒悍甚，見殺於廁。妾雖死不敢訴也，而天使見之，為直其冤，且使有所職於人間。蓋世所謂子姑神者，其類甚眾，

然未有如妾之卓然者也。公少留而爲賦詩，且舞以娛公。」詩數十篇，敏捷立成，皆有妙思，雜以嘲笑。問神仙鬼佛變化之理，其答皆出於人意外。坐客撫掌，作《道調梁州》，神起舞中節，曲終再拜以請曰：「公文名於天下，何惜方寸之紙，不使世人知有妾乎？」余觀何氏之生，見掠於酷吏，而遇害於悍妻，其怨深矣。而終不指言刺史之姓名，似有禮者。客至逆知其平生，而終不言人之陰私與休咎，可謂知矣。又知好文字而恥無聞於世，皆可賢者。粗爲錄之，答其意焉。〔註43〕

　　這是一則關於廁神的故事，爲蘇軾親見，特別神奇的地方是，這位婦人拿著筷子，「以箸畫字」，即以箸來代替毛筆進行書寫，並且口述自己被害的經歷；與此同時，她就寫下「詩數十篇」，令人刮目相看。

　　子姑神，即今所說紫姑神，又作廁姑、茅姑、坑姑、坑三姑娘等，傳說中的司廁之神，是一種民間信仰，六朝已有，唐、宋兩代盛行，至清不衰。民間多背以箕帚、草木或筷子，著衣簪花，請神降附。期間，人們把自己的心事向其訴說，或將自己的需求進行祈禱。此俗流傳在很多地方，特別是在江淮一帶尤其盛行。《蘇軾文集》卷三十八還有另外一篇《天篆記》，亦記載了他記錄的正月紫姑神降附以後的情景：

　　　　江淮間俗尚鬼。歲正月，必衣服箕帚爲子姑神，或能數數畫字，黃州郭氏神最異。予去歲作何氏錄以記之。今年黃人汪若谷家，神尤奇。以箸爲口，置筆口中，與人問答如響。曰：「吾天人也。名全，字德通，姓李氏。以若谷再世爲人，吾是以降焉。」箸篆字，筆勢奇妙，而字不可識。曰：「此天篆也。」與予篆三十字，云是天蓬咒。使以隸字釋之，不可。見黃之進士張炳，曰：「久闊無恙。」炳問安所識。答曰：「子獨不記劉苞乎？吾即苞也。」因道炳昔與苞起居語言狀甚詳。炳大驚，告予曰：「昔嘗識苞京師，青巾布裘，文身而嗜酒，自言齊州人。今不知其所在。豈眞天人乎？」或曰：「天人豈肯附箕帚爲子姑神從汪若谷遊哉？」予亦以爲不然。全爲鬼爲仙，固不可知，然未可以其所託之陋疑之也。彼誠有道，視王宮豕牢一也。其字雖不可識，而意趣簡古，非墟落間竊食愚鬼所能爲者。昔長陵女子以乳死，見神於先後宛若，民多往祠。其後漢武帝亦祠之，謂

〔註43〕　《蘇軾文集》卷三八。

之神君，震動天下。若疑其所託，又陋於全矣。世人所見常少，所
不見常多，奚必於區區耳目之所及，度量世外事乎？姑藏其書，以
待知者。

在這種紫姑神信仰裏，同樣用到了筷子，「以箸爲口」來寫各種篆字。

由此可見，無論是《子姑神記》還是《天篆記》，紫姑神附體之後，有一
個共同的表現，就是會用箸來寫字，或成詩歌，或爲篆體，都是與字有關。
這是千百年來的俗信，反映的是箸是可以用來寫字的這樣一種民俗記憶。

七、調　和

在貴州，少數民族用筷子來調和醋等物。

《太平廣記》卷第四百八十三《蠻夷四》：泊至近州，州牧亦坐籠而迓
於郊。其郡在桑林之間，茅屋數間而已。牧守皆華人，甚有心義。翌日牧曰：
「須略謁諸大將乎。」遂差人引之衙院，衙各相去十里，亦在林木之下。一
茅齋，大校三五人，逢迎極至。於是烹一犢兒，乃先取犢兒結腸中細糞，置
在盤筵，以箸和調在醋中，方餐犢肉。彼人謂細糞爲聖齋，若無此一味者，
即不成局筵矣。諸味將半，然後下麻蟲裏蒸。裏蒸乃取麻蕨蔓上蟲，如今之
刺猥者是也，以荷葉裏而蒸之。隱勉強餐之，明日所遺甚多。（出《玉堂閒
話》）

「先取犢兒結腸中細糞，置在盤筵，以箸和調在醋中」，很顯然是一種
獨特的飲食方法，與至今依然有流傳的一種民俗活動「吃牯臟」相類似。所
謂「結腸中細糞」，是當時人的錯誤認知。非貴州地區的人到了此地以後，
往往會很不適應這種民族的飲食方法，而產生了誤解。其實這是牛胃中未消
化的殘留物，與醋進行攪拌之後，然後用來蘸著吃牛肉等。

而在此過程中，所用的攪拌工具就是箸。由此可見，貴州地區早在宋代
已經用上筷子，使之成爲民族飲食習慣的一種傳統方式。

八、樂　器

箸作爲樂器來敲擊的記載，在歷史上屢見不鮮。到了宋代依然有這樣的
情景出現，

王安石有詩云：滕王高閣臨江渚，東邊日出西邊雨。十五年前此會同，天
際張帷列樽俎。公今此去何時歸，我今停杯一問之。春風兩岸水楊柳，昔日青

青今在否。偶向東湖更向東，杏花兩株能白紅。落拓舊遊應記得，插花走馬月明中。流光苒苒瞻西海，明年花開復誰在。杏花楊柳年年好，南去北來人自老。少壯幾時奈老何，與君把箸擊盤歌。歌罷仰天歎，六龍忽蹉跎。眼中了了見鄉國，自是不歸歸便得。欲往城南望城北，此心炯炯君應識。〔註44〕

在這首詩裏，表達的是王安石改革失敗之後的感情抒發。宋熙寧二年（1069），王安石任參知政事，次年拜相，主持變法。因守舊派反對，罷相。一年後，宋神宗再次起用，旋又罷相，退居江寧。如此反覆的政治生涯，對其情緒有很大影響。王安石變法的目的在於富國強兵，扭轉北宋積貧積弱的局勢。然而這種為國為民的變法卻觸犯了朝廷保守派的利益，最後使得改革遭到失敗。他在滕王閣設宴，送別妻弟吳顯道的詩歌裏，就反映了他的鬱鬱不得知的心情。

王安石想「我今停杯一問之」，卻得不到回應，而一年又一年過去，「南去北來人自老」，在此情況下，他只好「與君把箸擊盤歌」。這種「把箸擊盤」是一種情緒的痛快淋漓的宣泄，也是一種無可奈何的失望表示，最後「歌罷仰天歎」，神志不清，以至於出現「欲往城南望城北」的狀況。

可見，此詩形象生動，說理清晰，傾向鮮明，感情真摯，語言鮮活，完全體現了王安石的詩歌風格。其中的「把箸擊盤」，更將宴席中的氣氛達到一個高潮。這種氣氛，不僅有作者腦海中如潮的思緒，還有各種伴奏的筷子擊打聲音和高亢興奮的歌曲，整個詩歌產生出動靜合一、天然渾成的藝術境界。

根據宋代典籍，記載此類以箸為樂器的亦有存在。〔註45〕

宋人晁補之《同魯直文潛飲刑部杜君章家次封丘杜觀仲韻》一詩中有：「自作新詞碧牡丹，箸擊杯翻釵墜鳳。」〔註46〕這是非常工整的對仗句，其

〔註44〕 《王安石文集》卷三六《送吳顯道五首（之二）》。

〔註45〕 《太平廣記》卷第十四《神仙十四》：萬寶常不知何許人也。生而聰穎，妙達鍾律，遍工八音。常於野中遇十許人，車服鮮麗，麾幢森列，如有所待，寶常趨避之。此人使人召至前曰：「上帝以子天授音律之性，將傳八音於季末之世，救將壞之樂。然正始之聲，子未備知也，使鈞天之官，以示子玄微之要。」命坐而教以歷代之樂，理亂之音，靡不周述，寶常畢記之。良久，群仙凌空而去。寶常還家，已五日矣。自此，人間之樂，無不精究。嘗與人同食之際，言及聲律，時無樂器，寶常以食器雜物，以箸扣之，品其高下，宮商畢備，諧作絲竹，大為時人所賞。歷周洎隋，落拓不仕。開皇初，沛國公鄭譯，定樂成，奏之，文帝召寶常，問其可否。常曰：「此亡國之音，哀怒浮散，非正雅之聲。」極言其不可。詔令寶常創造樂器，而其聲率下，不與舊同。

〔註46〕 《全宋詩》第一部。

開始說的是自己作了「碧牡丹」的新詞，然後用筷子來敲擊杯子曲調是「釵頭鳳」。所謂「箸擊杯翻」，則將那種喜悅的情緒作了十分形象的敘述。

九、墓誌銘

用箸來作爲一個人的墓誌銘，頗有想像。宋人陳造就是第一人。他在《病起四詩·一節食》就這樣寫道：

> 醫經戒多食，書惡殄天物。
>
> 細茹取微足，衛生此其檔。
>
> 是銘當匕箸，況我已衰疾。〔註47〕

陳造字唐卿，高郵（今屬江蘇）人，詞賦文章，名聞遐邇，到了晚年他依然筆耕不輟，寫下許多名篇佳作。此詩是他晚年身體欠佳所作，其中有「是銘當匕箸，況我已衰疾」的句子。意思是：用筷子來作爲墓誌銘吧，何況我的身體一天不如一天了。

這種用筷子來作爲墓誌銘的設想，或許是一時興致所爲，但反映了一個老人的對筷子的尊重。一日三餐都在用的筷子是伴隨著人的一生，只有當心臟停止跳動，筷子才會不被使用。從這個意義上來說，筷子來作爲墓誌銘，的確是一種獨特的個性化的文化標誌。

十、結　婚

結婚時，嫁妝裏放有筷子，應該是從宋代開始，或者說，宋朝正式有了這樣的婚俗。宋孟元老《東京夢華錄·娶婦》：「女家以淡水二瓶，活魚三五箇，筯一雙，悉送在元酒瓶內，謂之『回魚筯』。」這裏的回魚筯，是指的是兩個物品，一是瓶裝魚，二是筷子；共同表達了一個意思，是對娘家的眷念與不捨。

第五節　多態動作

一、匕　箸

匕箸是由箸與匕（湯匙或曰調羹）組合而成。在宋詩裏，可見之處多多，

〔註47〕《全宋詩》第三部。

其要點在於出現「匕箸」，往往表達的是拿著筷子和湯匙：

貝守一《逍遙吟》：「饑餐匕箸飯，渴飲甖罌酒。」〔註 48〕晁補之《謁岱祠即事》：「棋枰視井邑，匕箸藏松椿。」〔註 49〕陳傅良《送葉正則赴浙西憲幕》：「曹劉對匕箸，失色一語中。」〔註 50〕陳造《次韻許節推喜雨》：「轉頭匕箸薦餅托，鼓腹可但田家樂。」〔註 51〕

二、失　箸

失箸，就是未拿穩筷子而掉落的行為。

《王安石文集》卷十一《餘寒》有「牢持有失箸，疾飲無留湯」。此處的失箸，表面上說的是抓得再牢也會有失箸的現象。

失箸，在《宋史》上記載：

> 端拱中，威虜軍糧饋不繼，契丹潛議入寇。上聞，遣李繼隆發鎮、定兵萬餘，護送輜重數千乘。契丹將於越謀知之，率精銳數萬騎，將邀於路。繼倫適領兵巡徼，路與寇直。於越徑趨大軍，過繼倫軍，不顧而去。繼倫謂其麾下曰：「寇蔑視我爾。彼南出而捷，還則乘勝驅我而北，不捷亦且泄怒於我，將無遺類矣。為今日計，但當卷甲銜枚以躡之。彼銳氣前趣，不虞我之至，力戰而勝，足以自樹。縱死猶不失為忠義，豈可泯然而死，為胡地鬼乎！」眾皆憤激從命。繼倫令軍中秣馬，俟夜，人持短兵，潛躡其後。行數十里，至唐河、徐河間。天未明，越去大軍四五里，會食訖將戰，繼隆方陣於前以待，繼倫從後急擊，殺其將皮室一人。皮室者，契丹相也。皮室既擒，眾遂驚潰。於越方食，失箸，為短兵中其臂，創甚，乘善馬先遁。寇兵隨之大潰，相蹂踐死者無數，餘黨悉引去。契丹自是不敢窺邊，其平居相戒，則曰：當避「黑面大王」，以繼倫面黑故也。以功領長州刺史，仍兼巡檢。〔註 52〕

這裏所說的是，契丹將於越失箸的故事。「於越方食，失箸，為短兵中其臂，創甚，乘善馬先遁」，真實地表現了他被宋軍打得慌張、狼狽的情形。

〔註 48〕 《全宋詩》第一部。
〔註 49〕 《全宋詩》第一部。
〔註 50〕 《全宋詩》第二部。
〔註 51〕 《全宋詩》第三部。
〔註 52〕 《宋史》卷二七五《列傳第三十四》。

三、失匕箸

而失箸、失匕箸，則有歷史典故，表示的意思亦有不同。

1、失　箸

《蘇軾文集》卷五《唐道人言天目山上俯視雷雨》：已外浮名更外身，區區雷電若爲神。山頭只作嬰兒看，無限人間失箸人。

這裏的失箸，不是表示沒有在意而失落筷子樣子，而是借景生情。蘇軾運用了三國時代的劉備「聞雷失箸」的故事來表示自己的胸懷。其言下之意，他不是一個表面上丟失筷子而失落者，其實，他像劉備一樣是一個雄心勃勃、包懷理想的進取向上的人。

2、失匕箸

失匕箸，同樣還是用的曹操與劉備對話的典故。只是「失匕箸」是典籍裏最早出現的詞組，而「失箸」則是後來的詞組，都表達的同樣的意思，借他事掩飾自己的眞實感情。

《歐陽修文集》卷六十二《居士外集》卷十二：府君幼失其父，有志節，不群諸兒，母元夫人獨愛之。夫人之喪尙書也，內外之姻未嘗有見其笑者，府君生十歲，作《雪賦》一篇，始爲之笑。及長，尤好學，日必誦書數萬言，或晝夜不息，臨食至失匕箸。已而疾其目，元夫人奪藏其書，府君盜之，亡鄰家以讀。

從這一段敘述中，可以看出府君「臨食至失匕箸」，表示了他的聰明才智與遠大的志向。

四、貪匕箸

貪匕箸，表示貪吃，只不過婉轉敘述而已。

《蘇轍文集‧欒城集》卷二《次韻子瞻‧陂魚》：陂霜落魚可掩，枯荄破盤蒲折劍。巨斧敲冰已暗知，長叉刺浪那容閃。鯨孫蛟子誰復惜，朱鬣金鱗漫如染。邂逅相遭已失津，偶然一掉猶思塹。嗟君遊宦久羊炙，有似遠行安野店。得魚未熟口流涎，豈有哀矜自欺儑。人生飽足百事已，美味那令一朝欠。少年勿笑貪匕箸，老病行看費針砭。羊生懸骨空自饑，伯夷食荣有不贍。清名驚世不益身，何異飲醨徒酩醼。

蘇轍寫詩略遜蘇軾，大都寫生活瑣事，詠物寫景，頗多情趣，風格淳樸。這是一首和其兄蘇軾的詩，描寫的是三種情景：一是在三九嚴寒天裏破冰抓

魚，二是抓到魚之後去店裏加工烹飪，魚尙未燒熟，呈現流口水難堪場景，三是有食物卻不能吃，這是自我受罪；名聲雖好，對身體來說沒有好處，就好像把醋當成酒來喝，那是不行的。

他提倡的是「人生飽足百事已，美味那令一朝欠」，所以希望那些年輕無知的少年不要譏笑老年人「貪匕箸」，如果生病了要花費更多的錢財。

五、隨匕箸

隨匕箸，其意爲一日三餐都需要筷子、湯匙。《蘇轍文集・欒城三集》卷一：「春初種菊助盤蔬，秋晚開花插酒壺。微物不多分地力，終年乃爾任人須。天隨匕箸幾時輟，彭澤樽罍未遽無。更擬食根花落後，一依本草太傷渠。」

天隨匕箸幾時輟，就直接反映出中國人三餐都離不開筷子。

六、供匕箸

《放魚》：捉魚淺水中，投置最深處。當暑脫煎熬，濊然泳而去。豈無良庖者，可使供匕箸。物我皆畏苦，捨之寧啖茹。〔註 53〕

此地的「供匕箸」，不是供奉筷子等，而將其放在一邊的意思。放魚到深水處，魚悠然而去。沒有優秀的廚師，只好放棄這個念頭。不要吃魚，就去吃些菜蔬吧。

七、放　箸

所謂放箸，就是表示吃飯結束，而去做其它事情。

蘇軾《與參寥師行園中得黃耳蕈》：遣化何時取衆香，法筵齋缽久淒涼。寒蔬病甲誰能採，落葉空畦半已荒。老楮忽生黃耳菌，故人兼致白芽薑。蕭然放箸東南去，又入春山筍蕨鄉。〔註 54〕

參寥師是蘇軾朋友，經常互相唱和。這次到參寥師行園中採到黃耳蕈而作的一首詩。他心情很高興，吃個飯之後，「蕭然放箸東南去，又入春山筍蕨鄉」，一副得意洋洋的樣子，好不瀟灑。

〔註 53〕　《王安石文集》卷三。
〔註 54〕　《蘇軾文集》卷十。

八、舉　箸

舉箸，表示的是開始吃的情景。

《蘇軾文集》卷三十三《後杞菊賦（並敘）》：「吁嗟先生，誰使汝坐堂上稱太守？前賓客之造請，後掾屬之趨走。朝衙達午，夕坐過酉。曾杯酒之不設，攬草木以誑口。對案顰蹙，舉箸噎嘔。昔陰將軍設麥飯與蔥葉，井丹推去而不嗅。怪先生之眷眷，豈故山之無有？」

在此文字之前，有一段敘：「天隨生自言常食杞菊。及夏五月，枝葉老硬，氣味苦澀，猶食不已。因作賦以自廣。始余嘗疑之，以爲士不遇，窮約可也，至於飢餓嚼齧草木，則過矣。而余仁宦十有九年，家日益貧，衣食之奉，殆不如昔者。及移守膠西，意且一飽，而齋廚索然，不堪其憂。日與通守劉君廷式，循古城廢圃，求杞菊食之，捫腹而笑。然後知天隨之言，可信不繆。作《後杞菊賦》以自嘲，且解之云。」

由此可知，在宋代，枸杞、菊花是可以食用的。到了夏季五月，就不好吃，因爲「枝葉老硬，氣味苦澀」，蘇軾雖不至於窮到「飢餓嚼齧草木」的程度，也不算富裕，還是願意「求杞菊食之」。吃了之後，才發現朋友天隨的話是對的，「可信不繆」。

不過枸杞、菊花並不那麼好吃。「對案顰蹙，舉箸噎嘔」，就表示出那種難吃，又不得不吃的感覺。舉箸，就覺得喉塞作嘔，這種感受肯定是不好受的。

舉箸，在不同的詩歌裏表示的意境會有所不同，但其意思相差無幾，都爲吃的動作。

《蘇軾文集》卷八十二《答史彥明主簿二首（之二）》：「新寧想未赴上前所欲發書，至時可示諭也。程懿叔去後，旅思牢落，聞已到郡矣。寄惠秋石，極感留意。新春，龍鶴荣根有味，舉箸想復見憶耶？」這是蘇軾回答史彥明二首中的一首，說的是程懿去新寧的關注與問候。在新寧有一種特產叫龍鶴荣根，非常好吃。這樣，當舉起筷子吃龍鶴荣根的時候，不就能夠再次回憶起他的音容笑貌了嗎？

九、投　箸

投箸，就是放下筷子。

其意義有：

因為難過而放下筷子。

吃飯的時候，難過而放下筷子，即使面對的是山珍海味，也毫無食欲而言。蘇軾就說過：「雖八珍之美，必將投箸而不忍食，而況用人之命，以為耳目之觀乎？」〔註55〕

熙寧十年，蘇軾上諫停止用兵，其中就談到皇上雖然打了勝仗，老百姓卻因此「肝腦屠於白刃，筋骨絕於饋餉，流離破產，鬻賣男女」，一片慘不忍睹的景象。此時，雖然面臨「八珍之美」，也不得不「投箸而不忍食」，表達的是蘇軾痛恨戰爭，關心平民的高尚情懷。

由於難過而放下筷子的事，在《宋書》上亦見。

胡宏說：徽宗皇帝身享天下之奉幾三十年。欽宗皇帝生於深宮，享乘輿之奉，以至為帝。一旦劫於仇敵，遠適窮荒，衣裘失司服之制，飲食失膳夫之味，居處失宮殿之安、妃嬪之好，動無威嚴，辛苦墊隘。其願陛下加兵敵國，心目睽睽，猶饑渴之於飲食。庶幾一得生還，父子兄弟相持而泣，歡若平生。引領東望，九年於此矣。夫以疏賤，念此痛心，當食則噎，未嘗不投箸而起，思欲有為，況陛下當其任乎？〔註56〕

此段胡宏在紹興年間上書時所呈現給皇帝的一番話。

其父是胡安國，為著名的經學家、理學家和政治家，對兩宋之際的政治和學術領域均產生了較大的影響。「安國強學力行，以聖人為標的，志於康濟時艱，見中原淪沒，遺黎塗炭，常若痛切於其身。雖數以罪去，其愛君憂國之心遠而彌篤，每有君命，即置家事不問。然風度凝遠，蕭然塵表，視天下萬物無一足以嬰其心。」〔註57〕其子胡宏繼承了父親的憂國憂民的家族文化傳統。史書記載，胡宏「傳其父之學」〔註58〕。對於道不同者，恥與為伍。史載一個例子，秦檜當國，曾經邀請他來當官，遭到胡宏的嚴厲拒絕。〔註59〕

因此，胡宏在談到宋徽宗、宋欽宗被金抓去，「衣裘失司服之制，飲食失膳夫之味，居處失宮殿之安、妃嬪之好」，每當想到這裏，吃飯時候就感到咽

〔註55〕　《蘇軾文集》卷六六《代張方平諫用兵書（熙寧十年）》。
〔註56〕　《宋史》卷四三五《列傳第一百九十四‧儒林五》。
〔註57〕　《宋書》卷四三五《列傳第一九四‧儒林五》。
〔註58〕　《宋書》卷四三五《列傳第一九四‧儒林五》。
〔註59〕　《宋書》卷四三五《列傳第一九四‧儒林五》：秦檜當國，貽書其兄寅，問二弟何不通書，意欲用之。寅作書止敘契好而已。宏書辭甚屬，人問之，宏曰：「政恐其召，故示之以不可召之端。」

喉塞住，未嘗不放下筷子而站立起來，思想去救呢，何況是陛下呢。

這種發自肺腑的動情的話，不能不使人動容。

十、引 箸

蘇轍有《筠州二詠》，其一詠的是牛尾狸：「首如狸，尾如牛，攀條捷險如猱猴。橘柚爲漿栗爲餱，筋肉不足惟膏油。深居簡出善自謀，尋蹤發窟並執囚，蓄租分散身爲羞。松薪瓦甑炁浮浮，壓入糟盎肥欲流，熊肪羊酪眞比儔。引箸將舉訊何尤，無功竊食人所仇。」〔註60〕

筠州，今江西高安，是一座依山傍水的山城，生長著牛尾狸。而蘇轍因上書救乃兄，被貶謫監筠州鹽酒稅，因而有了品嘗狸子的機會。本詩先說狸子的外形、喜歡吃的東西以及生活習性，然後再說烹飪過程，最後表達一種無功不受祿的願望。「引箸將舉」時候最初想到的是，「無功竊食」要遭到別人的怨恨的。

此處的「引箸」，是一種開始拿起筷子的動作，還沒有眞正舉起。就在這一刹那，蘇轍就有了這樣的感慨，應該歸功於「引箸將舉」的舉動。

十一、放 箸

放箸，表示用餐中間或者結束放下筷子的動作。

《宋史》卷三百四十五《列傳第一百四》：「臣聞北使言，去年遼主方食，聞中國黜惇，放箸而起，稱甚善者再，謂南朝錯用此人。」

這段話是任伯雨說的。任伯雨，字德翁，眉州眉山（今屬四川眉山市）人。徽宗初政，條疏章惇罪狀，章被貶官。關於此事，史書有記載：「時徽宗初政，納用讜論，伯雨首擊章惇，曰：『惇久竊朝柄，迷國罔上，毒流搢紳，乘先帝變故倉卒，輒逞異意，睥睨萬乘，不復有臣子之恭』。」〔註61〕章惇，浦城（今屬福建省南平市浦城縣）人。與任伯雨在政治上有不同看法，最後其被罷免。遼國皇帝知道此事，很高興，聽說宋徽宗罷黜章惇，連忙放下手中的筷子說，此舉甚善，宋朝過去啓用章惇就是一個錯誤。

「放箸而起」是一個動作。這個動作是愉悅的，同時還透露出一個信息，那就是遼國也是很早就使用筷子的北方少數民族。從這一點來說，遼也是一

〔註60〕 《蘇轍文集》欒城集卷十《筠州二詠》。
〔註61〕 《宋史》卷三四五《列傳第一百四》。

個勇敢地接受漢族文化的民族。

第六節　禮儀規範

宋是一個走向秩序的封建時代，這時候的封建社會的各種禮儀觀念及其形式都有了一定之規。這些規定了人們的行為、思想，筷子的規矩同樣在宋代形成一種文化。

一、教授用右手用筷子

宋司馬光《家範》卷三：在談到「父母、父、母、父子之間，不宜簡慢」的時候，引用《禮記‧內則》中的一段話：「子能食食，教以右手。能言，男唯女俞。男鞶革，女鞶絲。六年，教之數與方名；七年，男女不同席，不共食；八年，出入門戶及即席飲食，必後長者，始教之讓；九年，教之數日。十年，出就外傅，居宿於外，學書計。十有三年，學樂、誦詩、舞勺。成童，舞象、學射御。」

將《禮記‧內則》翻成現代語言：孩子會自己吃飯的時候，父母要教給他用右手拿筷子，會說話的時候，要教給他們應答，男孩答「唯」，女孩答「俞」。他們所用的佩囊，男的用皮革，女孩用絲繒，各代表武事和針黹之事。六歲的時候，教他們數數與記住東西南北這些方位的名稱；七歲的時候，教給他們男女不能同坐，不能在一起吃東西。八歲的時候，告訴他們謙讓之禮，出入門戶以及上炕進餐，都要在長者之後。九歲的時候，要告訴他們朔望與天干地支的知識。十歲的時候，男孩子就要出去拜師求學，住宿在外邊，學習六書九數。十三歲的時候，要學習音樂、詩書和文舞。到了十五歲之後，就要學習武舞、射箭和駕御車馬。

《禮記》，又叫《大戴禮記》，是中國古代一部重要的典章制度書籍，成書於是戰國至秦漢年間。東漢末年，鄭玄為《小戴禮記》作了注解，後來這個本子便盛行不衰，到宋代，被列入「十三經」之中，成為上層社會的行為規範的指導性書籍。

同時，此書對於個人的人生禮儀也作了一定的規範。吃飯時候要「教以右手」用筷，就是重要的用筷子的禮儀。之所以在《禮記》中規定用筷禮儀，放在人生的早期教育之中，一是認為用筷是非常重要的禮儀，因此放在所有

語言訓練、學樂、誦詩等一系列教育之前；二是孩子必須要掌握這些筷子使用的技巧及其基本的規矩。

正是在這兩點的基礎上，才會將用筷方式列入古人必須要遵守的社會規範與行為儀禮之中。

吃飯使用筷子，是一種正常的餐飲方式，而在非正常的情況下，一般都不使用筷子。例如在餵食犯人的時候，則不用筷子。

隋番州刺史陸讓母馮氏，性仁愛，有母儀。讓即其孽子也，坐贓當死。將就刑，馮氏蓬頭垢面詣朝堂，數讓罪，於是流涕嗚咽，親持杯粥勸讓食，既而上表求哀，詞情甚切。上愍然為之改容，於是集京城士庶於朱雀門，遣舍人宣詔曰：「馮氏以嫡母之德，足為世範，慈愛之道，義感人神。特宜矜免，用獎風俗。讓可減死，除名。」復下詔褒美之，賜物五百段，集命婦與馮相識，以旌寵異。〔註62〕

司馬光在《家範》一文，引述這個例子，有深刻的含義，表現了母親馮氏，生性仁愛，有慈母的風範。陸讓是她的庶子，犯了貪贓枉法的罪，應當被處死，即將受刑的時候，馮氏蓬頭垢面來到朝堂，首先數落陸讓的罪行，流涕痛哭，親自捧著一碗粥勸陸讓吃，接著上書皇上哀求，言詞悲哀，情真意切。皇上憐憫而為之改變了態度，將陸讓免去死罪，又下詔褒獎馮氏，賞賜五百段布帛，還召集那些有身份的婦女與馮氏認識，以示對她的特殊恩寵。

故事生動感人，其中有一個細節特別體現了母親對庶子的關心，那就是「親持杯粥勸讓食」。此場面吃粥，沒有用上筷子，是特殊的場合下做法，同時也可以視為筷子是正常吃飯所使用的工具，而在非正常的情況下則不需要，這或許是一種規矩。

二、請客要先放置筷子

請客要先放置筷子，這是傳統禮俗；如果相反的話，則會另有玄機。

《容齋隨筆》卷十一《漢景帝忍殺》：「周亞夫以功為丞相，坐爭封匈奴降將事病免，心惡之，賜食不置箸，叱之使起，昧於敬禮大臣之義，卒以非罪置之死，悲哉！」

周亞夫，沛縣人，是周勃的次子，軍事才華卓越，在吳楚七國之亂中，他統帥漢軍，三個月平定了叛軍，拯救了漢室江山。後「丞相條侯周亞夫以

〔註62〕宋司馬光《家範》卷三。

不合旨稱疾免，後二年下獄死」。〔註63〕

　　雖然周亞夫雖個功臣，平息了叛亂，挽救了漢室的江山，但是漢景帝依然對其不滿，「心惡之」，特別是「賜食」，卻「不置箸」，顯然是藐視功臣周亞夫。皇帝「賜食不置箸」，不僅僅是一種不尊重別人的行為，或者是不講飲食禮儀的問題，而是破壞傳統的文化規矩。在這種皇帝在飯桌上不放置筷子給大臣的做法，其破壞傳統飯桌禮節的情況之下，勢必掩藏著一種殺機。為周亞夫兩年之後被捕下獄作了毫無懸念的鋪墊。

　　此處引述的文字中的「不置箸」，撇開漢景帝的殺人動機，單從民俗角度來觀察，這已是非常禮做法了。

　　關於漢景帝「賜食不設箸」的記載，在《容齋隨筆》卷第六《周亞夫》也有記載，起源於「今天子勞軍至，不得入，及遣使持節詔之，始開壁門；又使不得驅馳，以軍禮見，自言介冑之士不拜。天子改容稱謝，然後去」。在封建社會裏，這是違反「人臣之禮」，這種「傲睨帝尊，習與性成，故賜食不設箸，有不平之意」。〔註64〕

　　設箸，與置箸，是放置筷子，表示招待別人吃飯。在最高封建統治者盛宴面前，為朝廷大臣放置筷子，是一種尊重；反之，則表達的則是憤怒，甚至會有殺身之禍的出現。

三、以箸插飯中

　　以箸插飯中，是一種不吉利的行為，在傳統禮俗中要被禁止的，但在宋代記載中卻被大大方方地記錄下來。

　　《太平廣記》卷第十三《神仙十三》：蘇仙公者，桂陽人也，漢文帝時得

〔註63〕　《漢書》卷二七上《五行志第七上》。
〔註64〕　《容齋隨筆》卷第六《周亞夫》：漢景帝即位三年，七國同日反，吳王至稱
　　　　東帝，天下震動。周亞夫一出即平之，功亦不細矣，而訖死於非罪。景帝
　　　　雖未為仁君，然亦非好殺卿大夫者，何獨至亞夫而忍為之？竊嘗原其說，
　　　　亞夫之為人，班、馬雖不明言，然必悻直行行者。方其將屯細柳，滕以備
　　　　胡，且近在長安數十里間，非若出臨邊塞，與敵對壘，有呼吸不可測知之
　　　　事。今天子勞軍至，不得入，及遣使持節詔之，始開壁門；又使不得驅馳，
　　　　以軍禮見，自言介冑之士不拜。天子改容稱謝，然後去。是乃王旅萬騎，
　　　　乘輿黃屋，顧制命於將帥，豈人臣之禮哉！則其傲睨帝尊，習與性成，故
　　　　賜食不設箸，有不平之意。鞅鞅非少主臣，必已見於辭氣之間，以是隕命，
　　　　甚可惜也！

道。先生早喪所怙，鄉中以仁孝聞。宅在郡城東北，出入往來，不避燥濕。至於食物，不憚精粗。先生家貧，常自牧牛，與里中小兒，更日爲牛郎。先生牧之，牛則徘徊側近，不驅自歸。餘小兒牧牛，牛則四散，跨岡越險。諸兒問曰：「爾何術也？」先生曰：「非汝輩所知。」常乘一鹿。先生常與母共食，母曰：「食無鮓，他日可往市買也。」先生於是以箸插飯中，攜錢而去，斯須即以鮓至。

其後部分，以現代漢語來敘述：他母親吃了幾口，便問他在哪兒買的，他說是在便縣的市場上買的。母親一聽，覺得不對勁。「便縣離這裏有一百多里路，路又不好走，怎麼一會兒就回來了呢？你還敢撒謊？」拿起棍子就要揍他。蘇公連忙跪下，解釋道：「買鹹魚的時候，遇見舅舅，舅舅明天來，母親可以問他。」第二天，他舅舅果然來了，對他母親說，昨日在便縣市場見過蘇公，母親一聽，非常驚奇，才明白蘇公有神通。幾年之後的一天，蘇公肖掃庭院，友人見了便問他有什麼貴客來訪，蘇公回答說：「仙侶要來。」不一會兒，就見西北部紫氣氤氳，其中夾雜著數十隻白鶴，在其住處的上空，化成英俊的少年，降落在蘇公的門前。蘇公便對母親說：「我被召爲僊人，接我的仙侶已到門前，不能再服侍母親，望母親保重。」母親心裏非常悲傷，說道：「你走之後，我可怎麼辦呢？」蘇公回答道：「明年天下將發生瘟疫，院子裏的井水和桔樹可以養活母親，並且，用一升井水一枚桔葉，就可以救活一個人，這兒有個箱子，缺什麼東西，敲敲箱子，說聲缺什麼東西，就可以了。注意，千萬不要打開箱子。」說完，告辭母親，聳身入雲而去。第二年，果然瘟疫流行，蘇公的母親用他的辦法，救活了不少人，缺什麼東西，對小箱說一聲就有了。

這的確是一神仙故事，先是說蘇仙公之神奇，一百多里去買鹹魚，須臾即回；再說他被仙鶴接去做僊人之前，告別母親，明年瘟疫流行的救治方法，然後給母親一個箱子，對箱子敲敲，想有什麼就有什麼。在此中間，最離奇的是，在不知道情況之下，蘇仙公卻能夠騰空駕霧一般，百里之途，須臾即買回母親需要的鹹魚。以後的情節就不稀奇了，因爲知道他已經成爲無所不能的僊人了。

在這篇神仙傳說裏，最關鍵的地方，就在於「以箸插飯中，攜錢而去」。

現在，人們認爲箸插飯中，是一種禁忌，原先這種做法是對祖宗的祭祀行爲。但從這則神仙故事裏，可以知道在宋代這種行爲尚未被完全禁止；換

言之，這種筷子的行爲可能沒有被規定化，也沒有儀式化，因此更多的是一種隨意，特別對神仙來說這種隨意更是表露無遺了。

四、美味必須用筷

晁說之《送蘇季升出守明州》：「江瑤海扇不入箸，肯以腥鹹水驛供。」〔註65〕

蘇攜，字季升，福建泉州同安縣葫蘆山（今屬廈門市同安區）人。曾在盧州、溫州、丹陽、寧波等地做官。這是晁說之爲蘇季升去明州當官說寫的一首詩。

明州，即今寧波。眾所週知，明州靠海，海鮮之類東西很多。詩中所說「江瑤海扇不入箸」，是指吃貝殼的海鮮非常鮮美，或許可以不用筷子即可品嘗；「肯以腥鹹水驛供「，指的是願意用腥氣鹹味的水來供應，意爲海水之多，取之不盡。

用箸來讚美佳肴的詩歌很多，例如：

方回《夜飲唐子雲宅別後簡師善》：

> 匕箸山肴美，樽罍臘釀醇。〔註66〕

陳師道《送郿州關司法》：

> 萬里從軍壯此行，一箸鱸魚留不得。〔註67〕

陳造《留行都》：

> 薰衣子笑韻，入箸望潮鮮。〔註68〕

范成大《南徐道中》：

> 偶然把箸憶蓴羹，乞得閒官徑呼渡。〔註69〕

到了最後，看看太豐盛的佳肴擺放在面前，忍不住會有手來進食。這是一種不顧傳統禮儀的做法，是不可取的，但是在海外的手食民族來說，表現的卻是另一番風味。

方回《爲張都目益題爪哇王后將相圖》：

〔註65〕《全宋詩》第二部。
〔註66〕《全宋詩》第五部。
〔註67〕《全宋詩》第二部。
〔註68〕《全宋詩》第三部。
〔註69〕《全宋詩》第五部。

闍婆之國古來有，其人裸體蓬厥首。

後來改號作爪哇，君僭稱王妻僭后。

跣足露乳布纏腰，往往自妍不知醜。

千島萬島南海南，謂遠無虞險可守。

成周通道八蠻朝，旅獒越裳孰敢後。

真臘彭彭亨皆入貢，巴尚答洽爾獨否。

壬辰臘月明日望，三平章往命招誘。

泉州出門七州洋，飛檣舞帆朔風吼。

五旬有餘至其境，驚禽駭獸破膽走。

前主初喪後主立，國亂未定內掣肘。

生擒瞎直吃當王，癸巳三月之十九。

先降土漢必者牙，水陸引道分左右。

繼獲昔刺小大子，□□留屯豈容久。

所俘病亡或逋逃，窮則反噬如野□。

□秋班師會占城，諸國降表肯相受。

梢工滿載檳榔果，征夫爛醉椰子酒。

生金銅錢暨百寶，搜山討擄恣意取。

蝤蛑蝦蟹玳瑁螺，芭蕉豆蔻皆可口。

風俗可怪亦可憐，食無匕箸但用手。

生年月日都不記，淫亂混雜忘牝牡。

得此詩料告者誰，滕良伯父乃吾友。

我賦長篇當凱歌，甘誓胤征同不朽。〔註70〕

　　這是一首介紹南亞及南太平洋群島地區風俗習慣的詩，

　　「泉州出門七州洋」，是說泉州水深港闊，終年不凍，四季可航，便於海船停泊和啓航，自古以來就是通往世界的重要口岸。據《諸蕃志》和《島夷志略》則記載，宋元時期泉州成為計算我國與世界各地航線里程的起點。宋人到了南洋才發現，有很多習俗與中國大相逕庭，就連飲食文化也多有不同，不僅表示在食物本身，就是筷子他們也不用，而是進行手食。「風俗可怪亦可憐，食無匕箸但用手」，就將飲食習慣的差異性表現出來。

〔註70〕《全宋詩》第五部。

　　飲食時用筷子，這是中國文化最基本的禮俗，是與其它國家、地區的用手、用刀叉進行餐飲的一種最根本區別。

　　　　　　　　　　　　　　　　　　　　　2015 年 7 月 25 日星期六

宋徽宗《文匯圖》

煮茶仕女磚雕

第六章　元代的筷箸及其文化樣像

元代是個蒙古人建立的封建帝國，他的疆域非常廣闊，東北抵鯨海（日本海）和朝鮮半島中部，北至西伯利亞北極圈內，西南接尼波羅（今尼泊爾）、緬甸、越南，東南臨海，也是亞洲最大的國家。有人說：「除了今新疆地區的較大變動外，元朝的疆域是穩定的；在北方，西起今額爾齊斯河，東至鄂霍次克海。在東部，擁有朝鮮半島東北部。在西南，包括今克什米爾地區以及喜馬拉雅山南麓的不丹、錫金等地，今緬甸東北部和泰國北部。與漢、唐極其盛時期的疆域相比，元朝不僅在面積上大大超過了它們，而且在控制程度上也有過之而無不及。」〔註1〕

第一節　不同的飲食工具

元代有著一個幅員遼闊的疆域，因此各地的飲食習慣與餐食工具也有著很大的不同，反映了文化的多元與民族的差異。

在中亞地區，韃靼人一般都不使用筷箸，而用刀，這與他們的食物有著直接的關係。元代，他們的食物就是動物，當時就有人記錄了這樣的情景：

> 關於他們的食物和糧食，你要知道．他們不加區別地吃一切死去的動物，而那麼多的羊群牛群，必然有很多牲口死去。然而，在夏天，只要有忽迷思，即馬奶子，他們就不在乎其它食物：所以在這時如碰巧有牛馬死去，他們便把它切成細條，掛在太陽下通風的

〔註1〕萬劍雄《歷史上的中國——中國疆域的變遷》第174～175頁，上海錦繡文章出版社 2007 年版。

地方弄乾，因此肉很快失去鹽份而變成沒有怪味的乾肉。他們用馬的內臟製成臘腸，比豬肉的味道更佳，但他們是生吃。剩下的肉他們留下過冬。他們拿牛皮製成大壺，用煙把它薰乾，形狀美觀。他們用馬臀部的皮製成極漂亮的鞋。一頭羊的肉可供五十或一百人食用；他們把肉切得很薄，放在盤裏用鹽水浸泡，因為他們沒有別的佐料，然後他們用特製的尖刀或叉子，頗像我們吃煮梨或蘋果用的刀叉，把肉按照客人的多寡分給每人一口或兩口。在這之前，還沒有上肉，主人先挑選他看中的，如他給人一片肉，那麼按照習慣，接受的人要自己吃掉它，不可以給別人。但是，如果他不能吃完，那他得把肉隨身帶走，或者把它交給隨身的僕人，由僕人保存。否則他把肉放進他的開普塔爾格克（囊袋）中，那是個方形的袋子，他們用來裝這類東西。在他們來不及細啃骨頭時，就把骨頭存放在裏面，他們好在以後吃它，免得浪費食物。〔註2〕

由於動物作為食物的主要來源，就決定了韃靼人會使用刀，而不是筷箸。

在《長春眞人西遊記》裏亦記載了西域人的飲食習慣：「比暮，其長自刲羊為食，與同席者同享，自夜及旦。」〔註3〕同樣，也可以看出西域人也是只有刀而不用筷箸的習俗。

《長春眞人西遊記》分上下兩卷，為其弟子李志常所撰，於所經各地道里、風俗，記載明晰，可為研究西域歷史地理者之助證。因此可知，西域只有刀不用筷的習俗，在元代是眞實的可信的。

在元初，雲南尚屬於荒蠻之地。史書有載：「雲南俗無禮儀，男女往往自相配偶，親死則火之，不為喪祭。無秔稻桑麻，子弟不知讀書。」〔註4〕

到了賽典赤入主雲南，才開始教育民眾。根據《元史·列傳》第十二《賽典赤贍思丁子納速剌丁　忽辛附》：「賽典赤教之拜跪之節，婚姻行媒，死者為之棺椁郭奠祭，教民播種，為陂池以備水旱，創建孔子廟明倫堂，購經史，授學田，由是文風稍興。雲南民以貝代錢，是時初行鈔法，民不便之，賽典赤為聞於朝，許仍其俗。又患山路險遠，盜賊出沒，為行者病，相地置鎮，每鎮設土酋吏一人、百夫長一人，往來者或值劫掠，則罪及之。」

〔註2〕耿昇、何高濟譯《柏朗嘉賓蒙古行紀·魯布魯克東行紀》第 213 頁，中華書局 1985 年版。
〔註3〕《中西交通史料彙編》第 5 冊第 125 頁，中華書局。
〔註4〕《元史·列傳》第十二《賽典赤贍思丁子納速剌丁　忽辛附》。

賽典赤瞻思丁（一），一名烏馬兒（Omar），回回人，別庵伯爾之裔。其國言賽典赤，猶華言貴族也。太祖西征。瞻思丁率千騎，以文豹白鶻迎降。命入宿衛，從征伐，以賽典赤呼之而不名。太宗即位，授豐、靖、雲內三州都達魯花赤，改太原、平陽二路達魯花赤。入爲燕京斷事官。憲宗即位，命同搭刺渾行六部事。遷燕京路總管，多惠政，擢採訪使。帝伐蜀，賽典赤主饋餉，供億末嘗厥乏。世祖即位，拜中書平章政事。至元七年，分鎮四川。十一年，拜平章政事，行省雲南。雲南俗無禮儀，男女往往自相配偶。親死則火之，不爲喪。祭無粢稻桑麻。子弟不知讀書。賽典赤教之拜跪之節，婚煙行媒。死者爲之棺槨奠祭。教民播種，爲陂池以備水旱。創建孔子廟，明倫堂，購經史，授學田，由是文風稍興。西南諸夷，翕然款附。爲製衣冠襪履，易其卉服草履，酋皆感悅。賽赤典居雲南六年，至元十六年卒，年六十九。百姓巷哭，葬鄯闡北門。〔註5〕

可知，賽典赤瞻思丁是雲南移風易俗的第一人，而且獲得民眾的尊重。

從這個信息裏，可以知道，元代的雲南社會十分落後，像中原一樣使用筷箸的可能性幾乎爲零；或言之，這時候在雲南筷箸還沒有成爲吃飯時普遍採取的一種工具，當是無疑。

這時候，傳統的蒙古人是以肉食爲主，習慣於用手抓肉，也用刀或叉子。他們「把羊肉切成小塊，……然後用一把小刀的刀尖或爲此目的而特製的叉的叉尖——這種叉類似於我們吃放在葡萄酒裏煮的梨和蘋果時習慣使用的那種叉——取肉」。〔註6〕這種飲食方式，決定了他們是不用筷箸的。

當時蒙古人平時習慣於一日兩餐，而以晚餐爲主。但他們進入中原與漢族雜居後，這種習慣應有所改變。除了吃肉之外，還吃粥、水飯等，同樣也不使用筷子。

據記載，大都的「經紀生活匠人等」，「早晚多便水飯。人家多用木匙，少使箸，仍以大烏盆、木勺就地分坐而共食之」。〔註7〕所謂「水飯」，指用水浸過的米飯。元鄭光祖《伊尹耕莘》第一折：「新撈的水飯鎮心涼，半截稍瓜蘸醬。」

〔註5〕《中西交通史料彙編》第 2 冊第 315 頁，中華書局 1977 年版。
〔註6〕陳高華、衛史民《中國風俗通史‧元代卷》第 27 頁，上海文藝出版社 2001 年版。
〔註7〕熊夢祥《析津志輯佚‧風俗》，北京古籍出版社 1983 年版。

另外，元人也吃粥。在元雜劇《孟德耀舉案齊眉》第三折也有白粥一說：
「恰捧著個破不剌碗內，呷了些淡不淡白粥，吃了幾根兒哽支殺黃齏。」

不管是水飯還是粥，一般來說都可以不使用筷子，用口直接來喝，或者
用匙即可。劉崇遠《金華子雜編》卷下：「我未及飡，爾可且點心，止於水
飯數匙。」劉崇遠，雖是南唐時期人，但一種民俗的餐飲用具會有繼承，不
會由於朝代的更迭而馬上變化，因此有理由相信這種吃水飯時用匙的方法。
眾所週知，匕（匙）的功能是多樣的，可用來撥飯、盛菜、喝湯。這種用匙
的習俗，到了元朝依然延續著。

蒙古人的飲食習慣與農業地區的漢族等有所不同。訪問蒙古的西方教士
普蘭諾・加賓尼說：「他們把小米放在水裏煮……他們每個人在早晨喝一二
杯，白天他們就不再吃東西；不過，在晚上，他們每人都吃一點肉，並且喝
肉湯。」另一位教士魯不魯乞說：「一路上，在早晨他們給我們一些喝的東
西或小米粥。不過，在傍晚，他們經常給我們羊肉（前腿帶肩膀肉、排骨）
吃，而且可以儘量喝肉湯。」〔註8〕

可知，蒙古雖然統治了亞、歐很多地方，但其民族文化依舊頑強地保留
著。而其它民族和地區的餐飲習慣與餐飲工具，也沒有因爲執政者的改變而
改變，他們依然傳承著自己民族的餐飲文化。中原地區的漢族使用筷箸的習
慣沒有消失，就是範例。

雜劇《東堂老勸破家子弟》中，富家子弟揚州奴將家財敗盡，準備賣房，
但愁「可把什麼做飯吃」？幫閒說：「我家有一個破沙鍋，兩個破碗和兩雙
折箸，我都送與你，盡勾了你的也。」

這裏的「折箸」，就斷了的筷箸，從中一眼就可以看出家境的貧窮。不
過在這位幫閒的口中說出也是一種無奈的調侃。

筷箸是漢族使用的進食工具，一般的箸是木或竹製的，比較講究的箸也
有用象牙製的。木、竹製作的筷箸，爲普通百姓使用，而象牙筷則是有錢、
官宦人家所用。筷箸是用來撥飯，也用來挾菜，可知筷箸是進食的必備之物。
如果連木竹筷子都用不起，可見其窮困潦倒到了何等之程度。

〔註8〕陳高華、衛史民《中國風俗通史・元代卷》第 27 頁，上海文藝出版社 2001
　　　年版。

第二節　表現爲對筷箸的重視

元代，蒙古執政者不以游牧民族的餐飲習慣來強行改變中原地區人們的生活習慣，與此相反，他們不再堅持自己的餐飲工具，而更多地繼承了中國傳統的筷箸文化。

在祭祀時候，用筷箸來表示對神靈的敬重。

《元史》卷七十二《志第二十三祭祀一》：

> 三曰籩豆登俎。昊天上帝、皇地祇及配帝，籩豆皆十二，登三，簠二，簋二，俎八，皆有匕箸，玉幣篚二，匏爵一，有坫，沙池一，青酹牲盤一。從祀九位，籩豆皆八，簋一，簠一，登一，俎一，匏爵一，有坫，沙池一，玉幣篚一。內官位五十四，籩豆皆二，簠一，簋一，登一，俎一，匏爵有坫，沙池，幣篚，十二次各一。中官百五十八，皆籩一，豆一，簠一，簋一，俎一，匏爵有坫，沙池，幣篚，十二次各一。外官位一百六，皆籩一，豆一，簠一，簋一，俎一，匏爵，沙池，幣篚，十二次各一。眾星位三百六十，皆籩一，豆一，簠一，簋一，俎一，匏爵，沙池，幣篚，十二次各一。此籩、豆、簋、簠、登、爵、篚之數也。凡籩之設，居神位左，豆居右，登、簋、簠居中，俎居後，籩皆有巾，巾之繪以斧。

關於用筷箸來作爲祭祀禮器的做法在《新元史》裏同樣有記載。〔註 9〕

元代崇尚多神論，無論是自然界的山水湖海，天體裏的日月星辰，還是民間信仰的各種神靈都無不相信，也都會進行祭拜，因此祭祀，就成爲元代信仰的一部分。如「至正三年十月十七日，親祀昊天上帝於圜丘，以太祖皇帝配享，如舊行儀制。」〔註 10〕據此說，1343 年元順帝親自祭祀昊天上帝，按照成吉思汗祭祀的規格進行。昊天上帝又稱皇天、上帝、皇天上帝、天皇大帝等，主宰天地宇宙的神，超自然的最高的神。以此也可以看出，元代政權所信仰的是一種多神崇拜信仰，而昊天上帝則是所有神靈的主宰而已。

皇地祇，對地神的尊稱，源於古代對土地的崇拜。《舊唐書・禮儀志一》：「今請備設皇地祇並從祀等座，則禮得稽古，義合緣情。」《續資治通鑒・

〔註 9〕《新元史》卷八十四《志第五十一》：「祭器：籩十有二，冪以青巾，巾繪彩雲。豆十有四，一實毛血，一實□□。登三，鉶三，有柶。簠二，簋二，有匕箸。」

〔註 10〕《元史》卷七十七《志第二十七下祭祀六》。

宋太宗太平興國三年》：「國初以來，南郊四祭及感生帝、皇地祇、神州，凡七祭，並以四祖疊配。」

配帝，即宓羲（伏羲）、神農氏、軒轅、少昊、顓頊。古代配帝有一定的祭祀時間與地點。立春時，祭祀東郊青帝，帝宓羲（伏羲）配。立夏日，祭祀南郊赤帝，帝神農氏配。到了季夏，祭祀中郊黃帝，帝軒轅配。立秋時節，祭祀西郊白帝，帝少昊配。立冬日，祭祀北郊黑帝，帝顓頊配。

這種傳統的祭祀神靈，到了元代沒有終止，祭祀器皿有籩、豆、登、俎，還要配置匕箸，以表示對神靈的敬重。

元代祭祀，有一套完整的祭祀方式、祭祀儀式和祭祀用品，並在史書上一一加以敘述。這種祭祀的記載，在《元史》上屢見不鮮。

《元史》卷七十四《志第二十五祭祀三》：「祭器：籩十有二，冪以青巾，巾繪彩雲。豆十有四，一實毛血，一實膟膋。登三，鉶三，有柶。簠二，簋二，有匕箸。俎七，以載牲體，皆有鼎。後以盤貯牲體，盤置俎上，鼎不用。香案一，銷金絳羅衣。銀香鼎一，銀香盒一，茅苴盤一，實以沙。已上並陳室內。燎爐一，實以炭。筐一，實以蕭蒿黍稷。祝案一，紫羅衣，置祝文於上，銷金絳羅覆之。雞彝一，有舟；鳥彝一，有舟，加勺；春夏用之。斝彝一，有舟；黃彝一，有舟，加勺；秋冬用之。虎彝一，有舟；蜼彝一，有舟，加勺；特祭用之。凡雞彝、斝彝、虎彝以實明水，鳥彝、黃彝、蜼彝以實鬯。犧尊二，象尊二，春夏用之。著尊二，壺尊二，秋冬用之。太尊二，山尊二，特祭用之。尊皆有坫勺，冪以白布巾，巾繪黼文。著尊二，山罍二，皆有坫加冪。已上並陳室外。壺尊二，太尊二，山罍四，皆有坫加冪，藉以莞席，並陳殿下，北向西上，設而不酌，每室皆同。通廊御香案一，銷金黃羅衣，銀香盒一，貯御祝香，銷金帕覆之，並陳殿中央。罍洗所罍二，洗二，一以供爵滌，一以供盥潔。筐二，實以璋瓚巾、塗金銀爵。七祀神位，籩二，豆二，簠一，簋一，俎一，爵一有坫，香案一，沙池一，壺尊二有坫加冪，七祀皆同。」

在上述引文裏，可以知道，元代的祭祀有嚴格的要求，不僅在祭器上，同樣表現在物品、形式及其禮儀方面。另外，在這樣的祭祀活動中，筷箸也是器物。如文中所說的「登三，鉶三，有柶。簠二，簋二，有匕箸。」就是鮮明的例證。

登為古代祭器名。《詩・大雅・生民》：「昂盛於豆，於豆於登。」鉶，古

代盛羹的鼎，兩耳三足，有蓋，常用於祭祀。《儀禮·公食大夫禮》：「宰夫設鉶四於豆西東上。」在登、鉶旁，就放置古代舀取食物的禮器，像勺子的柶。這種柶多用角做成的，也叫角柶。

簠，古代祭祀和宴饗時盛放黍、稷、粱、稻等飯食的器具，《周禮·舍人》：「凡祭祀共簠簋。」簠的基本形制爲長方形器，蓋和器身形狀相同，大小一樣，上下對稱，合則一體，分則爲兩個器皿。

有網站說：簠出現於西周早期，主要盛行於西周末春秋初，戰國晚期以後消失。〔註11〕其實，簠在元代依然流行，成爲元廷祭祀器具。

簋，是木、瓦、陶等材質做的，古代用於盛放煮熟飯食的器皿。《說文》：「簋，黍稷方器也。」

由此可見，這種簋和簠，都是盛裝黍、稷等食物的器皿。正由於有這樣的功能，就可以「有匕箸」。但是不知道的是，筷箸是插入其中，還是放置旁邊，文中未加說明。但從上下文的順序來看，在祭祀的時候放置有匕箸，這是非常清楚的事實。

如今人們祭祀也有筷箸的出現，並忌諱將筷箸插入碗飯之中，這種習俗不知出現在哪個時代，但可以推導的是，用筷箸來作爲祭祀禮器，完全可以肯定在元代已經形成，這不過插入飯中尚未成爲一種被認可的習俗而已，至少在宮廷的祭祀中還不明顯。

元初，還沿用金、宋時期的祭器，然而到了忽必烈在位，就改變了這種做法，下令江浙行省開始製造新的祭祀器物，舊的器物悉數不用。〔註12〕這種祭祀器物的變化，表現的是元代執政者對神靈信仰的高度重視。

在喪葬習俗中，安葬宮廷中有地位的人，都要在棺材裏放置碗筷等物，其原因就是人們相信，有了這些東西，逝者到陰間依然有飯可吃。

《元史》卷七十七《志第二十七下祭祀六》：「凡宮車晏駕，棺用香楠木，中分爲二，刳肖人形，其廣狹長短，僅足容身而已。殮用貂皮襖、皮帽，其靴韈、繫腰、盒缽，俱用白粉皮爲之。殉以金壺瓶二，盞一，碗楪匙箸各一。」

元代皇族所用的棺木，一般爲香楠木，中間刳成人形，就在僅僅能夠容身的狹小空間，與吃喝相關的壺、瓶、盞、碗、楪以及筷箸等，這些都足夠

〔註11〕見《百度·百科》詞條。

〔註12〕《元史》卷七十四《志第二十五祭祀三》：「中統以來，雜金、宋祭器而用之。至治初，始造新器於江浙行省，其舊器悉置几閣。」

說明，他們的喪葬習俗裏，筷箸文化是其中重要部分。另外，從中也可以看出，筷箸是元代文化的一部分，這不僅是普通民眾如此，而且是從游牧民族轉換而來的蒙元政權也同樣改變他們的傳統，將中原民眾的餐飲習慣作爲皇族文化的一部分來看待，因此在其喪葬中體現出筷箸文化，就不是一個奇怪的事情了。

在這種雖然用筷箸來進行安葬，依然會帶有草原文化的喪葬習俗的出現。如在安葬之前，「用蒙古巫媼一人，衣新衣，騎馬，牽馬一匹，以黃金飾鞍轡，籠以納失失，謂之金靈馬」，然後再舉行「日三次，用羊奠祭」活動，安葬時，「取開穴時所起之土成塊，依次排列之。棺既下，復依次掩覆之。有餘土，則遠置他所，送葬官三員，居五里外，日一次，澆飯祭之，三年然後返。」〔註 13〕由此可見，這種葬俗，很明顯地帶有蒙古的文化色彩，同時也融入了漢族的使用筷子的文化習俗。

這裏，可以看出蒙元時代的掌權者並沒有排斥其它民族文化（包括漢族文化），而是吸取其它民族文化爲己所用，使元代文化不僅具有鮮明的主流文化特點，同時也有其它民族的文化色彩，這就造成蒙元時代多元文化的特色。

第三節　筷箸成爲一種日常文化

筷箸到了元代，已經與其草原游牧文化形成一個整體，這是因爲，元代統治者不再排斥傳統的漢族文化，而吸收這些文化，使之成爲元代文化的一部分。

吃飯利用筷箸，就是其中重要的文化轉變。

《元史》卷一百七十三《列傳第六十》：崔斌在「十五年，被召入覲。時阿合馬擅權日甚，廷臣莫敢誰何。斌從帝至察罕腦兒。帝問江南各省撫治如何。斌對以治安之道在得人，今所用多非其人，因極言阿合馬奸蠹。帝乃令

〔註 13〕 《新元史》卷九十《志第五十七》：「宮車晏駕，棺用香楠木，中分爲二，刳肖人形，其廣狹長短，僅至容身而已。殮用貂皮襖、皮帽，其靴襪、繫腰、盒缽，俱用白粉皮爲之。殉以金壺瓶二，盞一，碗碟匙箸各一。殮訖，用黃金爲箍四條以束之。乘輿用白氈青緣納失失爲簾，覆棺亦以納失失爲之。前行，用蒙古巫媼一人，衣新衣，騎馬，牽馬一匹，以黃金飾鞍轡，籠以納失失，謂之金靈馬。日三次，用羊奠祭。至所葬陵寢，取開穴時所起之土成塊，依次排列之。棺既下，復依次掩覆之。有餘土，則遠置他所，送葬官三員，居五裏外，日一次，澆飯祭之，三年然後返。」

御史大夫相威、樞密副使孛羅按問之，汰其冗員，黜其親黨，檢覈其不法，罷天下轉運司，海內無不稱快。適尚書留夢炎、謝昌元言：『江淮行省事至重，而省臣無一人通文墨者。』乃命斌遷江淮行省左丞。既至，凡前日蠹國漁民不法之政，悉釐正之，仍條具以聞。阿合馬慮其害己，捃摭其細事，遮留使不獲上見，因誣構以罪，竟為所害。裕宗在東宮，聞之，方食，投箸惻然，遣使止之，已不及矣。天下冤之。年五十六。至大初，贈推忠保節功臣、太傅、開府儀同三司，追封鄭國公，諡忠毅。」

這段文字敘述，崔斌跟隨皇帝到了察罕腦兒。皇帝問他江南各省安撫治理的工作進行得怎麼樣，崔斌回答說：「治國安邦的方法在於獲得人才，現在所用的人大多不合適。」趁機，極力向皇帝陳說宰相阿合馬的「奸蠹」行為。不久，阿合馬以擅自任命官吏等罪誣陷崔斌，崔斌被下獄處死。

歷史記載，崔斌生於 1223 年，卒於 1278 年，朔州馬邑縣（今山西省朔州市）人，字仲文，是元朝初年的大臣，蒙古名為燕帖木兒。開始崔斌是淮南戍軍參佐，襲父親總管之職。中統元年（1260 年），安童向忽必烈推薦崔斌為西京參議宣慰司事。至元四年（1267 年），崔斌出任東平路總管。至元十一年（1274 年），改為河南宣慰使，負責為南征南宋籌集軍需。至元十二年（1275 年），崔斌為河南行省參知政事，和阿里海牙攻下宋朝的潭州（今湖南省長沙市），崔斌改為行省左丞。

崔斌不斷升職，表現了傑出的政治才幹，卻引起阿合馬的嫉恨。阿合馬「慮其害己，捃摭其細事，遮留使不獲上見，因誣構以罪，竟為所害」。聽說此事，「裕宗在東宮，聞之，方食，投箸惻然，遣使止之，已不及矣」。所謂「投箸惻然」，就非常準確地表現出裕宗的憤懣與猶豫，就是在這猶豫瞬間，要想救崔斌已經來不及了。

裕宗，即孛兒只斤・真金（1243～1285），是元世祖忽必烈之嫡子，第二代皇帝元成宗鐵穆爾之父，母昭睿順聖皇后弘吉烈氏。真金年少時，就讀《孝經》等儒家經典，因此吃飯使用筷子理所當然。

這種投箸惻然，不僅表現的是人物的行為與狀態，也是一種扼腕、歎息的代名詞，同時也使得這個詞彙更具有了新的生命力和表現力。

同樣，生活中，筷箸也會成為一種殺人的工具。《新元史》卷二百四十四《列傳第一百四十一》：「沈氏，呈興人。夫為軍士所害，沈乘間投水。適張掾舟過，見婦人衣浮水上，引救之，易衣置後船內。其下諷之曰：「吾張君貴

人，汝能侍之，且得寵。」沈謝曰：「幸諸君見憐，然彼時見吾夫被創甚，吾已許之死，恨不及生時使之見也。且貴人安用失節婦哉！」夜以竹箸喉以死。」沈氏雖然被救，卻不願意苟且偷生，爲了保持貞潔，而用筷箸來自殺。筷箸本非武器，且自殺也不易，沈氏依然如此，可見其保節之心何等之堅決。

在元代，筷子還成爲敲打樂器的工具。

《元史》卷七十一《志第二十二禮樂五》記載了當時宮廷裏的各種樂器的材質、外形以及使用的方法：「杖鼓，制以木爲匡，細腰，以皮冒之，上施五綵繡帶，右擊以杖，左拍以手。札鼓，制如杖鼓而小，左持而右擊之。和鼓，制如大鼓而小，左持而右擊之。篥，制如箏而七絃，有柱，用竹軋之。羌笛，制如笛而長，三孔。拍板，制以木爲板，以繩聯之。水盞，制以銅，凡十有二，擊以鐵箸。」

文中提及的水盞，是因盞中盛水而得名。古稱缶、銅甌、響盞。在元代，或許這種樂器還是一種民族舞樂。《元史・志》載：「四夷舞樂，用水盞」。

這種水盞，與擊缶是有所不同的。前者，盞內有水，而缶則不一定是水。《說文》：「缶，瓦器所以盛酒漿，秦人鼓之以節歌。象形。」後來擊缶演變爲擊甌。宋高承輯《事物紀原集類》：「擊甌，蓋缶之遺事也。」甌是盆盂一類的瓦器，很像小碗。擊甌在晉代已很流行，到了唐代還有所發展。唐代段安節《樂府雜錄》載，唐大中年間有郭道源、咸通年間有吳繽都善於擊甌，「率以邢甌越甌，用十二隻，旋加減水於其中，以箸擊之」。甌，《洪武正韻》謂「今俗謂碗深者爲甌。」《正字通》說：「俗謂茶杯爲甌。」總之，無論是碗還是茶杯，都必須要放水，只有這樣才能夠有美妙的音樂出現。

唐代詩人溫庭筠《郭處士擊甌歌》是專門描述擊甌的傳世詩作：

> 佶栗金虬石潭古，勾陂激灩幽修語。湘君寶馬上神雲，
> 碎佩叢鈴滿煙雨。吾聞三十六宮花離離，軟風吹春星斗稀。
> 玉晨冷磬破昏夢，天露未乾香著衣。蘭釵委墜垂雲發，
> 小響丁當逐回雪。晴碧煙滋重疊山，羅屏半掩桃花月。
> 太平天子駐雲車，龍爐勃鬱雙蟠拏。宮中近臣抱扇立，
> 侍女低鬟落翠花。亂珠觸續正跳蕩，傾頭不覺金烏斜。
> 我亦爲君長歎息，緘情遠寄愁無色。莫沾香夢綠楊絲。
> 千里春風正無力。

《樂府雜錄》曰：「唐大中初，有調音律官天興縣丞郭道源，善擊甌。用

越甌、邢甌共一十二旋，加減水，以箸擊之，其音妙於方響也。」〔註14〕由此可見，這種擊甌與擊水盞的方法，有了相似的地方。

不過，仔細分析就會發現，甌與盞是不同的。甌是用瓦製作的，原指土窯燒製成一種泥陶凹狀器皿，後泛指似小盆的事物。而盞，則不同，特別是元代用來作爲樂器的水盞，是用銅來製作的，用鐵箸來敲擊，其聲音更加美妙悅耳。

這種敲水盞，在宋代城市「瓦舍」中就有表演。宋人吳自牧《夢粱錄》卷二十「妓樂」：「若合動小樂器，只三二人合動尤佳，如雙韻合阮咸，嵇琴合簫管，琴合葫蘆琴，或彈撥下四絃，獨打方響，吹賺動鼓《渤海樂》一拍子至十拍子。又有拍番鼓兒，敲水盞，打鑼板，和鼓兒，皆是也。」

只不過到了元代，敲水盞成爲了宮廷音樂，正由於這樣的原因，其樂曲不但沒有消失，而且還進行了加工、修飾，使之更加滿足元代執政者的需要。所以被記載於正史裏，加以詳細說明：這種水盞一組十二個，都是用銅來製作的，擊打的工具的鐵製的筷箸。這是細節，在其它很多文獻中是不多見的，過去歷史資料有擊缶、擊甌的記載，但是用筷箸來敲擊水盞的卻很少見到。

而這些細節正是元代筷箸文化最珍貴的地方。

2014 年 6 月 17 日星期二

〔註14〕《太平御覽‧樂部二十二‧缶》。

廣勝寺壁畫後宮尚食

1-4-1 溫酒圖@山西大同元墓

1-5-1 備茶圖@山西大同元墓

1-5-2 飯館@永樂宮純陽殿

1-5-3 客店送飯@永樂宮純陽殿

1-5-4 准備宴會

1-5-5 遼寧淩源富家屯元墓宴飲奏樂圖

第七章　明代朝廷筷箸文化

　　明代的筷箸文化沿襲元代傳統而流傳，只不過明代的筷箸有了一個明顯的特徵，上方下圓。所謂「上方」，即箸的上部爲方形；「下圓」，即箸的下半部爲圓形。表示「天方地圓」之意。

　　根據有的文章介紹，明代之前筷子大多爲圓柱體，也有六棱形，但四方形極少，無論是銀、銅、竹、木、牙等材質的。〔註1〕到了明代，箸基本形成了上方下圓的特徵，以致一直影響到今天，並且成爲中國筷箸的最基本的文化造型。

　　1980年爲7期《文物》載，四川珙縣洛表公社的懸棺內，清理出一枝明代紅漆竹箸，箸長28公分，上方下圓，四楞上部刻有「江山口高日月口長五子口阿且休」草書體十四字。這裏的筷子塗上紅漆，這是筷箸文化史上重要的製作工藝的發展，打破了傳統的竹木本色，而將筷子進行了人爲意識的加工，這是一種審美和製作的進步。

　　另在河南寧陵花岡明代的一艘木船中發現一枝木箸，長達31公分；無獨有偶，也是方首圓足，還有北京定陵爲明代神宗朱翊鈞的陵墓，在1956年發掘的地宮中，除了出土有寶石金釵、金壺、金爵、金冠、金匙、箸瓶架等，瓶架上還插有烏木鑲金箸。筆者曾慕名參觀定陵，欣賞了陳列的明神宗陪葬品兩雙烏木鑲金箸，此御箸也是首方足圓，不過四楞箸頂端鑲有方金帽。〔註2〕

　　經專家研究，方首圓足款式爲明代箸的流行樣式。

〔註1〕見《百度文庫》、《中文百科在線》等網站。
〔註2〕《中國箸文化大觀》，科學出版社1996年版。

在筷箸材質方面，明代認為最好的是紫銅，松江地區使用的白銅也可以，忌諱的是金銀箸及其雕刻各種花紋的樣式。明文震亨《長物志》卷七《匙箸》一文中就說：「紫銅者佳，雲間胡文明及南部白銅者，亦可用，忌用金銀及長大填花諸式。」就清楚地表達了這種的觀點。

在明代，筷籠有各種材質，其中瓷器製作的筷籠，雖然很好，但容易破碎，應該用蘇州等地製作的「短頸細孔」的「插箸」，由於下面比較重不容易倒伏，而筷籠用銅製的就不是最好的了。為此，有人認為筷籠：「官哥定窯者，雖佳，不宜日用，用吳中近制短頸細孔者，插箸，下重不僕，銅者不入品。」〔註3〕

第一節　筷箸故事

在民間，吃飯使用筷子，在宮廷裏，即使是皇親國戚吃飯時依然離不開筷箸，這是普通常識，即使是至尊無上的帝皇也不能免俗，儘管如此，其與筷箸說演繹的相關故事卻是與眾不同的。

一、皇帝與筷箸

在朱元璋當了皇帝之後，吃飯依然使用筷子，這是肯定無疑的，但是朱元璋與筷子之間，由於其地位、身份的不同，就會有不同的故事，也非憑空杜撰，在《明史》裏就有這方面的記載。

朱元璋的結髮妻子馬秀英為了幫助朱元璋，就曾經演繹出精彩的與筷子有關的故事。

在《明史》卷一百一十三《列傳第一后妃一》中就有記載：「帝前殿決事，或震怒，后伺帝還宮，輒隨事微諫。雖帝性嚴，然為緩刑戮者數矣。參軍郭景祥守和州，人言其子持槊欲殺父，帝將誅之。后曰：『景祥止一子，人言或不實，殺之恐絕其後。』帝廉之，果枉。李文忠守嚴州，楊憲誣其不法，帝欲召還。后曰：『嚴，敵境也，輕易將不宜。且文忠素賢，憲言詎可信？』帝遂已。文忠後卒有功。」從這兩件事情來說，假如沒有馬秀英的智慧與勸導，可能會造成郭景祥、李文忠等一批大臣的頭顱落地，會成為一個又一個歷史的冤假錯案。文中有曰，雖然朱元璋治吏甚嚴，但由於馬秀英的

〔註3〕明文震亨《長物志》卷7《箸瓶》。

「隨事微諫」，使得不少人從死亡的邊緣拉回來。從「緩刑戮者數矣」一詞中，就可以看出馬秀英的勸解起到很大的作用。

　　然而，馬秀英的勸諫，並不是那麼一帆風順。《明史》卷一百一十三《列傳第一后妃一》：

　　　　　學士宋濂坐孫慎罪，逮至，論死，后諫曰：「民家爲子弟延師，尚以禮全終始，況天子乎？且濂家居，必不知情。」帝不聽。會後侍帝食，不禦酒肉。帝問故。對曰：「妾爲宋先生作福事也。」帝惻然，投箸起。明日赦濂，安置茂州。

　　這裏說的是，學士（即侍講學士，古代中央政府官職之一，明代品等爲從五品，其職爲皇帝或太子講學等）宋濂致仕還鄉後，因孫子宋慎捲進胡惟庸案〔註4〕受牽連，被逮到京師判處死刑。馬皇后想起宋濂教太子讀書的功勞，向朱元璋求情，遭到拒絕。到吃飯時，馬皇后「侍帝食」，卻一反常態，不飲酒，不吃肉，朱元璋問其中緣故。她回答說：妾哀痛宋學士之刑，想代兒子爲老師服「心喪」。朱元璋很不高興，扔下筷子就走。但第二天還是下令赦免了宋濂，改判謫戍茂州。

　　這裏，朱元璋得到皇后馬秀英指點之後，並沒有馬上聽從馬秀英的話，這是有原因的。

　　胡惟庸案，是一要案。《明史·紀事本末》中的記載更爲詳細，洪武十三年（1380）「正月戊戌，惟庸因詭言第中井出醴泉，邀帝臨幸。帝許之。駕出西華門，內使雲奇衝蹕道，勒馬銜言狀，氣方勃舌□，不能達意。太祖怒其不敬，左右摑捶亂下，雲奇右臂將折，垂斃，猶指賊臣第，弗爲痛縮。」

　　此時，朱元璋卻感覺事態嚴重，立即返回，登上宮城，發現胡惟庸家上空塵土飛揚，牆道都藏有士兵。明太祖朱元璋以謀反罪誅當時宰相胡惟庸九族，同時殺死御史大夫陳寧、中丞涂節等數人，隨後開始殺戮功臣宿將，此案牽連甚廣，致死者三萬餘人。

　　這樣的謀反，當然使得朱元璋震怒，他想從根子上殺掉所有有牽連的人，然而馬秀英卻爲宋濂求情，使之不快。在史書裏就有了「帝惻然，投箸起」的生動描述。

　　而「帝惻然，投箸起」，恰恰準確地說明朱元璋的心事重重，既有想重判來懲治受到胡惟庸案牽連的宋濂，又覺得馬皇后說得不無道理。正是這種舉

　　　　〔註4〕胡惟庸案，明初四大案之一，又稱「胡獄」或「胡黨之獄」。

棋不定，表現出一方面是「惻然」的無奈，另一方面又是「投箸起」的憤懣。

　　所謂惻然，是指哀憐、悲傷的樣子。從此，就可以知道朱元璋也不是真的非殺宋濂不可；而「投箸起」則表示他的憤憤不平的樣子，好像不殺難以平息自己心頭的憤怒。所謂「投箸」一詞，就非常準確地將朱元璋心中的憤恨不滿的情緒表達出來。

　　由於這兩種十分矛盾的情緒產生衝撞，朱元璋沒有立即改變自己的主張，而是經過一夜的考慮，直至第二天才赦免了宋濂的罪，將其「安置」到遠離京城的四川茂州。

　　除此，還有一則與明代皇妃相關的故事，同樣也與筷子有關。

　　《明史》卷一百一十四《列傳第二后妃二》：

> 　　田貴妃有寵而驕，后裁之以禮。歲元日，寒甚，田妃來朝，翟車止廡下。后良久方御坐，受其拜，拜已遽下，無他言。而袁貴妃之朝也，相見甚歡，語移時。田妃聞而大恨，向帝泣。帝嘗在交泰殿與后語不合，推后仆地，后憤不食。帝悔，使中使持貂裀賜后，且問起居。妃尋以過斥居啓祥宮，三月不召。一日，后侍帝於永和門看花，請召妃。帝不應。后遽令以車迎之，乃相見如初。帝以寇亂茹蔬。后見帝容體日瘁，具饌將進，而瀛國夫人奏適至，曰：「夜夢孝純太后歸，語帝瘁而泣，且曰：『為我語帝，食毋過苦。』」帝持奏入宮，后適進饌。帝追念孝純，且感后意，因出奏示后，再拜舉匕箸，相向而泣，淚盈盈沾案。

　　這裏的田貴妃，是崇禎的妃子，深得皇帝之寵幸，因此顯得「寵而驕」。因此與文中之「后」即周皇后關係不和。1640 年（崇禎十三年）正月，天氣很冷，田貴妃依例朝賀，周皇后故意很久才讓其坐，受其拜，而冷落她。對袁貴妃卻有說有笑。田貴妃非常氣憤，告訴皇帝。皇帝在交泰殿與皇后交談不愉快，將皇后推倒。皇后憤怒不肯進食，皇帝很後悔，派人送去貂皮大衣、胭脂花粉，問候起居。將田貴妃居住在啓祥宮進行反省，三個月不召幸，後來去永和門看花，請田貴妃，皇帝也不同意。皇后隨即用車子去迎接田貴妃，才相見如初。皇帝宇文李自成的原因，心亂如麻。皇后見皇帝日益憔悴，親自做了飯菜，正巧瀛國夫人奏摺來到，說：夜裏夢見崇禎皇帝的母親孝純太后歸來，說兒子憔悴，並且要告訴說，皇帝不要吃得太清苦。於是皇帝拿了奏摺入宮，正好碰上皇后進饌，因此出示奏摺，「拜舉匕箸」，與皇后「相向

而泣，淚盈盈沾案」。

　　以上，說的是崇禎與皇后的一段佳話，進而更帶出母親對兒子崇禎的關懷。而這段佳話裏，最出彩的是「拜舉匕箸」。這裏的拜是指對奏摺而言，而舉則是對筷子而言。拜奏摺，有對母親的尊敬；舉筷子，也有對筷箸的敬仰。兩者心情的共同合力，就將崇禎的複雜心情透露無疑。

　　在明代，還有由於筷箸放置錯誤而被懲罰的故事。

　　明徐禎卿《剪勝野聞》裏記載了這樣一則故事：「翰林應奉唐肅，初以失朝，坐免官，歸鄉里。太祖重其才，再召入。嘗命侍膳，食訖拱箸致恭。帝問曰：『此何禮也？』肅對曰：『臣少習俗禮。』帝怒曰：『俗禮可施之天子乎？』罪坐不敬，謫戍濠州。」

　　唐肅是個有才能的人，朱元璋召見請其吃飯。誰知道，唐肅不懂筷箸禮儀，「食訖拱箸致恭」。爲什麼「拱箸」，而被朱元璋視爲不敬？原本「拱手」是一種表示敬重，但是筷箸用拱來表示，其意義與拱手完全不同，帶有一定攻擊的意味，爲此朱元璋十分震怒，將其放逐。本來有機會進階，卻因爲不懂筷箸的禮儀而被「謫戍」，這是一個古代非常典型的例子。

二、大臣與筷箸

　　在使用筷子中，也能夠表現出朝廷大臣的複雜心理及其多樣表情。

　　《明史》卷二百六十六《列傳》第一百五十四記載：

　　　　帝數召廷臣問禦寇策。世奇言：「闖、獻二賊，除獻易，除闖難。人心畏獻而附闖，非附闖也，苦兵也。今欲收人心，惟敕督撫鎮將嚴束部伍，使兵不虐民，民不苦兵，則亂可弭。」帝善其言，爲下詔申飭。時寇警日亟，每召對，諸大臣無能畫一策。世奇歸邸，輒太息泣下，曰：「事不可爲矣。」十七年三月，城陷。世奇方早食，投箸起，問帝安在、東宮二王安在，或言帝已出城，或言崩，或又言東宮二王被執。世奇曰：「嗟乎，吾不死安之！」其僕曰：「如太夫人何？」世奇曰：「正恐辱太夫人耳。」將自經，二妾朱、李盛飾前。世奇訝曰：「若以我死，將辭我去耶？」對曰：「聞主人盡節，我二人來從死耳。」世奇曰：「有是哉！」二妾並自經，世奇端坐，引帛自力縊乃死。

　　這段文字裏，可以看出馬世奇是個忠臣，同時也非常有見解的人，知道李自成比張獻忠屬害，因爲「人心畏獻而附闖」，其實人們並不是要附和李自

成，而是害怕官兵，如果要收回人心，就必須「嚴束部伍，使兵不虐民」，這樣動亂就能夠平息。但是時機已晚，崇禎十七年（1644）三月李自成攻陷京城。馬世奇正在早餐，一聽京城被淪陷，「投箸起，問帝安在、東宮二王安在」。此中的「投箸起」，就非常準確地描寫了他的神情與動作，將朝廷忠臣的形象躍然於紙上。馬世奇，字君常，無錫人。祖濂，進士，桂林知府。世奇幼穎異，嗜學有文名。登崇禎四年進士，改庶吉士，授編修。李自成破北京，世奇自縊死，清廷諡文忠，以示敬仰。

　　《明史》卷三百八《列傳》第一百九十六《姦臣》載：溫「體仁自念排擠者眾，恐怨歸己，倡言密勿之地，不宜宣泄，凡閣揭皆不發，並不存錄閣中，冀以滅跡，以故所中傷人，廷臣不能盡知。」最後，「帝始悟體仁有黨。……體仁乃佯引疾，意帝必慰留。及得旨竟放歸，體仁方食，失匕箸，時十年六月也。逾年卒」。

　　這裏的「失匕箸」三個字，將溫體仁善於僞裝，裝病騙得皇帝的憐憫，一旦得到聖旨，放歸故里，連吃飯時筷子都抓不住等一系列，將其驚慌失措的舉止都活龍活現地表現出來。

　　溫體仁，字長卿，烏程人。萬曆二十六年進士。改庶吉士，授編修，累官禮部侍郎。崇禎初遷尚書，協理詹事府事。

　　在《明史》中，溫體仁被列於姦臣之中，說他是「爲人外謹而中猛鷙，機深刺骨」，可見內外不一的狡詐性格。不僅如此，還不斷做壞事，遭到同僚的彈劾：「御史毛九華劾體仁居家時，以抑買商人木，爲商人所訴，賂崔呈秀以免。又困杭州建逆祠，作詩頌魏忠賢。帝下浙江巡撫核實。明年春，御史任贊化亦劾體仁娶娼、受金，奪人產諸不法事」。如此等等，足見其壞事做得十分之多。

　　然而，縱觀歷史，凡是做壞事的人，其心理是陰暗的，也是非常空虛的。溫體仁在得知崇禎皇帝將其「放歸」，心裏肯定是百感交集，同時也非常驚訝非常高興：連皇帝都被騙了，這才是他吃飯時「失匕箸」的根本原因。

第二節　西方人筆下的筷箸

一、介紹中國人宴會及筷箸習俗

　　明代，在宴會上有一定的規矩，其中也包括使用筷箸的程序。

　　傳教士利瑪竇來到中國，很自然地看到中國人喜歡宴請的習俗，並且有一套宴請的規矩。他在其著作裏這樣介紹：「現在簡單談談中國人的宴會，這種宴會十分頻繁，而且很講究禮儀。事實上有些人幾乎每天都有宴會，因爲中國人在每次社交或宗教活動之後都伴有筵席，並且認爲宴會是表示友誼的最高形式。和希臘人的風尚一樣，他們不說宴會而說酒會，這不是沒有道理的，因爲雖然他們的杯子並不比硬果殼盛的酒更多，但他們斟酒很頻繁，足以彌補容量的不大。」〔註5〕

　　邀請參加宴會的程序，有：

　　一是發出邀請函。

　　　　當一個人被邀請去參加一次隆重的宴會，那麼在預定日期的前一天或前兒天，他就會收到一本我們已經講過的那種小摺子。那裏面署有主人的姓名，還有一種簡短的套語，很客氣而又文雅地說明他已將銀餐具擦拭乾淨，並在一個預定的日子和鐘點準備下菲薄的便餐。通常宴會在晚間舉行。請帖上還說主人很樂於聽他的客人發表自己的想法，使參加宴會的人都能從中得到一些智慧的珠璣，並且要求他不可拒絕賞光。在我們講過的請帖封面上貼著的紅豎條上寫著客人最爲尊貴的名字，還順序有他的各種頭銜。我們說他最爲尊貴的名字，因爲前面已經提到，中國人有許多不同的名字；同樣的請帖送給每個被邀請的人。在該定舉行宴會的那天早上，又給每人送一份請帖，格式簡短一些，請他務必準時到來。就在規定的宴會開始不久前，又送出第三份清帖，照他們的說法，是爲了在半路上迎接客人。〔註6〕

　　二是互相問候。

　　　　到達之後先照常互相行禮致愈，然後客人被請到前廳就座喝茶，以後再進入餐廳。這間房屋裝飾得十分考究，但不用地毯，他們根本不用地毯，而是飾有字畫、花瓶和古玩。〔註7〕

　　三是座位布置。

　　　　每個人都有一張單獨的桌子，有時在單獨一個客人面前把兩張

〔註5〕 《利瑪竇中國箚記》上冊第68～69頁，中華書局1983年版。
〔註6〕 《利瑪竇中國箚記》上冊第69頁，中華書局1983年版。
〔註7〕 《利瑪竇中國箚記》上冊第69～70頁，中華書局1983年版。

－163－

桌子並在一起。這些桌子有好幾英尺長，寬也差不多，鋪著很貴重的桌布拖到地面，有如我們神壇的樣子。椅子塗上厚厚一層瀝青色，而且裝飾著各種圖畫，有時是金色的。〔註8〕

四是主人舉行儀式。

在全體就座用餐之前，主人拿起一隻金或銀成大理石或別的貴重材料製成的碗，斟上酒，放在一個托盤上，用雙手攤著，同時姿勢優美地向主客深深鞠一個躬。然後，他從餐廳走到院子裏，朝南把酒灑在地上，作爲對天帝的祭品。〔註9〕

五是主客就坐。

再次鞠躬之後，他回到餐廳，在盤子上再放另一隻碗，在習慣的位置上向主客致敬，然後兩人一起走到房間中間的桌前，第一號客人將在這張桌子就座，中國人的上座是在案子長邊的中間或一列排開的幾張桌子的中間一張；而不是像我們那樣在桌子的一端。〔註10〕

在安排客人就坐之後，主人才將筷箸很小心地放置在主客面前，表示一種對所有客人的尊重。

在這裏主人把碗放在一個碟子裏，雙手捧著，並且從僕人那裏取過一雙筷子，把它們小心翼翼地爲他的主客擺好。〔註11〕

除此之外，利瑪竇還專門說及中國人吃東西使用筷箸與外國人刀叉區別：

他們吃東西不用刀、叉或匙，而是用很光滑的筷子，長約一個半手掌，他們用它很容易把任何種類的食物放入口內，而不必借助於手指。食物在送到桌上時已切成小塊，除非是很軟的東西，例如煮雞蛋或魚等等，那些是用筷子很容易夾開的。〔註12〕

關於筷箸的材質，利瑪竇也有如下敘述：「筷子是用烏木成象牙或其它耐久材料製成，不容易弄髒，接觸食物的一頭通常用金或銀包頭。」〔註13〕

〔註8〕　《利瑪竇中國箚記》上冊第70頁，中華書局1983年版。
〔註9〕　《利瑪竇中國箚記》上冊第70頁，中華書局1983年版。
〔註10〕　《利瑪竇中國箚記》上冊第70頁，中華書局1983年版。
〔註11〕　《利瑪竇中國箚記》上冊第70頁，中華書局1983年版。
〔註12〕　《利瑪竇中國箚記》上冊第69頁，中華書局1983年版。
〔註13〕　《利瑪竇中國箚記》上冊第70頁，中華書局1983年版。

就坐前，主客人之間要互相行禮，安排當時的習俗入座。「主人爲客人安排好在桌戶前就座之後，就給他擺一把椅子，用袖子揮一揮土，走回到房間中間再次鞠躬行禮。他對每個客人都要重複一遍這個禮節，並把第二位安置在最重要的客人的右邊，第三位在他左。所有的椅子都放好之後，主客就從僕人的托盤裏接受一個杯。這是給主人的；主客叫僕人斟滿了酒，然後和所有的客起行通常的鞠躬禮，並把放著酒杯的托盤擺在主人的桌上，這張桌放在房間的下首，因此主人背向房門和南方，面對著主客席位。」〔註14〕

在此中間，筷箸的擺放是很重要的環節：「這位榮譽的客人也替主人擺好椅子和筷子，和主人爲客人安排時的方式一樣。最後，所有的人都在左右就座，大家都擺好椅子和筷子之後，這位二主客就站在主人旁邊，很文雅地重複縮著手的動作，並推辭在首位入席的榮譽，同時在入席時還很文雅地表示感謝。」〔註15〕

在明代，使用筷子有一套簡短的儀式：

> 開始就餐時還有一套用筷子的簡短儀式，這時所有的人都跟著主人的榜樣做。每人手上都拿著筷子，稍稍舉起又慢性放下，從而每個人祈同時用筷子夾到菜肴。接著他們就挑選一著菜，用筷子夾進嘴裏。吃的時候，他們很當心不把筷子放回桌上，要等到主客第一個這樣做，主客這樣做就是給僕人一個信號，叫他們重新給他和大家斟酒，吃喝的儀式就這樣一次又一次地重複，但是喝要比吃的時間多。在進餐的全部時間內，他們或是談論一些輕鬆和詼諧的話題，或是觀看喜劇的演出。有時他們還聽歌人或樂人表演，這些表演者常常在宴會上出現，雖然沒被邀請，但他們希望照他們往常一樣得到客人的賞錢。〔註16〕

這種筷箸儀式，至今幾乎蕩然無存，依稀保留的只是宴請主人的勸酒勸吃的聲音，而無禮儀可言了。

中國人對筷箸的禮儀，外國人感到很新奇，就連吃飯使用筷箸也覺得十分奇怪。難怪西方人到中國看見筷子，卻不知道如何使用：

> 在喝過茶的那個村莊，蒙迪還被邀往一座「寶塔」或廟宇，在

〔註14〕《利瑪竇中國箚記》上冊第71頁，中華書局1983年版。
〔註15〕《利瑪竇中國箚記》上冊第71頁，中華書局1983年版。
〔註16〕《利瑪竇中國箚記》上冊第71頁，中華書局1983年版。

那兒親眼目睹了一場算命儀式之後，有人給了蒙迪食物和一雙筷子。「然後他們給我們拿來切成小塊的母雞和類似方法做的新鮮的豬肉。給我們筷子吃肉，但我們不知道怎樣用筷子，手指頭都忙不過來。」之後還用「一隻很怪的瓶子裏的熱酒」洗手指頭。〔註17〕

這裏所說的蒙迪，全名爲彼得・蒙迪是個英國商人，他在1637年寫了一本關於中國南方的早期遊記，這些遊記是日記體的散文，記錄了澳門的風俗習慣，後來以《彼得・蒙迪遊記》出版。

1637年，農曆丙子年，是明崇禎十年，也是西方人試圖打開中國大門的時期，對於中國人的生活習慣一無所知，因此不知道如何使用筷子就是理所當然的。

儘管如此，他們對筷箸的好奇心依舊濃厚，所以在其日記中記錄這樣一段刻骨銘心的經歷就在所難免。

二、不使用筷箸的地方

在明代版圖上，吃飯使用筷箸的占絕大多數，但在一些邊遠地區有的也不都是使用筷箸的。明朱孟震撰《西南夷風土記》：在西南民族中吃飯「不用匙箸，以手搏而齧之」。而超出明代版圖特別是在西方和南方的一些國家（地區）一般都不使用或者很少使用筷箸。

《明史》卷三百二十五《列傳》第二百十三《外國六》：

> 國中覆茅爲屋，列木爲城，環以池。無事通商於外，有事則召募爲兵，稱強國焉。地不產穀，常易米於鄰壤。男子薙髮徒跣佩刀，女子蓄髮椎結，其酋則佩雙刀。字用茭蔁葉，以刀剌之。婚姻亦論門閥。王用金銀爲食器，群下則用磁。無匕箸。俗好持齋，見星方食。節序以四月爲歲首。居喪，婦人薙髮，男子則重薙，死者皆火葬。所產有犀、象、玳瑁、片腦、沒藥、血竭、錫、蠟、嘉文簞、木棉花、檳榔、海菜、窩燕、西國米、跋吉柿之屬。

這裏所說的國，即柔佛，近彭亨，一名烏丁礁林。永樂中，鄭和遍歷西洋，無柔佛名。或言和曾經東西竺山，今此山正在其地，疑即東西竺。〔註18〕

〔註17〕　〔英〕金斯利・博爾頓著，歐陽昱譯《中國式英語——一部社會語言學史》第161頁，上海文藝出版社2011年版。

〔註18〕　《明史》卷三百二十五《列傳》第二百十三《外國六》。

位於馬來西亞西部（馬來西亞半島）的最南端，也是亞洲大陸最南端的陸地，物產豐富，風俗與明代完全不同，其中就包括吃飯「無匕箸」。

在遠離中國的南海地方，這種吃飯是不用筷箸的現象，是很普遍的，如爪哇可以成爲又一個例證。

《明史》卷三百二十四《列傳》第二百十二《外國五》記載：爪哇「地廣人稠。性兇悍，男子無少長貴賤皆佩刀，稍忤輒相賊，故其甲兵爲諸蕃之最。字類瑣裏，無紙筆，刻於茭𦿆葉。氣候常似夏，稻歲二稔。無几榻匕箸。」

這裏所說的爪哇，即爲爪哇島，今屬印度尼西亞。與中國早有往來，「元師西征，以至元二十九年十二月發泉州，明年正月即抵其國，相去止月餘。宣德七年入貢，表書『一千三百七十六年』，蓋漢宣帝元康元年，乃其建國之始也」。〔註 19〕

不用筷箸，還與爪哇的風俗習慣有關。還說居住爪哇的「人有三種：華人流寓者，服食鮮華；他國賈人居久者，亦尚雅潔；其本國人最污穢，好啖蛇蟻蟲蚓，與犬同寢食，狀黝黑，猱頭赤腳。崇信鬼道。殺人者避之三日即免罪。父母死，舁至野，縱犬食之；不盡，則大戚，燔其餘。妻妾多燔以殉」。〔註 20〕

雖然爪哇天氣炎熱，盛產稻米，但是他們不睡床榻，也無調羹、筷箸之用，可見其生活非常閒散、舒適，尚處於無文字社會之中。

在西面（如西域），也是不用筷箸吃飯的。

《明史》卷三百三十二《列傳》第二百二十《西域四》：其國（指哈烈——筆者注）在西域最強大。王所居城，方十餘里。壘石爲屋，平方若高臺，不用梁柱瓦甓，中敞，虛空數十間。囪牖門扉，悉雕刻花文，繪以金碧。地鋪氍毹，無君臣、上下、男女，相聚皆席地趺坐。國人稱其王曰鎖魯檀，猶言君長也。男髡首纏以白布，婦女亦白布蒙首，僅露雙目。上下相呼皆以名。相見止稍屈身，初見則屈一足三跪，男女皆然。食無匕箸，有瓷器。

這裏的哈烈是西域國家，由於其自然地理的特殊性，決定了其風俗與明代社會之不同。這個國家的房屋是石頭壘成，門扉煙囪雕花，並繪上金色，屋內鋪設地毯，席地而坐。男子頭纏白布，女人蒙首。「以葡萄釀酒。交易用

〔註 19〕《明史》卷三百二十四《列傳》第二百十二《外國五》。
〔註 20〕《明史》卷三百二十四《列傳》第二百十二《外國五》。

錢，大小三等，不禁私鑄。惟輸稅於酋長，用印記，無印者禁不用。市易皆
徵稅十二。不知斗斛，止設權衡。無官府，但有管事者，名曰刁完。亦無刑
法，即殺人亦止罰錢。以姊妹爲妻妾。居喪止百日，不用棺，以布裹屍而葬。
常於墓間設祭，不祭祖宗，亦不祭鬼神，惟重拜天之禮。無干支朔望，每七
日爲一轉，周而復始。歲以二月、十月爲把齋月，晝不飲食，至夜乃食，周
月始茹葷」。〔註21〕很明顯這是一個具有異域風情的西域國家，他們不使用筷
箸吃飯是其飲食習俗使然，與明代差異甚大，故有此記載。

第三節　另類作用

一、裝　飾

筷箸是用來吃飯的，這是一個最基本的常識，其實，筷箸不僅僅用以吃
飯，而且還要其它用處，如裝飾明代宮廷的大涼步輦。

大涼步輦，是宮廷裏以車代步的工具，一般在夏天使用，裝飾都是極盡
豪華，其中就有筷箸，並以此爲一種裝飾。

《明史》卷六十五《志第四十一輿服一》：

> 大涼步輦，高一丈二尺五寸有奇，廣一丈二尺五寸有奇。四面
> 紅髹匡，裝雕木五彩雲板二十片，間以貼金仰覆蓮座，下紅髹如意
> 縧環板，如其數。紅髹轅六：中二轅長四丈三尺五寸有奇，左右二
> 轅長四丈有奇，外二轅長三丈六尺五寸有奇，前後俱飾以雕木貼金
> 龍頭、龍尾。輦亭高六尺五寸有奇，廣八尺五寸有奇，四柱紅髹。
> 前左右有門，高五尺八寸有奇，廣二尺五寸有奇，四周描金香草板
> 十二片。門旁楅各二，後楅三及明枕皆紅髹，編以黃線縧。亭底上
> 施墊氈，加紅錦褥并席。紅髹坐椅一，四周雕木沉香色，描金寶相
> 花，靠背、褥、裙、帷幔與馬輦同。內設紅髹桌二；紅髹闌干香桌
> 一，闌干四，柱首俱雕木貼金蹲龍；鍍金銅龍蓋香爐一，并香匙、
> 箸、瓶；紅錦墩二。外紅簾三扇。輦頂高二尺七寸有奇，又鍍金銅
> 寶珠頂，帶仰覆蓮座，高一尺三寸有奇；垂攀頂黃線圓縧四。頂用
> 丹漆，上冒紅氈，四垂以黃氈爲如意雲，黃氈緣條；四周施黃綺瀝

水三層，每層百三十二折，間繡五彩雲龍文。或用大紅羅冒頂，以黃羅爲如意雲緣條，瀝水亦用黃羅。頂下四周以紅氈爲帷，黃氈緣條，四角鍍金銅雲四。亭內寶蓋繡五龍，頂以紅楪木匡，冒以黃綺爲黃屋，頂心四周繡雲龍各一。輦亭四角至輦座，用攀頂黃線圓縧四，并貼金木魚。輦亭前左右轉角闌干二扇，後一字帶轉角闌干一扇，皆紅楪，雕木渾貼金龍，間以五彩雲板。闌干內四周布席。其闌干十二柱之飾及踏梯之屬，俱與馬輦同。

這一段文字，介紹的是明代宮廷步輦的十分宏偉，其「高一丈二尺五寸有奇，廣一丈二尺五寸有奇」，已經很了不起，而且裝飾得也很華麗，闌干的柱首有雕木貼金蹲龍，鍍金銅龍蓋香爐內有匙、箸、瓶。這裏的匙、箸、瓶，不僅是生活的一部分，同時也是裝飾的一部分。

步輦，帝王所乘坐的代步工具，秦以後，帝王、皇后所乘的輦車被去輪爲輿（轎子），由馬拉改由人抬，由是稱作步輦，更多了一些典雅和休閒的氣息。在步輦裏，放置匙、箸、瓶，顯示皇家的氣派和奢華，同樣從此也可以看到筷箸成爲明代皇朝的重要裝飾物。

二、文　字

除了裝飾步輦之外，筷箸還有與篆文有關。

在明代官制中，凡百官之印的材質用銀、銅等〔註22〕，其字體均用玉箸篆文、柳葉篆文來雕刻。

《明史》卷六十八《志第四十四輿服四》：「凡百官之印，惟文淵閣銀印，直紐，方一寸七分，厚六分，玉箸篆文，誠重之也。武臣受重寄者，征西、

〔註22〕　《明史》卷七十二《志第四十八職官一》：「宗人府、五軍都督府，俱正一品，銀印，三臺，方三寸四分，厚一寸。六部都察院、各都司，俱正二品，銀印，二臺，方三寸二分，厚八分。衍聖公、張眞人、中都留守司，俱正二品，各布政司，從二品，銀印，二臺，方三寸一分，厚七分。後賜衍聖公三臺銀印。順天、應天二府，俱正三品，銀印，方二寸九分，厚六分五釐。通政司、大理寺、太常寺、詹事府、京衛、各按察司、各衛，俱正三品，苑馬寺、宣慰司，俱從三品，銅印，方二寸七分，厚六分。太僕寺、光祿寺、各鹽運司，俱從三品，銅印，方二寸六分，厚五分五釐。鴻臚寺，各府，俱正四品，國子監、宣撫司，俱從四品，銅印，方二寸五分，厚五分。翰林院、左右春坊、尚寶司、欽天監、太醫院、上林苑監、六部各司、宗人府經歷司、王府長史司、各衛千戶所，俱正五品，司經局、五府經歷司、招討司、安撫司，俱從五品，銅印，方二寸四分，厚四分五釐。」

鎭朔、平蠻諸將軍，銀印，虎紐，方三寸三分，厚九分，柳葉篆文。」

《明史》卷七十二《志第四十八職官一》：「凡傳制、誥，開讀詔、敕、表、箋及上下百官往來移文，皆授以程序焉。凡歲請封宗室王、郡王、將軍、中尉、妃、主、君，各以其親疏爲等。百官於宗王，具官稱名而不臣。王臣稱臣於其王。凡宗室、駙馬都尉、內命婦、蕃王之誥命，則會吏部以請。凡諸司之印信，領其制度。內閣，銀印，直紐，方一寸七分，厚六分，玉箸篆文。征西、鎭朔、平羌、平蠻等將軍，銀印，虎紐，方三寸三分，厚九分，柳葉篆文。」

這裏所雕刻的字體，有玉箸篆文、柳葉篆文。

所謂柳葉篆文，是篆書的一種。晉衛瓘作。因形如柳葉，故名。明陶宗儀《書史會要‧秦‧李斯》：「自〔小篆〕後又別爲八，曰鼎小篆，曰薤葉篆，曰垂露篆，曰懸針篆，曰纓絡篆，曰柳葉篆，曰翦刀篆，曰外國胡書，此皆小篆之異體也。」明陶宗儀《書史會要‧晉‧衛瓘》：「衛瓘，字伯玉，魏尚書僕射覬之子，官至司空太保，諡曰成性，貞靜有名理，以隸草名當世……曰槀草，曰柳葉篆，皆瓘所作。」

另外所說的玉箸篆文，亦小篆的一種。箸，俗名筷子。顧名思義，字體筆畫粗壯，猶如玉箸一般線條，所以叫玉箸篆文。字形呈長方形，結構比大篆要穩定，趨於規範。筆畫肥瘦勻稱，頭尾藏鋒，風格典雅端正。主要代表作品爲《泰山刻石》、《三墳記》。清陳澧《摹印述》說：「篆書筆畫兩頭肥瘦均勻，末不出鋒者，名曰『玉箸』，篆書正宗也。」明甘暘《印章集》說：「玉箸，即李斯小篆。」玉箸篆的代表書家有秦之李斯、唐之李陽冰等。

這裏所說的玉箸篆文和吃飯時所用的筷箸，並非一回事。但玉箸篆文，是筷箸引申出來的中國另外一種文字字體。

三、禮　儀

明代是個王朝，其遵循的是封建社會的禮儀制度。早在明初期，朱元璋就下詔書，說「天下大定，禮儀風俗不可不正」。禮儀風俗不可不正，指的是兩個層面，一個是民間風俗的淳樸，一個是朝廷禮儀的嚴謹。特別是對朝廷而言，禮儀就是一種刻板的規章制度，必須嚴格遵循，不可越雷池一步。

關於大饗，就有一套繁瑣的程序及安排，而這些必須要嚴格遵守。

在《明史》卷五十三《志第二十九禮七（嘉禮一）》就有這樣的敘述：

　　凡大饗，尚寶司設御座於奉天殿，錦衣衛設黃麾於殿外之東西，金吾等衛設護衛官二十四人於殿東西。教坊司設九奏樂歌於殿內，設大樂於殿外，立三舞雜隊於殿下。光祿寺設酒亭於御座下西，膳亭於御座下東，珍羞醯醢亭於酒膳亭之東西。設御筵於御座東西，設皇太子座於御座東，西向，諸王以次南，東西相向。群臣四品以上位於殿內，五品以下位於東西廡，司壺、尚酒、尚食各供事。至期，儀禮司請升座。駕興，大樂作。升座，樂止。鳴鞭，皇太子親王上殿。文武官四品以上由東西門入，立殿中，五品以下立丹墀，贊拜如儀。光祿寺進御筵，大樂作。至御前，樂止。內官進花。光祿寺開爵注酒，詣御前，進第一爵。教坊司奏《炎精之曲》。樂作，內外官皆跪，教坊司跪奏進酒。飲畢，樂止。眾官俯伏，興，贊拜如儀。各就位坐，序班詣群臣散花。第二爵奏《皇風之曲》。樂作，光祿寺酌酒御前，序班酌群臣酒。皇帝舉酒，群臣亦舉酒，樂止。進湯，鼓吹響節前導，至殿外，鼓吹止。殿上樂作，群臣起立，光祿寺官進湯，群臣復坐。序班供群臣湯。皇帝舉箸，群臣亦舉箸，贊饌成，樂止。武舞入，奏《平定天下之舞》。第三爵奏《眷皇明之曲》。樂作，進酒如初。樂止，奏《撫安四夷之舞》。第四爵奏《天道傳之曲》，進酒、進湯如初，奏《車書會同之舞》。第五爵奏《振皇綱之曲》，進酒如初，奏《百戲承應舞》。第六爵奏《金陵之曲》，進酒、進湯如初，奏《八蠻獻寶舞》。第七爵奏《長楊之曲》，進酒如初，奏《採蓮隊子舞》。第八爵奏《芳醴之曲》，進酒、進湯如初，奏《魚躍於淵舞》。第九爵奏《駕六龍之曲》，進酒如初。光祿寺收御爵，序班收群臣盞。進湯，進大膳，大樂作，群臣起立，進訖復坐，序班供群臣飯食。訖，贊膳成，樂止。撤膳，奏《百花隊舞》。贊撤案，光祿寺撤御案，序班撤群臣案。贊宴成，群臣皆出席，北向立。贊拜如儀，群臣分東西立。儀禮司奏禮畢，駕興，樂止，以次出。其中宴禮如前，但進七爵。常宴如中宴，但一拜三叩頭，進酒或三或五而止。

　　所謂饗，就是用用酒食款待人，請其享用，後來也成為招待賓客的儀式。大饗，則是在國家最高層面上進行祭祀先王的一種禮儀形式，史書上所記載的是明代大饗的過程及其舉行的各種儀式。

其中，就有「皇帝舉箸，群臣亦舉箸，贊饌成，樂止」的一個必須要有的程序。換言之，也可以這樣說，在明代大饗中，我們可以清晰地看到，筷箸文化在發揮著重要的作用。

皇帝不僅是有特權的，而且還是巔峰人物。在這裏，皇帝的特權，不僅表現在他的特殊身份，同時還表現在使用筷子方面。在大饗進行的過程中，第二杯酒時，奏《皇風之曲》，然後一套儀式，「光祿寺酌酒御前，序班酌群臣酒。皇帝舉酒，群臣亦舉酒，樂止。進湯，鼓吹響節前導，至殿外，鼓吹止。殿上樂作，群臣起立，光祿寺官進湯，群臣復坐」。只有當「序班供群臣湯」之後，皇帝才舉箸，其它官僚才能夠跟著舉起筷箸，吃起來。這樣的吃喝儀式，一直第九次喝酒之後，進大膳，直到撤膳，大饗儀式才算結束。

在皇宮內，筷箸除了吃飯之外，還有其它作用，如在大饗中作爲一種禮儀。從嚴格意義上來說，大饗是招待先王的祭祀，而不是宴請群臣，因此可以這樣說，筷箸是一種身份和地位的象徵，也是大饗儀式上不可或缺的飲食器具。

在宗廟祭祀中，同樣有一套繁複有序的儀式，而在這種祭祀儀式裏，筷箸也是重要的器物之一。

《明史》卷五十五《志第三十一禮九（嘉禮三）》：「明日見宗廟，設婿父拜位於東階下，婿於其後；主婦拜位於西階下，婦於其後。諸親各以序分立。其日夙興，婿父以下各就位，再拜。贊禮引婦至庭中，北面立。婿父升自東階，詣神位前，跪。三上香，三祭酒，讀祝，興，立於西。婦四拜，退，復位。婿父降自西階就拜位，婿父以下皆再拜，禮畢。次見舅姑。其日，婦立堂下，伺舅姑即座，就位四拜。保姆引婦升自西階，至舅前，侍女奉棗栗授婦。婦進訖，降階四拜。詣姑前，進腶脩，如前儀。次舅姑醴婦，如家人禮。次盥饋。其日，婦家備饌至婿家。舅姑即座，婦四拜。升自西階，至舅前。從者舉食案以饌授婦，婦進饌，執事者加匕箸。進饌於姑，亦如之。食訖，徹饌，婦降階就位，四拜，禮畢。舅姑再醴婦，如初儀。」

宗廟，是帝皇供奉祖先牌位、祭祀祖先的場所。《周易・震》：「出，可以守宗廟社稷，以爲祭主也。」如上述文字所述，明代的宗廟祭祀，儀式與程序是固定的，已經成爲一種禮儀而被記載。

在宗廟祭祀裏，有一個程序與筷箸直接關聯，就是「從者舉食案以饌授婦，婦進饌，執事者加匕箸」。翻譯成爲現代語言，就是「隨從將放有飯食的

案板放在媳婦的前面，讓其進食，侍者則隨後擺上調羹與筷箸」。其後是「進饌於姑，亦如之」一段文字，就是說，祭祀時候對於婆婆的進食方法，與媳婦基本相同，也要有人來擺放食物與匕箸，好讓婆婆進食。

這是禮儀所規定的程序，是不能夠省卻的。之所以強調這一點，就因為筷箸是中華民族傳統的進食工具，而沒有這樣的工具則無法顯示一種朝廷文明。如果從更高的境界而言，無箸而食，則被視為對祖先的大不敬，是明代朝廷禮儀絕不允許的事情。

另外，筷箸不僅要在祭祀禮儀上擺放，同時在墓葬裏也要放置，例如在開平王常遇春的墓穴裏，就擺放有各種箸與匙。這些匕箸與死者生前用品及儀仗器具，構成明器。在《明史》卷六十《志第三十六禮十四（凶禮三）》就有明確記載：「初，洪武二年，敕葬開平王常遇春於鍾山之陰，給明器九十事，納之墓中。鉦二，鼓四，紅旗，拂子各二，紅羅蓋、鞍、籠各一，弓二，箭三，竈、釜、火爐各一，俱以木為之。水罐、甲、頭盔、臺盞、杓、壺、瓶、酒甕、唾壺、水盆、香爐各一，燭臺二，香盒、香匙各一，香箸二，香匙箸瓶、茶鍾、茶盞各一，箸二，匙二，匙箸瓶一，碗二，楪十二，橐二，俱以錫造，金裹之。班劍、牙仗各一，金裹立瓜、骨朵戟、響節各二，交椅、腳踏、馬杌各一，誕馬六，槍、劍、斧、弩、食桌、床、屏風、柱杖、箱、交床、香桌各一，凳二，俱以木為之。樂工十六，執儀伏二十四，控士六，女使十，青龍、白虎、朱雀、玄武神四，門神二，武士十，並以木造，各高一尺。雜物，翣六，璧一，筐、筥、楎、椸、衿、鞶各一，筲二，簹二，糧漿瓶二，油瓶一，紗廚、暖帳各一。束帛青三段，纁二段，每段長一丈八尺。」

常遇春死後有如此待遇，與其為朱元璋建功立業是分不開的。常遇春（1330～1369），字伯仁，號燕衡，原是元末紅巾軍傑出將領，後歸附朱元璋。《明太祖實錄》卷三：「丁丑，常遇春來歸，遇春懷遠人，性剛毅有勇力。年二十三為群盜劉聚所得愛，其驍勇拔居左右。遇春見聚日事剽掠，無遠圖，察其必敗聞。上居和陽，恩威日著，兵行有律，獨率十餘人來歸。未至，困臥田間，夢神人被金甲擁盾呼之，曰：起起。主君來，忽寤見。上騎從至，即與其徒迎，拜乞歸附。上喜其壯勇，用以為前鋒。」常遇春英勇善戰，橫行天下，屢立戰功，官至中書平章軍國重事，封鄂國公，洪武二年病卒軍中，追封開平王。

正因為常遇春有這樣的地位，故其被葬鍾山之陰，並有「給明器九十事」

的待遇。而在這些明器裏，就有匕箸。從中，也可以看出，筷箸也是明器之一。爲什麼在墓地裏放置筷箸，中國人的傳統信仰裏，人死後是去另外的地方生活，同樣需要吃飯，因此就必須要有筷箸。這種喪葬習俗，就決定了筷箸會成爲一種明器，特別是在明代朝廷的喪葬文化中，筷箸就肯定是不可缺少的。

2014 年 8 月 16 日星期六

第八章　明代白話小說裏的筷箸文化

　　明代市井文學十分發達，出現了一大批優秀作品，至今依然被津津稱道。馮夢龍纂輯話本小說集《警世通言》、《喻世明言》(《古今小說》)、《醒世恒言》合稱「三言」可謂是代表。另外，明代抱甕老人整理編纂的一部白話短篇小說的選集《今古奇觀》，主要選自馮夢龍的「三言」和凌蒙初的「二拍」(《初刻拍案驚奇》和《二刻拍案驚奇》)。書中的四十篇作品，反映了當時市民及其社會的人文面貌和個性感情。它潛藏了資本主義萌芽時期的特有的思想及其文化，又留存著前朝固有的消極和庸俗的思想意識。《醒世姻緣傳》又名《惡姻緣》，是明末清初通俗世情小說，一部共一百回，長達百萬字的白話小說。它以描寫一個家庭爲中心，展現了廣闊的社會生活，用尖銳的筆法深刻地揭露了封建社會的種種不幸與黑暗。而吳承恩《西遊記》，則以描述妖魔鬼怪的形象及其情節結構而出現的作品，卻眞實地表現了現實生活的場景。《三國志演義》、《水滸傳》以歷史爲背景，依然還是帶有有明時期強烈的時代特徵和民眾情感。

　　這些古代白話小說雖然展現的是各種類別題材，概覽古今，洞察人情，卻有一個共同的特點，即再現了明代社會的文化樣像，描寫了當時生活情境，因此爲今天筷箸文化研究留下了珍貴的鮮活的歷史資料。

第一節　語　言

　　語言是小說的基本要素，沒有這一要素，小說是不存在的。但是要將作品中的人物、場景描寫得活靈活現，就必須要吸收民眾的語言，才能夠眞正

展示藝術作品的文化魅力。

一、諺　語

　　諺語是民眾高度概括的語言，富有生活的真諦，而且句子短小精幹，沒有多餘的詞綴，一眼就可以明白其中的意義。

　　在諺語中，與筷箸相關的，卻不多見，但「棒頭出孝子，箸頭出忤逆」是一句典型。它符合諺語的對仗的形式，同時又將中國傳統教育孩子的基本規律做了最簡潔最到位的闡述。清末民初有人將這句諺語做了深刻的注解：「言生子當教之以義方，不可一味溺愛也。」〔註1〕

　　這句諺語最早可能出現在明代話本裏。眾所週知，話本是一種市井作品，語言樸素，具有口語特徵，因此民間諺語的進入，就成為一種必然。

　　《初刻拍案驚奇》卷十三《趙六老舐犢喪殘生，張知縣誅梟成鐵案》：如今且說一段不孝的故事，從前寡見，近世罕聞。正德年間，松江府城有一富民姓嚴，夫妻兩口兒過活。三十歲上無子，求神拜佛，無時無處不將此事掛在念頭上。忽一夜，嚴娘子似夢非夢間，只聽得空中有人說道：求來子，終沒耳；添你丁，減你齒。嚴娘子分明聽得，次日，即對嚴公說知，卻不解其意。自此以後，嚴娘子便覺得眉低眼慢，乳脹腹高，有了身孕。懷胎十月，歷盡艱辛，生下一子，眉清目秀。夫妻二人，歡喜倍常。萬事多不要緊，只願他易長易成。光陰荏苒，又早三年。那時也倒聰明俗俐，做爺娘的百依百順，沒一事違拗了他。休說是世上有的物事，他要時定要尋來，便是天上的星，河裏的月，也恨不得爬上天捉將下來，鑽入河撈將出去。似此情狀，不可勝數。又道是：棒頭出孝子，箸頭出忤逆。為是嚴家夫妻養嬌了這孩兒，到得大來，就便目中無人，天王也似的大了。卻是為他有錢財使用，又好結識那一班慘刻狡猾、沒天理的衙門中人，多只是奉承過去，那個敢與他一般見識？卻又極好樗蒲，搭著一班兒夥伴，多是高手的賭賊。那些人貪他是出錢施主，當面只是甜言蜜語，諂笑脅肩，賺他上手。他只道眾人真心喜歡，且十分幫襯，便放開心地，大膽呼盧，把那黃白之物，無算的暗消了去。嚴公時常苦勸，卻終久溺著一個愛字，三言兩語，不聽時也只索罷了。豈知家私有數，經不得十博九空。似此三年，漸漸凋耗。

〔註1〕胡祖德《滬諺》。

　　這則話本，說的是不孝之子的故事，來自於松江府，恰恰表示了「棒頭出孝子，箸頭出忤逆」的主題，十分貼切。更絕妙之處，是這個民間流傳的諺語，與松江府聯繫在了一起。松江府現在屬於上海的一部分，或許可以換而言之，這個諺語就是上海諺語，如果這一推理成立的話，難怪清末胡祖德將其納入《滬諺》一書裏，就不是沒有理由的了。

二、成　語

　　成語，是一種約定俗成的固定詞，一般爲四字式。其來源主要有兩個部分，一是古代典籍中的語彙，一是民間口語中的精粹語言。而後者產生的年代大多數在明代，原因就在於市井藝術（如話本、戲劇）像雨後春筍誕生，帶來了大量生動、活潑的民間語彙，以至於成爲後人使用頻率很高的固定詞彙，進而變成有格式固定、意思完全、短小精悍的語彙。

　　《初刻拍案驚奇》卷十六《張溜兒熟布迷魂局，陸蕙娘立決到頭緣》有關於筷子的諺語「箸長碗短」，其云：「光陰似箭，日月如梭。有話即長，無話即短。卻又過了三個年頭，燦若又要上京應試，只恨著家裏無人照顧。又道是家無主，屋倒豎。燦若自王氏亡後，日間用度，**箸長碗短**，十分的不像意；也思量道：須是續弦一個拿家娘子方好。只恨無其配偶。心中悶悶不已。仍把家事，且付與李主管照顧，收拾起程。那時正是八月間天道，金風乍轉，時氣新涼，正好行路。夜來皓魄當空，澄波萬里，上下一碧，燦若獨酌無聊，觸景傷懷，遂爾口占一曲」。

　　箸長碗短，形容家用器物殘缺不全。筷子本是居家必備，連筷子都長短不一，《二刻拍案驚奇》卷六也有這句成語：「等得王生歸來，家裏椅桌多不完全；箸長碗短，全不似人家模樣，訪知盡是妻子敗壞了。」

　　《初刻拍案驚奇》和《二刻拍案驚奇》均爲淩蒙初所編纂。淩蒙初（1580年～1644年），字玄房，號初成，明代浙江烏程人，文學家。其作品取自《太平廣記》等舊籍，有一部分是社會傳聞而改編的，採集了民間口語，經過加工，則成爲市井百姓喜歡的文字，這樣使得淩濛初作品，抒情寫景，引人入勝。這裏的箸長碗短成語，很形象很生動，也很富有民間口頭創作的色彩。

　　箸長碗短，在明代十分流行，也是最有表現力的民間口語之一，在小說描寫中可以起到事半功倍的效果。

　　在《今古奇觀》第九卷《劉翠翠長恨情難圓》一文中有這樣的情景：後

來王生竟到淮上，帶了娼婦回來。且未到家，在近巷另賃一所房子，與他一同住下。妻子知道，一發堅意要去了，把家中細軟盡情藏過；狼犺傢夥什物多將來賣掉。等得王生歸來，家裏椅桌多不完全；箸長碗短，全不似人家模樣，訪知盡是妻子敗壞了，一時發怒道：「我這番決留你不得了，今日定要決絕！」妻子也奮然攘臂道：「我曉得到底容不得我。只是要我去，我也在去得明白。我與你當官休去！」當下扭住了王生雙袖，一直嚷到縣堂上來。知縣問著備細，乃是夫妻兩人彼此願離，各無繫戀。取了口詞，畫了手模，依他斷離了。〔註2〕

「家裏椅桌多不完全；箸長碗短，全不似人家模樣」，這是被妻子打砸之後的王生租賃房子內的情景，眞實一個「箸長碗短」就將家中被破壞的狀況作了最完全的詮釋，言簡意賅，形象逼眞。

飯飽弄箸，也是一個成語。其意思爲吃飽了，就不再想吃了。這個成語很形象，將吃飽飯之後百無聊奈的神情表現出來。其延伸意，如同民間俗語「吃飽了沒事幹」。

《醒世姻緣傳》第九十四回《薛素姐萬里親征，狄希陳一驚致病》：誰知這監生得福不知，飯飽弄箸。城內有一個金上舍，有個女兒金大姐，嫁與一個油商的兒子滑如玉爲妻。這滑家原是小戶，暴發成了富翁。這金上舍貪他家富，與他結了姻親。金上舍的妝奩越禮僭分，也叫算是齊整。五六年之後，這滑家被一夥強盜進院，一爲劫財，二爲報恨，可可的拿住了滑如玉的父子，得了他無數的金銀，只是不肯饒他的性命，父子雙亡。婆媳二人，彼時幸得躱在夾壁之內，不曾受傷，也不曾被辱。族裏無人，只剩兩個寡婦。老寡婦要替媳婦招贅一個丈夫，權當自己兒子，掌管家財，承受產業。監生家裏見有嬌妻美妾，巨富家資，若能牢牢保守得住，也就似個神仙八洞。誰知貪得無厭，要入贅與金大姐爲夫，與那老滑婆子爲子。

文中「飯飽弄箸」一詞，恰恰把監生那種不安分、異想天開的做法做了一個完整的說明。

另，在《醒世姻緣傳》第四十七回《因詐錢牛欄認犢，爲剪惡犀燭降魔》亦有「飯飽弄箸」的成語。〔註3〕

〔註2〕《二刻拍案驚奇》卷之六《李將軍錯認舅，劉氏女詭從夫》中也有類似情節，同時有「箸長碗短」一語。
〔註3〕在《醒世姻緣傳》第四十七回《因詐錢牛欄認犢，爲剪惡犀燭降魔》：魏三套

飯飽弄箸，其原本意思，是「飯飽了，便要弄起箸來」，這是最早的民間口頭語，尚未形成真正意義上的成語。《醒世姻緣傳》第九十一回《狄經司受制嬖妾，吳推府考察屬官》：「這吳推官若是安分知足的人，這也盡叫是快活的了。他卻乞兒不得火向，飯飽了，便要弄起箸來，不依大奶奶的規矩，得空就要作賊。甚至大奶奶睡熟之中，悄悄的趴出被來，幹那鼠竊狗偷的伎倆，屢次被大奶奶當場捉獲。」

在以後的口語演變中，「飯飽了，便要弄起箸來」，慢慢地出現固定化的格局，同時也被人們所認可，進而形成現代意義上的成語形式。

三、俗　語

俗語是人們創造的一種具有很強概括性的語言，凝練且準確，比較好地描寫了一種狀況或者人物。

現在我們所說的「飯來張口，衣來伸手」，在明代則為」飯來開口、箸來伸手」。

《醒世姻緣傳》第四十九回《小秀才畢姻戀母，老夫人含飴弄孫：這吳奶子雖是個醜婦，後來奶的小全哥甚是白胖標致。又疼愛孩子，又勤力，絕不像人家似的死拍拍的看著個孩子、早眠晏起、飯來開口、箸來伸手的懶貨，除了奶小全哥，頂一個雇的老婆子做活。廚房裏做飯趕餅、上碾磨、做衣服，這還是小可，最難得的不搬挑舌頭，不合人成群打夥、抵熟盜生；只是慣會咬群，是人都與他合不上來。惹得那僕婦養娘、家人婢妾，個個憎嫌。話不投機，便是晁夫人，他也頂撞幾句。後來他的婆婆老吳，晁夫人用他在城裏做活。他的漢子吳學顏雖然成了瘸子，都也行動得了，晁夫人也留他在鄉里編席管園，為人梗直倔強，天生天化，真真是與他老婆一對。後來看小全哥滿了五年，晁夫人齊整送他與吳學顏一處，卻也還在宅裏住的日多，在莊上

著夾棍，只是磕頭，說：「小的該死！」任直說：「你景泰元年十月搶奪韓公子的銀子，問了黃山館驛的三年徒罪；你景泰四年十一月才回武城；景泰六年正月，你才娶了劉遊擊的使女。這景泰三年十二月十六日酉時，這徐氏抱去的孩子，你是做夢麼！」宗師著實的駭然，問道：「魏三，你怎麼說？」他只是磕頭，說道：「小的沒的說，『飯飽弄箸』，是死催的。」宗師說：「你一定有人主使才做這事！你實說，你的主意為何？」他只磕頭，不肯實說。宗師又叫使槓子敲打，打了五十。他方說：「老爺鬆鬆夾棍，待我實說就是。」宗師說：「我叫人與你鬆了夾棍，你卻要實說，若不是實話，我再夾起來，一頓就要敲死！」叫人且把夾棍鬆了。

住的日少。

「飯來開口、箸來伸手」是對好吃懶做的人最好的描述。爲什麼在明代口語爲「飯來開口、箸來伸手」，而現在則是「飯來張口，衣來伸手」呢？其原因，在於過去吃飯是百姓生活裏最重要的事情。在很長一段時間裏，人們見面」你吃過了嗎「，成爲最流行的問候，至今依然存在，就說明吃飯在中國人看來，是十分重要的事情。而現在除了吃飯之外，衣服更是現代社會文明的一種表現。正是這種社會生活的根本性的改變，才使得俗語發生變化。

四、形容語

形容語是一種民間口語，表示的是對某種事物、某種人物或者某種形象進行形象性地描述。

《醒世姻緣傳》第六回《小珍哥在寓私奴，晁大舍赴京納粟》：卻說那個晁住原不是從小使久的，做過門子，當過兵，約二十四五歲年紀，紫膛色的一個胖壯小夥子，是老晁選了官以後，央一個朋友送來投充的。晁大舍喜他伶俐，凡百託他，一向叫伎者、定戲子、出入銀錢、掌管禮物，都是他一人支管。珍哥做戲子的時節，晁住整日鬥牙磕他嘴不了。臨買他的時，講價錢、打夾帳，都是他的首尾。兩個也可謂「傾蓋如故」的極了。這個昏大官人偏偏叫他在京守著一夥團臍過日。那晁住媳婦就合珍哥一個鼻孔出氣，也沒有這等心意相投。晁住夫婦漸漸衣服鞋襪也便華麗得忒不相了，以致那閨門中的瑣碎事體叫人說不出口，那個昏大官人就像耳聾眼瞎的一般。也不十分迴避大官人了，只是那旁人的口碑說**得匙箸都撈**不起來的。那個晁住受了晁大官人這等厚恩，怎樣報得起？所以狠命苦掙了些錢，買了一頂翠綠鸚哥色的萬字頭巾，還恐不十分齊整，又到金箔胡同買了甘帖升底金，送到東江米巷銷金鋪內，銷得轉枝蓮，煞也好看，把與晁大官人戴。

這裏所說的口碑，即老百姓自己的語言。這是眞實的、客觀的口頭語，但是能夠準確地將人物的最本質的東西反映出來。文中的「匙箸都撈不起來的」形容語，描寫的是晁住一點都沒有用處的人。匙箸，是吃飯必備的，如果連最需要的也是最簡單的東西都拿不起來，可知其無用到了極點。

第二節　爲情節做鋪墊

小說講究的是情節，一個一個的情節緊密相扣而組成一個完整的故事。

筷子作為情節組織的一個細節，有時候會為情節帶來意想不到的效果，也是情節發展的重要要素。

一、表現性格的敘述

文學作品對人物的描寫是多方面的，其中對人物性格的描述更是著墨甚多，這種性格的展現，不僅會在大事件中，也會在細小地方的一舉一動中呈現出來，在一些作品裏，筷子的描寫同樣與人物的性格緊密相連。

《醒世恒言》第三卷《賣油郎獨佔花魁》：只見門前轎馬已自去了。進得門時，王九媽迎著，便道：「老身得罪，今日又不得工夫了。恰才韓公子拉去東莊賞早梅。他是個長嫖，老身不好違拗。聞得說來日還要到靈隱寺，訪個棋師賭棋哩。齊衙內又來約過兩三次了。這是我家房主，又是辭不得的。他來時，或三日五日的住了去，連老身也定不得個日子。秦小官，你真個要嫖，只索耐心再等幾日。不然，前日的尊賜，分毫不動，要便奉還。」秦重道：「只怕媽媽不作成。若還遲，終無失，就是一萬年，小可也情願等著。」九媽道：「恁地時，老身便好張主！」秦重作別，方欲起身，九媽又道：「秦小官人，老身還有句話。你下次若來討信，不要早了。約莫申牌時分，有各沒客，老身把個實信與你。倒是越晏些越好。這是老身的妙用，你休錯怪。」秦重連聲道：「不敢，不敢！」這一日秦重不曾做買賣。次日，整理油擔，挑往別處去生理，不走錢塘門一路。每日生意做完，傍晚時分就打扮齊整，到王九媽家探信，只是不得功夫。又空走了一月有餘。那一日是十二月十五，大雪方霽，西風過後，積雪成冰，好不寒冷，卻喜地下乾燥。秦重做了大半日買賣，如前妝扮，又去探信。王九媽笑容可掬，迎著道：「今日你造化，已是九分九釐了。」秦重道：「這一釐是欠著甚麼？」九媽道：「這一釐麼？正主兒還不在家。」秦重道：「可回來麼？」九媽道：「今日是俞太尉家賞雪，筵席就備在湖船之內。俞太尉是七十歲的老人家，風月之事，已是沒份。原說過黃昏送來。你且到新人房裏，吃杯燙風酒，慢慢的等他。」秦重道：「煩媽媽引路。」王九媽引著秦重，彎彎曲曲，走過許多房頭，到一個所在，不是樓房，卻是個平屋三間，甚是高爽。左一間是丫鬟的空房，一般有床榻桌椅之類，卻是備官鋪的；右一間是花魁娘子臥室，鎖著在那裏。兩旁又有耳房。中間客座上面，掛一幅名人山水，香几上博山古銅爐，燒著龍涎香餅，兩旁書桌，擺設些古玩，壁上貼許多詩稿。秦重愧非文人，不敢細看。心下想道：「外房如

此整齊，內室鋪陳，必然華麗。今夜盡我受用，十兩一夜，也不爲多。」九媽讓秦小官坐於客位，自己主位相陪。少頃之間，丫鬟掌燈過來，抬下一張八仙桌兒，六碗時新果子，一架攢盒佳肴美醞，未曾到口，香氣撲人。九媽執盞相勸道：「今日眾小女都有客，老身只得自陪，請開懷暢飲幾杯。」秦重酒量本不高，況兼正事在心，只吃半杯。吃了一會，便推不飲。九媽道：「秦小官想餓了，且用些飯再吃酒。」丫鬟捧著雪花白米飯，一吃一添，放於秦重面前，就是一盞雜和湯。鴇兒量高，不用飯，以酒相陪。秦重吃了一碗，就放箸。九媽道：「夜長哩，再請些。」秦重又添了半碗。丫鬟提個行燈來說：「浴湯熱了，請客官洗浴。」秦重原是洗過澡來的，不敢推託，只得又到浴堂，肥皂香湯，洗了一遍，重複穿衣入坐。九媽命撤去肴盒，用暖鍋下酒。此時黃昏已晚，昭慶寺裏的鐘都撞過了，美娘尚未回來。

　　《賣油郎獨佔花魁》是一經典的古典小說作品，反映了人們的理想追求。賣油郎有中國人傳統的善良、厚道。他愛上花魁女，不惜用十兩碎銀子的代價，換來與花魁女共度良宵的機會。誰知花魁女醉得不省人事，賣油郎服侍一夜，亦無怨言。花魁女被感動，拿出積攢，自贖其身，嫁與賣油郎。之後，夫妻二人和和美美，過上了幸福日子。馮夢龍這則故事，符合中國人的審美要求，因此被改編成爲各種藝術品種和劇本形式。但是有此吃麵拿筷的場景卻不多見，而恰恰馮夢龍將此情節寫下來，成爲賣油郎性格特徵描寫的重要一筆。

　　同時，這裏長長的一段情節交代了一個重要的民俗事項，就是晚上嫖妓之前需要進餐，還有酒喝。秦重等待花魁的時候，鴇兒只好陪同喝酒、勸飯。「秦重吃了一碗，就放箸」，傭人九媽道：「夜長哩，再請些。」秦重又添了半碗。這一敘述，則將這種習俗自然地表現出來。

　　筷子的情節描寫，可以反映人物的性格特徵，在馮夢龍另外一篇小說《灌園叟晚逢仙女》亦也敘述：那十八姨性頗輕佻，卻又好酒。多了幾杯，漸漸狂放。聽了二歌，乃道：「值此芳辰美景，賓主正歡，何遽作傷心語！歌旨又深刺余，殊爲慢客，須各罰以大觥，當另歌之。」遂手斟一杯遞來，酒醉手軟，持不甚牢，杯才舉起，不想袖在箸上一兜，撲碌的連杯打翻。〔註4〕

　　在這個情節敘述中，將十八姨那種輕浮的神情逼真地表現出來。而這個人物塑造靠的是與筷箸相關的細節。十八姨「遂手斟一杯遞來，酒醉手軟，

〔註4〕《醒世恒言》第四卷。

持不甚牢，杯才舉起，不想袖在箸上一兜，撲碌的連杯打翻」。這是十分細緻的描寫，卻再現了十八姨似醉非醉的樣子。其關鍵之處，還在於「袖在箸上一兜」，或被筷子阻擋了一下，造成了酒杯翻落在地的情景。可以看出，此一情節的最主要的關鍵點就是筷子。

生活中，當人遇到不順心的事情，往往是寢食不安。吃不好時候的表現，有各種各樣，其中的文學作品中用筷子來描寫這時候人的心理狀況，可以產生恰如其分，毫不做作的藝術感染力。

《醒世恒言》第二十八卷《吳衙內鄰舟赴約》：且說吳衙內身雖坐於席間，心卻掛在艙後，不住偷眼瞧看。見屏門緊閉，毫無影響，暗歎道：「賀小姐，我特為你而來，不能再見一面，何緣分淺薄如此。」快快不樂，連酒也懶得去飲。抵暮席散，歸到自己船中，沒情沒緒，便向床上和衣而臥。這裏司戶送了吳府尹父子過船，請夫人女兒到中艙夜飯。秀娥一心憶著吳衙內，坐在旁邊，不言不語，如醉如癡，酒也不沾一滴，**箸也不動一動**。夫人看了這個模樣，忙問道：「兒，為甚一毫東西不吃，只是呆坐？」連問幾聲，秀娥方答道：「身子有些不好，吃不下。」司戶道：「既然不自在，先去睡罷。」夫人便起身，叫丫鬟掌燈，送他睡下，方才出去。

這時候的秀娥一心憶著吳衙內，而吳衙內卻惦記著別人，秀娥當然不高興。「不言不語，如醉如癡，酒也不沾一滴，箸也不動一動」，這一連串人物描寫，就將秀娥的內心世界充分展現出來。

從其性格而言，表現得很真實。古代女子愛慕男性，一般都不會大膽地敞開心扉表達，而是不僅含蓄甚至被動地顯露，這是受到封建禮儀的束縛。她們要追求戀愛自由、自由婚姻，卻身不由己，因此更多的表現出思念情人的憂鬱苦悶。在吃飯的時候，就表現出「箸也不動一動」的最具典型的畫面。

但一旦心情好了，就會胃口大開。這時候同樣是秀娥，卻是另外一番情景，根據描述：秀娥卻也不要，只叫肚裏餓得慌。夫人流水催進飯來，又只嫌少，共爭了十數多碗，倒把夫人嚇了一跳，勸他少吃時，故意使起性兒，連叫：「快拿去。不要吃了，索性餓死罷。」夫人是個愛女，見他使性，反賠笑臉道：「兒，我是好話，如何便氣你？若吃得，盡意吃罷了，只不要勉強。」親自拿起**碗箸**，遞到他手裏。〔註5〕這裏，不是秀娥連「箸也不動一動」，而是其母親「親自拿起碗箸」，遞送到她手裏。

〔註5〕《醒世恒言》第二十八卷《吳衙內鄰舟赴約》。

　　這種巨大的行為反常，表現在秀娥的性格特徵上，一方面她有大膽追求自己幸福，一方面又受到社會、家族的限制，因此才會出現這樣的作品描寫。

　　在普通聚會裏，先請別人舉箸，是一種尊重別人的行為。然而在有些時候，自我感覺十分好的人，卻是常常舉箸在別人的前頭。

　　《醒世姻緣傳》第七十八回《陸好善害怕賠錢，寧承古詐財捱打》：遊玩已遍，上邊管待二位貴人，下邊也是一般的服事。茶果水陸具陳，湯飯葷素兼備。眾人上坐，素姐三人也在席中；眾人舉箸，素姐三人也便動口。不費半文布施，不用一分飯錢，飽看了希奇齊整的景致，享用了豐潔甘美的羹湯，這也就是素姐的一生奇遇。

　　「眾人舉箸，素姐三人也便動口」，從中可以看出素姐也已經舉起了筷子，而且明顯比其它人早一步吃到了東西。素姐被稱之為悍婦形象，〔註6〕因此她先拿上筷子，並且先吃起來就非常符合其性格特徵了。

　　在用筷子來掩飾自己的抱負，表現懦弱性格的，當屬於劉備。當曹操試探劉備是否有野心，劉備故意將筷子掉落於地，企圖掩蓋自己的遠大抱負。在《三國演義‧曹操煮酒論英雄，關公賺城斬車冑》一節中是這樣敘述的：「玄德聞言，吃了一驚，手中所執匙箸，不覺落於地下。時正值天雨將至，雷聲大作。玄德乃從容俯首拾箸曰：「一震之威，乃至於此。」操笑曰：「丈夫亦畏雷乎？」玄德曰：「聖人迅雷風烈必變，安得不畏？」將聞言失箸緣故，輕輕掩飾過了。操遂不疑玄德。」

　　關於這一點，劉備隨後道破其中奧秘：須臾席散，玄德辭操而歸。雲長曰：「險些驚殺我兩個！」玄德以落箸事說與關、張。張問是何意。玄德曰：「吾之學圃，正欲使操知我無大志；不意操竟指我為英雄，我故失驚落箸。又恐操生疑，故借懼雷以掩飾之耳。」關、張曰：「兄真高見！」〔註7〕

　　很顯然，劉備是一個政治家，有智有謀的性格。他一方面不畏懼曹操的權勢，另一方面又能夠在自己弱小、無法與對手抗衡的時候，巧以應對，用「故失驚落箸」來避免殺身之禍。

　　在《金瓶梅》裏，還有另外一幕反映的是膽小的性格。明代有反對「虐生」的素食風氣，素菜在明代形成獨立的體系，某些仿葷菜的素菜所謂「託葷」做得非常精緻。《金瓶梅》中記述玉皇廟託葷「燒骨朵」幾乎以假亂真，

〔註6〕　楚愛華《〈醒世姻緣傳〉中素姐等悍婦形象出現的原因及其時代意義》，載於《北京郵電大學學報》2001 年第 3 卷第 1 期。

〔註7〕　《三國演義‧曹操煮酒論英雄，關公賺城斬車冑》。

使得吃齋的楊姑娘不敢動筷，引得眾人發笑，可見素菜仿葷的高超技巧。

素菜在中華飲食文化中獨樹一幟，主要是得力於佛教戒殺生之教和道教的食素主張，尤其是佛教徒的茹素和寺廟擅長烹製全素菜肴，使得素菜大放異彩。明代人倡導口味的清淡與對飲食的人文關懷也起了重要的作用。〔註8〕

明金陵積德堂版《嬌紅記》中的貴族家庭宴飲圖

二、表現場景的敘述

筷子與飲食有關，這是常識。在小說裏，描寫飲食往往會說及筷子。特別是在聚餐之前，擺放筷子就是非常必要的程序。

《醒世恒言》第七卷《錢秀才錯占鳳凰儔》：去不多時，只見五十多歲一個儒者，引著一個垂髫學生出來。眾人一齊起身作揖。高贊一一通名：「這位是小兒的業師，姓陳，見在府庠。這就是小兒高標。」錢青看那學生，生得眉清目秀，十分俊雅，心中想著：「此子如此，其姊可知。顏兄好造化哩！」又獻了一道茶。高贊便對先生道：「此位尊客是吳江顏伯雅，年少高才。」

〔註8〕陳寶良、王熹《中國風俗通史‧明代卷》第227～228頁，上海文藝出版社2005年版。

那陳先生已會了主人之意，便道：「吳江是人才之地，見高識廣，定然不同。請問貴邑有三高祠，還是哪三個？」錢青答言：「范蠡、張翰、陸龜蒙。」又問：「此三人何以見得他高處？」錢青一一分疏出來。兩個遂互相盤問了一回。錢青見那先生學問平常，故意譚天說地，講古論今，驚得先生一字俱無，連稱道：「奇才，奇才！」把一個高贊就喜得手舞足蹈，忙喚家人，悄悄吩咐備飯，西整齊些。家人聞言，即時拽開桌子，排下五色果品。高贊取杯箸安席。錢青答敬謙讓了一回，照前昭穆坐下。三湯十菜，揀案小吃，頃刻間，擺滿了桌子，眞個咄嗟而辦。

這裏，講述的高贊見到吳江才子而高興設宴的情節。

「取杯箸」是爲了「安席」，或者也可以說，「安席」需要筷子，否則聚會是無法進行的。在此地，高贊親自取酒杯和筷子，表現的是其十分喜悅的心情。與此同時，情節也交代了一個吃飯的習俗，先要要用「五色果品」進行招待，相當於現在餐前水果，然後才是正式用餐。菜肴「三湯十菜」，也是吳江富裕人家的象徵。「錢青答敬謙讓了一回，照前昭穆坐下」。所謂「昭穆」，是按照長幼、上下等次序左右排列。這一情節將吃飯時候的菜品、序位等都做了交代，表現出明代的飲食文化。

飲食之中，既然有拿起筷子，其中亦有放下筷子。同樣，文學作品也會表現這樣的生活情境。如《醒世恒言》第十六卷《陸五漢硬留合色鞋》敘述道：酒保放下杯箸，問道：「可還有別客麼？」張藎道：「只我二人。上好酒暖兩瓶來，時新果子，先將來案酒，好嗄飯只消三四味就勾了。」

再如：

這裏王士良剛把這魚頭一刀剁下，那邊三衙中薛少府在靈床之上，猛地跳起來坐了。莫說顧夫人是個女娘家，就險些兒嚇得死了；便是一家們在那裏守屍的，那一個不搖首咋舌，叫道：「好古怪。好古怪。我們一向緊緊的守定在此，從沒個貓兒在他身上跳過，怎麼就把死屍弔了起來？」只見少府歎了口氣，問道：「我不知人事有幾日了？」夫人答道：「你不要嚇我。你已死去了二十五日，只怕不會活哩。」少府道：「我何曾死。只做得一個夢，不意夢去了這許多日。」便喚家人：「去看三位同僚，此時正在堂上，將吃魚鮓。教他且放下了箸，不要吃，快請到我衙裏來講話。」〔註9〕

這些與筷子有關的場景，不僅僅是一個個孤立的情節，而且承上啓下的

〔註9〕 《醒世恒言》第二十六卷《薛錄事魚服證仙》。

關鍵之筆。

在很多的場景中，多少帶有強烈的感情色彩。

無論是舉箸還是放箸，都不是簡單的一個動作，其中承載了許多創作者的情感與他的審美情趣。

《醒世恒言》第二十六卷《薛錄事魚服證仙》：果然同僚們在堂上飲酒，剛剛送到魚鮓，正要舉箸，只見薛衙人稟說：「少府活轉來了，請三位爺莫吃魚鮓，便過衙中講話。」驚得那三位都暴跳起來，說道：「醫人李八百的把脈，老君廟裏鋪燈，怎麼這等靈驗得緊。」忙忙的走過薛衙，連叫：「恭喜，恭喜。」只見少府道：「列位可曉得麼？適才做鮓的這尾金色鯉魚便是不才。若不被王士良那一刀，我的夢幾時勾醒。」那三位茫茫不知其故，都說道：「天下豈有此事。

正要舉箸吃魚鮓，卻突然被告知，這個做成魚鮓的金色鯉魚是少府化身，無不驚訝不已。而「正要舉箸「，就好像是電影鏡頭的定格，極大地表現出人物驚異甚至恐慌的情緒來。

舉箸，表示正在吃飯，如果剛剛舉箸又有人請去另外一家，這種場面或許讓人啼笑皆非，手足無措了：那二老舉家如何肯放，且道：「向蒙救拔兒女，深恩莫報。已創建一座院宇，名之曰救生寺，專侍奉香火不絕。」又喚出原替祭之兒女陳關保、一秤金叩謝。復請至寺觀看。三藏卻又將經包兒收在他家堂前，與他念了一卷《寶常經》。後至寺中，只見陳家又設饌在此。還不曾坐下，又一起來請。還不曾舉箸，又一起來請。絡繹不絕，爭不上手。三藏俱不敢辭，略略見意。〔註10〕

這時候的唐僧舉箸正在吃飯，來請的人絡繹不絕，雖然無所適從，卻又不得不去，這頓飯肯定吃不好了。

三、擺放筷子是一種最高的人文關懷

吃飯對於人來說，是一種生存的最基本活動方式。其實，它不僅僅於此，還有更大的社會內涵，如社交、慈善等，都會在以吃飯的形式出現，既然要吃飯，就必須用筷子。如果在寒冷的天氣裏行走趕路，更需要

《醒世恒言》第十卷《劉小官雌雄兄弟》：劉公因天氣寒冷，暖起一壺熱酒，夫妻兩個向火對飲。吃了一回，起身走到門首看雪。只見遠遠一人背著

〔註10〕 《西遊記·九九數完魔滅盡三三行滿道歸根》。

包裹，同個小廝迎風冒雪而來。看看至近，那人撲的一交，跌在雪裏，掙扎不起。小腸便向前去攙扶。年小力微，兩個一拖、反向下邊跌去，都滾做一個肉餃兒。抓了好一回，方才得起。劉公擦摩老眼看時，卻是六十來歲的老兒，行纏絞腳，八搭麻鞋，身上衣服甚是襤褸。這小腸到也生得清秀，腳下穿一雙小布橫靴：那老兒把身上雪片抖淨，向小腸道：「兒，風雪甚大，身上寒冷，行走不動。這裏有酒在此，且買一壺來蕩蕩寒再行。」便走人店來，向一副座頭坐下，把包裹放在桌上，小廝坐於旁邊。劉公去暖一壺熱酒，切一盤牛肉，兩碟小荣，兩副杯箸，做一盤兒托過來擺在桌上。〔註11〕

對於身臨危境、飢寒交迫的人來說，吃飯喝酒無疑是最好的選擇。文中的老兒與小腸在雪地裏行走，跌跌衝衝，很不容易進入酒家。看見「劉公去暖一壺熱酒，切一盤牛肉，兩碟小荣，兩副杯箸，做一盤兒托過來擺在桌上」，當然好不高興。

在此情況下，擺放筷子是酒樓飯店工作人員的事情。《今古奇觀》第七十二卷《陸五漢硬留合色鞋》：「大爺有甚事，作成老媳婦。」張藎道：「這裏不是說話之處，且隨我來。」直引到一個酒樓上，揀個小閣兒中坐下。酒保放下杯箸，問道：「可還有別客麼？」張藎道：「只我二人，上好酒暖兩瓶來，時新果子，先將來案酒。好嗄飯，只消三四味就夠了。」酒保答應下去。不一時，都已取到，擺做一桌子。

在飯店裏，酒保招呼客人，擺放酒杯、筷子。

《今古奇觀》第七十一卷《十三郎五歲朝天》：是日，正在玉津園旁邊一個酒務裏頭歡呼暢飲。一個做公的，叫做李雲偶然在外經過，聽得猜拳豁指，呼紅喝六之聲。他是有心的，便踅進門來一看，見這些人舉止氣象，心下有十分瞧科。走去坐了一個獨副座頭，叫聲「買酒飯吃」。店小二先將盞箸安頓去了。他便站將起來，背著手踱來踱去，側眼把那些人逐個個覷將去。內中一個果然衣領上掛著一寸來長短彩線頭。李雲曉得著手了。叫店家：「且慢燙酒，我去街上邀著個客人一同來吃。」

李雲為了探聽虛實，故意到酒務「買酒飯吃」，店小二則連忙「將盞箸安頓」。可見店小二服務非常到位，動作十分利索。

一般情況下，盞箸、鍾箸，酒杯與筷子是同時播放的，與當時人們餐飲習慣緊密相連的。

〔註11〕此文被選人《今古奇觀》中。

《醒世姻緣傳》第二十三回《繡江縣無償薄俗，明水鎮有古淳風》：楊尚書果然自己裝了兩大壺酒在爐上湯內暖熱了，自己提了送到兩個的桌上，又將來兩付鍾箸送去。二人從醬斗內取出的豆豉醃雞，盛了兩碟，斟上酒，看著尚書道：「請這邊同吃一鍾如何？」尚書說：「請自方便，我從不用酒的。」又例，《醒世姻緣傳》第五十一回《程犯人釜魚漏網，施囚婦狡兔投羅》：孟鄉宦道：「管家，拿副鍾箸兒與廚長。」他便坦然竟吃。恨的蔡舉人牙頂生疼。客人散了酒席，一個帖子送到武城縣，二十個大板，一面大枷枷在十字街上，足足的枷了二十個日頭，從此才把他這坐席的舊規壞了。

在家裏，則需要丫鬟來做這些擺放碗筷之類的事情。《蔣興哥重會珍珠衫》：只見兩個丫鬟輪番的走動，擺了兩副杯箸，兩碗臘雞，兩碗臘肉，兩腕鮮魚，連果碟素菜，共一十六個碗。〔註12〕

擺放筷子之前需要去取筷子，中間或者因故，要更換筷子；取到筷子，還會將筷子遞給客人等等，如此細小的情景，都會在明代小說裏都有細緻敘述。

取筷子：

晴雲便去取杯箸，暖雪便吹起水火爐來。霎時酒暖。〔註13〕

換筷子：

遂命童子重添爐火，再熱名香，就船艙中與子期頂禮八拜。伯牙年長爲兄，子期爲弟，今後兄弟相稱，生死不負。拜罷，覆命取暖酒再酌。子期讓伯牙上坐。伯牙從其言。換了杯箸，子期下席。兄弟相稱，彼此談心敘話。〔註14〕

獻筷子：

李勉見他要旁坐，乃道：「足下如此相敘，反覺不安，還請坐轉。」房德道：「恩相在上，侍坐已是僭妄，豈敢抗禮？」李勉道：「吾與足下今已爲聲氣之友，何必過謙。」遂令左右，依舊移在對席。從人獻過杯箸，房德安席定位。庭下承應樂人，一行兒擺列奏樂。那筵席杯盤羅列，非常豐盛。〔註15〕

此處，用「獻過杯箸」，說明的是客人的珍貴。

〔註12〕 《今古奇觀》第十七卷。
〔註13〕 《今古奇觀》第十七卷《蔣興哥重會珍珠衫》。
〔註14〕 《今古奇觀》第三十四卷《俞伯牙摔琴謝知音》。
〔註15〕 《今古奇觀》第四十卷《李汧公窮邸遇俠客》。

第三節　基本用法

一、數量詞

如今筷子的量詞爲雙，但在明代卻不是這樣，往往用「隻」來表現，因此被說成是「兩隻箸」。

《今古奇觀》第五十七卷《況太守斷死孩兒》：得貴跟支助家去，支助教渾家剝了一盤粽子，一碟糖、一碗肉、一碗鮮魚，**兩隻箸**，兩個酒杯，放在桌上。支助把酒壺便篩。得貴道：「我說過不吃酒，莫篩罷！」支助道：「吃杯雄黃酒應應時令，我這酒淡，不妨事。」得貴被央不過，只得吃了。支助道：「後生家莫吃單杯，須吃個成雙。」得貴推辭不得，又吃了一杯。支助自吃了一回，夾七夾八說了些街坊上的閒話，又斟一杯勸得貴。得貴道：「醉得臉都紅了，如今眞個不吃了。」支助道：「臉左右紅了，多坐一時回去，打什麼緊？只吃這一杯罷，我再不勸你了。」得貴前後共吃了三杯酒。

兩隻箸，是有明小說裏慣用的表述方法。古時，雙本意爲動詞：手托兩羽獵鷹行獵。《說文》：雙，隹二枚也。作爲數量詞，多與動物相關。因此在敘述筷子的時候，大多數以隻來作爲量詞的。

到了明代，「雙」已成爲筷子的數量詞。《警世通言》第四十卷《旌陽宮鐵樹鎭妖》：「此時飛沙大作，那蛟黨一齊吶喊。眞君呵了仙氣一口，化作一陣雄風，將沙刮轉。吳君在高皋之上，觀看妖孽更有許大神通，於是運取掌心蠻雷，望空打去。雖風雲雷雨，乃蛟龍所喜的，但此係吳君法雷，專打妖怪，則見：運之掌上，震之雲間，虺虺虩虩可畏，轟轟劃劃初聞。燒起謝仙之火烈，推轉阿香之車輪。音赫赫，就似撞八荒之鼓，音聞天地；聲赫赫，又如放九邊之炮，響振軍屯。使劉先主失了**雙箸**，教蔡元中繞遍孤墳。聞之不及掩耳，當之誰不銷魂。眞個天仙手上威靈振，蛟魅胸中心膽傾！」

雙箸，指的就是一雙筷子，或許也是「一雙箸」的簡稱。

《醒世姻緣傳》第二十九回《馮夷神受符放水，六甲將按部巡堤》：敘話之間，狄周出來問說：「齋已完備，在那邊吃？」狄員外叫擺在客次裏邊。眞君說：「就搬到外面，反覺方便些。遊方野人，不可招呼進內。」狄員外說：「這街上不是待客的所在。遊方的人正是遠客，不可怠慢。雖倉卒不成個齋供，還是到客次請坐。」眞君隨了狄員外進去，讓了坐。端上齋來，四碟小菜、一碗炒豆腐、一碗黃瓜調麵筋、一碗熟白菜、一碗拌黃瓜、一碟薄餅、

小米綠豆水飯，一雙箸。狄員外道：「再取一雙箸來，待我陪了師傅吃罷。」

一雙箸，就只能一個人使用。難怪狄員外爲了陪同請眞君吃飯，招呼「再取一雙箸來」。

在明代作品裏，「箸」不僅可以表示筷子，也可以作爲量詞來使用。

《今古奇觀》第六十一卷《唐解元玩世出奇》：少頃，解元暫起身入內。學士翻看桌上書籍，見書內有紙一幅，題詩八句，讀之，即壁上之詩也。解元出來，學士執詩問道「這八句詩乃華安所作，此字亦華安之筆，如何又在尊處？必有緣故，願先生一言，以決學生之疑。」解元道：「容少停奉告。」學士心中愈悶，道：「先生見教過了，學生還坐，不然即告辭矣。」解元道：「稟復不難，求老先生再用幾杯薄酒。」學士又吃了數杯。解元巨觥奉勸。學士已半酣，道：「酒已過分，不能領矣。學生惓惓請教，止欲剖胸中之疑，並無他念。」解元道：「請用一箸粗飯。」飯後獻茶，看看天晚，童子點燭到來。學士愈疑，只得起身告辭。解元道：「請老先生暫挪貴步，當決所疑。」命童子秉燭前引，解元陪學士隨後，共入後堂。

此地的一箸，表示量詞，說明一種客氣、謙卑。

在《醒世姻緣傳》第二十三回《繡江縣無儇薄俗，明水鎮有古淳風》中，箸成爲了量詞：「原來一大碗豆豉肉醬爛的小豆腐、一碗臘肉、一碗粉皮合菜、一碟甜醬瓜、一碟蒜苔、一大箸薄餅、一大碟生菜、一碟甜醬、一大罐綠豆小米水飯」。「一大箸」，猶如「一大疊」之意。

到了《西遊記》中，一箸卻變成苦苦哀求的意味。

《西遊記・黃風嶺唐僧有難，半山中八戒爭先》：正說處，又見兒子拿將飯來，擺在桌上，道聲：「請齋。」三藏就合掌諷起齋經。八戒早已吞了一碗。長老的幾句經還未了，那呆子又吃夠三碗。行者道：「這個饢糠的，好道撞著餓鬼了。」那老王倒也知趣，見他吃得快，道：「這個長老，想著實餓了，快添飯來。」那呆子眞個食腸大，看他不抬頭，一連就吃有十數碗。三藏、行者俱各吃不上兩碗。呆子不住，便還吃哩。老王道：「倉卒無淆，不敢苦勸，請再進一箸。」三藏、行者俱道：「夠了。」八戒道：「老兒滴答甚麼，誰和你發課，說甚麼五爻六爻？有飯只管添將來就是。」呆子一頓，把他一家子飯都吃得罄盡，還只說才得半飽。卻才收了家火，在那門樓下，安排了竹床板鋪睡下。

同樣是「一箸」，由於使用者的不同而出現詞意的變化，這就是中國語言

的魅力之所在。

　　箸，作爲名詞，當無疑義。但是作爲量詞，不僅明代已經使用，而且之前朝代也開始運用。不僅如此，這種使用方法，至今還被傳承被你使用。只不過變化成爲更加口語化的「一筷子」而已。

　　《唐解元玩世出奇》中的唐解元的「請用一箸飯」，不僅具有一定的謙卑、恭敬的意思，而且還表示對長輩的敬重。

　　同樣，在《今古奇觀》第六十三卷《宋四公大鬧禁魂張》一篇小說裏，所用的「兩隻箸」，表現的則是另外一種情景：侯興老婆道：「著！」楂個碟子，盛了五個饅頭，就竈頭合兒裏多撮些物料在裏面。趙正肚裏道：「這合兒裏便是作怪物事了。」趙正懷裏取一包藥來，道：「嫂嫂，覓些冷水吃藥。」侯興老婆將半碗水來，放在桌上。趙正道：「我吃了藥，卻吃饅頭。」趙正吃了藥，將兩隻箸一撥，撥開饅頭餡，看了一看，便道：「嫂嫂，我爺說與我道：莫去汴河岸上買饅頭吃，那裏都是人肉的。』嫂嫂，你看這一塊有指甲，便是人的指頭。這一塊皮上許多短毛兒，須是人的不便處。」侯興老婆道：「官人休要，那得這話來！」

　　《宋四公大鬧禁魂張》源於《喻世明言》第三十六卷，作爲話本小說，其通俗易懂，口語性很強。人肉饅頭就是民間通行的說法。趙正將兩隻箸一撥，發現饅頭內有」人的指頭」等人體器物。

　　「兩隻箸一撥」，非常形象的動作，準確而又到位，將人肉饅頭的眞相暴露出來。應該說在這一段情節裏，筷子的作用眞正得到體現了。

　　除了「兩隻箸」之外，「一箸」的稱呼，也出現在話本小說裏。只不過意義有些不同：「兩隻箸」，表示一雙筷子，而「一箸」則在詞性上已經發生變化，成爲「很少」的形容詞。

　　《警世通言》第三卷《王安石三難蘇學士》：荊公笑道：「子瞻大才，豈有不及！只是到黃州爲官，閒暇無事，還要讀書博學。」東坡目窮萬卷，才壓千人。今日勸他讀書博學，還讀什麼樣書！口中稱謝道：「承老太師指教。」心下愈加不服。荊公爲人至儉，肴不過四器，酒不過三杯，飯不過一箸。東坡告辭，荊公送下滴水榜前，攜東坡手道：「老夫幼年燈窗十載，染成一症，老年舉發，太醫院看是痰火之症。雖然服藥，難以除根。必得陽羨茶，方可治。有荊溪進貢陽羨茶，聖上就賜與老夫。老夫問太醫院官如何烹服，太醫院官說須用瞿塘中峽水。瞿塘在蜀，老夫幾欲差人往取，未得其便，兼恐所

差之人未必用心。子瞻桑梓之邦，倘尊眷往來之便，將瞿塘中峽水，攜一甕寄與老夫，則老夫衰老之年，皆子瞻所延也。」東坡領命，回相國寺。

這是王安石與蘇東坡的一段對話。其中介紹了王安石的爲人：「肴不過四器，酒不過三杯，飯不過一箸」。此處的「一箸」，表示的意義就在於，吃得很少。

《獨醒雜誌》記載：「王安石在相位，子婦之親蕭氏子至京師，因謁公，公約之飯。翌日，蕭氏子盛服而往，意爲公必盛饌。日過午，覺饑甚而不敢去。又久之，方命坐，果蔬皆不具，其人已心怪之。酒三行，初供胡餅兩枚，次供豬臠數四，頃即供飯，傍置菜羹而已。蕭氏子頗嬌縱，不復下箸，惟啖胡餅中間少許，留其四傍，公取自食之。其人愧甚而退。」

其意是說，王安石在擔任宰相的時候，招待兒媳婦家的親戚蕭氏的兒子吃飯很簡樸，僅僅幾杯酒、兩塊胡餅、肉四份，還有點菜湯。蕭氏的兒子很驕橫，不願動筷子，只吃了胡餅中間的一小部分，把四邊都留下。王安石拿過來自己吃了，蕭氏的兒子羞愧而回。

這則筆記證實了王安石的儉樸不是虛構的，是有歷史原型的，到了明代話本裏，王安石的形象更加藝術化，更加典型化，也更加爲民眾所接受了。

如果說「一箸」，將人物的儉樸的生活特性進行了展現，而「兩箸」

《今古奇觀》第七十九卷《崔俊臣巧會芙蓉屏》：縣宰請王教授衙中飲酒，吃到中間，嗄飯中拿出鼈來。王教授吃了**兩箸**，便停了箸，哽哽咽咽，眼淚如珠，落將下來。縣宰驚問緣故，王教授道：「此味頗似亡妻所烹調，故此傷感。」縣宰道：「尊閫夫人，幾時亡故？」王教授道：「索性亡故，也是天命。只因在臨安移寓，相約命轎相接，不知是甚歹人，先把轎來騙接，拙妻錯認是家裏轎，上的去了。當時告了狀，至今未有下落。」縣宰色變了道：「小弟的小妾，正是在臨安用三十萬錢娶的外方人。適才叫了治庖，這鼈是他烹煮的，其中有些怪異了。」登時起身進來問妾道：「你是外方人，卻如何嫁得在此？」妾垂淚道：「妾身自有丈夫，被姦人賺了賣了，恐怕出丈夫的醜，故此不敢聲言。」

這裏的「兩箸」是一種猶豫的表示。神奇的是，這個王教授居然能夠吃出其妻子烹飪的味道，並因此引發一場催人淚下的悲情故事。在此，筷子的細節爲整個故事情節的深入發展鋪下埋伏。

二、基本材質

　　自古以來，製作筷子的材質各種各樣，其中比較珍貴的金銀筷子。特別是金筷子象徵著富裕、權貴。在馮夢龍等人的話本小說中，金筷子還成爲神仙所使用的餐飲工具。《喻世明言》第三十三卷《張古老種瓜娶文女》：「雪似三件物事，又有三個神人掌管。那三個神人？姑射眞人、周瓊姬、董雙成。周瓊姬掌管芙蓉城；董雙成掌管貯雪琉璃淨瓶，瓶內盛著數片雪；每遇彤雲密佈，姑射眞人用黃金箸敲出一片雪來，下一尺瑞雪。」這裏的金筷子還能夠「敲出一片雪來」，的確不同凡響。

　　在《張古老種瓜娶文女》裏，還有金筷子的描寫，不過這裏的金箸不是用來吃飯，而是作爲敲擊琉璃淨瓶的工具：「當日紫府眞人安排筵會，請姑射眞人、董雙成，飲得都醉。把金箸敲著琉璃淨瓶，待要唱隻曲兒。錯敲破了琉璃淨瓶，傾出雪來，當年便好大雪。」〔註16〕

　　箸，可以作爲敲擊的用具，可以進行伴奏之用。而且能夠「錯敲破了琉璃淨瓶」，下起大雪，卻不是凡人的本領。

　　銀子是中國人傳統製作筷子的材質，同樣這種金屬筷子，也非普通老百姓所能夠使用的，它應該與人物身份、家庭的地位相吻合，否則會形成強烈的反差，與不和諧。

　　《警世通言》第六卷《俞仲舉題詩遇上皇》：卻說孫婆與兒子孫小二商議，沒親何，只得破兩貫錢，倒去陪他個不是，央及他動身。若肯輕輕撤開，便是造化。俞良本侍不受，其親身無半文。只得忍著羞，收了這兩貫錢，作謝而去。心下想道：「臨安到成都，有八千里之遙，這兩貫錢，不勾吃幾頓飯，卻如何盤費得回去？」出了孫婆店門，在街坊卜東走兩走，又沒尋個相識處。走到飯後，肚裏又饑，心中又悶。身邊只有兩貫錢，買些酒食吃飽了，跳下西湖，且做個飽鬼。當下一徑走出湧金門外西湖邊，見座高樓，上面一面大牌，朱紅大書：「豐樂樓。」只聽得笙簧締繞，鼓樂喧天。俞良立定腳打一看時，只見門前上下首立著兩個人，頭戴方頂樣頭巾，身穿紫衫，腳下絲鞋淨沬，叉著手，看著俞良道：「請坐！」俞良見請，欣然而入，直走到樓上，揀一個臨湖傍檻的閣幾坐下。只見一個當日的酒保、便向俞良唱個喏：「覆解元，不知要打多少酒？」俞良道，「我約一個相識在此。你可將**兩雙**箸放在桌上，鋪下兩隻盞，等一等來問。」酒保見說，便將酒缸、酒提、匙、

箸、盞、碟，放在面前，盡是銀器，俞良口中不道，心中自言：」好富貴去處，我卻這般生受！只有兩貫錢在身邊，做甚用？」少頃，酒保又來問：「解元要多少酒，打來？」俞良便道：「我那相識，眼見的不來了，你與我打兩角酒來。」酒保便應了，又問：「解元，要甚下酒？」俞良道：「隨你把來。」當下酒保只當是個好客，折莫甚新鮮果品，可口肴饌，海鮮，案酒之類，鋪排面前，般般都有。將一個銀酒缸盛了兩角酒，安一把杓兒，酒保頻將酒燙。俞良獨自一個，從晌午前直吃到日晡時後。面前按酒，吃得闌殘。俞良手撫雕欄，下視湖光，心中愁悶。喚將酒保來：「煩借筆硯則個。」酒保道：「解元借筆硯，莫不是要題詩賦？卻不可污了粉壁，本店自有詩牌。若是污了粉壁，小人今日當直，便折了這一日日事錢。」俞良道：「恁地時，取詩牌和筆硯來。」須臾之間，酒保取到詩牌筆硯，安在桌上。俞良道：「你自退，我教你便來。不叫時，休來。」當下酒保自去。

俞良本已落魄，身無半文，卻走進「酒缸、酒提、匙、箸、盞、碟，放在面前，盡是銀器」的豐樂樓；原只想填飽肚子，卻進了一家豪華酒樓。無奈之下，俞良只好冒充有錢人要等朋友的樣子，故意要酒保擺放兩雙筷子。

這一連串的誤會情景緊緊相扣，造就了喜劇的效果。在此中間筷子的對象描述起到點綴的作用。特別是酒樓裏各種各樣的銀子做成的器皿，與俞良的窮困潦倒的狀態形成巨大的反差，這樣就更加吸引眼球，使得此類老套的故事情節能夠產生意想不到的審美意識上的共鳴。

銀製的筷子，還是回送禮品的器具。《醒世姻緣傳》第四十四回《夢換心方成惡婦，聽撒帳早是癡郎》：「管家狄周、媒婆老田，押了禮送到薛家。管待了狄周、老田的酒飯，賞了每人一千錢、一匹大紅布。回了兩隻**銀鑲碗**、兩雙**銀鑲箸**、一面銀打的庚牌、四副繡枕、四雙男鞋、四雙女鞋」。為了表示感謝，薛家回送了包括銀製的碗筷之類的物品。

除了銀筷子之外，象牙筷也是流行的一種品種。當然這種象牙筷也是大戶人家所使用的餐飲工具。

《醒世姻緣傳》第二回《晁大舍傷狐致病，楊郎中鹵莽行醫》：「丫頭拿了四碟下酒的小菜，暖了一大壺極熱的酒，兩隻銀鑲雕漆勸杯，兩雙牙箸，擺在臥房桌上。晁大舍與珍哥沒一些興頭，淡淡的吃了幾大杯，也就罷了。一面叫丫頭掃了炕，鋪了被褥，晁大舍與珍哥也都上炕睡了。睡去夢中常常驚醒，口中不住呻吟。睡到二更，身上火熱起來，說口苦、叫頭疼，又不住

的說謔語。珍哥慌了手腳，叫丫頭點起燈，生了火，叫起養娘，都來看侍。一面差人敲計氏的門，請計氏來看望。」

這一段情節裏，可以看出晁大舍是個有錢有地位的人家，有象牙筷、「銀鑲雕漆勸杯」是很正常的現象。更何況，晁大舍是個揮霍無度的人〔註 17〕，其家中有象牙筷這樣的高檔餐具，不足為怪。

象牙筷還是送人的尊貴禮品。《醒世姻緣傳》第八十四回《童奶奶指授方略，駱舅舅舉薦幕賓》：童奶奶說狄希陳道：「你一個男子人，如今又戴上紗帽在做官哩，一點事兒鋪排不開，我可怎麼放心，叫你兩口兒這們遠去？你愁沒盤纏，我替你算計，家裏也還刷括出四五百銀子來。問相太爺要五百兩，這不有一千兩的數兒？你一切衣裳，是都有的，不消別做，買上二十匹尺頭拿著。別樣的小禮，買上兩枝牙笏，四束牙箸，四副牙梳，四個牙仙；仙鶴，獬豸，麒麟，斗牛補子，每樣兩副；混帳犀帶，買上一圍；倒是劉鶴家的好合香帶，多買上幾條，這送上司希罕。

在這麼多的禮品中，象牙筷就是其中一部分。難怪童奶奶指點迷津，指導狄希陳要準備哪些禮物，象牙筷不可缺少，而且要備「四束」，這樣才能夠讓上司感覺到是一種驚奇，是一種稀罕。

烏木筷，是用烏木製作的筷子。烏木，是埋入淤泥中的部分樹木，在缺氧、高壓狀態下，細菌等微生物的作用下，經長達成千上萬年炭化過程而形成的。古代把烏木用作辟邪之物，也製作筷子的材料。

《醒世姻緣傳》第五十一回《程犯人釜魚漏網，施囚婦狡兔投羅》：他門前路西牆根底下，掃除了一搭子淨地，每日日西時分，放了一張矮桌，兩根腳凳，設在上下，精精緻致的兩碟小菜，兩碗熟菜，鮮紅綠豆水飯，雪白的麵餅，兩雙烏木箸，兩口子對坐了享用。臨晚，又是兩碟小菜，或是肉鮮，

〔註17〕《醒世姻緣傳》第一回《晁大舍圍場射獵，狐仙姑被箭傷生》：「這個晁大舍原是揮霍的人，只因做了窮秀才的兒子，叫他英雄無用武之地。想起昔日向錢鋪賒一二百文，千難萬難，向人借一二金，百計推脫，如今自己將銀錢上門送來，連文約也不敢收領，這也是他生來第一快心的事了！送來的就收，許借的就借。來投充的，也不論好人歹人，來的就收。不十日內，家人有了數十名，銀子有了數千兩。日費萬錢，俱是發票向各錢桌支用。用了二百五十兩銀買了三匹好馬，又用了三百兩買了六頭走騾，進出騎坐，買綾羅、製器皿，真是錢可通神！不上一月之內，把個晁大舍竟如在槐安國做了駙馬的一般。隨即差了一箇舊小廝晁書，帶了四個新家人祝世、高升、曲進才、董重，攜了一千兩銀子，進京伺候晁秀才使用。」

或是鯗魚，或是鹹鴨蛋，一壺燒酒，二人對飲，日以爲常。

在此，可以看到人們日常生活中使用烏木筷的情形。從他們的茱看來看，說明其生活水平並不低，也進一步證實了烏木筷也不是普通百姓家都能夠使用的餐具。

烏木筷在《醒世姻緣傳》第四十回《義方母督臨愛子，募銅尼備說前因》也有描述：看看天色將晚，狄婆子說：「你在那裏住？」姑子說：「我住的不遠，就在這後宰門上娘娘廟裏歇腳。」狄婆子道：「既在城裏不遠，你再說會子話去。」問說：「做中了飯沒做？中了拿來吃。」狄周媳婦拿了四碟小菜、一碗臘肉、一碗煎魚子捍的油餅、白大米連湯飯，**兩雙烏木箸**，擺在桌上。

隨後，此文繼續說道：「狄婆子說：『你叫我合誰吃？』狄周媳婦說：『合陳哥吃罷。這位師傅合這位大姐一堆兒吃罷。』狄婆子說：『你是有茱麼？爽利再添兩碗來，再添兩雙箸來，一處吃罷。』狄周媳婦又忙添了**兩雙箸**、兩碗飯、一碟子餅，安下坐兒。」〔註18〕這裏添上的筷子，是否爲烏木筷子，不得而知，從一般推理可知，應該還是烏木筷。

犀箸，即用犀牛角做成的筷子，屬於一種稀罕的材質，是宮廷裏經常使用的筷子，體現高貴身份的象徵。在《封神演義·散宜生私通費尤》一章中就有「犀箸」的記載。

三、基本用途

1、蘸　汁

《警世通言》第十五卷《金令史美婢酬秀童》：他好吃的是狗肉。屠狗店裏把他做個好主顧，若打得一隻壯狗，定去報他來吃，吃得快活時，人家送得錢來，都把與他也下算帳。或有鬼祟作耗，求他書符鎮宅，遇著吃狗肉，就把箸蘸著狗肉汁，寫個符去，教人貼於大門。鄰人往往夜見貼符之處，如有神將往來，其祟立止。

2、夾　肉

《二刻拍案驚奇》卷三十七《疊居奇程客得助，三救厄海神顯靈》：一日，程宰在市上看見大商將寶石二顆來賣，名爲硬紅，色若桃花，大似拇指，索價百金。程宰夜間與美人說起，口中嘖嘖稱爲罕見。美人撫拿大笑道：郎

〔註18〕　《醒世姻緣傳》第四十回《義方母督臨愛子，募銅尼備說前因》。

君如此眼光淺，真是夏蟲不可語冰，我教你看看。說罷，異寶滿室；珊瑚有高丈餘的，明珠有如雞卵的，五色寶石有大如栲栳的，光豔奪目，不可正視。程宰左顧右盼，應接不暇。須臾之間，盡皆不見。程宰自思：我夜間無欲不遂，如此受用，日裏仍是人家傭工，美人那知我心事來！遂把往年貿易耗折了數千金，以致流落於此告訴一遍，不勝嗟歎。美人又撫拿大笑道：正在歡會時，忽然想著這樣俗事來，何乃不脫灑如此！雖然，這是郎的本業，也不要怪你。我再教你看一個光景。說罷，金銀滿前，從地上直堆至屋梁邊，不計其數。美人指著問程宰道：你可要麼？程宰是個做商人的，見了諾多金銀，怎不動火。心熱一饞，支手舞腳，卻待要取。美人將箸去撰碗內夾肉一塊，擲程宰面上道：此肉黏得在你面上麼？程宰道：此是他肉，怎麼黏得在吾面上？美人指金銀道：此亦是他物，豈可取為己有？若目前取了些，也無不可。只是非分之物，得了反要生禍。世人為取了不該得的東西，後來加倍喪去的，或連身子不保的，何止一人一事？我豈忍以此誤你！你若要金銀，你可自去經營，吾當指點路徑，暗暗助你，這便使得。程宰道：只這樣也好了。

3、夾蠍子

《醒世姻緣傳》第八十四回《童奶奶指授方略，駱舅舅舉薦幕賓》：這狄奶奶，俺們看生看長的，真是個螞蟻兒也不肯撚殺了；蠍子螫著他老人家，還不肯害了他性命，叫人使箸夾到街上放了；蝨子臭蟲，成捧家咬他老人家，他老人家知道撚殺個兒麼？

這是在表揚狄奶奶的一番話，說明她的心底慈善，既然被蠍子咬了，也不願意殺生，還叫人用筷子夾起，到街上放了。不過，從中我們可以知道，筷子不僅可以吃飯，還可以用來夾取其它東西，包括各種生物。

4、挑蓋頭

蓋頭是覆蓋在新娘頭上的紅布，而用筷子挑開蓋頭，這是一種婚禮儀式。不同的地方會有不同的挑開蓋頭的東西，如秤桿等。在《夢換心方成惡婦，聽撒帳早是癡郎》話本裏，介紹了用箸挑開蓋頭的習俗：「新人到門，狄家門上掛彩、地下鋪氈。新人到了香案前面，狄婆子用箸揭挑了蓋頭。那六親八眷，左右對門，來了多少婦人觀看。」〔註 19〕為什麼要用箸來挑蓋頭，有民俗學家認為，是一種模擬性交的巫術行為。雖是一家之說，但不妨信之。

〔註19〕《醒世姻緣傳》第四十四回。

四、基本禮節

1、先舉箸者應為長者

筷子的使用是有一定之規的，不能隨心所欲，先舉箸者，應該是桌子上年齡最大的、地位最高的；特別是有長者、師長，以及上司在場的情況下，更加需要遵守筷子禮儀，也可以稱之爲餐桌禮儀。

在明代小說裏，也表現了這方面的內容。在魔怪作品裏，就有這樣的描寫：

> 那和尚與老者一問一答的講話，眾人方才不怕。卻將上面排了一張桌，請唐僧上坐；兩邊擺了三張桌，請他三位坐；前面一張桌，坐了二位老者。先排上素果品菜蔬，然後是麵飯、米飯、閒食、粉湯，排得齊齊整整。唐長老舉起箸來，先念一卷《啓齋經》。那呆子一則有些急吞，二來有些餓了，那裏等唐僧經完，拿過紅漆木碗來，把一碗白米飯撲的丟下口去，就了了。傍邊小的道：「這位老爺忒沒算計，不籠饅頭，怎的把飯籠了，卻不污了衣服？」八戒笑道：「不曾籠，吃了。」小的道：「你不曾舉口，怎麼就吃了？」八戒道：「兒子們便說謊，分明吃了；不信，再吃與你看。」那小的們又端了碗，盛一碗遞與八戒。呆子幌一幌，又丟下口去就了了。眾僮僕見了道：「爺爺呀！你是磨磚砌的喉嚨，著實又光又溜。」那唐僧一卷經還未完，他已五六碗過手了。然後卻才同舉箸，一齊吃齋。呆子不論米飯麵飯、果品閒食，只情一撈，亂噇，口裏還嚷：「添飯，添飯。」漸漸不見來了。行者叫道：「賢弟，少吃些罷，也強似在山凹裏忍餓，將就夠得半飽也好了。」八戒道：「嘴臉。常言道：『齋僧不飽，不如活埋』哩。」行者教：「收了家火，莫睬他。」二老者躬身道：「不瞞老爺說，白日裏倒也不怕，似這大肚子長老，也齋得起百十眾。只是晚了，收了殘齋，只蒸得一石麵飯、五斗米飯與幾桌素食，要請幾個親鄰與眾僧們散福。不期你列位來，諕得眾僧跑了，連親鄰也不曾敢請，盡數都供奉了列位。如不飽，再教蒸去。」八戒道：「再蒸去，再蒸去。」〔註20〕

在此情節中，多次提及舉箸的細節。《西遊記》雖然是神怪小說，卻是現實生活的折射場景，反映的是眞實的人類社會，因此在敘述筷子禮儀方面，

〔註20〕　《西遊記‧聖僧夜阻通天水，金木垂慈救小童》。

勢必眞切的將現實生活鏡頭進行藝術的展示。至少在這裏，我們可以看到唐僧「舉起箸來」，其它徒弟才可以動筷子。如果不是這樣的生活禮儀，是不會將豬八戒那種急吼吼的吃飯場景表現得淋漓盡致的。

由於豬八戒破壞了師傅舉箸之前是不能動筷子的，這是民間長期以來所形成的一種文化，也是吃飯的禮儀。

這種禮儀，在《西遊記‧寇員外喜待高僧，唐長老不貪富貴》裏，還得到了證明：「日將中矣。長老在上舉箸，念《謁齋經》。八戒慌了，拿過添飯來，一口一碗，又丟夠有五六碗，把那饅頭、兒、餅子、燒果，沒好沒歹的滿滿籠了兩袖，才跟師父起身。」這裏，豬八戒雖然吃飯一碗接著一碗，雖顯得不夠文雅，卻是在長老舉箸之後，也就無可厚非了。

2、吃飯時候，有客人到來，需要放下筷子

《醒世姻緣傳》第二十三回《繡江縣無償薄俗，明水鎮有古淳風》：「一日，正陪劉方伯早飯，有一個老頭子，猱了頭，穿了一件破布夾襖，一雙破鞋，手裏提了一根布袋，走到廳前。楊尚書見了，連忙放下了箸，自己出去，迎到階前，手扯了那個人，狠命讓他到廳。那人見有客在上面，決意不肯進去，只說要換幾斗穀種，要乘雨後耕地。楊尚書連忙叫人量了與他，臨去，必定自己送他到門外，叫人與他馱了穀，送到家中。」

顯然，楊尚書在吃飯，見到有人來，連忙放下筷子，「迎到階前，手扯了那個人，狠命讓他到廳」。不過此人「穿了一件破布夾襖，一雙破鞋」，並不像是個有錢人。「那劉方伯問道：『適才卻是何人？怎麼老年翁如此敬重？』尚書道：『是族中一位家兄，來換幾斗穀種。』方伯道：『不過農夫而已，何煩如此？』尚書道：『小弟若不遭逢聖主，也就如家兄一般了。小弟的官雖比家兄大，家兄的地卻比小弟的還多好幾十畝哩。』說得劉方伯甚覺失言。」可見，對於兄長來訪，正值吃飯時間，也必須放下筷子前去迎接，這是禮貌，也是一種禮節。

最後想說的是，箸在明代小說裏，其意發生了變化，不再僅僅是筷子，而與著、著、穿等都是同一個字了。

箸，同穿。如：道流打扮起來，簪冠箸袍，方才認得是個道士；若是卸下裝束，仍舊巾帽長衣，分毫與俗人沒有兩樣，性急看不出破綻來。〔註21〕

〔註21〕　《初刻拍案驚奇》卷十七《西山觀設輦度亡魂，開封府備棺迫活命》。

箸，同著，則見另外例句：須臾，吳氏出來上香，知觀一手拿著鈴杵，一手執笏，急急走去並立箸，口中唱箸《浪淘沙》。〔註22〕

2015 年 3 月 24 日星期二

〔註22〕《初刻拍案驚奇》卷十七《西山觀設輦度亡魂，開封府備棺迫活命》。

第九章　明代筆記中的筷箸文化

　　明代筆記十分豐富，因此就有了大量筷箸文化的記載，這些資料十分珍貴，眞實地表現了這個時期筷箸文化的社會面貌。

第一節　與飲食相關

1、表示進食

　　《夜航船》〔註1〕卷五《倫類部》：生子三朝宴客，曰湯餅會。劉禹錫《送張盥》詩：「爾生始懸弧，我作座上賓。引箸舉湯餅，祝詞生麒麟。」

　　湯餅會，亦稱三朝，舊俗壽辰及小孩出生第三天或滿月、周歲時舉行的慶賀宴會，因備有象徵長壽的湯麵，而得名。《兒女英雄傳》第二八回：「今之熱湯兒麵，即古之『湯餅』也。所以如今小兒洗三下面，古謂之『湯餅會』。」即此，所謂湯餅，就是現在所說的麵條。劉禹錫所寫的「引箸舉湯餅」，就表現的是吃麵條的生動情景。

　　引箸，是舉箸的意思。既然的舉起了筷子，當然接下來就是吃了。《夜航船》卷十四《九流部》講述了一段故事：虎丘生公於石上講經，宋文帝大會僧眾施食，人謂僧律日過中即不食。帝曰：「始可中耳。」生公曰：「日麗天，天言中，何得非中？」即舉箸而食。

　　虎丘生公在石頭上講經文，宋文帝大辦宴會請僧眾吃飯。有人說：僧人戒律，太陽過中天就不吃飯。宋文帝說：這太陽才開始到中天啊。生公就說「太陽照耀在中天，還未過去。皇帝都說太陽在天的中間，怎麼還說不是中

〔註1〕明張岱《夜航船》，四川文藝出版社1996年版。

天？」就舉起筷子吃飯。

這故事雙關語，這裏的天，既是自然的天，也是朝廷的最高執政者。皇帝說能吃飯，和尚當然就開懷大嚼了。「舉箸而食」，表示的就是乾脆、直接，也是對皇帝旨意的心領神會而堅決執行。

筷箸與飲食的故事，在某種情況下，會改變人生。朱允炆的傳說就是這樣一種類型的故事。

明《東朝紀》記載：建文國破時，削髮披緇，騎而逸。其後在湖湘間某寺中（或曰武當山），至正統時，八十餘矣。一日，聞巡按御史行部，乃至察院，言欲入陳牒，門者不知誰何，亦不敢沮。既入，從中道行至堂下，坐於地，御史問：「爾何人？訟何事？」不對。命與紙筆，即書云「告狀人姓某，太祖高皇帝長孫，懿文太子長子」以付，左右持上，御史謂曰：「老和尚，事眞僞不可知，即眞也，爾老如此，復出欲何爲？」曰：「吾老無能爲矣，所以出者，吾此一把骨當付之何地耶？不過欲歸體父母側耳，幸爲達之。」御史許諾，命有司守護，飛章以聞。上令送京師。至，遣內豎往視，咸不識。和尚曰：「固也，此曹安得及事我，爲問吳誠在否？」眾以白上，上命誠往，誠見和尚，方遲疑。和尚曰：「不相見殆四十年亦，應難辨矣。吾語若一事，昔某年月日，吾御某殿，汝侍膳，吾以箸挾一臠肉賜汝，汝兩手皆有執持，不可接，吾擲之地，汝伏地以口嚽取食之，汝寧忘之耶？」誠聞大慟，返命，言信也。上命迎入大內某佛堂中，養之久而殂云。〔註2〕

《東朝紀》，明代王泌撰寫的筆記小說。建文，即指朱允炆。朱允炆（1377年 12 月 5 日～？），又作朱允文、朱允汶，明朝第二位皇帝。明太祖朱元璋之孫，懿文太子朱標第二子。朱允炆於 1398 年 6 月 30 日在南京即位，時年21 歲。他確定下一年爲建文元年，並尊封他的母親二皇妃呂氏（1402 年死）爲皇太后。在靖難之變後下落不明。後世有人以其年號而稱建文帝。

朱允炆的下落終成爲一件懸案。有人說，他被大火燒死；也有人說他喬裝成和尚逃離南京；還有人認爲，朱允炆並沒有死，而是走了後門，到了山

〔註2〕 明祝允明《野記》中也有類似的記載：至，遣內豎往視，咸不識。庶人曰：「固也，此曹安得及事我爲？」問吳誠在無？眾以白上，上命誠往。誠見庶人亦遲疑，庶人曰：「不相見殆四十年，亦應難辨矣。吾語若一事，昔某年月日，吾御某殿，汝侍膳，吾以箸挾一臠肉賜汝，汝兩手皆有執持，不可接，吾擲之地，汝伏地以口嚽取食之，汝寧忘之耶？」誠聞大慟，返命言信也。上命迎入大內某佛堂中養之，久而殂云。

中去做了和尚，紅崖天書就是他寫下的。當時官方的記載當然只能說皇帝及其長子已死於難中；否則，燕王就不可能名正言順地稱帝了。

據永樂年間《實錄》和《明史稿》的記載，朱允炆繼位後，定策削藩。領兵在外、身為燕王的朱棣立即打著清君側的旗號，起兵南下，發起靖難之役。燕王兵臨南京城下。滿朝文武紛紛投降。朱允炆眼看大勢已去，下令焚宮，頓時火光熊熊，朱允炆攜皇后馬氏，跳入火中自焚。朱棣繼位稱帝後，只得以天子「禮葬建文皇帝「。

此外，根據《明史》中的《姚廣孝傳》、《胡濙傳》裏記載：朱棣當了皇帝後，對朱允炆自焚而死，也產生過懷疑，派胡濙等人四處搜尋，甚至派鄭和下西洋「欲尋蹤跡「。一直到朱棣死前一年的一個晚上，胡濙回來報告，訪得朱允炆離開紫禁宮後，一直藏在江蘇吳縣普洛寺內，一心為僧，無復國之意。

儘管如此，朱允炆的下落，依然是一個謎案。到了明代的《東朝紀》裏則將這個謎案加以演繹，將朱允炆有了一個好的結局。朱允炆用一段往事，「吾以箸挾一臠肉賜汝，汝兩手皆有執持，不可接，吾擲之地，汝伏地以口嚙取食之」，使得吳誠「大慟」，相信這是建文帝朱允炆，回報之後，皇帝「命迎大內某佛堂中，養之久而殂」。這肯定是一則民間傳說，一是歷史為被記載，二是其中賦予神奇的民間文化的色彩，三是人們喜歡大團圓的結局。

對於開國帝皇來說，江山打下不容易，往往會勤於政事，甚至會忘記吃飯。對於這些帝皇而言，時間很寶貴。朱元璋就是這樣一位皇帝。根據記載：太祖勤於政事，每臨食匕箸屢廢，思得一事，即以片紙書之，綴於裳衣，或得數事，則累累滿身，若懸鶉焉，泊臨朝則一一行之。〔註3〕

這種「每臨食匕箸屢廢」的狀況，在歷史上皇帝身上是不多見的。

同樣是朱元璋，也會有另外一種用餐場面，他會有由於不高興而「投箸而起」的憤怒。

明徐禎卿《剪勝野聞》：洪武十年，宋學士濂上疏乞骸骨歸，帝親餞之，敕其孫慎輔行，濂頓首辭，且要曰：「臣性命未畢，蓬士請歲觀陛階。」既歸，每就帝聖節稱賀如約，帝推舊恩，戀戀多深情。十三年失朝，帝召其子中書舍人璲、殿廷儀禮司序班慎問之，對曰：「不幸有旦暮之憂，惟升下哀矜，裁其罪譴。」帝微使人廉之，則無恙。下璲、慎獄，詔御史就誅濂，沒入其家。

先是，濂嘗授太子及親王經書，太子於是泣淚諫曰：「臣愚戆，無他師傅，幸陛下哀矜，裁其死。」帝怒曰：「候汝爲天子而宥之。」太子惶懼不知所出，遂赴溺，左右救得免。帝且喜且罵曰：「癡兒子，我殺人，何預汝耶？」因遍錄救溺者，凡衣履入水者擢三級，解衣舄者皆斬之，曰：「太子溺，候汝等解衣而救之乎？」乃赦濂死而更令入謁，然怒卒未解也。會與太后食，後具齋素，帝問之故，對曰：「妾聞宋先生坐罪，薄爲作福祐之。」帝艴然投箸而起。濂至，帝令無相見，謫居茂州，而竟殺璲、慎。

這種場景，是否真實，不得而知，或是街巷之說，也有可能。但從朱元璋的性格來說，其可信程度是蠻高的；換而言之，掌握生殺大權的朱元璋不是一個窩囊的皇帝，言必行，行必果，即使皇后勸導，也無濟於事。

2、表示很少

筷子作爲形容詞，可以表示很少的意思。

明王秀楚《揚州屠城親歷》：天漸暮，敵兵殺人聲已徹門外，因乘屋暫避；雨尤甚，十數人共擁一氈，絲髮皆濕；門外哀痛之聲悚耳儦魄，延至夜靜，乃敢扳簷下屋，敲火炊食。城中四周火起，近者十餘處，遠者不計其數，赤光相映如雷電，闕卜聲轟耳不絕；又隱隱聞擊楚聲，哀顧斷續，慘不可狀。飯熟，相顧驚怛不能下一箸，亦不能設一謀。予婦取前金碎之，析爲四，兄弟各藏其一，髻履衣帶內皆有；婦又覓破衲敝履爲予易訖，遂張目達旦。是夜也，有鳥在空中如笙簧聲，又如小兒呱泣聲者，皆在人首不遠，後詢諸人皆聞之。

此爲明末滿人進下揚州之後，發生的大屠殺，前後持續十日的記載。揚州屠城是指發生在 1645 年農曆四月，當時幸存者王秀楚所著《揚州十日記》中就記載這些令人髮指的場景，又名「揚州十日」。在這種兵荒馬亂的特殊時期，人們擔驚受怕，猶如驚弓之鳥。「飯熟，相顧驚怛不能下一箸」，則徹底地將這種心理表現出來。

同書還另有一則記載，用「數箸而止」，說明難以進食的狀況：

> 老嫗者鄭姓也，疑予與紅衣者爲親，因謬慰之，謂子必返。天已暮，予內弟復爲一卒劫去，不知存亡？婦傷之甚。少頃，老嫗搬出魚飯食予；宅去洪居不遠，予取魚飯食吾兄，兄喉不能咽，數箸而止，予爲兄拭髮洗血，心如萬磔矣！是日，以紅衣告予語遍告諸未出城者，眾心始稍定。次日爲五月朔日，勢雖稍減，然亦未嘗不

殺人，未嘗不掠取；而窮僻處或少安；富家大室方且搜括無餘，子
女由六七歲至十餘歲搶掠無遺種。是日，興平兵復入揚城，而寸絲
半粟，盡入虎口，前梳後篦，良有以也。〔註4〕

　　無論是前文裏的「一箸」，還是此文中的「數箸」，都表示少或者很少的
能夠吃飯的景象。將它們運用於文中，非常貼切、生動。

　　在《堯山堂外紀》卷十六《六朝（梁）》一書中介紹沈約時說其：羸劣多
病，日爐數米而食，羹不過一箸，六月，有綿帽溫爐，食薑椒飯，不爾則委
頓。家藏書十二萬卷。然心僻惡，聞人一善如萬箭攢心。

　　沈約（公元441～公元513年），字休文，吳興武康（今浙江湖州德清）
人，南朝文史學家。著有《晉書》、《宋書》、《齊紀》、《高祖紀》、《邇言》、《諡
例》、《宋文章志》等。《梁書‧卷第十三‧列傳第七》曰：沈「約性不飲酒，
少嗜欲，雖時遇隆重，而居處儉素。」

　　但在《堯山堂外紀》卻有另一番記載，說其晚年體弱多病，「日爐數米而
食，羹不過一箸」。羹也不過一箸，可見其已病入膏肓了。

　　一箸，並不完全表示少的意思，也可以表示一定的高度。

　　如《五雜俎》卷七《人部三》；廉將軍老矣然，一飯斗米，肉十斤。少壯
之時，不知云何？壯士猛將，想皆爾爾。樊噲，生彘肩可啖，何論飯矣？符
秦、乞活、夏默等，啖肉三十餘斤，其人長至二丈，有不可以常理論也。張
齊賢候吏置一大桶屏後，伺公飲飯，如數投之，桶溢而食未已。趙溫叔與兵
馬監押對食豬羊肉各五斤，蒸糊五十事，此亦何遜廉將軍乎？近代熺紳中如
啖豬首一枚，折胡餅高至一箸者，往往見之，不能盡書，其人亦不足書也。

　　這裏的一箸，表示的是一個高度。

第二節　神奇文化

一、占卜工具

　　占卜是一種利用某種器物進行預測的活動，帶有巫術性質。古代人們認
為，這是神靈的暗示，表示人與神之間的互通，因此在一些重要的場合或者
選擇的時候會用占卜來完全一次重大的抉擇。而這種抉擇，被視為神靈的旨

〔註4〕明王秀楚《揚州屠城親歷》。

意，只好順從這種選擇。

1、選擇官員

用筷子來選擇官員，而且是一人之下萬人之上的宰相，就可謂是一大奇事。

根據《夜航船》卷六《選舉部》記載：」五代唐廢帝擇相，問左右，皆言盧文紀、姚有聲望。帝因悉書清望官名，納琉璃瓶中，夜焚香祝天，以箸挾之，得盧文紀，欣然相之。」〔註5〕

五代時期，唐廢帝選擇宰相的時候，用紙寫下他們的名字，放入琉璃瓶內，覆名而卜，然後用箸夾取，第一個夾出的紙上有盧文紀名則拜其爲宰相。選擇宰相，本應嚴肅、莊重的事情，竟以抽籤占卜代替，好像太草率；其實不然，占卜作爲一種神判形式，在古代社會中有深厚的土壤，不僅是廣大民眾而且也是朝廷普遍認可的形式。

古代朝廷以占卜來選用官員，是一種傳統：「古天子卜相，必書清望官名，納金甌或琉璃瓶中，焚香祝天，以箸挾之，得其名，即拜相，故曰枚卜，又曰甌卜。」〔註6〕到了唐玄宗時候，依然用此方法。唐人李德裕在《次柳氏舊聞》中曾詳記其事：「玄宗善八分書，將命相，先以御體書其姓名，置案上。會太子入侍，上舉金甌，覆其名以告之曰：『宰相名，汝庸能知之乎？即射中，賜若卮酒也。』肅宗拜而稱之曰：『非崔琳、盧從願乎？』上曰：『然』。因舉甌以賜酒卮。」〔註7〕不過，這裏用的是「金甌」，而不是「琉璃瓶」。

五代時期，盧文紀被唐廢帝任命爲宰相的故事，在《資治通鑒》卷二百七十九有記載：清泰元年（934），李從珂當上皇帝，爲唐廢帝。宰相劉昫、左僕射門下侍郎李愚，兩人意見不合，互相攻訐，不理政事。唐廢帝對此不滿，想換掉他們。六月，他向親近朝臣問代任宰相的人選，朝臣們推薦尚書左丞姚顗、時任太常卿的盧文紀、秘書監崔居儉，但論及三人才行，各有優劣。唐廢帝不能決斷任誰爲相，於是寫下他們等十餘人的名字置於琉璃瓶內，在夜晚焚香祝天，用筷子將寫有名字的紙夾出。先夾出盧文紀的名字，再夾出姚顗的。他因而分別於七月和八月任盧文紀和姚顗爲中書侍郎，加宰相銜

〔註5〕 在《新唐書・崔琳傳》中有類似記載：「五代唐廢帝擇相，問左右，皆言盧文紀、姚凱有聲望。帝因悉書清望官名，納琉璃瓶中，夜焚香祝天，以箸挾之，得盧文紀，欣然相之。」

〔註6〕 《夜航船》卷六《選舉部》。

〔註7〕 唐李德裕《次柳氏紀聞》，上海古籍出版社1991年影印《四庫全書》本。

同中書門下平章事。

盧文紀（876～951），字子持，京兆萬年（今陝西省西安市）人，在中國五代十國時期的五代後梁、後唐、後晉、後漢、後周都做官，後唐末帝李從珂年間為宰相。

「以箸挾之」，一是為了讓他人看得清楚，二是說箸為一種重要的夾取工具。

2、引鶴道具

筷箸作為一種神奇道具，會表現在很多方面，故事中的用筷子來引鶴起舞，就是一種。筷子在有法術的道士的招呼下，能夠將牆壁上畫的仙鶴引至地面上翩翩起舞，不可謂不神奇。《夜航船》卷十一《日用部》有云：「晉時有酒保姓辛，賣酒江夏，有道士就飲，辛不索錢，如此三年。一日，道士飲畢，以橘皮畫一鶴於壁，以箸招之即下舞，嗣是貴客皆就飲，辛遂致富，乃建黃鶴樓。後道士騎鶴而去。」這是一則關於黃鶴樓的事，帶有神話色彩，最神奇的是，道士「以橘皮畫一鶴於壁，以箸招之即下舞」，如此神奇的事情當然不脛而走，來喝酒的人多了，酒保因此發達起來。

這裏的筷箸，就是一個神奇的道具。它能夠成為道士招引牆壁上的仙鶴到地上來跳舞。其實，不僅如此，這種故事神奇的地方，還表現在：道士吃飯不給錢，酒保因此而發財。而這一切都編排得合情合理，筷子的神奇也表現得非常自然，可謂是天衣無縫。

二、藝　術

筷箸是用餐工具，與藝術是也有著不解之緣。

1、歌　謠

楊慎《古今風謠》：唐德宗建中初童謠：一隻箸，兩頭朱，五六月，化為蛆（朱泚以建中四年叛，明年改號曰漢，是歲六月伏誅）。

這是首童謠，帶有讖言性質，指將要應驗的預言、預兆。

唐德宗登基以後，共使用了三個年號：建中（4 年）、興元（1 年）、貞元（21 年）。

建中年間，德宗不惜使用武力，試圖削奪擁兵自重的地方藩鎮節度使的權力。建中四年（783）十月，德宗準備調往淮西前線平叛的涇原兵馬途經長安時，士兵發生了嘩變。德宗倉皇出逃到奉天（今陝西乾縣）。涇原兵馬擁立

朱滔的兄長、曾擔任涇原軍統帥的朱泚，稱大秦（後改爲漢）帝，年號應天。

朱泚原爲幽州將領，唐朝先後任命他爲隴右節度使、鳳翔節度使等要職，加封中書令、太尉。建中四年（783），朱泚被嘩變的士兵擁立爲帝，國號秦，年號應天。興元元年（784），改國號爲漢，年號天皇。不久，李晟收復長安，朱泚逃往涇州，被部將殺，時年四十三歲。

唐德宗建中的這一首童謠，恰恰把這一段歷史進行了高度的概括。如果說是讖言的話，也的確有此意味。「一隻箸，兩頭朱」，此處的「朱」，一是指朱滔，一是指朱泚。另外從筷子的角度來看，唐朝大眾化筷子的顏色可能有朱色，也因此而被推導出來。只有這種一語雙關，才能夠有更好的效果，否則，此童謠就不成其爲有預示作用了。

2、音　樂

筷箸在古代作爲一種打擊樂器的一部分。《夜航船》卷九《禮樂部》：唐道源作擊甌。李□作水盞【二俱用箸擊】。這裏，擊甌、水盞均用筷子來擊打，使之產生音樂。

筷子作爲打擊樂器的工具，在前文裏有擊打水盞的記錄。另外，在明祝允明《野記》也有記載：洪武中，山西都指揮郭敬，性解鍾律。以水置食器中，斟酌損益，以箸擊之，即合音調。嘗聞教坊奏登降之樂，愀然不樂，或問之，曰：「非爾所知。」

這種碗盆裏裝上不同水位的水，而用筷子進行擊打，會產生美妙的音樂。這個方法是洪武年間山西都指揮郭敬所進行的自娛自樂的形式，流傳開來之後，到了教坊中，幾乎與其原來音樂已經大相徑庭，難怪郭敬會說，這種教坊之樂早已不是我原先創作的那種音樂了。

筷子打擊碗，在明代已經成爲一種流行，在《堯山堂外紀》卷七十七《元》中有詩云：「暖雲著柳春□□，錦航兩旗楊柳風。美人娟娟錦船裏，的□樂瞳人剪秋水。阿鬟養花花滿門，洗花染作眞朱裙。窈窕行煙踏煙步，野棠亂落麒麟墓。東風撲天驅夢來，露香翠泣鴛鴦杯。玉箸丁東鳴碧碗，鶯簫二尺猩紅板。瓊花起舞歌竹西，錢崖酣春寫春題。幽緒不憑蜂蝶使，怨絕冰絲絃第四。便栽□佳霓作雲箋，寫入花遊第幾篇。」

詩中「玉箸丁東鳴碧碗「，描寫的是筷子擊打碗時候發出的悅耳的聲音。由此可見，敲打碗的筷子，不是某種個別的現象，而在一定程度上可以說是有閒階級的娛樂形式。

3、故　事

筷子在民間故事中也會產生神奇的效果，還能夠豐富情節，增加色彩。

明施顯卿《古今奇聞類紀》：程宰士賢者，徽人也。正德初元，與兄某挾重貲商於遼陽，數年所向失利，展轉耗盡。徽俗，商者率數歲一歸，其妻孥宗黨全視所獲多少爲賢不肖而愛憎焉。程兄弟既皆落莫，羞慚慘沮，鄉井無望，遂受傭他商爲之掌，計以糊口。二人聯屋而居，抑鬱憤懣，殆不聊生。至戊寅秋，又數年矣。遼陽天氣早寒，一夕，風雨暴作，程已擁衾就枕，苦寒思家，攬衣起坐，悲歌浩歎，恨不速死。時燈燭已滅，又無月光，忽盡室明朗，殆同白晝，室中什物毫髮可數。方疑惑間，又覺異香氤氳，莫知所自。風雨息聲，寒威頓失。程益錯愕，不知所爲。亟啓戶出視，則風雨晦寒如故。閉戶入室，即別一境界矣。疑鬼物所幻，高聲呼怪，冀兄聞之。兄寢室才隔一土壁，連呼數十，寂然不應，愈惶急無計，遂引衾幂首嚮壁而臥。少頃，又聞空中車馬喧鬧，管絃金石之音自東南來。初猶甚遠，須臾已入室矣。回眸竊視，則三美人皆朱顏綠鬢，明眸皓齒，約年二十許，冠帔盛飾，若世所圖畫后妃之狀。遍體上下金翠珠玉，光豔互發，莫可測識。容色風度奪目驚心，眞天神也。前後左右侍女數百，亦皆韶麗。或提爐，或揮扇，或張蓋，或帶劍，或持節，或捧器幣，或秉花燭，或挾圖書，或列寶玩，或荷旌旆，或擁衾褥，或執巾帨，或奉盤澥，或擎如意，或舉殽核，或陳屏障，或布几筵，或奏音樂，雖紛紜雜沓而行列整齊，不少錯亂。室才方丈，數百人各執其事，周旋進退綽然有餘，不見其隘。門窗皆扃，不知何自而入。俄頃，冠帔者一人前進床撫程微笑曰：「果熟寢邪？吾非禍人者，子有夙緣，故來相就，何見疑若是？且吾已至此，必無去理。子便高呼終夕，兄必不聞，徒自苦耳。速起，速起。」程遂推枕下榻，匍匐前拜曰：「下界愚夫不知眞仙降臨，有失虔迓，誠合萬死，伏乞哀憐。」美人引手掖程起，慰令無懼，遂與南面同坐其二人者東西相向，皆言今夕之會數非偶而，愼勿自生疑阻。遂命侍女行酒進饌，品物皆生平目所未睹。才一舉箸，珍美異常，心胸頻爽。

此爲《遼陽海神傳》中的情景，應該是一古代民間傳說。在這一傳說裏，就有兩次提及筷箸，上面引述的程宰士遇見海神，受其招待，非常高興，「才一舉箸」就感覺到：一是菜肴的「珍美」，二是心情的愉悅。緊接著又用筷子來教育程宰士：

美人撫掌曰：「方爾歡適，便以俗事嬰，心何不灑脫若是邪？

雖然郎本業也，亦無足異。」言絕，即金銀滿前，從地及棟，莫知
其數。指謂程曰：「子欲是乎？」程歆愛之極，欲有所取，美人引箸
挾食前肉一臠，擲程面，問曰：「此肉可黏君面否？」程言：「此是
他肉，何可黏吾面也？」美人笑指金銀：「此是他物，何可爲君有邪？
君欲此物，可自經營，吾當相助耳。」時己卯初夏，有販藥材者，
諸藥已盡，獨餘黃蘗、大黃各千餘斤不售，殆欲委之而去。美人謂
程是可居也，不久，大售矣。程有傭直銀十餘兩，遂盡易而歸。其
兄謂弟失心病風，誶罵不已。數日疫癘盛作，二藥他肆盡缺，即時
踴貴，果得五百餘金。

　　文中所引述的「美人引箸挾食前肉一臠，擲程面」，是爲了教育他，不要
貪圖別人的財物，可以用自己的才智去發現商機，取得財富，這才是可取的。
　　於是在海神美人的幫助下，利用疫癘盛作，高價出售藥材而大賺其財。
這裏，可以看出帶有資本主義萌芽時期那種囤積居奇的原始資本積纍的殘酷
與血腥，但是不可否認的是，其中並沒有突破最根本的做人的道德底線，那
就是不能無端地侵佔別人的財產，而應該在市場競爭的環境下，爭取利益的
最大化。
　　神奇的故事，在民間很有市場，人們津津樂道的是其情節的離奇，結尾
的出人意料。
　　明陸容《菽園雜記》就記載了與火箸有一定關係的傳奇：同僚吳味道處
之，遂昌人。嘗言其家人看稻莊所，夜吹笛以自娛，忽有大面矬人倚石而聽
之，次夜亦然。家人知其爲鬼物，然未敢發也。至三夜，乃然炭坐處，燒鐵
箸炭中，取笛吹之。其物復來，乃出其不意，取箸刺之，急趨水旁去。詰旦，
蹤跡之，見一大蝦蟆死水旁，刺痕在其頜下。
　　這是一個蝦蟆精的故事，吹笛者以爲是鬼，用燒燙的火箸刺之，到了第
二天才發現是蝦蟆。
　　這種離奇的故事，在明代有很多，其中與筷子直接有關聯的卻不是太多。
但是在故事中敘述道筷箸的情節，往往可以爲其增加更多的的場景。
　　《情史》卷二十一《情妖類》：相從月餘日，守宿僮僕，聞其與人言，謂
必挾娼優淫昵，他日且累己，密以告老姨媼。輾轉漏泄，家人悉知之，掩其
不備，遣弟妹乘夜佯爲問訊，排戶直前，女奔忙斜竄，投室傍空轎中，秉燭
索之，轉入他轎，垂手於外，潔白如玉，度事急，穿竹躍赴池，杳然而沒。

舒悵然掩泣，謂無復再會期。眾散門扃，女蓬首喘戰，舉體淋漓，足無履襪，奄至室中，言：「墮處得孤嶼，且水不甚深，踐濘而出，免葬魚腹，亦云天幸。」舒益憐之，自爲燃湯洗濯，夜分始就枕。自是情好甚密，而意緒常恍忽如癡，或對食不舉箸。〔註8〕

文中的舒與妖氣義相投，「情好甚密，而意緒常恍忽如癡」，以至於食之無味，不願意「舉箸」了。這種描寫，將舒那種深陷愛情之漩渦難以自拔的惶惑不定的神情表現得入木三分。

4、佛　語

明龍遵《著食色紳言》：「佛言受即是空，謂受苦受樂，及一切受用也。如食列數味，放箸即空矣。」

此話很辯證，用筷時，面前擺放著粗茶淡飯或者珍饈佳肴，然而一旦放下筷子，就意味著吃完了，一切都被收起，即所謂的「放箸即空矣」。

5、詩　作

用筷子來作詩，別有情趣，特別命題作文，而且有難度的句子，要進行應對，更不是易事。《堯山堂外紀》卷七十八《國朝》記載了劉伯溫與朱元璋對詩的場面：劉基初見太祖，問能詩乎？基曰：「儒者末事，何謂不能。」時帝方食，指所用斑竹箸使賦之，基應聲曰：「一對湘江玉並看，二妃曾灑淚痕斑。」帝顰蹙曰：「秀才氣味。」基曰：「未也。『漢家四百年天下，盡在張良一借間』」。帝大悅，以爲相見晚。

朱元璋用斑竹筷要劉伯溫作詩，劉隨口應道「一對湘江玉並看，二妃曾

〔註8〕類似情節也見於明王世貞《豔異編正集·豔異編》卷三十四：喜趁良宵月皎。況難逢，人間兩好。莫辭人醉，醉入屏山，只愁天曉。**湛湛蓋寓聲《燭影搖紅》**也，舒愈愛惑。女令青衣歸，遂留共寢，宛然處子耳。將曉別去，間一夕復來。珍果異撰，亦時時致前。及懷縑素之屬，親爲舒造衣，工製敏妙。相從月餘，守宿童隸聞其與人言，謂必挾娼優淫昵。他日且累己。密以告老媼，媼輾轉漏泄，家人悉知之。掩其不備，遣弟妹乘夜佯爲問訊，排戶宜前。女忙奔斜竄，投室旁空轎中。秉燭索之，轉入他轎，垂手於外，潔白如玉。度事急，穿竹躍赴，統然而沒。舒悵然掩泣，謂無復有再會期。眾散門扃，女蓬首喘戰，舉體淋漓，足無履襪，掩至室中。言：「墮處得孤嶼，且水不甚深，踐濘而出。免葬魚腹，亦雲天幸。」舒憐而持之，自爲燃湯洗濯，夜分始就枕。自是情好愈密，而意緒常恍忽如癡，或對食不舉箸，家人驗其妖怪，潛具伏請符於小溪朱彥誠法師。朱讀狀大駭，曰：「必鱗介之精耶。毒人肝脾裏，病深矣，非符水可療，當躬往治之。」朱未及門，女慘戚嗟唱，爲悃悃可憐之色，舒問之，不對。

灑淚痕斑」，朱元璋看來太普通了，接著劉又說道：「漢家四百年天下，盡在張良一借間」。後兩句不僅大氣，而且還有出典。劉伯溫的才氣，一下子使得朱元璋「龍顏大悅「，大有相見恨晚的感覺。

後兩句的出典為」借箸「，指的是張良借（劉邦的）筷子為他籌劃指點。後人用以比喻出謀劃策。此地劉伯溫一方面借機吹捧自己有張良之才，同時也歌頌明代也會像漢代一樣長久統治天下。

還有一種對詩，要求更高，不僅句式相同，而且韻腳、對仗都需要嚴格遵守上聯。《堯山堂外紀》卷二十四《唐》：開元中，東宮官僚清談，閩人薛令之為右庶子，別無史職，而俸廩甚薄。戲題其壁曰：「朝日上團團，照見先生盤。盤中無所有，苜蓿長闌干。飯澀匙難綰，羹稀箸易寬。只可謀朝夕，何由度歲寒。」上幸東宮見之，索筆續之曰：「啄木嘴距長，鳳凰毛羽短。若嫌松桂寒，任逐桑榆暖。」令之懼而謝病歸，逐不復用。

閩人薛令之自持才高，唐玄宗看見此詩，欣然命筆，寫下諷刺他的五言詩四句，工整對仗，含義鮮明。薛令之見了，「懼而謝病歸，逐不復用」。

第三節　禮　儀

筷箸禮儀是一種文化，也包含民間禮俗，這是長期以來所形成的一種民族遵守的規矩，

一、不懂筷子禮儀，要受到懲治

明徐禎卿《剪勝野聞》：翰林應奉唐肅，初以失朝坐免官，歸鄉里。太祖重其才，再召入。嘗命侍膳，食訖，拱箸致恭為禮。帝問曰：「此何禮也？」肅對曰：「臣少習俗禮。」帝怒曰：「俗禮可施之天子乎？」罪坐不敬，謫戍濠州。

這是一則經典的關於筷箸禮儀的記載。唐肅（1318 至 131）一作（1321至 1374），字虔敬，號丹峯，山陰（今浙江紹興）人。通經史、陰陽、醫卜，善畫山水。著有《丹崖集》。有子唐愚士。後因早朝無故缺席，坐免官，歸鄉里。太祖重才，再召入。有一日在朱元璋面前用橫筷禮，犯「大不敬」罪，發配濠州邊境。不久病死。

其實，拱箸並不是橫筷，而是筷子雙頭交叉、而筷尾分開的樣子，就如

打拱作揖一般。但是拱箸，與打拱作揖表現對人的尊重，完全兩碼事。其圖形猶如箭矢，對準對方，朱元璋當然不高興。唐肅雖然一再辯稱是一種俗禮，但是朱元璋不與他糾纏於「俗禮」還是「雅禮」之爭，而是從治理國家的高度，否定了他的拱箸之禮。爲此，還將其「謫戍濠州」，可見朱元璋對待筷子的擺放是有一定的容忍度的，他不會對於不知道筷子禮儀的官員採取寬容的態度，就顯示了他對中國筷箸禮儀的重視。

二、筷子是一種賞賜的禮品

《夜航船》卷五《倫類部》：唐開元時，宋爲相，朝野歸心。時侍御宴，帝以所用金箸賜之，曰：「非賜汝箸，以表卿直也。」

宋，即宋璟。宋璟居相位，以擇人爲務，隨才授任，使百官各稱其職。他刑賞無私，敢於直諫，爲玄宗所敬憚。一次唐玄宗宴會上送其金箸，以表彰其正直不阿的精神。

唐代規定，一品以下，食器不得用純金、純玉，三品以下不得以金銀爲食器，民間一般都不准使用金器。而當時的金銀器主要出自中央金銀作坊院，包括筷子在內。唐玄宗之所以將金製的筷子賜予宰相宋璟，其原因：一、筷子是直的，象徵耿直；二、金在唐時代表著一種地位、尊嚴；三、皇帝的賞賜也是最高的榮譽。

可知，筷子作爲一種禮品，至少從唐代已經開始。

三、筷子是一種必備的器物

明張岱《著陶庵夢憶》在養瘦馬的民俗裏，就這樣一段情節：不一刻，而禮幣、糕果俱齊，鼓樂導之去。去未半里，而花轎花燈、擎燎火把、山人儐相、紙燭供果牲醴之屬，門前環侍。廚子挑一擔至，則蔬果、肴饌湯點、花棚糖餅、桌圍坐褥、酒壺杯箸、龍虎壽星、撒帳牽紅、小唱絃索之類，又畢備矣。不待覆命，亦不待主人命，而花轎及親送小轎一齊往迎，鼓樂燈燎，新人轎與親送轎一時俱到矣。新人拜堂，親送上席，小唱鼓吹，喧闐熱鬧。日未午而討賞遽去，急往他家，又復如是。

顯然，廚子挑來擔子，放上各種蔬果、肴饌湯點、花棚糖餅，擺設酒壺杯箸，也都是養瘦馬習俗中間的一個禮儀程序。

在揚州有這樣的禮儀，在杭州也有節日的筷子禮俗。

　　每年七月半，杭人遊湖，巳出酉歸，避月如仇，是夕好名，逐隊爭出，多犒門軍酒錢，轎夫擎燎，列俟岸上。一入舟，速舟子急放斷橋，趕入勝會。以故二鼓以前，人聲鼓吹，如沸如撼，如魘如囈，如聾如啞，大船小船一齊湊岸，一無所見，止見篙擊篙，舟觸舟，肩摩肩，面看面而已。少刻興盡，官府席散，皂隸喝道去，轎夫叫船上人，怖以關門，燈籠火把如列星，——簇擁而去。岸上人亦逐隊趕門，漸稀漸薄，頃刻散盡矣。吾輩始艤舟近岸，斷橋石磴始涼，席其上，呼客縱飲。此時，月如鏡新磨，山復整妝，湖復頹面。嚮之淺斟低唱者出，匿影樹下者亦出，吾輩往通聲氣，拉與同坐。韻友來，名妓至，**杯箸安**，竹肉發。月色蒼涼，東方將白，客方散去。吾輩縱舟，酣睡於十里荷花之中，香氣拍人，清夢甚愜。〔註9〕

　　七月半，也稱之為中元節、盂蘭盆節，俗稱鬼節，民間普遍進行祭祀鬼魂的活動，一般到了夜晚會早早回家，以防遇見不測。但是在明代，杭州卻有夜晚野餐的習慣，「韻友來，名妓至，杯箸安」，一直到「東方將白，客方散去」。

第四節　使用區域

一、使用筷子的區域

1、中　國

　　中國筷箸的使用，與飲食是分不開的。說到吃，就會將箸一起聯繫起來，成為一種明代文化描述的場景。

　　《萬曆野獲編》卷十九：沁水劉大司空晉川（東星），清修名臣也，獨好為矯厲之行。甲午年，從協院副都御史轉少宰，時，其同年沈繼山（思孝）司馬，以大理卿召入，故其極厚同志也，初見即招入書室，蔬飲正洽，忽微諷沈曰：「兄此來甚慰舉朝屬望。但蘭溪公善人，且耄，可待，幸姑留之數月，何如？」沈不知所謂，面發赤曰：「我去國許年，僅九卿之末，首揆去留，我安從知之。且主之耶？」即怫然別。是時太倉甫去位，蘭溪當國，其次即新建，兩人已不相洽。沈與新建素厚，故疑沈欲逐趙，而劉又趙所厚也。沈出遍詢，始知其語有由來，心已蓄不平。又一日過劉，則李克庵楨司寇在座，

〔註9〕明張岱《陶庵夢憶》。

李先爲僉院，與劉同事，共飲脫粟，固勸沈同進。沈曰：「吾已飽矣。」劉哂曰：「沈兄素豪侈，不能啖此粗糲，但我無從覓精鑿，奈何？奈何？」李固沈任光祿時舊僚，亦相善者。乃正色謂李曰：「公且罷箸，聽我言，我輩忝大九卿，月俸例得上白糧，盡可供賓主饔飧。今匿其精者，而以操軍所請漕粟飼我，此人全作公孫弘行徑，不足信也。」李，秦人，最樸誠，聞言大悟曰：「劉公信非端士。」即相率出門。後來沈與劉趙隙遂不解，以致富平太宰，新建相公，成貿首之仇。

引文中的劉東星，字子明，晉川，山西沁水人，官右僉都御史、工部左侍郎，總理河漕。當時黃河決口，劉東星因治河有功，工部尚書，右副都御史。他「微諷「沈繼山，是由於他的官銜高於沈繼山。

而沈繼山（思孝）是個能說善辯的人，曾經爲了海瑞與房宇寰進行辯護。「房宇寰侍御督學南畿，時海忠介方自南少宰晉掌南臺，自以夙望峻威棱，留都庶僚不能堪，而無敢議之者。房頗以材胥著稱，獨奮起攻之，至謂海瑞矯情飾詐種種奸僞，賣器皿以易袍，用敝靴以易帶，此真公孫弘布被中夢想所不能到者。時吾邑沈繼山思孝司馬爲南閒卿，又專疏爲海代辯，而劾房以私怨辱直臣。房復上章攻沈，雲臣砥礪二十年，天下所知，且思孝與臣同里同年，而論議枘鑿不侔如此，則臣之品行於此已見。」〔註10〕

就是這樣一個個性分明的沈繼山肯定會對刺激他的劉晉川、李克庵毫不客氣，並聲色俱厲地對李克庵說：「公且罷箸，聽我言」，說了一番自己的看法。李克庵這才看清楚劉晉川的面目。隨後，沈繼山與劉晉川產生矛盾。

這些官僚飯局聊天，神情十分休閒，話語卻針鋒相對。文中用「公且罷箸，聽我言」的句子，爲了試圖勸阻別人放下筷子來聽自己的發言。

可見官僚吃飯需要使用筷子，皇宮內院同樣也使用筷子，所不同的是筷子的材質會有不同，表現得更細巧更精美而已

《情史》卷六《情愛類》：成帝以三秋閒日，與飛燕戲於太液池。以沙棠木爲舟，貴其不沉沒也。以雲母飾於鷁首，一名「雲舟」。又刻大桐木爲蚪龍，雕飾如真，以夾雲舟而行。以紫桂爲拖枻。及觀雲棹水，玩擷菱藕。帝每憂輕蕩以驚飛燕，命伕飛之士，又金鎖纜雲舟於波上。每輕風時至，飛燕殆欲隨風入水，帝以翠纓結飛燕之裙。常怨曰：「妾微賤，何復得預裙纓之遊？」今太液池尚有避風臺，即飛燕結裙之處。后驕逸，體微病，輒不自飲食，須

帝持匕箸。藥有苦口者，非帝爲含吐不下咽。

這是一則漢成帝與趙飛燕的愛情故事。漢成帝，名劉驚，漢朝第十二位皇帝，漢元帝長子，他寵愛趙飛燕，並爲此將他原來的皇后廢黜，立趙飛燕爲皇后，後來又納趙飛燕之妹趙氏爲昭儀。史載，成帝爲了取悅趙飛燕，令工匠在皇宮太液池建造了一艘華麗的御船，一同泛舟賞景。這些在《情史》裏有更加細膩的描述。由於趙飛燕身體有恙，成帝親自來問候。「后驕逸，體微病，輒不自飲食，須帝持匕箸」，這一段文字描寫將皇帝對皇后體貼入微的細節表露無遺。最關鍵的一點，就是「帝持匕箸」。皇帝用筷子、調羹來精心服侍皇后，是一幅眞心眞意的愛情畫面。

如今無法知道，漢成帝用什麼材質的筷子，但可以知道帝皇使用的筷子一定是當時最好的，最能夠代表皇家氣派與身份的。

2、朝　鮮

朝鮮是個使用筷子的國家。關於這一點可以在《朴通事》一書中得到印證。《朴通事》是元末明初以當時的北京話爲標準音而編寫的，專供朝鮮人學漢語的課本。正因爲如此，其中有許多關於生活的各種器物，也包括筷子。

在《朴通事》裏有一段問話：「一兩日上位郊天去，怎麼還不曾修理車輛？叫將那木匠來，買饋他木料、席子整理。車輛都有麼？都有了那們時，如今少甚麼？」接下去的答句爲：「少梯子、撐頭、套繩、勾索、籠頭、腳索、鞍子、肚帶。我饋你銀子，如今都買去。鑼鍋、柳箱、灑子、三腳、碗、碟、匙、箸、杴杓、笊籬、炊帚、檫卓兒、簸箕、篩子、馬尾羅兒、卓兒、盤子、茶盤、抬盞、壺瓶、酒鼈、銅潲杓都收拾下著。各樣帳房、室車、席筐、馬槽都壯麼？」

這種問答句子幾乎貫穿整本書。

在問及炒菜「有甚麼難處「時？回答道：「刷了鍋著，燒的鍋熱時，著上半盞香油。將油熟了時，下上肉，著些鹽，著箸子攪動。炒的半熟時，調上些醬水、生蔥、料物拌了，鍋子上蓋覆了，休著出氣，燒動火，一霎兒熟了。」[註11]

這裏的」箸子」，是口語化筷子的雛形，也可能最早從朝鮮人那裏開始使用。從中可以看到，筷子一詞演進的過程。從箸，演變成爲箸子，是一個重要的歷史變化，體現出箸與箸子交替出現的民族互相影響的文化現象。

〔註11〕　明《朴通事》。

3、琉　球

在明代的琉球，不同的地方有不同的風俗，其中表現爲有的地方使用筷子，而有的地方卻不使用筷子。在文化相對比較進步的地方，使用筷子的比例就比較高，據記載：若大夫、長史、通事等官，則專司朝貢之事，設有定員而爲文職者也。王並日而視朝，自朝至於日中、昃，凡三次。陪臣見之，皆搓手膜拜；尊者、親者，則延至殿內，賜坐、賜酒；其卑疏者，則移時長跪於階下焉。凡遇元旦、聖節、長至日，王率眾官具冠服，設龍亭行拜祝禮；蓋久漸文教，非復曩者之陋矣。父之於子，少雖同寢；及長而有室，則異居。食亦用匙箸。得異味，先進尊者；及子爲親喪，數月不肉食：亦其俗之可嘉。〔註12〕

又據《使琉球錄三種》載：」廣廈八珍未列，內家一箸先嘗；衎衎古來籩實，纖纖宮樣豆觴。」〔註13〕可知，琉球是有筷箸存在的。而且有了一定的禮儀形式，美味佳珍，需要內行的人先進行品嘗。

琉球是個國人不甚了了的地方，其風俗與國內不盡相同，因此就成爲旅行者必然要關注、記錄的要點：按琉球國諸山，雖南北迤邐相望，而形勢不甚抱合；翠麗等四山之名，殊無紀載可考。詢之國人，不識也。叢林峻谷，間亦有之。厥田沙礫瘠薄，民業樹藝復鹵莽不精，顧能約於口體。衣止土素紵布，無綺華；而食日不過飯一、二碗，取充饑耳。大抵其俗儉偋，而少勤也。海地卑濕溽蒸，故氣候常熱，然抵暮輒涼；而隆冬冱寒，亦時時雪焉。又云「酋長遵理，不科民下」；稍爲篤論。以國中令甲本簡，而操柄者復不責小文耳。百姓造酒，則以水漬米，越宿，令婦人口嚼、手搓以取汁，名曰「米奇」；非甘蔗所釀也。日來會賓燕享，往往亦設中國金酒矣。陪臣子弟與凡民之俊秀，則請致仕大夫教之；俾誦讀孔氏書，以儲他日長史、通事之用。遇十六、七歲該貢之年，仍過閩河口地方，從師習齊人語。餘顓蒙不慧者，第宗倭僧學書番字而已。至於作詩，譬落落辰星，僅知弄文墨、曉聲律爾矣；而許以「效唐體」，吾誠不知其可也。古畫、銅器，貴家大族近頗相尚；然所同好者，惟鐵器、綿布焉。蓋地不產鐵，炊爨多用螺殼；土不植綿，織紝唯事麻縷。如欲以釜甌爨、以鐵耕者，必易自王府而後敢；匪是則罪以犯禁，弗貸也。其國未諗產金與否，往見王府亦有金酒瓶、臺盞之類，即匙箸亦然；

〔註12〕　明陳侃、蕭崇業、夏子陽撰《使琉球錄三種》，《臺灣文獻叢刊》第 287 種。
〔註13〕　明陳侃、蕭崇業、夏子陽撰《使琉球錄三種》，《臺灣文獻叢刊》第 287 種。

駸駸乎路甃出於土鼓，華滋甚矣。海貝，大率產於此，顧又不用；乃獨用日本所鑄銅錢，輕小如宋季鵝眼、綖環，千不盈掬。每十折一、每貫折百，與其無當於用也，孰若海貝之尤便且易哉！〔註14〕

這裏，有當地的文化，也有日本文化的印記，同時還帶有中國筷箸文化的傳統，而且是貴族家族的風範：「往見王府亦有金酒瓶、臺盞之類，即匙箸亦然」。金製作的筷子，非尋常百姓家所能夠用得起的餐具，表現的是高檔生活狀態。

琉球貴族使用金筷子的記載，不止出現一處：按琉球諸山，惟鐵器、棉布。蓋地不產鐵，炊爨多用螺殼；土不植棉，織紝惟事麻縷。此二者，必資中國；今進貢之使稍貿以往，其用亦稱不乏焉。國未誌產金與否；往見王府，亦有金瓶、臺盞之類，即匙箸亦然。〔註15〕

可見，金筷子在琉球王府也屬於普遍的現象。

在琉球，還有一種與華人不同的人種：「其人狀貌，與華人不甚相遠；但深目多鬚，上髭剪與唇齊稍為異，未嘗盡去也。額任質，而髻居右；其束網而髻居中者，則洪、永間所賜閩人三十六姓之裔也。」他們卻使用木製的筷子：「食用匙箸，削素木為之。」〔註16〕

這種木質的筷子顯然是普通老百姓所使用的，而不是王府貴族使用的用餐工具。

4、東　夷

《殊域周咨錄》卷一《東夷》：又聞先朝有使海外者，其國宴饗之際，以朱盤進炙魚甚巨，人面魚身，置諸席上。使者舉箸徑取雙目啖之，即令撤去。蓋此名人面魚，其味在目，其毒在身。

東夷，一般指的是朝鮮、日本、琉球。中國使者出使東夷，會受到隆重接待，舉行國宴，用最好的食物招待。人面魚則是一道美味，只吃魚的眼睛，而不能吃魚的身體，因為身體是有毒的。「使者舉箸徑取雙目啖之，即令撤去」，就表現了這種特殊的飲食場景。

《殊域周咨錄》約成書於萬曆二年（1574），嚴從簡撰。所用資料取自明王朝歷年頒發的敕書、各國間交往大事和相互來往使節所作的文字記錄，以

〔註14〕明陳侃、蕭崇業、夏子陽撰《使琉球錄三種》，《臺灣文獻叢刊》第287種。
〔註15〕明陳侃、蕭崇業、夏子陽撰《使琉球錄三種》，《臺灣文獻叢刊》第287種。
〔註16〕明陳侃、蕭崇業、夏子陽撰《使琉球錄三種》，《臺灣文獻叢刊》第287種。

及行人司所藏文書檔案等。共二十四卷：卷一朝鮮，卷二至三日本，卷四琉球，卷五至六安南，卷七占城，卷八眞臘、暹羅、滿剌加、爪哇、三佛齊、渤泥、瑣里古里，卷九蘇門答臘、錫蘭、蘇祿、麻剌、忽魯謨斯、佛郎機、雲南百夷，卷十吐蕃，卷十一佛菻、榜葛剌、默德那、天方國，卷十二哈密（見哈密衛），卷十三土魯番，卷十四赤斤蒙古、安定阿端、曲先、罕東、火州，卷十五撒馬兒罕、亦力把里、于闐、哈烈，卷十六至二十二韃靼，卷二十三兀良哈，卷二十四女眞。全書又按地域分爲東夷、南蠻、西戎、北狄四部。其中卷九的雲南百夷、卷十的吐蕃、卷十二至二十四所記均爲明代邊疆地區民族情況。

　　明朝時中國和周邊國家、海外國家往來密切，明太祖派使臣出使朝鮮、琉球、日本、安南、眞臘、三佛齊、古里、哈烈、撒馬兒罕等國；明成祖派三寶太監鄭和下西洋。明太祖設立行人司，掌管外事。在行人司任職的嚴從簡，接觸許多外來使臣，得知海外國家和邊疆國家的狀況，又掌握大量內部文件和記錄，爲他撰寫此書打下基礎。他撰寫此書時參考了大量前人的著作，但他認爲歷史記錄可從書中查到，但中外來往的內部文件則是外間難以見到，因此他厚今薄古，偏重記述當代的事件，爲明朝出使外國的使臣提供參考。

　　《殊域周咨錄》卷四《東夷（東南）》：其俗：男子蟠髮，作髻於頂之右。凡有職者貫以金簪。漢人之裔，髻則居中。俱以色布纏其者，黃者貴；紅者次之；青綠者又次之；白斯下矣。王首亦纏錦帕，衣則大袖寬博，制如道服，每束大帶，各如纏首布之色辨貴賤也。足則無貴賤，皆著草履，入室宇則脫之，蓋以跣足爲敬。又席地而坐，恐塵污地故。王見神，臣見王及主見賓，皆若是也。惟接見天使，則加冠具履，行揖遜之儀，然疾首蹙額，弗勝其束縛之勞矣。婦人黥手而爲花草鳥獸之形；首反無飾，髮如童子之總角，在後不知；足而爲之屨，男女皆可用也。弟富室則以蘇席襯屨底，少加皮緣，即爲美觀。上衣之外，更用正幅，如帷覆於背。見人則手引之前，蒙其首而蔽其面。下裳如裙而倍其幅，褶細且長，取覆足也。其貴家大族婦女出入，則帶箬笠，坐於馬上，女僕三四從之。蓋男未嘗去髭鬚，戴羽冠；女未嘗有布帽毛衣螺佩之飾。亦無產乳必食子衣之事，如《統志》所云也。父之於子，少雖同寢，及長而有室，必異居。食兼用匙箸，得異味先進尊者。子爲親喪，數月不肉食，亦其俗之可嘉。

二、不用筷子的海外地區

1、日本一些地區

《萬曆野獲編》卷十七：司馬既以封貢事委之，言無不合，言路交攻，不為動。沈留釜山年餘，廷遣制使二人往封，以惟敬為宣諭使，偕渡海。臨淮李小侯既逃，朝命副使楊方享充正，即以惟敬為副使代之。過海至山城州，草草畢封事。而倭留朝鮮者，終不去，貢事亦不成。石司馬以違旨媚倭下獄，沈為督府邢司馬捕至京論斬，妻子給功臣為奴。惟敬無子，妻為南妓陳淡如，少亦知名，時已老矣。沈誅後，部曲星散，淡如與嘉旺，俱不知所終。惟敬渡海時，余家有一舊僕隨之。及還，云日本國多風，四時皆然，四面皆至，所謂颶風也。俗好樓居，至十餘層，而又不善陶埴，即王居亦以茅覆，故易敗，亦易成。土俗與舊傳略似，唯所譚用箸最奇。其俗侈於味，強半海錯，中國所未名者，每宴會，雖黃白雜陳，不設匕箸，臨食則侍奴取小材長尺許者，對客削成箚，人置一雙；既胈，便對客折之，不復再用。每堂廡間，必設箸材半楹，以備朝夕供具。日必再浴，不設浴鍋，但置密

2、琉球一些地區

明陳侃、蕭崇業、夏子陽撰《使琉球錄三種》介紹琉球風俗時，就說到當時他們沒有用筷子的習俗：男子去髭鬚，婦人以墨黥手為龍虎文；皆紵繩纏髮，從頂後盤至額。男以鳥羽為冠，裝以珠玉、赤毛；婦以羅紋白布為帽。織斗鏤皮並雜毛為衣，以螺為飾；而下垂小貝，其聲如佩。無君臣上下之節、拜伏之禮，父子同床而寢。婦人產乳，必食子衣。食用手，無匙箸；得異物，先進尊者。死者浴其屍，以布帛纏之，裹以葦草，上不起墳。無他奇貨，尤好摽掠，故商賈不通。不駕舟楫，惟縛竹為筏；急則群舁之，泅水而逃。俗事山海之神，祭以殽酒；戰鬥殺人，即以所殺人祭其神。王所居，壁下多聚髑髏以為佳。所居曰波羅檀洞，塹柵三重，環以流水，樹棘為藩；殿宇多刻禽獸。無賦斂，有事則均稅。無文字，不知節朔；視月盈虧以知時，視草榮枯以計歲。〔註17〕

吃飯用手，這是另外一種飲食文化系統，也是最初用餐形式，隨著餐飲的變化，也會進行改變，或使用刀叉，或使用匙箸。不過根據地域、環境及文化圈的影響，使用筷子的可能是遠遠高於其它兩種用餐方式的。

在《使琉球錄三種》還記載了一些地方不使用筷子的風俗：「食用手，無

〔註17〕見《臺灣文獻叢刊》第 287 種。

匙箸」。這種不用筷子的情景與他們的原始社會的狀態相吻合的：「得異物，先進尊者。死者浴其屍，以布帛纏之，裏以葦草，上不起墳。無他奇貨，尤好摽掠，故商賈不通。不駕舟楫，惟縛竹爲筏；急則群舁之，泅水而逃。俗事山海之神，祭以淆酒；戰鬥殺人，即以所殺人祭其神。王所居，壁下多聚髑體以爲佳。所居曰波羅檀洞，塹柵三重，環以流水，樹棘爲藩；殿宇多刻禽獸。無賦歛，有事則均稅。無文字，不知節朔；視月盈虧以知時，視草榮枯以計歲。」〔註18〕正是這種原始社會形態造就了不用筷子的習俗。

3、真 臘

《殊域周咨錄》卷八《眞臘》：國人大抵三種：西番賈胡居久者，服食皆雅潔。中國流寓者，尚回回教，持齋受戒，曰唐人。土人顏色黝黑，坐臥無椅榻，飲食無匙箸，啖蛇蟻蟲蚓，與犬同寢食，不爲穢也。

文字介紹的是眞臘國內三種人，西番人、中國人和土著人，其中的土著民族是不用筷子吃飯的。

4、撒馬爾罕

除了眞臘有的民族不用筷子，在撒馬爾罕同樣不使用筷子。

其國山川景物頗類中華。國王戴白圓帽，妻以白繒纏首。飲食喜甘酸羹雜米肉。器用金銀，不設匕箸，以手取食。商賈交易用中國所造銀錢。坊亦有酒禁，屠牛羊者理其血腥。人多巧藝，善治宮室，門楹皆雕文刻鏤，窗牖綴以瑟瑟。俗重拜天，建屋祀之，以青石爲柱，雕鏤甚精。經文皆書以泥金，裏以羊皮。〔註19〕

撒馬爾罕，《魏書》稱爲悉萬斤；《隋書·西域記》稱爲康國；唐慧超《往五天竺國傳》作康國；唐杜環《經行記》作康國、薩末建；《新唐書》稱爲康國、薩秣建，元耶律楚材《西遊錄》作尋思幹；《長春眞人西遊記》作邪米思幹等，是中亞最古老的城市之一，絲綢之路上重要的樞紐城市，撒馬爾罕連接著波斯帝國、印度和中國這三大帝國。

在《殊域周咨錄》卷十六《撒馬兒罕》中再次談及「飲無匙箸」的習俗：其俗衣服喜鮮潔，色尚白。喪事易以青。國主之居，窗壁以金銀瑟瑟爲飾，地施氈藁，重席而坐。富家居室服用頗同國主，禮儀簡略。君臣相見，但行跪禮。無刑法，有罪罰錢。坊市無斗斛，但用權衡。凡宴會環列而坐。酒器

〔註18〕見《臺灣文獻叢刊》第287種。
〔註19〕《殊域周咨錄》卷十六《撒馬兒罕》。

－223－

用金銀，餘用陶瓦，飲無匙箸，惟以手取。婚室多以姊妹，謂爲至親。死無棺槨，以布囊裹屍而瘞。國有學舍，中爲大室，四面房廊，以居遊學之士，名曰默得兒塞。俗無正朔。不用甲子，以七日爲一周，擇日用事則以第一日名阿啼納爲上吉，凡拜天聚會用之。酒禁甚嚴，修行者多不飲酒，恐褻天也。

5、哈　烈

哈烈一名黑魯，在撒馬兒罕西南，去陝西肅州嘉峪關萬一千一百里。其地四面多山，中有河西流，城近東北山下，方十餘里。國主居城東北隅，壘石爲屋，平方若高臺，不用棟樑陶瓦，中敞，虛室數十間，窗牖門扉，雕刻花紋，繪以金碧，地鋪氈毯，無君臣上下，男女相聚皆席地趺坐。國主衣窄袖衣，及貫頭衫，戴小罩刺帽，以白布纏頭，辮髮後髻，服制與國人同，但尊稱之曰鎖魯檀，蓋華言君王也。上下相呼皆稱名，相見惟稍屈身，初相識行大禮，則屈一足三跪，男女皆然。〔註20〕

以上可知，這是中國西部的一個民族，他們「飲食不設箸，釀酒多用葡萄，飲則坐於地，大宴會則設小几案，尊者飲，下人皆跪。」〔註21〕

第五節　筷箸本體

一、保護象牙筷

象牙筷自古以來就非常珍貴，一般都爲明代皇族權貴乃至富裕人家使用，因此成爲家族、身份富庶的象徵。然而象牙筷的收藏、保護很不容易。有人就發明了保護象牙筷，使之重新煥發色彩，《夜航船》的作者將這些方法記錄下來，就成爲難得一見的保護方法：

> 象牙如舊，用水煮木賊令軟，洗之。再以甘草煮水，又洗之，其色如新。多年玉灰塵，以白梅湯煮之，刷洗即潔。珠子用乳汁浸一宿，洗出鮮明。象牙笏曲者，用白梅湯煮綿，令熱，裹而壓即直。舊象牙箸煮木賊草令軟，擦之，再以甘草湯洗之。又法：以白梅洗之，插芭蕉樹中，二三日出之，如新。洗赤焦珠，木子皮熱湯泡洗之。研，蘿蔔汁浸一宿即白。煮象牙，用酢酒煮之，自軟。〔註22〕

〔註20〕　《萬曆野獲編》卷三十。
〔註21〕　《萬曆野獲編》卷三十。
〔註22〕　《夜航船》卷十九《物理部》。

二、種　類

1、玉　筷

玉筷，是一種高檔的筷子的類別，一般在有錢人家才會使用。在明王世貞《豔異編正集·豔異編》卷二十四有載：碧雲飄斷音書絕，空倚玉簫愁鳳凰。潼潼侍衛皆寢，鄰近闃然。生遂掀簾而入。姬默然良久，躍下榻，執生手曰：「知郎君穎悟，必能默識，所以手語耳，又不知郎君有何神術，而能至此？生具告磨勒之謀，負荷而至。姬曰：「磨勒何在？」曰：「簾外耳。」遂召人，以金甌酌酒而飲之。姬白生曰：「某家本居朔方。主人擁旄，逼為姬僕。不能自死，尚且偷生，臉雖鉛華，心頗鬱結。縱玉箸舉饌，金爐泛香，雲屏而每近綺羅，繡被而常眠珠翠，皆非所願，如在桎梏。賢爪牙既有神術，何妨為脫狴牢。所願既申，雖死不悔。

此地故事雖為虛構，但是生活的眞實，從「玉箸舉饌，金爐泛香」的情景來看，這肯定是一個有一定地位的富裕人家，即便如此，這個女子也不願意在在像牢獄一般的地方里生活。

2、火　箸

火箸，非吃飯的餐具，但從夾取的功能來說，與箸相同，故亦將其納入箸的範疇。

火箸是夾取炭火之用。《情史》卷十九《情疑類》：至十一月望後，鏊夜夢四卒來呼，過所居蕭家巷，立土地祠外。一卒入呼土神，神出，方巾白袍老神也。同行曰：「夫人召。」鏊隨之，出胥門，躡水而度，到大第院。牆裏外喬木數百，蔽翳天日。歷三重門，門盡朱漆獸環，金浮漚釘，有人守之。至堂下，堂可高八九仞，陛數十級，下有鶴，屈頭縮一足立臥焉。彩繡朱碧，上下煥映。小青衣遙見鏊，奔入報云：「薄情郎至矣。」堂內女兒捧香者，調鸚鵡者，弄琵琶者，歌者，舞者，不知幾輩，更迭從窗隙看鏊。亦有舊識，相呼者，笑者，微誶罵者。俄聞珮聲泠然，香煙如雲。堂內逆相報云：「夫人來！」老人牽鏊使跪。窺簾中，有大地金爐，燃獸炭。美人擁爐坐，自提箸挾火。時或長歎云：「我曾道渠無福，果不錯。」少時聞呼捲簾，美人見鏊，數之曰：「卿大負心者。昔語卿雲何，而輒背之？今日相見，愧否？」因歔欷泣下，曰：「與卿本期終始，何圖乃爾？」諸姬左右侍者或進曰：「夫人無自苦，個兒郎無義，便當殺卻，何復云云。」頤指群卒，以大杖擊鏊，至八十。鏊呼曰：「吾迫於親命，非出本懷。況嘗蒙顧復，情分不薄，彼洞簫猶在，何

無香火情耶？」美人因呼停杖。曰：「實欲殺卿，感念疇昔，今貰卿死。」鬐起，匍匐拜謝。因放出，老翁仍送還。登橋失足，遂覺。兩股創甚，臥不能起。又五六夕，復見美人來，將鬐責之。如前語云：「卿自無福，非關身事。」既去，瘡即瘥。後詣胥門，蹤跡其境，杳不可得。竟莫測為何等人也！時人作《洞簫記》。

　　「美人擁爐坐，自提箸挾火」，從這句話裏就可以很清楚地看出火箸的作用，而不需要加以解釋了。這裏，所記載的「提箸挾火」，則更加強調了火箸之功能了。

三、製　作

　　關於筷箸製作，在明徐禎卿《談藝錄》裏可以看到：夫任用無方，故情文異尚：譬如錢體為圓，鉤形為曲，箸則尚直，屏則成方。大匠之家，器飾雜出。要其格度，不過總心機之妙應，假刀鋸以成功耳。至於眾工小技，擅巧分門，亦自力限有涯，不可強也。姑陳其目，第而為言。郊廟之詞莊以嚴，戎兵之詞壯以肅，朝會之詞大以麗，公燕之詞樂而則。夫其大義固如斯已。深瑕重累，可得而言。崇功盛德，易誇而乏雅；華疏彩繪，易淫而去質；干戈車革，易勇而亡警；靈節韶光，易採而成靡。蓋觀於大者，神越而心遊，中無植幹，鮮不眩移，此宏詞之極軌也。若夫款款贈言，盡平生之篤好；執手送遠，慰此戀戀之情。勖勵規箴，婉而不直；臨喪挽死，痛旨深長。雜懷因感以詠言，覽古隨方而結論。行旅迢遙，苦辛各異；邀遊晤賞，哀樂難常；孤孽怨思，達人齊物；忠臣幽憤，貧士鬱伊。此詩家之錯變，而規格之縱橫也。然思或朽腐而未精，情或零落而未備，詞或罅缺而未博，氣或柔獷而未調，格或莠亂而未協，咸為病焉。故知驅蹤靡常，城門一軌，揮斤污鼻，能者得之。若乃訪之於遠，不下帶衽；索之以近，則在千里。此詩之所以未易言也。

　　本書作者徐禎卿，生於 1479 年，卒於 1511 年。字昌谷，一字昌國。吳縣（今江蘇蘇州）人。少與唐寅、祝允明、文徵明齊名，弘治十八年（1505）進士。任大理寺左寺副，因失囚，降為國子監博士。他在談筷子的時候，說「箸則尚直」，則將筷子的最基本的特徵點出，

　　筷子的種類及材質，在明代也豐富起來，而且在市場上都有賣了。

　　《朴通事》：再買這弓箭撒袋，諸般的都買了也。再買些碗子什物，鍋兒、

鑼鍋、荷葉鍋、兩耳鍋、磁碟子、木碟子、漆碟子，這紅漆匙、黑漆匙、銅匙、紅漆箸、銅箸、三腳、甌兒，這盤子是大盤子、小盤子、漆碗。這漆器家火，一半兒是通布裏的，一半兒是膠漆的。再有些薄薄的生活，其餘的都是布裏的，是主顧生活，其餘的都是市賣的。

紅漆箸，表示的是紅色的筷子，象徵著喜慶。

《情史》卷二十一《情妖類》：嘉定月浦鎮人蘇還，妻張氏，頗有姿容。一日乘船送其女甥之嫁，舟泊某港柳樹下，一男子蓬首黑面，顧張而笑。問之旁人，不見也。及歸，則見向男子至日：「吾與汝當爲夫婦。」時婦有孕不就，既產乃來，遂與交接。婦昏瞑如寐，有頃而蘇。自是無夕不至。夫登榻，則爲束縛於地。其所衣不過一棍，而時時投之，僅掩其陰，殆類市井乞丐。白畫徑出入其家，家人畏而不敢犯。夫甚愛其妻，百方祈禱，屢延術士鎮治之，數年弗效。後一羽士召將王靈官至附箕，直入井中。撈得紅漆箸一雙，及斛概一事，碎之，灰以飲婦，遂愈。蓋二物爲祟也。

在這則離奇的傳說故事裏，還看到了人死後化爲紅漆箸的情景，依此可以證明的是，紅漆筷不是偶然出現的筷子種類，而是當時生活常見的一種筷子類型，因此在荒誕不經的故事裏表現出眞實的生活場景。

銅箸，是銅質的材料所製作的筷子。這種銅質的筷子，至少在有明時期已經是傳統的朝鮮的筷子，至今在首爾民俗博物館裏展示。

鑲嵌螺鈿的筷子，是明代很重要的一種筷子類型。鑲嵌技術早已有之，但是在筷子上進行鑲嵌，的確不易。在《夜航船》卷十二《寶玩部》所記載的鑲嵌螺鈿的筷子，當然是高檔工藝品：「嵌鑲螺鈿梳匣、印箱，以周柱爲上，花色嬌豔，與時花無異。其螺鈿杯箸等皿，無不巧妙。」

四、筷子的來歷

明陸容《菽園雜記》：民間俗諱，各處有之，而吳中爲甚。如舟行諱「住」，諱「翻」，以「箸」爲「快兒」，「幡布」爲「抹布」；諱「離」、「散」，以「梨」爲「圓果」，「傘」爲「豎笠」；諱「狼籍」，以「榔槌」爲「興哥」；諱「惱躁」，以「謝竈」爲「謝歡喜」。此皆俚俗可笑處，今士大夫亦有犯俗稱「快兒」者。

筷子的來歷，一般都引述《菽園雜記》這段資料，與船民的忌諱有關。但是要注意的是，這時候的「箸」，僅僅變化成爲「快兒」，尚無竹字頭，還

不是現代意義上的「筷子」。

五、其它用處

筷子不僅僅用於吃飯，還可以用來夾揀桑蠶。

明宋應星《天工開物》：「凡清明逝三日，蠶鶂少即不偎衣衾暖氣，自然生出。蠶室宜向東南，周圍用紙糊風隙，上無棚板者宜頂格，值寒冷則用炭火於室內助暖。凡初乳蠶，將桑葉切爲細條。切葉不束稻麥鎬爲之，則不損刀。摘葉用甕壇盛，不欲風吹枯悴。二眠以前，騰筐方法皆用尖圓小竹筷提過。二眠以後則不用箸，而手指可拈矣。凡騰筐勤苦，皆視人工。怠於騰者，厚葉與糞濕蒸，多致壓死。凡眠齊時，皆吐絲而後眠。若騰過，須將舊葉些微揀淨。若黏帶絲纏葉在中，眠起之時，恐其即食一口，則其病爲脹死。三眠已過，若天氣炎熱，急宜搬出寬涼所，亦忌風吹。」

六、財富的象徵

明代的筷箸，已經成爲財富的象徵，特別是稀有金屬製作的筷子，更成爲相互饋贈的禮品。嚴嵩等人就曾經接受很多人的贈送，因此家中各種各樣的筷子不計其數。

《廿二史札記》：繼世餘聞：嚴嵩籍沒時，金銀、珠寶、書畫、器物、田房，共估銀二百三十五萬九千二百四十七兩餘，又直隸巡按御史孫丕揚所抄嵩京中家產，亦不減此數，而所估價，又不過十之一，即如裘衣，共一萬七千四十一件，僅估銀六千二百五兩零，帳幔、被褥，二萬二千四百二十七件，僅估銀二千二百四十八兩零，則其它可知也，計其值，不下數十倍。此外又行賂於權要者十二、三，寄頓於親戚者十三、四云。（明史嚴嵩傳：嵩籍沒時，黃金三萬餘兩，白金百餘萬兩，他珍寶不可數計，蓋猶少言之也。）

另外，嚴嵩家裏被抄家的筷子，同樣非常多且珍貴。《世宗實錄‧四十四年三月》條月：「金三萬二千九百六十兩有奇，銀二百二萬七千九十兩有奇，玉杯盤等項八百五十七件，玉帶二百餘條，金廂瑇瑁等帶一百二十餘條，金廂珠玉帶縧環等項三十三條、件，金廂壺盤杯箸等項二千八十餘件，龍卵壺五把，珍珠冠等項六十三頂、件，府第房屋六千六百餘間，又五十七所，田地山塘二萬七千三百餘畝。」文章裏所說「金廂壺盤杯箸等項二千八十餘件」，雖說筷子最多不會超過「二千八十餘件」。

在《天水冰山錄》裏進行查詢，粗粗就找出：金箸二雙（共重五兩四錢五分）、烏木箸六千八百九十六雙、斑竹箸五千九百三十一雙、漆箸九千五百一十雙、牙箸牙杯等共三百四十五件（重八百三十二兩），銀花箸瓶二個（共重一十六兩）。

應該說，這些數字裏，就可以看出嚴嵩家中高級筷子何等之多。從中似乎也可以看到嚴嵩對筷子的情有獨鍾，否則他不會藏有這些多的筷子，那些溜鬚拍馬的人也不會送他這麼多的各種各樣筷子。

據說對於嚴嵩家的抄家工作前後持續了二十餘年，嚴嵩在被抄家後，其部分家產被整理成冊，取名《天水冰山錄》，被公之於世。

就在《天水冰山錄》附錄中，還記載了張居正抄家之後的清單，其中也與筷子有關：「萬曆抄藉故革職太師張居正，先於伊宅查有：金二千四百二十六兩；銀十萬七千七百九十兩；金器皿六百十七件，重三千七百一十兩；金首飾七百四十八件，重九百九十九兩；銀器皿九百八十六件，重五千二百四十兩；銀首飾三十一件，重一百十七兩；金累絲、廂、嵌玉、犀角、玳瑁、瑪瑙、水晶、象牙、琥珀杯盤箸一百八十三件；雙珠冠二頂；珠穿果盒一副；珠穿鑒妝一座；珠箍一條；各色蟒衣、紵絲紗羅綾布三千五百餘匹；各色男女衣服五百餘件；玉帶十條。復將張居正子張敬修等刑審，又招銀五萬餘兩。」

其中所謂的「琥珀杯盤箸」，就是用琥珀材料製作的筷子，其不可謂不珍貴的用餐工具。

2015 年 4 月 15 日星期三

第十章 《金瓶梅》中的筷箸文化

　　《金瓶梅》，也稱《金瓶梅詞話》，成書約在明朝隆慶至萬曆年間，作者署名蘭陵笑笑生。《金瓶梅》是中國史上第一部文人擺脫神話、傳說的傳統，而獨立創作的長篇白話世情章回小說。雖然其開篇說「話說宋徽宗皇帝政和年間」，表明《金瓶梅》寫的是北宋末年政和年間的故事，其實不然，是借宋代說明代的故事，以現實社會中的人物和家庭日常生活為題材進行明代社會的描寫，創造了中國小說現實主義創作方法一個先例。它借《水滸傳》中武松殺嫂一段故事為引子，通過對兼有官僚、惡霸、富商三種身份的封建時代市儈勢力的代表人物西門慶及其家庭罪惡生活的描述，體現當時民間生活的面貌。

　　筷箸作為生活的一個組成部分，在《金瓶梅》裏有各種各樣的敘述，極大地豐富了故事情節，同時對人物塑造和風土人情的展現起到非常的作用。

第一節　箸本意之外的意義

1、量　詞

　　箸，是筷子，一般都指的是名詞。但是到了明代，箸一詞的詞性發生變化，可以成為量詞進行使用。

　　《金瓶梅》〔註1〕第一回《西門慶熱結十弟兄，武二郎冷遇親哥嫂》：話說金蓮陪著武松正在樓上說話未了，只見武大買了些肉菜果餅歸家。放在廚，

〔註1〕凡是特別注明的之外，本文所引書均為崇禎本《金瓶梅詞話》，即《新刻繡像批評原本金瓶梅》。

走上樓來，叫道：「大嫂，你且下來則個。」那婦人應道：「你看那不曉事的！叔叔在此無人陪侍，卻交我撇了下去。」武松道：「嫂嫂請方便。」婦人道：「何不去間壁請王乾娘來安排？只是這般不見便。」武大便自去央了間壁王婆來。安排端正，都拿上樓來，擺在桌子上，無非是些魚肉果菜點心之類。隨即燙酒上來。武大叫婦人坐了主位，武松對席，武大打橫。三人坐下，把酒來斟，武大篩酒在各人面前。那婦人拿起酒來道：「叔叔休怪，沒甚管待，請杯兒水酒。」武松道：「感謝嫂嫂，休這般說。」武大只顧上下篩酒，那婦人笑容可掬，滿口兒叫：「叔叔，怎的肉果兒也不揀一箸兒？」揀好的遞將過來。武松是個直性的漢子，只把做親嫂嫂相待。誰知這婦人是個使女出身，慣會小意兒。

潘金蓮對武松說：「叔叔，怎的肉果兒也不揀一箸兒？」這裏的「一箸兒」，顯然是現代口語的「一筷子」，指的是為什麼不吃點呢。這種地地道道的民間口語，遠比「你為什麼不吃」來得更有文學色彩，也更能夠體現潘金蓮的體貼、關心的人情味，也是《金瓶梅》這樣的市井小說之所以備受歡迎的原因之一。

在《定挨光王婆受賄，設圈套浪子私挑》裏，也有箸作為數量詞的例子：婦人量了長短，裁得完備，縫將起來。婆子看了，口裏不住喝綵道：「好手段，老身也活了六七十歲，眼裏真個不曾見這般好針指！」那婦人縫到日中，王婆安排些酒食請他，又下了一箸麵與那婦人吃。再縫一歇，將次晚來，便收拾了生活，自歸家去。

這裏所說的「一箸麵」，是民間口語，或言一碗麵之類的意思。潘金蓮給王婆裁縫衣服，作為回報，王婆下碗麵。這「一箸麵」，就足將這種交往的風俗習慣表現無遺。

《馮媽媽說嫁韓愛姐，西門慶包占王六兒》：到次日，西門慶來到，一五一十把婦人話告訴一遍。西門慶不勝歡喜，忙稱了一兩銀子與馮媽媽，拿去治辦酒菜。那婦人聽見西門慶來，收拾房中乾淨，薰香設帳，預備下好茶好水。不一時，婆子拿籃子買了許多嗄飯菜蔬果品，來廚下替他安排。婦人洗手剔甲，又烙了一箸麵餅。明間內，揩抹桌椅光鮮。

麵餅，是用麵粉製作的餅，烙熟而食，可能與「烙餅」同意。關於烙餅，在第十一回裏有敘述：這孫雪娥不聽便罷，聽了心中大怒，罵道：「怪小淫婦兒，馬回子拜節，來到的就是！鍋兒是鐵打的，也等慢慢兒的來。預備下

熬的粥兒，又不吃，忽剌八新梁興出來，要烙餅做湯，那個是肚裏蛔蟲？」〔註2〕有人解釋，烙餅是「麵粉發酵後，在鐵鍋中烤烙而成的餅」〔註3〕。

麵餅用「一箸」的數量詞來表示，即今天的「一塊」麵餅，估計是明代口語的一種表達方式吧。

除了麵餅用箸來作為量詞，軟餅也用箸來表示數量：婦人笑吟吟道了萬福，旁邊一個小杌兒上坐下。廚下老媽將嗄飯菜果，一一送上。又是**兩箸軟餅**，婦人用手揀肉絲細菜兒裏卷了，用小蝶兒托了，遞與西門慶吃。兩個在房中，杯來盞去，做一處飲酒。〔註4〕

關於「兩箸」提法在《因抱恙玉姐含酸，為護短金蓮潑醋》裏，亦曾有過：西門慶令如意兒斟了一甌酒與他，又揀了**兩箸菜兒**放在酒托兒上。那迎春站在旁邊，一面吃了。

由於箸作為量詞來用，那麼數詞的變換就不會影響到詞意的變化，所變化的只是多少的程度而已。如第六十六回中，西門慶道：「多蒙列位連日勞神，言謝不盡。」說畢，一飲而盡。伯爵又斟一盞，說：「哥，吃個雙杯，不要吃單杯。」謝希大慌忙遞一箸菜來吃了。西門慶回敬眾人畢，安席坐下。〔註5〕

類似的數量詞在《金瓶梅》裏很多，如「菜兒也不揀一箸兒」〔註6〕、「揀兩箸兒鴿子雛兒在口內，就搖頭兒不吃了」〔註7〕等。

可見，箸在明代應該是一個量詞，這是口語的表現，至今在吃飯的時候依然還可以聽到夾一筷子、再吃一筷等說法，只是「箸」改變成為「筷」或者「筷子」了。

量詞的出現，也是口語的一種表現。

《打貓兒金蓮品玉，鬥葉子敬濟輸金》：且說後邊大妗子、楊姑娘、李嬌兒、孟玉樓、潘金蓮、李瓶兒、大姐，都伴桂姐在月娘房裏吃酒。先是郁大姐數了一回「張生遊寶塔」，放下琵琶。孟玉樓在旁斟酒遞菜兒與他吃，說道：「賊瞎轉磨的唱了這一日，又說我不疼你。」潘金蓮又大箸子夾塊肉放在他鼻子上，戲弄他頑耍。桂姐因叫玉簫姐：「你遞過郁大姐琵琶來，等我唱個曲

〔註2〕　第十一回《潘金蓮激打孫雪娥，西門慶梳籠李桂姐》第 118 頁，人民文學出版社 1985 年版。

〔註3〕　《金瓶梅鑒賞辭典》第 858 頁，上海古籍出版社 1990 年版。

〔註4〕　《馮媽媽說嫁韓愛姐，西門慶包占王六兒》。

〔註5〕　《翟管家寄書致賻，黃真人發牒薦亡》。

〔註6〕　《元夜遊行遇雪雨，妻妾戲笑卜龜兒》。

〔註7〕　《西門慶貪欲喪命，吳月娘失偶生兒》。

兒與姑奶奶和大妗子聽。」月娘道：「桂姐，你心裏熱剌剌的，不唱罷。」桂姐道：「不妨事。見爹娘替我說人情去了，我這回不焦了。」孟玉樓笑道：「李桂姐倒還是院中人家娃娃，做臉兒快。頭裏一來時，把眉頭忔憎著，焦的茶兒也吃不下去。這回說也有，笑也有。」當下桂姐輕舒玉指，頓撥冰弦，唱了一回。

邊吃酒邊聽琵琶演奏，可謂是聲色犬馬。特別是潘金蓮又大箸子夾塊肉放在郁大姐鼻子上進行戲弄，更進一步將互相之間的嬉鬧展示出來。這裏的大箸子，不是指筷箸的大小，而是指的是筷子夾的菜很多。因此可見，這裏的「箸」也表示一種數量詞。

2、火　箸

火箸，即火鉗，在用來鉗夾、翻動煤炭的工具。在明代，這種工具已經十分普遍使用。

在《俏潘娘簾下勾情，老王婆茶坊說技》裏，寫雪天，潘金蓮挑逗武松有這樣一段情節：當日這雪下到一更時分，卻早銀妝世界，玉碾乾坤。潘金蓮招待武松喝酒。那婦人一徑將酥胸微露，雲鬟半裸，臉上堆下笑來，說道：「我聽得人說，叔叔在縣前街上養著個唱的，有這話麼？」武松道：「嫂嫂休聽別人胡說，我武二從來不是這等人。」婦人道：「我不信！只怕叔叔口頭不似心頭。」武松道：「嫂嫂不信時，只問哥哥就是了。」婦人道：「啊呀，你休說他，那裏曉得甚麼？如在醉生夢死一般！他若知道時，不賣炊餅了。叔叔且請杯。」連篩了三四杯飲過。那婦人也有三杯酒落肚，哄動春心，那裏按納得住。欲心如火，只把閒話來說。

武松也知了八九分，自己只把頭來低了，卻不來兜攬。婦人起身去燙酒。武松自在房內卻拿火箸簇火。婦人良久暖了一注子酒來，到房裏，一隻手拿著注子，一隻手便去武松肩上只一捏，說道：「叔叔只穿這些衣裳，不寒冷麼？」武松已有五七分不自在，也不理他。婦人見他不應，匹手就來奪火箸，口裏道：「叔叔你不會簇火，我與你撥火。只要一似火盆來熱便好。」武松有八九分焦燥，只不做聲。這婦人也不看武松焦燥，便丟下火箸，卻篩一杯酒來，自呷了一口，剩下半盞酒，看著武松道：「你若有心，吃我這半盞兒殘酒。」武松匹手奪過來，潑在地下說道：「嫂嫂不要恁的不識羞恥！」把手只一推，爭些兒把婦人推了一交。武松睜起眼來說道：「武二是個頂天立地噙齒戴髮的男子漢，不是那等敗壞風俗傷人倫的豬狗！嫂嫂休要這般不識羞恥，為此等

的勾當，倘有風吹草動，我武二眼裏認的是嫂嫂，拳頭卻不認的是嫂嫂！」婦人吃他幾句搶得通紅了面皮，便叫迎兒收拾了碟盞傢夥，口裏說道：「我自作耍子，不值得便當眞起來。好不識人敬！」收了傢夥，自往廚下去了。

這裏，數次提及火箸。火箸，也稱之爲火筯〔註8〕。一是潘金蓮去燙酒，武松自己用火箸撥弄炭火。二是潘金蓮故意在武松肩上捏了一下，企圖試探；誰知道武松不理此情，潘金蓮見他不理，「匹手就來奪火箸」。三是潘金蓮丟下火箸，篩酒自呷，而不顧武松的感受。通過三次對火箸的描述，層層推進，將潘金蓮與武松的矛盾推向高潮，進而引起一番矛盾衝突。

第二節 筷箸的作用

1、情節之用

在小說裏，筷箸一詞不會像研究文章那樣，引經據典的進行考證，而是在情節發展過程中自然的加以運用，這才是小說家的本事。《金瓶梅》中的筷箸描寫非常純熟、老道，就在於將筷箸與人物、故事的需要緊緊地聯繫在一起，而絲毫沒有游離於情節之外，將人物的言行舉止與筷箸緊密相連，形成一個生動有趣的場面。

爲了幫助西門慶勾引潘金蓮，王婆設下一計。

一是介紹潘金蓮的情況：「這個雌兒來歷，雖然微末曲身，卻倒百伶百俐，會一手好彈唱，針指女工，百家歌曲，雙陸象棋，無所不知。小名叫做金蓮，娘家姓潘，原是南門外潘裁的女兒，賣在張大戶家學彈唱。後因大戶年老，打發出來，不要武大一文錢，白白與了他爲妻。」〔註9〕

二是說潘金蓮會做衣服，王婆借機買衣料請她來裁縫。「大官人如幹此事，便買一匹藍綢、一匹白綢、一匹白絹，再用十兩好綿，都把來與老身。老身卻走過去問他借曆日，央及他揀個好日期，叫個裁縫來做。」〔註10〕

第三，也是最關鍵的是，王婆說：「『我把門拽上，關你兩個在屋裏。他若焦燥跑了歸去時，此事便休了；他若由我拽上門，不焦躁時，這光便有九分，只欠一分了。只是這一分倒難。大官人你在房裏，便著幾句甜話兒說入去，卻不可燥暴，便去動手動腳打攪了事，那時我不管你。你先把袖子向桌

〔註8〕見萬曆本《金瓶梅詞話》第一回《景陽岡武松打虎，潘金蓮嫌夫賣風月》。
〔註9〕第三回《定挨光王婆受賄，設圈套浪子私挑》。
〔註10〕第三回《定挨光王婆受賄，設圈套浪子私挑》。

子上拂落一雙箸下去，只推拾箸，將手去他腳上捏一捏。他若鬧將起來，我自來搭救。此事便休了，再也難成。若是他不做聲時，此事十分光了。這十分光做完備，你怎的謝我？」西門慶聽了大喜道：「雖然上不得淩煙閣，乾娘你這條計，端的絕品好妙計！」〔註11〕

如此計策不所謂不周全，其中最妙之處，就在於去撿筷子的時候，趁機摸潘金蓮的腳。眾所週知，女人的腳也是其最私密的地方，如果這個地方被男子撫摸而不叫喊，就完全可以證明那個女子對這個男子是有好感的。

正因為如此，在《赴巫山潘氏幽歡，鬧茶坊鄆哥義憤》一章中，西門慶就按照王婆所說的方法：故意把桌上一拂，拂落一隻箸來。卻也是姻緣湊著，那隻箸兒剛落在金蓮裙下。西門慶一面斟酒勸那婦人，婦人笑著不理他。他卻又待拿起箸子起來，讓他吃荣兒。尋來尋去不見了一隻。這金蓮一面低著頭，把腳尖兒踢著，笑道：「這不是你的箸兒！」西門慶聽說，走過金蓮這邊來道：「原來在此。」蹲下身去，且不拾箸，便去他繡花鞋頭上只一捏。那婦人笑將起來，說道：「怎這的羅唣！我要叫了起來哩！」西門慶便雙膝跪下說道：「娘子可憐小人則個！」一面說著，一面便摸他褲子。婦人叉開手道：「你這歪廝纏人，我卻要大耳刮子打的呢！」西門慶笑道：「娘子打死了小人，也得個好處。」於是不由分說，抱到王婆床炕上，脫衣解帶，共枕同歡。

在這個情節裏，利用筷子進行勾搭、調情的描述到了極致，非常生動形象，將西門慶的狡詐、無恥與潘金蓮的色厲內荏的偽裝暴露無遺。先是西門慶拂落一隻筷子，故意不知，隨後「又待拿起箸子起來，讓他吃荣兒」，卻不見筷子，這時候潘金蓮一面低著頭，把腳尖兒踢著，笑道：「這不是你的箸兒！」這種神態，既將潘金蓮態度的轉變作了交代，也為下面西門慶摸潘金蓮的腳做了鋪墊；同時也為潘金蓮不再拒絕西門慶的調情做了情感上的準備。

荷蘭學者高羅佩說：當一個男子終於得以與自己傾慕的女性促膝相對時，要想摸清女伴的感情，他決不會以肉體接觸來揣摩對方的情感，甚至連她的袖子都不會碰一下，儘管他不妨做某些語言上的探試。如果他發現對方對自己表示親近的話反應良好，他就會故意把一根筷子或一條手帕掉在地上，好在彎腰撿東西的時候去摸對方的腳。這是最後的考驗，如果她並不生氣，那麼求愛就算成功，他可以馬上進行任何肉體接觸，擁抱或接吻等等。

〔註11〕第三回《定挨光王婆受賄，設圈套浪子私挑》。

男人碰女人的乳房或份部或許還說得過去，會被當作偶然的過失，但若摸女人的腳，卻常常會引起最嚴重的麻煩，而且是任何解釋都無濟於事。〔註12〕

依此可知，高羅佩是看過《金瓶梅》的，否則難以精準地敘述西門慶尋找故意掉落的筷子而摸潘金蓮的腳的情節，並因此所引發的一連串的對腳的闡述。

女人的腳是她的性魅力所在，一個男人觸及女人的腳，依照傳統觀念已是性交的第一步。〔註13〕西門慶摸潘金蓮的腳，是一種試探，也是性交的前奏。潘金蓮是纏足的，「自幼生得有些顏色，纏得一雙好小腳兒，因此小名金蓮」〔註14〕。足見潘金蓮人美，足亦非常之美，難怪其名字叫「金蓮」，而且姓「潘」，與「攀」諧音。根據索引派理論進行推理，潘金蓮的姓名，就是「攀登」到金蓮到極致的意思。假如這種推斷成立的話，也為西門慶喜歡潘金蓮的原因增加了一個注腳。

2、吃飯之用

筷箸用於吃飯，這是常識，不過具體而言，筷箸的作用在《金瓶梅》筆下還可以進行細分：

（1）吃　麵

《應伯爵山洞戲春嬌，潘金蓮花園看蘑菇》：擺放停當，三人坐下，然後拿上三碗麵來，各人自取澆鹵，傾上蒜醋。那應伯爵與謝希大拿起箸來，只三扒兩咽就是一碗。

（2）撥　魚

《應伯爵山洞戲春嬌，潘金蓮花園調愛婿》：謝希大交琴童又斟了一鍾與他。伯爵道：「你敢沒吃飯？」桌上還剩了一盤點心，謝希大又拿兩盤燒豬頭肉和鴨子遞與他。李銘雙手接的，下邊吃去了。伯爵用箸子又撥了半段鰣魚與他，說道：「我見你今年還沒食這個哩，且嘗新著。」

（3）吃　飯

《願同穴一時喪禮盛，守孤靈半夜口脂香》：白日間供養茶飯，西門慶俱親看著丫鬟擺下，他便對面和他同吃。舉起箸兒來：「你請些飯兒！」行如在之禮。丫鬟養娘都忍不住掩淚而哭。

〔註12〕〔荷蘭〕高羅佩《中國古代房內考》第287頁，上海人民出版社1990年版。
〔註13〕〔荷蘭〕高羅佩《中國古代房內考》第286頁，上海人民出版社1990年版。
〔註14〕萬曆本《金瓶梅詞話》第一回《景陽岡武松打虎，潘金蓮嫌夫賣風月》。

在《金瓶梅》裏，有許多吃飯場景，出現這樣的情景與其「色」的意象有一定關聯。古人說：「食色，性也。」〔註15〕其意爲食欲和性欲都是人的本性。因此許多「吃」的場景出現在《金瓶梅》裏，則是很自然的事情。

因爲如此，與吃相關聯的筷箸的敘述就不在少數。

如：西門慶拿起箸來說道：「乾娘替我勸娘子些菜兒。」〔註16〕

婆子便看著潘媽媽嘈道：「你看你女兒，這等傷我，說我是老花子。到明日還用著我老花子哩！」說罷，潘媽道：「他從小是這等快嘴，乾娘休要和他一般見識。」王婆道：「你家這姐姐，端的百伶百俐，不枉了好個婦女。到明日，不知什麼有福的人受的他起。」潘媽媽道：「乾娘既是撮合山，全靠乾娘作成則個！」一面安下鍾箸，婦人斟酒在他面前。〔註17〕

這裏的潘媽媽，即潘金蓮母親。乾娘即指王婆。婦人，就是潘金蓮。通過三人之間的言行，又一次將她們的性格做了個交代。特別是潘金蓮母親「安下鍾箸」，潘金蓮「斟酒」招待王婆，不僅將明代待客習俗活靈活現地展現在人們的面前，而且也將潘金蓮的嬌媚可愛、伶俐聰慧、機敏好客的性情表現出來。

關於鍾箸，在《金瓶梅》裏有多處提及。

第二十一回《吳月娘掃雪烹茶，應伯爵替花邀酒》有一段關於西門慶與月娘、李嬌兒、孟玉樓、潘金蓮、李瓶兒、孫雪娥等雪天宴請的情景：不一時，敬濟來到，向席上都作了揖，就在大姐下邊坐了。月娘令小玉安放了鍾箸，闔家歡飲。西門慶把眼觀看簾前那雪，如撏綿扯絮，亂舞梨花，下的大了。端的好雪。

第三十五回《西門慶爲男寵報仇，書童兒作女妝媚客》：正飲酒中間，只見玳安來說：「賁四叔來了，請爹說話。」西門慶道：「你叫他來這裏說罷。」不一時，賁四進來，向前作了揖，旁邊安頓坐了。玳安又取一雙鍾箸放下。

第三十八回《王六兒棒槌打搗鬼，潘金蓮雪夜弄琵琶》：西門慶因令玳安兒：「拿椅兒來，我和祝兄弟在下邊坐罷。」於是安放鍾箸，在下席坐了。廚下拿了湯飯上來，一齊同吃。

〔註15〕《孟子·告子上》。

〔註16〕第三回《定挨光王婆受賄，設圈套浪子私挑》。

〔註17〕第六回《西門慶買囑何九，王婆打酒遇大雨》第66頁，人民文學出版社1985年版。

第六十七回《西門慶書房賞雪，李瓶兒夢訴幽情》：不一時，孟玉樓同他兄弟來拜見。敘禮已畢，西門慶陪他敘了回話，讓至前邊書房內與伯爵相見。吩咐小廝看茶兒，放桌兒篩酒上來，三人飲酒。西門慶教再取雙鍾箸：「對門請溫師父陪你二舅坐。」來安不一時回說：「溫師父不在，望倪師父去了。」西門慶說：「請你姐夫來坐坐。」良久，陳敬濟來，與二舅見了禮，打橫坐下。

第六八回《應伯爵戲銜玉臂，玳安兒密訪蜂媒》：才遞酒安席坐下，只見溫秀才到了。頭戴過橋巾，身穿綠雲襖，進門作揖。伯爵道：「老先生何來遲也？留席久矣。」溫秀才道：「學生有罪，不知老先生呼喚，適往敝同窗處會書，來遲了一步。」慌的黃四一面安放鍾箸，與伯爵一處坐下。

有人認為，鍾箸是個偏義復詞，鍾與箸意義相關，其名詞意偏在箸上，指筷子。〔註18〕不過，本文認為，鍾箸是兩個詞，一是鍾，一是箸。鍾，一般是指中國古代的一種計量容器，也被當作一種計量單位。在此，將其作為酒盅來說，可能更確切。本義：古時盛酒的器皿。現也稱「盅」。鍾是古代的一種酒器。在明代，亦稱酒杯、茶杯為鍾，與「盅」通。〔註19〕另，鍾與壺相通。在《金瓶梅》裏有句伯爵的話：「你每說的知情話，把俺每只顧旱著，不說來遞鍾酒，也唱個兒與俺聽。俺每起身去罷！」慌的李三、黃四連忙攛掇他姐兒兩個上來遞酒。〔註20〕此處的鍾指的是壺，只不過當做量詞來敘述而已。

《潘金蓮打狗傷人，孟玉樓周貧磨鏡》：那日，西門慶慶壽，舉辦宴席，並請戲班子唱戲。當《升仙會》雜劇。才唱得一折，就聽守備府周爺來了。西門慶慌忙迎接。周守備與眾人作揖，「左首第三席安下鍾箸。下邊就是湯飯割切上來，又是馬上人兩盤點心、兩盤熟肉、兩瓶酒。周守備謝了，令左右領下去，然後坐下。一面觥籌交錯，歌舞吹彈，花攢錦簇飲酒。」《潘金蓮不憤憶吹簫，西門慶新試白綾帶》：「說著，琴童安放鍾箸，拿酒上來。李銘在面前彈唱。」《潘金蓮香腮偎玉，薛姑子佛口談經》：「只見西門慶扶著來安兒，打著燈，趔趄著腳兒就要往李瓶兒那邊走，看見金蓮在門首立著，拉了手進入房來。那來安兒便往上房交鍾箸。」《春梅嬌撒西門慶，畫童哭

〔註18〕 此為一說。
〔註19〕 《金瓶梅鑒賞辭典》第 687 頁，上海古籍出版社 1990 年版。
〔註20〕 《應伯爵戲銜玉臂，玳安兒密訪蜂媒》。

躲溫葵軒》：「西門慶見他居官，就待他不同，安他與吳二舅一桌坐了，連忙安鍾箸，下湯飯。」

從這些內容來看，鍾箸顯然是兩種餐飲用具：一是筷子，二是酒盅。在第十六回裏，還有「銀鑲鍾兒」〔註21〕，是比較高級的杯口鑲銀酒盅〔註22〕；同一回裏還有「兩個看牌，拿大鍾飲酒」的句子，都說明鍾是用來喝酒的器皿。五代王定保《唐摭言》：「胡飲後，到酒一舉三鍾。」即可爲一個證據。

在《金瓶梅》裏，還有「鍾箸兒」的說法，其意義表達的是尊重對方。

《李瓶兒何家託夢，提刑官引奏朝儀》：何太監就吩咐動起樂來，然後遞酒上坐。何太監親自把盞，西門慶慌道：「老公公請尊便。有長官代勞，只安放鍾箸兒就是一般。」

《潘金蓮摳打如意兒，王三官義拜西門慶》：不一時，放桌兒陪二人吃酒。西門慶吩咐：「再取雙鍾箸兒，請你姐夫來坐坐。」良久，陳敬濟走來，作揖，打橫坐下。四人圍爐把酒來斟，因說起一路上受驚的話。

在這兩個例子裏，可以看出西門慶對何太監說話裏有「鍾箸兒」，是尊重太監是宮廷裏的人，西門慶自然敬重他幾分。吩咐琴童所說話中帶有「鍾箸兒」一詞，是處於對女婿陳敬濟的一種客氣與尊敬。女婿陳敬濟之父是陳洪，陳洪的親家是楊戩，而楊戩原是內待，由此可見，陳家的背景就是有權勢的宦官。西門慶當然不敢得罪女婿了。說話有幾分敬重，也在情理之中。

同樣，何太監對西門慶表示尊重，也用了「盞箸兒」的詞彙：茶畢，就揭桌盒蓋兒，桌上許多湯飯肴品，拿盞箸兒來安下。何太監道：「不消小杯了，我曉的大人朝下來，天氣寒冷，拿個小盞來，沒甚肴饌，褻瀆大人，且吃個頭腦兒罷。」西門慶道：「不當厚擾。」〔註23〕這裏的「盞箸兒」與「鍾箸兒」雖有不同，盞表示盤子，而鍾表示酒盅，但是都有後綴「箸兒」，這不是一般意義上的口語兒化音，應該視爲尊重對方的表示。

拿不拿筷子，在《金瓶梅》裏，也成爲情節發展的一個重要紐帶。

第三十三回：娘兒每說話間，只見秋菊來叫春梅，說：「姐夫在那邊尋衣裳，教你去開外邊樓門哩。」金蓮吩咐：「叫你姐夫尋了衣裳來這裏喝甌子酒

〔註21〕　《金瓶梅》第十六回：「李瓶兒親自洗手剔甲，做了些蔥花羊肉一寸的扁食兒，銀鑲鍾兒盛著南酒，繡春斟了兩杯，李瓶兒陪西門慶吃。」（第191頁），人民文學出版社1985年版。

〔註22〕　《金瓶梅鑒賞辭典》第696頁，上海古籍出版社1990年版。

〔註23〕　《老太監引酌朝房，二提刑庭參太尉》。

去。」不一時，敬濟尋了幾家衣服，就往外走。春梅進來回說：「他不來。」金蓮道：「好歹拉了他來。」又使出繡春去把敬濟請來。潘姥姥在炕上坐，小桌兒擺著果盒兒，金蓮、李瓶兒陪著吃酒。連忙唱了喏。金蓮說：「我好意教你來吃酒兒，你怎的張致不來？就弄了造化了？」呶了個嘴兒，教春梅：「拿寬杯兒來，篩與你姐夫吃。」敬濟把尋的衣服放在炕上，坐下。春梅做定科範，取了個茶甌子，流沿邊斟上，遞與他。慌的敬濟說道：「五娘賜我，寧可吃兩小鍾兒罷。外邊鋪子里許多人等著要衣裳。」金蓮道：「教他等著去，我偏教你吃這一大鍾，那小鍾子刁刁的不耐煩。」潘姥姥道：「只教哥哥吃這一鍾罷，只怕他買賣事忙。」金蓮道：「你信他！有什麼忙！吃好少酒兒，金漆桶子吃到第二道箍上。」那敬濟笑著拿酒來，剛呷了兩口。潘姥姥叫春梅：「姐姐，你拿箸兒與哥哥。教他吃寡酒？」春梅也不拿箸，故意殿他，向攢盒內取了兩個核桃遞與他。那敬濟接過來道：「你敢笑話我就禁不開他？」於是放在牙上只一磕，咬碎了下酒。〔註24〕

吃酒菜，需要用筷子，春梅故意使壞，不給筷子而給核桃，引起陳敬濟咬開核桃下酒吃的場景。不僅在情節上做了延伸，而且還將人物的性格進行表露：春梅的任性與陳敬濟的年輕豪爽做了對照。

2、送禮之用

筷子是很普通的飲食器具，但是也有高級材質製作的筷箸，同樣具有很高的經濟價值，當然也可以作為送禮之物。象牙筷，自古以來就是高檔筷箸的象徵。到了明代，象牙筷同樣是貴族、土豪之家的飲食器具。在西門慶家裏，象牙筷就經常出現在普通宴會上。第五十二回《應伯爵山洞戲春嬌，潘金蓮花園看蘑菇》：「西門慶道：『你兩個打雙陸。後邊做著水面，等我叫小廝拿來咱每吃。』不一時，琴童來放桌兒。畫童兒用方盒拿上四個小菜兒，又是三碟兒蒜汁、一大碗豬肉鹵、一張銀湯匙、三雙牙箸。」

第二十回有「象箸」，即象牙製作的筷子。除此，還有鑲金、鑲銀的筷子，顯示了不菲的身價。第四十五回有金箸牙兒，即鑲金的象牙筷。第四十七回有「金鑲象牙箸兒」，是指筷頭、筷尾包金的象牙筷子。〔註25〕

此外，西門慶為了討好宋御史、蔡御史，就準備了包括象牙筷在內的各種禮物：西門慶早令手下，把兩張桌席連金銀器，已都裝在食盒內，共有二

〔註24〕　《陳敬濟失鑰罰唱，韓道國縱婦爭鋒》。
〔註25〕　《金瓶梅鑒賞辭典》第 696、713、714 頁，上海古籍出版社 1990 年版。

十抬，叫下人夫伺候。宋御史的一張大桌席、兩壇酒、兩牽羊、兩封金絲花、兩匹段紅、一副金臺盤、兩把銀執壺、十個銀酒杯、兩個銀折盂、一雙牙箸。蔡御史的也是一般的。〔註26〕

宋御史、蔡御史假裝推讓一番，而桌席已抬送出門矣。宋御史不得已，方令左右收了揭帖，向西門慶致謝說道：「今日初來識荊，既擾盛席，又承厚貺，何以克當？餘容圖報不忘也。」因向蔡御史道：「年兄還坐坐，學生告別。」於是作辭起身。西門慶還要遠送，宋御史不肯，急令請回，舉手上轎而去。〔註27〕

為什麼會將兩張桌席連金銀器，且還兩壇酒、兩牽羊、兩封金絲花、兩匹段紅、一副金臺盤、兩把銀執壺、十個銀酒杯、兩個銀折盂都作為送禮之物，最後還包括象牙筷。由此可見，禮品的價值之高，酒席的豪華之盛，是當時奢靡風氣的集中反應。

其實，西門慶家中這種銀鍾牙箸，也不甚稀奇，但也都在重要場合來使用。在《清明節寡婦上新墳，永福寺夫人逢故主》裏：春梅和月娘勻了臉，換了衣裳，分付小伴當將食盒打開，將各樣細果甜食，肴品點心攢盒，擺下兩桌子，布甌內篩上酒來，**銀鍾牙箸**，請大妗子、月娘、玉樓上坐，他便主位相陪。

這種的銀鍾牙箸非常精緻，便於攜帶，更能夠顯示一種家境的富貴。在清明節給潘金蓮祭拜之餘，打開食盒來吃點心，還帶有銀鍾牙箸，就顯示出西門慶家族雖然已是搖搖欲墜，但是其豪華奢靡的氣度依然存在。

第三節 習 俗

1、禮 儀

（1）說話時，要放下筷子，以對人的尊重。

《應伯爵戲銜玉臂，玳安兒密訪蜂媒》：須與湯飯上來，愛月兒下來與他遞酒。吳銀兒下席說：「我還沒見鄭媽哩。」一面走到鴇子房內見了禮，出來，鴇子叫：「月姐，讓銀姐坐。只怕冷，教丫頭燒個火籠來，與銀姐烤手兒。」隨即添換熱菜上來，吳銀兒在旁只吃了半個點心，喝了兩口湯。放下箸兒，和西門慶攀話道：「娘前日斷七念經來？」

〔註26〕《請巡按屈體求榮，遇胡僧現身施藥》。
〔註27〕《請巡按屈體求榮，遇胡僧現身施藥》。

　　此處，吳銀兒對西門慶說話，要放下筷子，是因為吳銀兒是妓女，是花子虛的相好，故按照封建社會尊卑觀念，其舉動也是符合禮儀的。

　　（２）主人舉起筷子，客人才能夠用筷。

　　《清明節寡婦上新墳，永福寺夫人逢故主》：不一時，小和尚放下桌兒，拿上素菜齋食餅饊上來。那和尚在旁陪坐，才舉箸兒讓眾人吃時，忽見兩個青衣漢子，走的氣喘吁吁，暴雷也一般報與長老，說道：「長老還不快出來迎接，府中小奶奶來祭祀來了！」

　　此段文字，可以知道有兩個習俗：一是吃素齋也需要用筷子，二是招待者是和尚。「那和尚在旁陪坐」，舉箸讓眾人吃，顯示了一種筷箸風俗。吃飯時候，主人舉筷，招呼客人，客人才能夠用餐，這是流傳了千百年的風俗，在明代依然可以看到這種文化遺存。

　　２、筷箸的熟語

　　熟語是《金瓶梅》語言的一大特色，其中運用了大量的民間諺語、歇後語、俗語、常用語等，大大地豐富了書中的語言，不僅是敘述的語言，而且還有人物的語言，都增加了《金瓶梅》的藝術表現力與感染力。有人認為，《金瓶梅》語言的肖貌傳神，就在於它是經過作家精心加工過的口語，它比「毛胚」更精美、生動，更性格化和傳神化，但又不露人工雕琢的痕跡，仍葆其口語的風格。〔註28〕此話甚是，點穿了《金瓶梅》語言的真諦。

　　例如挨光，就是現代的偷情。如果按照現代語言學的分類，可視為秘密語、黑話、切口。由於所說語言的不同，可以看出不同的地位與身份。在第三回《定挨光王婆受賄，設圈套浪子私挑》一章裏，說挨光的人恰恰是能說會道的王婆：話說西門慶央王婆，一心要會那雌兒一面，便道：「乾娘，你端的與我說這件事成，我便送十兩銀子與你。」王婆道：「大官人，你聽我說：但凡『挨光』的兩個字最難。怎的是『挨光』？比如如今俗呼『偷情』就是了。要五件事俱全，方才行的。第一要潘安的貌；第二要驢大行貨；第三要鄧通般有錢；第四要青春少小，就要綿裏針一般軟款忍耐；第五要閒工夫。此五件，喚做『潘驢鄧小閒』。都全了，此事便獲得著。」

　　這裏，應該說最懂得市井語言的非王婆莫屬。而正是這種江湖語言，映襯出王婆的性格與老道。西門慶雖是偷情老手，卻不知道挨光一詞，而王婆卻能將偷情的熟語及其五大要素一一道明點穿，可見王婆不是一般的給西門

〔註28〕周中明《論〈金瓶梅〉的語言藝術》，《文史哲》1987年第5期。

慶與潘金蓮進行勾搭的臨時說客，而是深知偷情奧秘的牽線搭橋高手。就是由於王婆的成功設計，使得西門慶與潘金蓮勾搭成奸，以至於造就了《金瓶梅》最基本的雛形，進而有了後來精彩的情景發展。

　　這裏，所說的熟語，並非是語言學上的俗語概念，而是根據民間語言的特徵而創作出來的帶有口語特徵的語言。

　　在《義士充配孟州道，妻妾玩賞芙蓉亭》裏有「下箸了萬錢」一說。西門慶聽說武二往孟州充配去了，一塊石頭方落地，十分自在。於是家中吩咐家人來旺、來保、來興兒，收拾打掃後花園芙蓉亭乾淨，鋪設圍屏，掛起錦障，安排酒席齊整，叫了一起樂人，吹彈歌舞。請大娘子吳月娘、第二李嬌兒、第三孟玉樓、第四孫雪娥、第五潘金蓮，闔家歡喜飲酒。家人媳婦、丫鬟使女兩邊侍奉。這裏的酒宴，裝飾豪華，「香焚寶鼎，花插金瓶。器列象州之古玩，簾開闔浦之明珠」。在菜肴方面，山珍海味，應有盡有：「水晶盤內，高堆火棗交梨；碧玉杯中，滿泛瓊漿玉液。烹龍肝，炮鳳腑」，「黑熊掌，紫駝蹄」。這些東西，價格不菲，但是在饕餮之客的筷箸之下，「果然下箸了萬錢」，言下之意，再鮮美的再貴重的菜肴，也是一掃而光。

　　下箸了萬錢，形象而深刻，展現了酒席上暢飲豪食的場景，同時也反映了西門慶毫無顧忌的心理狀態。

　　《潘金蓮私僕受辱，劉理星魘勝求財》一章中，說的是應伯爵、謝希大、祝實念、孫寡嘴、常峙節等人出資置辦菜肴：「大盤小碗拿上來，眾人坐下，說了一聲動箸吃時，說時遲，那時快，但見：人人動嘴，個個低頭。遮天映日，猶如蝗蚋一齊來；擠眼掇肩，好似餓牢才打出。這個搶風膀臂，如經年未見酒和肴；那個連三筷子，成歲不筵與席。一個汗流滿面，卻似與雞骨禿有冤讎；一個油抹唇邊，把豬毛皮連唾咽。吃片時，杯盤狼藉；啖頃刻，箸子縱橫。這個稱為食王元帥，那個號作淨盤將軍。酒壺番曬又重斟，盤饌已無還去探。正是：珍羞百味片時休，果然都送入五臟廟。」

　　這段文字中，語言精練，動態性強，如「說時遲，那時快」、「人人動嘴，個個低頭」、「好似餓牢才打出」等，另外還有類似的成語更多，如「遮天映日」、「擠眼掇肩」、「汗流滿面」、「杯盤狼藉」等更是生動形象，此外作者自己的語言更勝一籌：「這個稱為食王元帥，那個號作淨盤將軍」、「珍羞百味片時休，果然都送入五臟廟」等。對於飲食工具描寫來說，在這一二百字的引文裏，就有三次提及筷箸，而且有三種不同的表述方法：一是箸，而是筷子，

三是箸子；而且與之形成的句子，也各不相同：動箸、連三筷子、箸子縱橫。這些語句都非常準確、形象地表達了人們飲食時候狼吞虎咽的狀態。

玉箸，有兩種解釋，一是玉石製作的筷箸，二是鼻子流出的涕水。

《請巡按屈體求榮，遇胡僧現身施藥》：西門慶不因不由，信步走入裏面觀看。見一個和尚形骨古怪，相貌搐搜，生的豹頭凹眼，色若紫肝，戴了雞蠟箍兒，穿一領肉紅直裰。頦下髭鬚亂拃，頭上有一溜光簷，就是個形容古怪真羅漢，未除火性獨眼龍。在禪床上旋定過去了，垂著頭，把脖子縮到腔子裏，鼻孔中流下玉箸來。西門慶口中不言，心中暗道：「此僧必然是個有手段的高僧。不然，如何因此異相？等我叫醒他，問他個端的。」於是高聲叫：「那位僧人，你是那裏人氏，何處高僧？」叫了頭一聲不答應；第二聲也不言語；第三聲，只見這個僧人在禪床上把身子打了個挺，伸了伸腰，睜開一隻眼，跳將起來，向西門慶點了點頭兒，甕聲應道：「你問我怎的？貧僧行不更名，坐不改姓，乃西域天竺國密松林齊腰峰寒庭寺下來的胡僧，雲遊至此，施藥濟人。官人，你叫我有甚話說？」

第九十四回《大酒樓劉二撒潑，灑家店雪娥為娼》：骨肉傷殘產業荒，一身何忍去歸娼。淚垂玉箸辭官舍，步蹴金蓮入教坊。覽鏡自憐傾國色，向人初學倚門妝。春來雨露寬如海，嫁得劉郎勝阮郎。

筷子是明清時期剛剛出現的詞彙，是「箸」一詞的口語表達形式，可以稱之為「筷子」一詞的發軔階段。正因為如此，《金瓶梅》裏已經有了筷子的記載。

2014 年 9 月 10 日星期三

第十一章　中國歷史上最偉大的筷箸藝術大師──解讀《武瘋子》

　　縱觀歷史，從未有對一位筷子烙畫的工匠進行過專門的記載，但在清初《虞初新志》卷二中，就將這位民間工匠──武風子進行樹碑立傳，這是非常了不起的事情，使得我們如今還能夠看到武風子的尊容，瞭解他為筷子繪畫藝術所做出的卓越貢獻，以及他個人的非凡情操。

　　《虞初新志》〔註1〕，張潮編著，清初漢族文言短篇小說集，所收篇章與以前各家選本有所不同，其中大抵真人真事；故事的題材很廣泛，一般都帶有一些奇異的情節或不尋常的事件和人物。文章用小品文的筆調，寫不平凡的人物故事，引人入勝，《武風子傳》則是其中重要的一篇。過去，這篇文章的知名度不高，原因在於，筷箸文化未被足夠的重視，因此很少提及，今天看來，這是一篇對中國筷箸文化來說，是非常重要的作品。

　　它不僅歌頌了中國歷史上著名的筷子火繪的藝術家，而且將武風子的不畏權貴，誓死捍衛藝術的貞操，是難能可貴的。

　　以下就根據《武風子傳》進行分析，談談我們的認知。

　　武風子之所以我們認定其為最偉大的筷箸藝術大師，是從兩個方面來說的，一是他的作品，二是他的人格。二者缺一不可，否則就不能稱其為偉大的筷箸藝術大師，或只能說其為藝術大師而已。

　　一個（部）好的藝術作品，伴隨著的是作者高尚的人格，脫俗的行為，真實的情感。當然，也有好的優秀作品，創作者的人格卻是低下、猥瑣的，

〔註1〕本文所引《虞初新志》，上海古籍出版社 2012 年版。

但畢竟是少數。就藝術史而言，作品與人格是緊密聯繫在一起的，而眞正偉大的藝術作品是作者眞實感情的流露，表示的是內在的思想與情操，這種內心的高大上，與藝術作品本身緊密相連，才能夠成爲一部偉大的藝術作品。

武風子的筷箸火繪藝術，屬於這樣一種人格與作品高度相關的偉大作品。

第一節　精湛作品

筷子是生活裏不可缺少的餐飲工具，筷子藝術化也早也有之，例如鑲嵌、雕刻等。但是像武風子那樣在筷子上進行火繪，並且成爲藝術作品，被人們所追逐就是一件稀奇的事情。

《武風子傳》描寫其火繪藝術時，「作禽魚花鳥、山水人物、城門樓閣，精奪鬼工」。

這裏，有兩層意思，一是火繪的題材，是「禽魚花鳥、山水人物、城門樓閣」，也就是說，武風子火繪的對象有「禽魚花鳥」，這裏的禽，鳥、獸的總稱，此地多指獸；魚，即各種水中生活著的魚類；花，即野外屋邊的花朵；鳥，即飛鳥。

所謂的「山水人物」，前面山水，指的是自然風光，人物，則爲各色人等。另外的「城門樓閣」，則是人們居住的地方所見到的建築。

另外，武風子「但所繪故事，多稗官雜劇，有規以不雅馴者，笑而不答，亦終不易」。也祭祀這些火繪內容，都是耳熟能詳的，而在這些作品中，表現得比較多的主題是「規以不雅馴者」。其中就表現了武風子自己的人生追求，以及他所希望展示的理想中的社會前景。

應該說，這是積極的社會態度，通過自己藝術作品反映出對社會應盡的一份責任。對此，武風子「笑而不答，亦終不易」，體現了他的創作理念與自身行爲的一種矛盾與衝突。

武風子的代表作有「淩煙閣功臣圖」。在這幅圖中，「箸粗僅及繩，而旌旗鎧杖、侍從衛列，無不畢具；至褒公、鄂公，英姿毛髮，道子傳神，莫或過之。其畫細如絲，深紺色，入竹分餘如鏤」。火繪得如此栩栩如生，不能不說是一幅筷箸文化的藝術精品。「道子傳神，莫或過之」，就是對此圖的高度稱讚。文章裏所說的道子，即吳道子，其唐代著名畫家，他畫技高超，筆法嫻熟。不僅善於畫山水畫，畫動物也頗能傳神，畫史尊稱畫聖。此地，將武風子與吳道子相提並論，可見其藝術性之高妙。可惜的是，今天我們已經無

緣欣賞到這樣的罕世佳作了。

依此，可以看出武風子火繪筷子的藝術性加以非常強烈的感染力，而且題材非常廣泛，而上述所舉的這些只是一分部。

另外一層意思則是說，武風子火繪的技藝十分高超，「精奪鬼工」。這裏的「精奪鬼工」一詞彙用得非常到位，遠比「巧奪天工」要高出許多倍。因此「人奇之」，紛紛解囊，準備搶購。

「每得其雙籌，爭購錢數百」，就表現了人們搶購其火繪筷子的情景。

一雙火繪筷子，要達數百錢，似乎有點誇張，但也可以說得通，這絕不是普通的筷子，已經是一件藝術品了。

數百錢，是一個不小的數字。根據專家測算，在清順治 3 年，一石米，1000 文；康熙 21 年，園麥一石 350 文；順治 8 年，標布一匹，3 錢 3 分；順治 2 年，豬肉一觔，1000 文。順治初，茶（松羅，安徽茶佳品），一觔，一兩天後減至 8～5 錢。〔註 2〕由此可見，數百錢，一定是個大數字，雖然文章有誇大的成分，但從中可以看到此是不小的錢款，非普通百姓所能夠承擔的費用。

價格不是衡量一個對象的價值的唯一標準，但是它卻體現了一種供求關係，武風子的火繪筷子之所以要高達數百錢，也反映了供不應求的現實場面。

第二節　偉大人格

武風子是雲南武定人，名恬。「先世以軍功官於衛」，從中知道，其家族顯赫，由於建立軍功，而隨著先世定居在雲南。本屬於官宦之家的武瘋子卻不好學習，性情懶散，也不圖榮華富貴，整天嗜酒如夢。就是這樣一個人卻對各種民間雜藝過目不忘，尤其喜歡筷子火繪藝術，並且將此技藝發展至登峰造極的地步。

眾所週知，雲南生產竹子，而且多為細竹，適合製作筷子。

全世界竹類植物約有 70 多屬 1,200 多種，主要分佈在熱帶及亞熱帶地區，中國是世界竹子中心產區之一，約 300 品種，是竹類資源最為豐富、竹林面積最大、產量最多、栽培歷史最悠久的國家。而雲南的竹亞科植物已記載了 30 屬，約 250 種之多，占世界的 40%，占中國的 75%；特有竹種 100

〔註 2〕從《閱世編》看明清之際的物價——讀清人筆記之五》，載來新夏《結網錄》，南開大學出版社 1984 年版。

種以上。雲南竹類在地理分佈上可劃分爲 7 個區：滇南熱性大型叢生竹區、滇西南熱性暖熱性大中型叢生竹區、滇東南熱性暖熱性大中型混合竹區、滇中暖性中型混合竹區、滇西暖溫性中小型混合竹區、滇西北寒溫性小型混生竹區和滇東北溫涼性中小型散生竹區。〔註3〕《徐霞客遊記》遊大理日記：「十三日與何君同赴齋別房，因遍探諸院。時山鵑花盛開，各院無不燦然。中庭院外，喬松修竹，間以茶樹。」〔註4〕這裏的修竹，未必一定有製作筷子之用，但是說明雲南有竹子的存在。

可知，自古以來，雲南就是生產竹子的地方，武風子生活在這裏，爲他的筷箸火繪藝術的發展提供了堅實的現實基礎。

武風子火繪的筷子能夠賣出高價，自己卻沒有將此手藝作爲謀生的方法，而其窮朋友卻因此沾光，「因以爲利」。

而武風子火繪的筷箸藝術，成爲了他把玩的對象。「一箸成，輒把玩不釋，保護如頭目」。可見，這時候的筷子已經成爲他的生命的一部分，捨不得放棄。看著自己的藝術作品，如癡如醉，沉浸在陶醉之中。有時候還會喝酒之後痛哭流涕，將這些火繪筷子全部燒掉，然後又悔恨不已，但從不把這些筷子輕易送給別人。但是遇到窮困潦倒的人，如「貧士及釋道者流，告以困窮，輒忻然爲之，雖累百不倦」，可見其品德之高潔。

作爲一個藝術家，他對自己的作品狂喜之深，表現得難以令世人難以理解的藝術家的個性，另外，他還有好吃酒的習慣。人們知道他火繪筷子的價值，於是抓住他嗜酒如命的喜好，乘他「酒酣」，讓他製作了許多藝術筷子之後，在他「揮手不顧」，紛紛將這些筷子占爲己有。而那些來雲南遊玩的「王公大人」卻無緣得到武風子的火繪筷子。

武風子，原名爲武恬，爲什麼被稱之爲「瘋子」。武風子，即武瘋子。因爲古時風子與瘋子相同。宋蔡啓《蔡寬夫詩話‧楊凝式題詩》：「楊凝式仕後唐、晉、漢間，落魄不自檢束，自號楊風子，終能以智自完。」

風子，亦指佯作顛狂或浪蕩不檢的人。武風子，就屬於這種人，他心裏很明白，卻在外表裝作瘋瘋癲癲，不懂人情世故的樣子。

丁亥年間，流賊從四川來到雲南，看到火繪筷子，十分稀罕，懸賞要武風子的筷子。武風子堅決予以回絕：「我豈作奇技淫巧以悅賊者耶」。流賊惱

〔註3〕　《中文百科在線》。
〔註4〕　《徐霞客遊記》，上海古籍出版社 2010 年版。

羞成怒，從深山老林裏將其抓過來。先是「列金帛於前，設醇醪於右以誘之」，然而武風子不應；抓來以後，武風子「則白眼仰天，喑無一語」，根本不把流賊放在眼裏。流賊「陳刀鋸以恐之」，武風子「亦不應」。在無計可施的情況下，流賊要將武風子斬首，誰知武風子「神色自如，終無一語」。無可奈何，只好將其釋放。從此以後，武風子「披髮佯狂，垢形穢語，日歌哭行市中，夜逐犬豕與處」，被人稱之爲「武風子」。

在流賊面前，武風子表現出無畏的精神，不僅頂住各種誘惑，而且不懼怕恐嚇，甚至冒著被砍頭的危險，依然神定自若，不屈不饒。

在權貴高官面前，同樣表現出一貫做人的風格，絲毫沒有受到外界的影響，這種一如既往的性格，既是他本人的性格，也是中國文人的特質。

「王師定滇」之後，高官貴族也試圖獲取武風子火繪筷子，也未能夠成功。

受到更高權貴的委託，安定守官員召武風子前來製作筷子。武風子根本「不應」。

守官憤怒，嚴刑拷打，血流體潰，武風子「終不應」。這才是眞正的「富貴不淫，威武不屈」。

就是這樣一位至死不渝的高士，被逼而眞的變成了瘋子，居無定所，「或琳宮梵舍，或市肆田家」，過著流浪的生活。但是，他沒有被官僚與生活壓垮，依然不去出賣自己的筷子火繪藝術，只是在需要喝酒的時候，才「作數十箸以謀醉」，這種高尚的情操是今日很多藝術家而汗顏的。

第三節　文化價值

本篇文章，介紹了武風子與火繪筷子藝術的一生。除了體現出武風子的高超的火繪技藝之外，他的人格、行爲同樣是非常高潔的，可謂是清代最值得敬佩的筷箸文化藝術家。

另外，此文還給人們帶來思考，其文化價值在哪裏？

一、認定筷子火繪是一種藝術

這種筷子火繪是中國長期流傳的一種生產工藝，只是到了明末清初，有了新的突破，而武風子則將這門技藝發展到了極致，成爲一種藝術品，爲民

眾喜歡而被炒高，有了不菲的市場價值。

　　筷子是日常生活中最常見的用品之一，一般人都認爲，沒有多少文化，也無多少價值。其實不然，在筷子上附加了文化，就能夠體現出與眾不同的文化意義與社會價值來。

　　筷子上進行火繪，就附著了新的文化及意義。特別是名人的製作，則將這種意義提升到了一個新的高度，使之有了前所未有的價值，成爲人們收藏、求索的對象。

二、介紹了筷子火繪藝術的製作方法

　　火繪筷子的技藝及其製作過程，過去沒有留下更多的文字記載，但在《虞初新志》中，就細緻地記錄了，不過這種製作方法是武風子個人的，但是反映的是筷子火繪的傳統製作方法：「其作箸時，削炭如筆數十，置烈火中」，「左執箸，右執炭，蕭蕭有聲，如蠶食葉，快若風雨」。這裏，不僅介紹了筷子火繪的基本工具，而且將火繪的狀態表示得淋漓盡致。火繪，需要快捷，時間過長，肯定會燒焦，或者達不到預想的目標。只有對所需要火繪的圖案了然於心，才會繪出美麗的圖畫，這需要絕妙、高超的技藝。

　　這種製作方式，是傳統的，同時又是武風子獨特的技藝：「酒滿壺於旁，伺炭末紅若錐，……且飲且作。壺乾即止，益之復作」，而且飲酒「不用杯杓，以口就壺，不擇酒」。這些文字將武風子豪爽，不拘小節的性格表露無遺。「期醉，醉則伏火而臥，或哭或歌，或說《論語》經書，多奇解。及醒而問之，則他囈語以對」。這種似醉非醉的神情，遠不是普通工匠在製作時候的表現，而是一個藝術家在用心在創作自己的作品。

　　「或正作時，酒未盡，忽不知其所往，逾數十日或數月復來，復卒成之」。這句話表示的是，火繪筷子需要一定的時間，數十日或者數月才能夠最後製造成功，而在這段時間裏，武風子「不知其所往」，等到他重新回來的時候，筷子上火繪圖案已經完全展現在人們的眼前。

　　這一系列的表述，一層層地將武風子與武風子的火繪技藝的神秘色彩表露出來。

2015 年 4 月 18 日星期六

附錄：《武風子傳》桐城方亨咸邵村邵村雜記

武風子者，滇南之武定州人也，名恬。先世以軍功官於衛。恬以冑子，少學書，已棄弗學。性好閒，不謀榮利。嗜酒，日唯謀醉，簞瓢屢空，晏如也。凡遊藝雜技，過目即知之。

滇多產細竹，堅實可爲箸。武生以火繪其上，作禽魚花鳥、山水人物、城門樓閣，精奪鬼工。人奇之，每得其雙籌，爭購錢數百。於是武生之交戚貧者，因以爲利。生顧未嘗售也，頗自矜重，一箸成，輒把玩不釋，保護如頭目。或醉後痛哭，悉焚之，醒復悔，悔而復作。然斷不輕與人。好事者每瞯其謀醉時，置酒招之，造必盡歡。酒酣，以火與箸雜陳於前而不言。生攘臂起，頃刻完數十籌，揮手不顧也。或於酒中以箸相屬，則怒，拂衣出，終身不與之見。或遇貧士及釋道者流，告以困窮，輒忻然爲之，雖累百不倦。於是滇之士夫或相饋遺，皆以武生箸爲重。王公大人遊於滇者，不得武生箸即不光。

生固落落儒生耳，未嘗以「風子」名。丁亥之歲，流賊從蜀敗奔，假號於滇，滇士民慴於威，披靡以從。生獨匿深菁中不出。賊於民間見其箸，異之，遍召不得，因懸賞索之。或告曰：「曷出以圖富貴？」生大笑曰：「我豈作奇技淫巧以悅賊者耶？」偵者聞於賊，繫以來。至則白眼仰天，喑無一語。賊命作箸，列金帛於前，設醇醪於右以誘之，不應；陳刀鋸以恐之，亦不應。賊怒，揮斬之。縛至市曹，而神色自如，終無一語。時賊帥有侍側者曰：「腐鼠何足膏斧鉞？曷縱之？徐徐當自逞其技也。」釋之，而生自此病矣。披髮佯狂，垢形穢語，日歌哭行市中，夜逐犬豕與處，人遂皆呼「武風子、武風子」云。

及王師定滇，風子病少瘳，亦稍稍爲人作箸以謀醉，人重之逾常時。安定守某者，受貴人屬，召爲之，不應。守怒，撻之於庭，血流體潰，終不應。自此風子之蹤跡無定矣，或琳宮梵舍，或市肆田家，往必數日留，留必作數十箸以謀醉。然出入無時，於是其箸可得而不可得矣。

余嘗見其箸作「凌煙閣功臣圖」者，箸粗僅及繩，而旌旗鎧杖、侍從衛列，無不畢具；至褒公、鄂公，英姿毛髮，道子傳神，莫或過之。其畫細如絲，深紺色，入竹分餘如鏤。武定太守顧輿山爲余言：其作箸時，削炭如筆數十，置烈火中，酒滿壺於旁，伺炭末紅若錐，左執箸，右執炭，肅肅有聲，如蠶食葉，快若風雨，且飲且作。壺幹即止，益之復作。飲不用杯杓，以口

就壺，不擇酒。期醉，醉則伏火而臥，或哭或歌，或說《論語》經書，多奇解。及醒而問之，則他囈語以對。或正作時，酒未盡，忽不知其所往，逾數十日或數月復來，復卒成之。其狀貌如中人，年近六十餘，拜揖跪起無異，唯與之語，則風子矣。輿山曾作《武異人歌》贈之，故時往還也。但所繪故事，多稗官雜劇，有規以不雅馴者，笑而不答，亦終不易。或曰：「非病風者也，狂人也。」或曰：「共有道者歟？不然，何富貴不淫，威武不屈耶？」余於是作《武風子傳》。

　　張山來曰：武生豈眞風子耶？不過如昔人飲醇近婦，以寄其牢騷抑鬱之態，宜其箸之不輕作也。

　　邵村先生與先君同年，余幼時曾一聆謦欬。癸亥冬，瓜洲梁子存齋以此傳錄寄。未幾，而何省齋年伯又以刻本郵示。益信奇文欣賞，自有同心也。

（載於張潮《虞初新志》卷二）

第十二章　《紅樓夢》中的筷箸描寫及其文化

　　魯迅《中國小說史略》將《紅樓夢》列入「清之人情小說」〔註1〕之中。所謂「人情小說」，即立足於人間社會，以基本寫實的方式來描寫家庭、生活、婚姻、男女感情，並反映社會現實的小說作品。既然如此，就必然會描寫到生活的方方面面，其中就會涉及飲食及其筷箸的敘述；換言之，筷箸出現在《紅樓夢》中，就是一種自然生活現象，如果沒有筷箸在這樣一部世俗文學作品中出現，就會變得不可思議。

　　《紅樓夢》與筷箸有不解之緣。例如，在王夫人的房間裏就擺設「匙箸」等物。

　　在《金陵城起復賈雨村，榮國府收養林黛玉》裏：林黛玉去見王夫人，發現王夫人時常居坐宴息，不在正室，只在正室東邊的三間耳房內。「於是老嬤嬤引黛玉進東房門來。臨窗大炕上鋪著猩紅洋罽，正面設著大紅金錢蟒靠背，石青金錢蟒引枕，秋香色金錢蟒大條褥。兩邊設一對梅花式洋漆小幾。左邊幾上文王鼎匙箸香盒，右邊幾上汝窯美人觚，內插著時鮮花卉，並茗碗唾壺等物。地下面西一溜四張椅上，都搭著銀紅撒花椅搭，底下四副腳踏。椅之兩邊，也有一對高幾，幾上茗碗瓶花俱備。」〔註2〕

　　這裏，所介紹的是王夫人的東房內的布置，顯得非常氣派，而又不失靈動、精緻，反映了房間主人的高貴身份。從林黛玉的眼睛看去，不僅房間布

〔註1〕　《中國小說史略》第二十四篇《清之人情小説》。
〔註2〕　《脂硯齋重評石頭記甲戌本》（影印）第三回。

置不同，而且丫鬟們的妝飾衣裙，舉止行動，「亦與別家不同」。

這種用匙箸來點綴房間的做法，或許並非獨創，否則就不會在王夫人在房間裏擺放匙箸來進行裝點布置了。除此原因之外，几上放置匙箸，可能也是爲了吃飯方便，顯示一種主人的特殊身份。

此外，筷箸又與薛家官司有有關。

在《紅樓夢》第九十九回《守官箴惡奴同破例，閱邸報老舅自擔驚》裏，薛蟠打死人，就與筷箸有關：「據京營節度使咨稱：緣薛蟠籍隸金陵，行過太平縣，在李家店歇宿，與店內當槽之張三素不相認，於某年月日薛蟠令店主備酒邀請太平縣民吳良同飲，令當槽張三取酒。因酒不甘，薛蟠令換好酒。張三因稱酒已沽定難換。薛蟠因伊倔強，將酒照臉潑去，不期去勢甚猛，恰值張三低頭拾箸，一時失手，將酒碗擲在張三囟門，皮破血出，逾時殞命。李店主趨救不及，隨向張三之母告知。伊母張王氏往看，見已身死，隨喊稟地保赴縣呈報。前署縣詣驗，仵作將骨破一寸三分及腰眼一傷，漏報塡格，詳府審轉。看得薛蟠實係潑酒失手，擲碗誤傷張三身死，將薛蟠照過失殺人，準鬥殺罪收贖等因前來。」〔註3〕

僅此二例，就可以證明筷箸在《紅樓夢》中，不僅是一般的用餐工具，而且還是故事情節、人物性格發展的重要紐帶。

第一節　筷箸的種類

一、象　箸

所謂，象箸，就是象牙筷子。《韓非子·喻老第二十一》：「昔者紂爲象箸而箕子怖。以爲象箸必不加於土鉶，必將犀玉之杯；象箸玉杯，必不羹菽藿，則必旄象豹胎」。言下之意，用了象牙筷子，必然會不用陶杯，改用犀角做的杯子；用了象牙筷子，玉杯，必然不會吃粗糧菜蔬，而是去吃山珍海味。由此可見，象箸象徵一種身份的尊貴，是與佳肴珍饈聯繫在一起的，曾經爲帝皇朝廷或官宦人家專用的用餐工具。

〔註3〕曹雪芹、高鶚著《紅樓夢》第三十五回《白玉釧親嘗蓮葉羹，黃金鶯巧結梅花絡》，王蒙評點本，上海文藝出版社 2005 年版。以下凡引此書，不再詳注。引文中的「劉老老」、「快子」均按照習慣改爲「劉姥姥」、「筷子」，除了特殊之處，亦照這一版本。

象箸在《紅樓夢》裏有多處提及。

在第八十九回有這樣一段情節：正說著，只見一個小丫頭端了一個茶盤兒，一個碗，一雙牙箸，遞給麝月道：「這是剛才花姑娘要的，廚房裏老婆子送了來了。」麝月接了一看，卻是一碗燕窩湯，便問襲人道：「這是姐姐要的麼？」襲人笑道：「昨夜二爺沒吃飯，又翻騰了一夜，想來今日早起心裏必是發空的，所以我告訴小丫頭們叫廚房裏作了這個來的。」襲人一面叫小丫頭放桌兒，麝月打發寶玉喝了，漱了口。只見秋紋走來說道：「那屋裏已經收拾妥了，但等著一時炭勁過了，二爺再進去罷。」寶玉點頭，只是一腔心事，懶怠說話。〔註4〕

很顯然，這裏所使用的象箸，是與燕窩湯相配合，是非常恰如其分的，兩者之間相得益彰的。

象牙製作的筷箸在賈府裏的使用已不僅僅是一雙一雙的，而是一把一把地用來作爲吃飯工具：少頃至園外，王夫人恐賈母乏了，便欲讓至上房內坐。賈母也覺腿酸，便點頭依允。王夫人便令丫頭忙先去鋪設坐位。那時趙姨娘推病，只有周姨娘與眾婆娘丫頭們忙著打簾子，立靠背，鋪褥子。賈母扶著鳳姐兒進來，與薛姨媽分賓主坐了。薛寶釵史湘雲坐在下面。王夫人親捧了茶奉與賈母，李宮裁奉與薛姨媽。賈母向王夫人道：「讓他們小妯娌伏侍，你在那裏坐了，好說話兒。」王夫人方向一張小杌子上坐下，便吩咐鳳姐兒道：「老太太的飯在這裏放，添了東西來。」鳳姐兒答應出去，便令人去賈母那邊告訴，那邊的婆娘忙往外傳了，丫頭們忙都趕過來。王夫人便令「請姑娘們去」。請了半天，只有探春惜春兩個來了，迎春身上不耐煩，不吃飯，林黛玉自不消說，平素十頓飯只好吃五頓，眾人也不著意了。少頃飯至，眾人調放了桌子。鳳姐兒用手巾裹著一把牙箸站在地下，笑道：「老祖宗和姑媽不用讓，還聽我說就是了。」賈母笑向薛姨媽道：「我們就是這樣。」薛姨媽笑著應了。於是鳳姐放了四雙：上面兩雙是賈母薛姨媽，兩邊是薛寶釵史湘雲的。王夫人李宮裁等都站在地下看著放菜。鳳姐先忙著要乾淨傢夥來，替寶玉揀菜。〔註5〕

這裏有一段文字值得細細玩味：「鳳姐兒用手巾裹著一把牙箸站在地下」。象箸用手巾裹著，也進一步說明象牙筷子，即使在像賈府這樣的一擲千金的人家同樣對待象箸也是十分珍惜的，鳳姐兒親自拿著象箸，而且用手巾

〔註4〕　《紅樓夢》第八十九回《人亡物在公子填詞，蛇影杯弓顰卿絕粒》。
〔註5〕　《紅樓夢》第三十五回《白玉釧親嘗蓮葉羹，黃金鶯巧結梅花絡》。

包裹，而不是讓丫頭來拿取。除了是鳳姐兒尊重賈母及其姑媽，想討好她們，其中也包含著象牙筷子是非常珍貴的用意。

在清代，象箸不僅是很珍貴的用餐工具，也是是一種高檔的禮品。

徐珂《清稗類鈔·朝貢類》：

> 順治乙酉，豫王下江南，明臣皆致重幣，以錢牧齋所獻爲最薄，蓋自表其廉白也。所具柬帖，第一行細書「太子太保禮部尚書翰林院學士臣錢謙益」，末亦如之。其貢品乃鎏金銀壺、法琅銀壺各一具，蟠龍玉杯、天鹿犀杯、葵花犀杯、芙蓉犀杯、法琅鼎杯各一進，法琅鶴杯、銀鑲鶴杯各一對，宣德宮扇、眞金川扇、弋陽金扇、戈奇金扇、百子宮扇、眞金杭扇各十柄，眞金蘇扇四十柄，銀鑲象牙箸十雙。以是爲薄，其厚者可知矣。

清豫王下江南時，明朝舊臣紛紛送上厚禮，唯獨錢牧齋自認爲，送的禮品最薄，但是就是這樣批禮物裏，就有「銀鑲象牙箸十雙」，難怪被人戲稱爲「以是爲薄，其厚者可知矣」。

亡朝之臣向新主子進貢的，當然要用珍貴而稀缺的禮品，以表效忠，這是人世間的常理，因此象牙筷子來作爲禮品就很好理解了。

二、銀　箸

《紅樓夢》第四十回《史太君兩宴大觀園，金鴛鴦三宣牙牌令》：

> 正說著，只見賈母等來了，各自隨便坐下。先著丫鬟端過兩盤茶來，大家吃畢。鳳姐手裏拿著西洋布手巾，裏著一把烏木三鑲銀箸，按席擺下。〔註6〕

烏木三鑲銀箸，是在烏木筷子的頭、腰、腳三個部分鑲嵌銀子，故稱。

銀製的筷箸，具有防毒的作用。《本草綱目·金部·銀》記載：不僅認爲「生銀，辛、寒、無毒」，而且還說：妊婦腰痛，「用銀一兩、水三升，煎成二升服之」就可以治癒。現代科學證明，銀箸來防毒是簡單有效的。因爲銀碰到硫化物會起化學反應，生成黑色的硫化銀。過去常用毒藥，如砒霜（三氧化二砷）在提取時往往含有硫化物，所以銀器測毒很靈驗。過去給皇帝做好了飯菜，「每個菜碟或菜碗都有一個銀牌，這是爲了戒備下毒而設的」。〔註7〕其原因就在於：銀子能夠檢測出飯菜是否有毒。所以，王熙鳳

〔註6〕《紅樓夢》第389頁。
〔註7〕溥儀《我的前半生·帝王生活》。

給劉姥姥換了烏木三鑲銀箸之後，就說：「菜裏要有毒，這銀子下去了就試的出來。」〔註8〕

這樣一方面掩蓋了她的惡作劇，另一方面也算是討好劉姥姥，誰知道劉姥姥並不服氣，還說了一句：「這個菜裏有毒，我們那些都成了砒霜了。那怕毒死了，也要吃盡了。」〔註9〕

這裏，展現了劉姥姥的憨厚、王熙鳳的機靈。這些性格特徵，是通過對話來進行的，而其中最重要的道具，就是筷子。

烏木鑲銀筷，是賈府裏很普通的筷箸，但就是這樣普通的用餐工具，也反映出他們非常珍惜自己的生命的願望。時刻在提防別人的加害，同時也為了吃得更加健康。這樣的做法，與賈府的那種豪門巨富的社會地位相一致的。

三、金 箸

在《紅樓夢》第四十回《史太君兩宴大觀園，金鴛鴦三宣牙牌令》裏，就有用鑲金的筷箸來捉弄劉姥姥的情節：丫鬟們知道他要撮弄劉姥姥，便躲開讓他。鴛鴦一面侍立，一面悄向劉姥姥說道：「別忘了。」劉姥姥道：「姑娘放心。」那劉姥姥入了坐，拿起箸來，沉甸甸的不伏手。原是鳳姐和鴛鴦商議定了，單拿一雙老年四楞象牙鑲金的筷子與劉姥姥。劉姥姥見了，說道：「這叉爬子比俺那裏鐵鍁還沈，那裏強的過他。」說的眾人都笑起來。

四楞象牙鑲金的筷子，當然有一定的分量，這使得劉姥姥拿了不僅「不伏手」，而且還沉甸甸的，比劉姥姥用的鐵鍁還重。一句「那裏強的過他（指的是筷子）」，雖是玩笑話，卻含有苦澀的味道。從中可以看出劉姥姥的身份與地位與賈府比起來，真是天差地別。

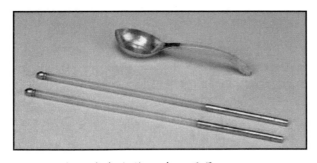

青玉鑲赤金筷，清，通長 29.6cm

〔註8〕《紅樓夢》第四十回《史太君兩宴大觀園，金鴛鴦三宣牙牌令》。
〔註9〕《紅樓夢》第390頁。

四、火　箸

所謂火箸，並不是夾菜用的，其功能是撥弄柴火。特別是有錢人家到了冬天，用手爐烤火，就需要用火箸。

在《蘆雪庵爭聯即景詩，暖香塢雅製春燈謎》一章裏，冬天快到過年，寶玉、黛玉等人一起製作燈謎的時候，史湘雲就拿著火箸：「寶玉見寶琴年紀最小，才又敏捷，深爲奇異。黛玉湘雲二人斟了一小杯酒，齊賀寶琴。寶釵笑道：『三首各有各好。你們兩個天天捉弄厭了我，如今捉弄他來了。』李紈又問寶玉：『你可有了？』寶玉忙道：『我倒有了，才一看見那三首，又嚇忘了，等我再想。』湘雲聽了，便拿了一支銅火箸擊著手爐，笑道：『我擊鼓了，若鼓絕不成，又要罰的。』寶玉笑道：『我已有了。』」〔註10〕

史湘雲一邊作燈謎，一邊拿著火箸敲擊手爐，表現了她的沉著穩定，一副胸有成竹的樣子。

這裏所說的火箸，雖不是用餐工具，但也是箸的一種。

第二節　筷箸與飲食緊密聯在一起

一、吃飯前，要預先準備筷箸

在《紅樓夢》第三十五回《白玉釧親嘗蓮葉羹，黃金鶯巧結梅花絡》裏，說：「這裏麝月等預備了碗箸來伺候吃飯。」

《紅樓夢》第六十二回《憨湘雲醉眠芍藥茵，呆香菱情解石榴裙》：「說著，只見柳家的果遣了人送了一個盒子來。春燕接著揭開看時，裏面是一碗蝦丸雞皮湯，又是一碗酒釀清蒸鴨子，一碟醃的胭脂鵝脯，還有一碟四個奶油松瓤卷酥，並一大碗熱騰騰碧熒熒蒸的綠畦香稻粳米飯。春燕放在案上，走去拿了小茱並碗箸過來，撥了一碗飯。」〔註11〕

預放筷子再吃飯，這是生活常識，但在曹雪芹的筆下卻每每表現不同，且文字敘述各不一樣，每至於此，會使人有一種精神的愉悅和視覺的享受。

在第八十七回《感深秋撫琴悲往事，坐禪寂走火入邪魔》有這樣一段文字：這裏雪雁將黛玉的碗箸安放在小幾兒上，因問黛玉道：「還有咱們南來的

〔註10〕《紅樓夢》第五十回《蘆雪庵爭聯即景詩，暖香塢雅製春燈謎》。
〔註11〕《紅樓夢》第635頁。

五香大頭菜，拌些麻油醋可好麼？」黛玉道：「也使得，只不必累贅了。」一面盛上粥來，黛玉吃了半碗，用羹匙舀了兩口湯喝，就擱下了。兩個丫鬟撤了下來，拭淨了小幾端下去，又換上一張常放的小幾。

這裏，需要注意的是，不但是林黛玉的碗箸，而且是其碗箸置放的小幾。因爲這個小幾是專門用來吃飯的，所以雪雁才會把碗箸放在這個小几上。這個專門用來吃飯的小幾，表現了林黛玉的孤僻性格，特別是在其生病臨終的時候，尤其顯得淒慘、寂寞。正因爲如此，林黛玉吃完粥和湯之後，丫鬟才撤了下來，拭淨了小幾端下去，又換上一張常放的小幾。

二、在吃螃蟹的時候，也用到筷箸

《紅樓夢》第三十八回《林瀟湘魁奪菊花詩，薛蘅蕪諷和螃蟹詠》：「說著，一齊進入亭子，獻過茶，鳳姐忙著搭桌子，要杯箸。上面一桌，賈母，薛姨媽，寶釵，黛玉，寶玉，東邊一桌，史湘雲，王夫人，迎，探，惜，西邊靠門一桌，李紈和鳳姐的，虛設坐位，二人皆不敢坐，只在賈母王夫人兩桌上伺候。」〔註12〕

在吃螃蟹前，要準備筷箸、酒具。《紅樓夢》第三十八回這樣描寫道：「一時進入榭中，只見欄杆外另放著兩張竹案，一個上面設著杯箸酒具，一個上頭設著茶筅茶盂各色茶具。那邊有兩三個丫頭煽風爐煮茶，這一邊另外幾個丫頭也煽風爐燙酒呢。」〔註13〕這樣的擺設，使得賈母連聲誇獎史湘雲和薛寶釵。

三、用餐中間加人，需要增加筷子

《紅樓夢》第四十回《史太君兩宴大觀園，金鴛鴦三宣牙牌令》：賈母劉姥姥吃過飯之後，在一旁喝茶休息。李紈與鳳姐兒對坐著吃飯，鳳姐兒便要鴛鴦一起來吃飯，「鴛鴦便坐下了。婆子們添上碗箸來，三人吃畢。」很顯然，這是中國人的用餐習慣，新的人上桌，要增添碗筷，而不能使用別人用過的筷子，即使在小戶人家也十分重視這種習慣，更不要說像賈府這樣的巨戶大賈了。這是爲新的用餐者增加新的筷子，不僅是一種新的生活習慣，也是對人的一種起碼的尊重。

〔註12〕　《紅樓夢》第三十八回《林瀟湘魁奪菊花詩，薛蘅蕪諷和螃蟹詠》。
〔註13〕　《紅樓夢》第三十八回《林瀟湘魁奪菊花詩，薛蘅蕪諷和螃蟹詠》。

　　吃飯中間，遇到突然有人來參加，當然要擺放筷子，特別是長輩或者受尊敬的人更是如此。因此在《紅樓夢》裏，賈母去參加宴會，少不了要另外張羅一番。

　　林黛玉、賈寶玉、史湘雲等人在看雪寫詩，賈母來湊熱鬧，「李紈早命拿了一個大狼皮褥來鋪在當中。賈母坐了，因笑道：『你們只管頑笑吃喝。我因為天短了，不敢睡中覺，抹了一回牌想起你們來了，我也來湊個趣兒。』李紈早又捧過手爐來，探春另拿了一副杯箸來，親自斟了暖酒，奉與賈母。賈母便飲了一口，問那個盤子裏是什麼東西。眾人忙捧了過來，回說是糟鵪鶉。」〔註14〕

四、宴席如果發生變更，也需要重新放置筷子

　　《紅樓夢》第七十六回《凸碧堂品笛感淒清，凹晶館聯詩悲寂寞》就記載這樣的文字：「且說賈母這裏命將圍屏撤去，兩席並而為一。眾媳婦另行擦桌整果，更杯洗箸，陳設一番。賈母等都添了衣，盥漱吃茶，方又入坐，團團圍繞。賈母看時，寶釵姊妹二人不在坐內，知他們家去圓月去了，且李紈鳳姐二人又病著，少了四個人，便覺冷清了好些。」

　　重新設置餐桌，就意味著新的用餐的開始，這樣重新放置筷子，就是順理成章的事情。特別是在賈府這樣的人家，更杯洗箸的情況，更不會少。

　　另外，臨時增加吃飯的人，亦要放置筷子。

　　在第八十四回中，這樣敘述道：丫鬟們見寶玉來了，連忙打起簾子，悄悄告訴道：「姨太太在這裏呢。」寶玉趕忙進來給薛姨媽請安，過來才給賈母請了晚安。賈母便問：「你今兒怎麼這早晚才散學？」寶玉悉把賈政看文章並命作破題的話述了一遍。賈母笑容滿面。寶玉因問眾人道：「寶姐姐在那裏坐著呢？」薛姨媽笑道：「你寶姐姐沒過來，家裏和香菱作活呢。」寶玉聽了，心中索然，又不好就走。只見說著話兒已擺上飯來，自然是賈母薛姨媽上坐，探春等陪坐。薛姨媽道：「寶哥兒呢？」賈母忙笑說道：「寶玉跟著我這邊坐罷。」寶玉連忙回道：「頭裏散學時李貴傳老爺的話，叫吃了飯過去。我趕著要了一碟菜，泡茶吃了一碗飯，就過去了。老太太和姨媽姐姐們用罷。」賈母道：「既這麼著，鳳丫頭就過來跟著我。你太太才說他今兒吃齋，叫他們自己吃去罷。」王夫人也道：「你跟著老太太姨太太吃罷，不

〔註14〕　《紅樓夢》第五十回《蘆雪庵爭聯即景詩，暖香塢雅製春燈謎》。

用等我，我吃齋呢。」於是鳳姐告了坐，丫頭安了杯箸，鳳姐執壺斟了一巡，才歸坐。〔註15〕

王熙鳳臨時陪同賈母吃飯，丫頭安放了杯子、筷子，就是順理成章的了。

五、輩分最高的可以專設筷箸

在賈府，賈母是府上最高輩分的人物，所以在很多場合，她都可以有這樣的權力讓別人來爲自己擺設筷子。在《紅樓夢》第五十三回有這樣的描寫：

> 賈母於東邊設一透雕夔龍護屏矮足短榻，靠背引枕皮褥俱全。榻之上一頭又設一個極輕巧洋漆描金小幾，几上放著茶吊，茶碗，漱盂，洋巾之類，又有一個眼鏡匣子。賈母歪在榻上，與眾人說笑一回，又自取眼鏡向戲臺上照一回，又向薛姨媽李嬸笑說：「恕我老了，骨頭疼，放肆，容我歪著相陪罷。」因又命琥珀坐在榻上，拿著美人拳捶腿。榻下並不擺席面，只有一張高幾，卻設著纓珞花瓶香爐等物。外另設一精緻小高桌，設著酒杯匙箸，將自己這一席設於榻旁，命寶琴，湘雲，黛玉，寶玉四人坐著。每一饌一果來，先捧與賈母看了，喜則留在小桌上嘗一嘗，仍撤了放在他四人席上，只算他四人是跟著賈母坐。〔註16〕

「外另設一精緻小高桌，設著酒杯匙箸，將自己這一席設於榻旁」，這種做法不是賈府裏所有的人都可以享受這樣的特權，只有最受尊敬的家中最有權威的人才可以做的。賈母就是這樣的人物。因此桌子以及筷子放置都是一種身份的標誌。

由此可見，筷子往往與杯子、碗、調羹連在一起組詞的，即出現「碗箸」、「杯箸」、「匙箸」的詞彙。從這些詞彙裏，可以發現在宴席上筷箸不是單獨使用的，而是與杯、碗、匙聯繫在一起而成爲一種固定的組合，同時也反映了中華民族的一種風俗習慣。

筷箸與飲食緊密相關，在《紅樓夢》裏表現多多，而且各不相同，呈現千姿百態的生活場景。

在此其中，第四十回《史太君兩宴大觀園，金鴛鴦三宣牙牌令》中的筷箸文化的描寫是最成功的一章，也是筆者至今說見最令人難以忘懷的一幕，

〔註15〕 《紅樓夢》第八十四回《試文字寶玉始提親，探驚風賈環重結怨》。
〔註16〕 《紅樓夢》第五十三回《寧國府除夕祭宗祠，榮國府元宵開夜宴》。

不僅將各色人物表現得活靈活現，而且將筷箸的種類與使用也作了深刻的展示，更重要的是將農村婦女與官宦之家在對待筷箸上的差異表現得淋漓盡致。

《紅樓夢》第四十回《史太君兩宴大觀園，金鴛鴦三宣牙牌令》有數次描述到劉姥姥使用筷子而被捉弄、嘲笑的情景，以下是其中一個用象牙鑲金筷場景：

> 劉姥姥拿起箸【此時劉姥姥拿的是四楞象牙鑲金筷子——筆者】〔註17〕來，只覺不聽使，又說道：「這裏的雞兒也俊，下的這蛋也小巧，怪俊的。我且得一個兒。」眾人方住了笑，聽見這話又笑起來。賈母笑的眼淚出來，琥珀在後捶著。賈母笑道：「這定是鳳丫頭促狹鬼兒鬧的，快別信他的話了。」那劉姥姥正誇雞蛋小巧，鳳姐兒笑道：「一兩銀子一個呢，你快嘗嘗罷，那冷了就不好吃了。」劉姥姥便伸筷子要夾，那裏夾的起來，滿碗裏鬧了一陣，好容易撮起一個來，才伸著脖子要吃，偏又滑下來，滾在地下，忙放下筷子要親自去揀（應爲撿——筆者），早有地下的人撿了出去了。劉姥姥歎道：「一兩銀子，也沒聽見響聲兒就沒了。」眾人已沒心吃飯，都看著他笑。賈母又說：「誰這會子又把那個筷子拿了出來，又不請客擺大筵席。都是鳳丫頭支使的，還不換了呢。」地下的人原不曾預備這牙箸，本是鳳姐和鴛鴦拿了來的，聽如此說，忙收了過去，也照樣換上一雙烏木鑲銀的。劉姥姥道：「去了金的，又是銀的，到底不及俺們那個伏手。」〔註18〕

這裏，原本是王熙鳳等人想用金筷子來捉弄劉姥姥，誰知道劉姥姥挺會自嘲：「去了金的，又是銀的，到底不及俺們那個伏手。」這裏的「伏手」一詞，用得很妥帖。伏手，就是無法駕馭。如果沒有辦法使用最基本的用餐筷子，必然會在宴席上鬧出許多笑話。

無論是金筷還是銀筷，對於農村來的劉姥姥都是不合適的，因爲金銀筷子太精細，太沉重，劉姥姥那樣粗大的勞動者的手，顯然是難以掌控自如的。劉姥姥說的不如「俺們那個」土哩吧唧的竹筷或木筷，是眞心話。在劉姥姥看來，木竹製作的筷子雖然沒有金子銀子做的筷子那麼精細、貴重，但一樣

〔註17〕　《紅樓夢》第 389 頁。
〔註18〕　《紅樓夢》第 390 頁。引文裏的「快子」均改爲「筷子」，以免發生歧義。

可以夾揀東西。

從這些文字敘述中，一可以看出，通過社會底層的人來使用貴族階層的筷箸，能夠製造出各種笑料。二可以知道，筷子不僅僅是一普通的夾菜工具，而且在某種程度上來說，筷子代表的是一種身份，是一種地位。據統計：明代奸相嚴嵩的家產被籍沒，抄出的餐具中僅筷子一項，計有金筷 2 雙、鑲金牙筷 1110 雙、鑲銀牙筷 1009 雙、象牙筷 2691 雙、玳瑁筷 10 雙、烏木筷 6891 雙、斑竹筷 5931 雙、漆筷 9510 雙。〔註19〕，可見這不僅表現的鐘鳴鼎食的盛況，更體現一種與皇帝一般的至高無上地位。

普通老百姓家裏使用的是，一般日常材質製作的筷箸，而大戶、官宦乃至皇親國戚的家庭，則更多的會選擇名貴的（如象牙、珊瑚、紅木等）或者金屬的（如金、銀等）材料製作的筷箸，以此來象徵富有和權貴，其道理是一樣的。

第三節　筷箸的其它用處

筷箸是一種用餐工具，這是十分普通的生活常識，婦孺皆知，但是筷箸還有其它用途，有人亦會驚詫，在《紅樓夢》裏，就可以看到這樣的情景。

一、遊　戲

除了用來吃飯夾菜，筷子還作為遊戲的工具。

在給寶琴、岫煙、平兒、寶玉祝壽的時候，兩個女先兒要彈詞上壽，眾人都說：「我們沒人要聽那些野話，你廳上去說給姨太太解悶兒去罷。」一面又將各色吃食揀了，命人送與薛姨媽去。寶玉便說：「雅坐無趣，須要行令才好。」眾人有的說行這個令好，那個又說行那個令好。黛玉道：「依我說，拿了筆硯將各色全都寫了，拈成鬮兒，咱們抓出那個來，就是那個。」眾人都道妙。即拿了一副筆硯花箋。香菱近日學了詩，又天天學寫字，見了筆硯便巴不得，連忙起座說：「我寫。」大家想了一回，共得了十來個，念著，香菱一一寫了，搓成鬮兒，擲在一個瓶中間。探春便命平兒拈，平兒向內攪了一攪，用箸拈了一個出來，打開看，上寫著「射覆」二字。〔註20〕

〔註19〕 劉志琴《明代飲食思想與文化思潮》，《史學集刊》1999 年第 4 期。此注亦見《中國風俗通史・明代卷》第 221 頁，上海文藝出版社 2005 年版。
〔註20〕 《紅樓夢》第六十二回《憨湘雲醉眠芍藥茵，呆香菱情解石榴裙》，第 629 頁。

很顯然，這裏的筷箸不是用來吃飯的，而是拈鬮的。

射覆，原爲在甌、盂等日常器具下覆蓋某一對象，讓人猜測裏面是什麼東西。《漢書・東方朔傳》：「上嘗使諸數家射覆。顏師古注曰：於覆器之下而置諸物，令闇射之，故云射覆。」後來又演化成猜謎遊戲，或作爲酒令的一種。覆者先用詩詞、文賦、典故等隱寓某一事物，讓射者猜度，用也隱寓該事物的另一詩詞、文賦、典故等揭謎底，或者是做一首詩歌，打某物。如果猜中，則可以繼續下一個謎語；如果猜不中，則要以喝酒等類的處罰。

探春、黛玉、寶玉等人所進行的射覆，則屬於後者。這種射覆，是一種高雅別致、富有情趣的遊戲活動，因此會被出現在大觀園內，就不以爲怪了。

用筷箸來拈鬮，是爲了防止手來作弊。而用筷子來拈，能夠使得大家能夠清清楚楚地看到鬮的拈取過程，沒有作弊的嫌疑。

在《續紅樓夢》第九回《小寧馨喜降榮禧堂　母蝗蟲再醉怡紅院》裏，筷箸亦作爲遊戲的用具：

> 於是，湘雲命鶯兒取出骰盆，放在桌上，又將桌上七個人的筷子各取一隻比齊了，在桌上一攢，以筷子出進之長短定擲骰先後之次序，乃是邢岫煙第一，寶琴第二，巧姐第三，湘雲第四，寶釵第五，探春第六，劉姥姥第七。於是，翠縷、鶯兒等換上熱酒來。只見邢岫煙抓起骰子來，笑道：「我這也不知道擲出什麼笑聲兒來呢？」說畢，便擲了下去。大家看時，乃是「屠沽方丈走馬」，一齊都笑起來。湘雲道：「屠沽非走馬之人，方丈亦非走馬之地，該罰三大杯。」

此說的「以筷子出進之長短定擲骰先後之次序」，很顯然這裏的筷箸不是用餐工具，而是將筷箸的長短用來決定先後擲骰，因此筷箸用作遊戲，乃是無疑的。

二、打　人

筷箸用來打人，是一種嬉鬧，並非眞的懲罰。

《紅樓夢》第六十二回《憨湘雲醉眠芍藥茵，呆香菱情解石榴裙》：探春道：「自然。三次不中者罰一杯。你覆，他射。」寶琴想了一想，說了個「老」字。香菱原生於這令，一時想不到，滿室滿席都不見有與「老」字相連的成語。湘雲先聽了，便也亂看，忽見門斗上貼著「紅香圃」三個字，便知寶琴

覆的是「吾不如老圃」的「圃」字。見香菱射不著，眾人擊鼓又催，便悄悄的拉香菱，教他說「藥」字。黛玉偏看見了，說「快罰他，又在那裏私相傳遞呢。」哄的眾人都知道了，忙又罰了一杯，恨的湘雲拿筷子敲黛玉的手。於是罰了香菱一杯。〔註21〕

射覆之時要賴、作弊，是人之常情，探春、黛玉、寶琴、寶釵、香菱等人在射覆時，也難免此事。史湘雲在香菱射不著的情況下，有意作弊，被林黛玉發現，當然會恨得史湘雲要用筷子來敲打林黛玉的手。

此時的筷子的運用，其意並不在於要打人，而是形容一個人「恨的」狀況，一方面咬牙切齒但又無可奈何，對於表現人物的心理狀況起到畫龍點睛的作用。

三、烘托人物

除了，筷箸在真實作用之外，還表現在筷子對於人物描寫上的作用。

《紅樓夢》第六十二回《憨湘雲醉眠芍藥茵，呆香菱情解石榴裙》：

> 說的眾人都笑了，說：「好個謅斷了腸子的。怪道他出這個令，故意惹人笑。」又聽他說酒底。湘雲吃了酒，揀了一塊鴨肉呷口，忽見碗內有半個鴨頭，遂揀了出來吃腦子。眾人催他「別只顧吃，到底快說了。」湘雲便用箸子舉著說道：「這鴨頭不是那丫頭，頭上那有桂花油？」〔註22〕

這裏「用箸子舉著說」的一句話，將史湘雲那種調皮、憨厚，故弄玄虛的樣子表露無遺。

在民俗學上，舉著筷子說話是不文明的表現，是一種忌諱的事情，而在表現史湘雲的猜謎情態時，故意用筷箸來指手畫腳，也是史湘雲性格的真實展現。

史湘雲是個大家閨秀，純真直爽，率誠在性，但其家已經敗落，到了大觀園與其它人相處比較融洽，胸無芥蒂，給眾人帶來的快樂不僅緣於她的笑，更皆出語諧趣，無論謎語還是酒底，總算毫無顧忌，正因為如此，往往會產生意想不到的喜劇效果。

如果說史湘雲舉著筷子說話，表現的是她的率真，無視世俗的形象，而

〔註21〕 《紅樓夢》第 630 頁。
〔註22〕 《紅樓夢》第 631 頁。

在第七十五回，從別人安放筷子的細節方面，就可以知道賈母的尊嚴與地位：

> 賈母歪在榻上，王夫人說甄家因何獲罪，如今抄沒了家產，回京治罪等語。賈母聽了正不自在，恰好見他姊妹來了，因問：「從那裏來的？可知鳳姐妯娌兩個的病今日怎樣？」尤氏等忙回道：「今日都好些。」賈母點頭歎道：「咱們別管人家的事，且商量咱們八月十五日賞月是正經。」王夫人笑道：「都已預備下了。不知老太太揀那裏好，只是園裏空，夜晚風冷。」賈母笑道：「多穿兩件衣服何妨，那里正是賞月的地方，豈可倒不去的。」說話之間，早有媳婦丫鬟們抬過飯桌來，王夫人尤氏等忙上來放箸捧飯。賈母見自己的幾色菜已擺完，另有兩大捧盒內捧了幾色菜來，便知是各房另外孝敬的舊規矩。〔註23〕

中秋賞月，不知道賈母喜歡哪裏？一聽賈母說在外面，不怕夜晚風冷，「早有媳婦丫鬟們抬過飯桌來」，就連王夫人尤氏等也忙上來「放箸捧飯」，可見賈母一言九鼎，烘托出了其地位之尊貴。

四、製造氣氛

眾所週知，吃飯喝湯都會發出聲音，特別是在聚會的時候更是吵鬧不堪、杯盤狼藉，這是高興時候的情景，一旦聚會遇到不開心的事情，則是一片寂靜。在《紅樓夢》第五十五回《辱親女愚妾爭閒氣，欺幼主刁奴蓄險心》中就展現了這種「不聞碗箸之聲」情景：

接著寶釵的飯至，平兒忙進來伏侍。那時趙姨娘已去，三人在板床上吃飯。寶釵面南，探春面西，李紈面東。眾媳婦皆在廊下靜候，裏頭只有他們緊跟常侍的丫鬟伺候，別人一概不敢擅入。這些媳婦們都悄悄的議論說：「大家省事罷，別安著沒良心的主意。連吳大娘才都討了沒意思，咱們又是什麼有臉的。」他們一邊悄議，等飯完回事。只覺裏面鴉雀無聞，並不聞碗箸之聲。一時只見一個丫鬟將簾櫳高揭，又有兩個將桌抬出。茶房內早有三個丫頭捧著三沐盆水，見飯桌已出，三人便進去了，一回又捧出沐盆並漱盂來，方有侍書，素雲，鶯兒三個，每人用茶盤捧了三蓋碗茶進去。一時等他三人出來，侍書命小丫頭子：「好生伺候著，我們吃飯來換你們，別又偷坐著去。」

〔註23〕　《紅樓夢》第七十五回《開夜宴異兆發悲音，賞中秋新詞得佳讖》，第558～559頁。

眾媳婦們方慢慢的一個一個的安分回事，不敢如先前輕慢疏忽了。〔註24〕

雖然寶釵、趙姨娘等進進出出，媳婦、丫鬟、傭人成群在侍候吃飯，但在主人查問、追賬的情況下，下人怎麼敢鼓唇弄舌、大聲喧嘩呢。這種「不聞碗箸之聲」的描述，就充分表現了現場的緊張氣氛，起到了畫龍點睛的作用。

第四節 結 語

《紅樓夢》一部文學創作，但給我們留下了許多珍貴的文化遺產，其中筷箸文化的描寫就是一個重要方面，是不可多得的形象化的歷史資料。

一、箸 套

所謂箸套，就是套筷箸在外面的毛巾等物。現在飯店裏筷子會用紙做的外套，可以防止灰塵，也顯得更衛生。在《紅樓夢》裏，筷子用「洋巾」包裹，曾多次提到，其目的就是爲了清潔。在《紅樓夢》第四十回裏說到過王熙鳳「拿著西洋布手巾，裏著一把烏木三鑲銀箸」〔註25〕。

在第五十九回《柳葉渚邊嗔鶯吒燕，絳雲軒裏召將飛符》中，再次有如下情節，就不是偶然出現的描寫，而是眞實的生活寫照：

> 鶯兒答應了出來，便到紫鵑房中找蕊官，只見藕官與蕊官二人正說得高興，不能相捨，因說：「姑娘也去呢，藕官先同我們去等著豈不好？」紫鵑聽如此說，便也說道：「這話倒是，他這裏淘氣的也可厭。」一面說，一面便將黛玉的匙箸用一塊洋巾包了，交與藕官道：「你先帶了這個去，也算一趟差了。」

爲什麼要將黛玉的匙箸用毛巾之類的進行包裹？這並非無意之作，而潛藏著作者獨到的文學用意：一方面反映了林黛玉比較挑剔的性格，另一方面也表現了林黛玉體弱多病的現實狀況。現實生活中，爲了照顧病人或者體弱者，往往會十分注意用餐時候衛生。在《紅樓夢》中，這種筷箸的細緻描述，不僅是眞實反映了生活的細節，而且還將典型人物的典型環境作了準確的刻畫。所以可以這樣概括：這種筷箸文化的表現，應該說很到位、眞實，反映

〔註24〕 《紅樓夢》第 558 頁。
〔註25〕 《紅樓夢》第 389 頁。

了作者在情節、細節以及人物設計上，是別具匠心的。

脂硯齋重評石頭記庚辰本第 23 回

二、筷、箸同用

在《紅樓夢》裏，除了有傳統的「箸」、「箸子」的表述之外，也用「筷

子」這樣非常口語化的詞彙進行表達。

《紅樓夢》第二十三回《西廂記妙詞通戲語　牡丹亭豔曲警芳心》：

　　　　賈璉正同鳳姐吃飯，一聞呼喚，放下飯便走。鳳姐一把拉住，
笑道：「你先站住，聽我說話：要是別的事，我不管；要是爲小和
尚小道士們的事，好歹你依著我這麼著。」如此這般，教了一套
話。賈璉搖頭笑道：「我不管！你有本事你說去。」鳳姐聽說，把
頭一梗，把快子〔註26〕一放，腮上帶笑不笑的瞅著賈璉道：「你是
眞話，還是玩話兒？」〔註27〕

「快子」，即「筷子」。王蒙本有注釋：「古無『筷』子，才寫成『快子』。」
〔註28〕

此說有道理。漢代《說文解字》裏未有「筷」字，就連清代的《康熙字
典》也未收「筷」字，這是表明在清之前無論是國家還是個人編纂的詞典裏，
並不認可這個「筷」字。因此，可以得知筷子，是一個被民間廣泛使用的俗
詞。

爲什麼曹雪芹在《紅樓夢》裏要將筷、箸並用，除了考慮到人物設計和
情節的需要外，最主要的是筷子一詞在清代已經成爲人們日常口語的一部
分，不過這時候只是不叫「筷子」，而稱呼「快子」，在明代更稱之爲「快兒」。

快兒，出於明陸容《菽園雜記》。其卷一云：民間俗諱，各處有之，而吳
中爲甚。如舟行諱「住」，諱「翻」，以「箸」爲「快兒」，「幡布」爲「抹布」；
諱「離」、「散」，以「梨」爲「圓果」，「傘」爲「豎笠」；諱「狼籍」，以「榔
槌」爲「興哥」；諱「惱躁」，以「謝竈」爲「謝歡喜」。此皆俚俗可笑處，今
士大夫亦有犯俗稱「快兒」者。

從這段話裏，可知三點：1、筷子的原型最早出現在明代，當時叫「快
兒」，不叫筷子，也沒有竹字頭。2、江南地方船民由於忌諱而稱呼「筷子」
的叫法，蘇州地區特別流行。3、士大夫也開始跟著船民而將傳統的「箸」
稱之爲「快兒」。

據此推理，從明代開始廣泛流行的「快兒」一詞，到了清代應該成爲老

〔註26〕王蒙點評本《紅樓夢》，第 213 頁。但在其他《紅樓夢》版本裏，有的也用「筷
子」一詞。
〔註27〕《紅樓夢》第 213 頁。
〔註28〕見王蒙點評本《紅樓夢》，第 220 頁。再，據《脂硯齋重評石頭記庚辰本》（影
印本）也都爲「快子」。

百姓口頭經常使用的俗語了。隨之，出現「快子」、「箸子」等詞彙，亦就難以避免了。此時，曹雪芹在其書中運用「快子」、「快兒」等俗語，是《紅樓夢》從廟堂走向世俗的一個堅實的臺階。

在有的章節裏，筷、箸同時進行運用的現象比比皆是。如《紅樓夢》第四十回《史太君兩宴大觀園，金鴛鴦三宣牙牌令》：「那劉姥姥入了坐，拿起箸來，沉甸甸的，不伏手，原是鳳姐和鴛鴦商議定了，單拿了一雙老年四楞象牙鑲金的筷子給劉姥姥」，〔註29〕「劉姥姥拿起箸來」，〔註30〕「劉姥姥便伸筷子要夾」，〔註31〕等等，這些都反映了筷、箸的詞彙在同時使用，說明了曹雪芹對此詞彙的運用是得心應手的，絲毫沒有勉強的感覺。

《紅樓夢》書中所見的箸，一般在作者的文字敘述之中，而筷子的使用一般在口語之中。

其次，筷子是民間口語，在普通老百姓中間十分流行，因此在劉姥姥的就不會使用文縐縐的「箸」，而使用「筷子」一詞，就更爲貼切，符合這一特定的劉姥姥從農村來的人物身份。

三、表示身份

在《紅樓夢》中，多次提及王熙鳳拿筷子的事情，這不是曹雪芹的無意識寫作，而是中國筷箸文化的傳統的一種自然、眞實的流露。如：王夫人遂攜黛玉穿過一個東西穿堂，便是賈母的後院了。於是，進入後房門，已有多人在此伺候，見王夫人來了，方安設桌椅。賈珠之妻李氏捧飯，熙鳳安箸，王夫人進羹。」〔註32〕

看來，放置筷子並不一定是傭人所爲，在某種程度上，掌管筷子的一般都是一家之主，或者在家庭裏有地位的人，王熙鳳可算是一個具體的代表。

四、無可比擬

由於《紅樓夢》的風靡一時，跟風作品紛紛降臨，如《後紅樓夢》，《紅樓後夢》，《續紅樓夢》，《紅樓復夢》，《紅樓夢補》，《紅樓補夢》，《紅樓重夢》，

〔註29〕《紅樓夢》第 389 頁。
〔註30〕《紅樓夢》第 390 頁。
〔註31〕《紅樓夢》第 390 頁。
〔註32〕《紅樓夢》第三回《賈雨村夤緣復舊職，林黛玉拋父進京都》。

《紅樓再夢》,《紅樓幻夢》,《紅樓圓夢》,《增補紅樓》,《鬼紅樓》,《紅樓夢影》等。〔註33〕

這些跟風作品,同樣也無法擺脫描寫筷箸的命運。但是無論如何都無法與《紅樓夢》中的筷箸文化相比擬。

在《續紅樓夢》裏,基本繼承了曹雪芹的文風。如第七回《碧落黃泉尋蹤覓跡　紅顏白髮慟子思夫》:這裏晴雯收拾了臉盆,便將杯箸放在桌兒上,遂又擺上看饌。黛玉道:「晴雯姐姐,可把仙姑送來的仙酒燙些兒來給二爺喝,我到外間去陪著二姑娘、菱姑娘吃飯去。」只聽迎春在外間說道:「我們早已在這裏吃完了,喝茶呢。你就在屋裏吃罷。」寶玉聽了,巴不得這一聲兒。晴雯斟上酒來,寶玉忙將頭一杯接來,恭恭敬敬的放在黛玉的面前,自己方吃第二杯。

同時,《續紅樓夢》也喜歡筷、箸並用。

第三十回《警幻女增修補恨天　悼紅軒總結紅樓夢》:「上面一字擺了五席,旁邊擺了一席。看饌果品,盤碟杯箸,皆非人世所有。擺席已畢,只見賈母又領眾人到西套間裏面去看。」

除了箸,單在《續紅樓夢》第九回裏就有7次提及筷子一詞。如第九回《小寧馨喜降榮禧堂　母蝗蟲再醉怡紅院》:「湘雲挽了挽袖子,端起一杯來慢慢的放在唇邊,留神把眾人一瞟。只見劉姥姥正然用筷子夾了個蝦肉圓子,張著嘴才要吃時,湘雲忙指道:『姥姥塑住罷!』原來劉姥姥雖是鄉下人,時常在城內親友處吃酒,也懂得這些玩笑的意思,他便張著嘴、瞪著眼,拿筷子夾著蝦圓子離嘴不遠,紋絲兒不動。招的合席並伺候的丫頭們都哈哈大笑起來。誰知蝦圓子是滑的,從筷子上軲轆下來,劉姥姥忙用筷子趕著去夾。湘雲笑道:『塑不住了,快把這九杯酒都給姥姥送過去。』劉姥姥這才笑起來道:『罷了,姑奶奶,我怕圓子掉下去油了我的新裙子,這不算違令的。』湘雲那裏肯依,還是探春從中排解,每人吃了五杯方罷。」

在這樣一小節的四百字裏,就有四次筷子的出現,不可謂頻率不高吧。

在《續紅樓夢稿》中只有二處提及「箸」,而沒有「筷子」的字樣。這種現象說明對「箸」的重視,而輕視「筷子」一詞的運用。

而《續紅樓夢新編》裏,可以發現「箸」多,而「筷」少;同樣在《紅樓夢補》中未搜索到「筷」,只有「箸」字:

〔註33〕　《中國小說史略》第二十四篇《清之人情小說》。

　　　　賈璉因意外得了這宗藏銀，自然手頭寬裕，心上先已盤算該還
那幾宗欠項，贖回那幾處房屋地畝，已興頭到十分，便喚小紅燙酒。
平兒在西屋裏哄騙巧姐兒才吃了藥，聽得賈璉叫小紅燙酒，便走出
來端正杯箸伺候，賈璉喝了幾杯，仰著脖子好笑道：「可惡這一班勢
利小人，如今可不受他們的氣了。不過約的日子遲了幾天，狠巴巴
的就叫倒票九扣三分，利上還要盤利。打量我是窮一輩子的了，明
兒就叫這班亡八羔子來，一如一二如二的清了，他們還敢來咬我璉
二爺的雞巴？」〔註34〕

　　在《紅樓夢影》中沒有「箸」，卻有「筷子」，這說明了作者完全世俗化
了，更多的運用了普通民眾的語言。《紅樓夢影》刊本題「雲槎外史新編」，
又題「光緒丁丑校印」。可知，這是清末著作，語言上更多採用大眾語言，完
全可以理解。

　　但是，無論如何，這些續編中的筷箸描寫都無法超越《紅樓夢》筷箸所
表現出來的文化及其韻味。其原因：這些續編是在曹雪芹的基礎上加以模擬
的寫作，卻非眞正意義上的原創；而這樣創作出來的作品，其所描寫的筷箸
文化的新意與內涵也就當然要遜色不少了。

〔註34〕　《紅樓夢補》第二十八回《置產營財葛藟誼重因金恤玉樛木恩深》。

第十三章　《清稗類鈔》對筷箸文化的 記載及其貢獻

　　在徐珂《清稗類鈔》〔註1〕一書中檢索到共有一百餘關於「箸」的記載，這在歷代典籍中是罕見的。

　　徐珂（1869～1928年），字仲可，浙江杭縣（今杭州市）人。光緒年間舉人。後任商務印書館編輯。曾經擔任了《外交報》、《東方雜誌》的編輯，編有《歷代白話詩選》、《古今詞選集評》等，其中最爲有聲譽的是《清稗類鈔》。

　　《清稗類鈔》，顧名思義就是彙集了大量的口碑和文獻資料而成的工具書，由於內容繁雜，門類多樣，使得在這本書中留下了許多珍貴的筷箸文化的資料。可以這樣說，《清稗類鈔》是記載筷箸文化資料最多的古代文獻之一，眞實地保留了有清時代非常珍貴的筷箸文化資料。

第一節　歷史記錄

一、記錄了滿人入關之前是用手來進食，而不用筷子的事實

　　滿人早期是用手來進餐，而不是像漢族使用筷子，只是入關之後，他們逐漸吸收了使用筷子的習慣。清統治者登基之後，就根本改變用手的就餐習俗，而改用筷子了。爲了紀念用手就餐的傳統，特設定八月二十六日爲宮中的一個節日。

〔註1〕　本文所引用的徐珂《清稗類鈔》，均爲商務印書館1984年版。

　　徐珂《清稗類鈔・時令 5》記載：「八月二十六日，爲宮中節日，蓋太祖未入關時，轉戰甚苦，一日糧絕，太祖及軍士皆以樹皮充饑，即是日也。故滿人以爲紀念日，屏除豪華，宮中尤重之，皆不食肉，以生菜裹飯而食，亦不用箸，以手代之，孝欽後亦然。」

　　每年八月二十六日，是滿人的紀念日。爲了紀念清太祖的功績，記住在征戰中「軍士皆以樹皮充饑」的日子，這一天，「以生菜裹飯而食，亦不用箸，以手代之」。其意義在於：「蓋專制君主，每以土地人民爲私產，欲其子孫追念祖宗創業之艱難也。」〔註 2〕

　　從筷箸史而言，就可以清晰地看出未入關之前的滿人是不用筷箸吃飯的，更多的以手代筷子的作用。其與關內的飲食習慣大相徑庭。

　　關於這一點，還可以從坤寧宮的祭祀活動上同樣有這樣的文化遺存：「坤寧宮爲神版所在，每歲二月初，帝、后同在坤寧宮吃肉，妃嬪以次咸入座，且分賜散秩大臣、侍衛，皆行一叩首禮而跪。俟肉熟，人各一大塊，佐以椒鹽，食後進茶，不設箸，手劈之，故侍衛多懷紙入內，以備拭手。」〔註 3〕

　　坤寧宮原是明代皇后的寢宮，代表陰性，到了清代，按滿族的習俗，把坤寧宮西端四間改造爲祭神的場所。內設大鍋三口，爲祭神煮肉用。每天早晚都有祭神活動，屬於小祭，只有少數侍衛參加吃肉。據記載，每年坤寧宮要進行三次大祭，時間爲元旦次日、仲春和秋朔，請高官重臣吃肉。〔註 4〕

　　吃肉時，不用筷子，而是直接用手來進食，以牢記滿人進關之前的風俗習慣，表示對祖先的敬重與不忘。

　　《嘯亭雜錄》卷一：「太宗天資敏捷，雖於軍旅之際，手不釋卷。曾令儒臣翻譯《三國志》及《遼》、《金》、《元史》，性理諸書，以教國人。嘗讀《金世宗本紀》，見其申女眞人學漢人衣冠之禁，心偉其語。曾御翔鳳樓傳諭諸王大臣，不許褒衣博帶以染漢人習氣，凡祭享明堂，必須手自割俎以昭其敬。諄諄數千言，詳載聖訓。故純皇帝欽依祖訓，凡八旗較射處，皆立臥碑以示警焉。」所謂「手自割俎」，是對早期滿人游牧時期飲食習慣的追憶，同時也從根本上說明了漢、滿的文化差異。

〔註 2〕　徐珂《清稗類鈔・時令 5》。
〔註 3〕　徐珂《清稗類鈔・禮制類 5》。
〔註 4〕　《嘯亭雜錄》載：「大內於元旦次日及仲春秋朔，行大祭神於坤寧宮。欽派內外藩王、貝勒、輔臣、六部正卿吃祭神肉。」

二、記錄了筷箸作爲禮品的事實

《清稗類鈔・朝貢類 3》:「順治乙酉,豫王下江南,明臣皆致重幣,以錢牧齋所獻爲最薄,蓋自表其廉白也。所具束帖,第一行細書「太子太保禮部尙書翰林院學士臣錢謙益」,末亦如之。其貢品乃鎏金銀壺、法琅銀壺各一具,蟠龍玉杯、天鹿犀杯、葵花犀杯、芙蓉犀杯、法琅鼎杯各一進,法琅鶴杯、銀鑲鶴杯各一對,宣德宮扇、眞金川扇、弋陽金扇、戈奇金扇、百子宮扇、眞金杭扇各十柄,眞金蘇扇四十柄,銀鑲象牙箸十雙。以是爲薄,其厚者可知矣。」

錢牧齋,又名錢謙益(1582 年～1664 年),牧齋是其號,明萬曆進士,崇禎初禮部侍郎。南明弘光時,官至禮部尙書。清兵南下,他在南京率先迎降,封清禮部右侍郎。豫王,即豫通親王愛新覺羅・多鐸,清太祖努爾哈赤第十五子。當他率軍南下,明代的舊臣紛紛送上重禮,只有錢牧齋送的是薄禮。其實,這裏所說的薄禮,就是厚禮。只不過這些禮物非常精緻、小巧,但卻巧奪天工,世間珍寶,遠比那些明臣所送的重禮更加值錢,且有玩賞價值。其中就有「銀鑲象牙箸十雙」。

錢牧齋爲什麼會奉送如此貴重的禮品?一是其素性怯懦。二是清豫王多鐸的兇猛、威嚴。多鐸曾帶著大軍猛攻揚州八天,於 1645 年 5 月 20 日以死傷數萬的代價終於破城,並進行了慘絕人寰的「揚州十日大屠殺」,八十萬人死於清軍刀下。在這兩種因素的驅使下,錢牧齋用高檔、珍奇的禮物來送給豫王多鐸就不難理解了。

筷子是官員奉送皇帝的佳品,同時也是賞賜下臣的禮物。到了某個時間段,他們還會降帝皇賞賜的筷子拿出來進行賞鑒。根據《清稗類鈔・禮制類 1》記載:刻光緒己丑正月「二十五日卯,進上賞玉如意成柄,領圍一九一匣,又各色福履一九一匣,又針黹一九一匣,花巾一九一匣,又,又,紅雕漆喜字桌燈成對,紫檀雕福壽連三鏡支,〔大紅緞繡簾。〕金小元寶喜字燈成對,金油燈一件,金漱口盂成對,金抿頭缸成對,銀胰子樻成對,銀粉樻成對,**銀牙箸成對**,金喜字羹匙成對,金雙喜字成對,黃地福壽瓷膳碗成對,金漱口盂成對,金爹斗成對,金洗手盆成對,銀痰盂成對,銀漚子罐成對。」這裏,所說的時間是「光緒己丑正月二十五日卯」,官員們會將皇帝賞賜的禮品拿出來欣賞一番。由此可見,筷子雖是日常生活的小用品,但是在大臣官員的眼睛裏,因爲是皇帝所敕送,所以格外珍貴,非同一般。

三、記錄了漢、滿，以及與西方餐飲的差別

中國飲食習慣與西方的差異，不僅表現在菜肴方面，而且在使用進餐工具上也是不同的：一個喜歡筷子，一個善於刀叉。

這是眾所週知的事實。在《清稗類鈔》裏還記錄了滿漢之間的用餐之間的差異。

《清稗類鈔·外交類 1》有曰：「席爲滿式，與漢式異。漢俗，置菜於桌，隨意食之，滿式略同歐洲，客各一份，每座各置桃式銀碟，中儲杏仁、瓜子、蜜餞、果子，每客計有二十四品，箸之外尙有刀叉。」

可見，朝廷招待外國來賓的宴席，有兩種方式：一是漢族的，二是滿族的。這兩者之間是不同的。漢族的方法，是將菜肴放在桌子上，隨意用筷子來夾取。而滿族的方法，則與歐洲的相似，每人一份，有二十四個品種，用具除了筷子之外，還有刀叉。其言下之意，滿漢的宴席與用餐的工具是有差異的。漢族用筷，與西方人有著根本性的區別，而滿族「則與歐洲的相似」。歐洲人吃飯使用刀叉，滿族亦使用刀叉，只不過爲了表達中國文化的特色，增加的筷子而已。

第二節　文化記載

一、詞　彙

關於筷箸的詞彙，在中國語言上發展過程中，組織了新的詞彙，賦予了固定的文化意義。

1、舉　箸

舉箸，即表示在飯桌上吃喝的開始。《清稗類鈔·音樂類 3》：「崑山徐某，佚其名，大司寇乾學之玄孫也。父某，爲邑諸生，放誕，不善治生，家資蕩然，生徒亦散盡。某年十三，受傭於縣胥，爲之鈔書，得值以奉父母。父故嗜酒，每飯，無三爵不能舉箸。某力不給，貰於肆。久之，不能償，恐市儈之怒己也，日過肆，效柳敬亭抵掌談三國、隋唐演義，聲色俱肖。市人悅之，遂不問酒值。已而遂佯狂歌唱，藉以易酒肉甘旨，本無闕。父歿，母病，某又苦目眚，不能作書，居然抱絃索唱盲詞以爲業矣。」本文講述的是一個孝子侍奉其父的故事。其父放誕，不善治生，家資蕩然，孝子十三歲就抄書來養家糊口。在這樣的情況下，其父依然「嗜酒，每飯，無三爵不能舉

箸」，爲了滿足父親的欲望，孝子不得已將自己出租給店鋪，以至於最後「抱絃索唱盲詞以爲業」。

　　舉箸，還有一例：某富翁宴客於庭，食前方丈。乞者立門外乞殘羹，主人初若不聞也者，繼以哀乞之聲迫，乃叱之日：「有客在座，汝不知耶？何喧擾若是！」乞者少止。主人乃舉箸勸客，客以飽辭。乞者於是長籲而言日：「客已醉飽，而殷勤勸之，我日未得一餐，獨不稍賜殘肴乎？且公等已飽，雖有美味，亦不知其味之佳，非自飽而不知他人饑乎？」客聞言，乃勸主人撤饌與之，於是丐得大嚼而去。〔註5〕

　　假如在舉箸之後，加上「大啖」，就有了更深層次的意義。《清稗類鈔·飲食類 10》：「常州蔣用庵御史與四友同飲於徐兆潢家。徐精飲饌，烹河豚尤佳，因置酒，請食河豚。諸客雖貪其味美，各舉箸大啖，而心不能無疑。」「舉箸大啖」即表示不光是開始吃，而且吃得很開心。

2、析　箸

　　析箸，指分家。析，會意字，從木，從斤。用斧子劈開木頭。箸，爲兩根木棍組成的筷子。由此可見，析箸就非常形象地將分家的本意表達出來。明朱元弼《猶及篇》：「沈益川，騰蛟者，憲副秦川公，伯子也。憲副晚而更置室，生子騰龍，析箸別居。」可見，析箸就是父子、兄弟以及家族之間另立門戶。

　　《清稗類鈔·鑒賞類 6》：蕭山王聲遠茂才鈫之婦汪孺人，本名族，其父兄皆有聲藝壇。而孺人知書，以賢淑稱。顧遭時不偶，二十嬪於聲遠，裁五年而稱未亡。且即此五年中，又復以舅姑養疾扶侍之餘，繼以含襲，其艱辛茶苦，較有甚於聲遠者。然遺孤方四歲，女猶在襁褓。而聲遠之兄弟，復以聲遠亡後，各析匕箸，一切男女婚嫁，悉責之持門之婦，其豫爲聲遠營葬，相地下窆，不知幾經擘畫而後有此也。

　　各析匕箸，即析箸的擴展，意爲分家。上述引文，亦即清楚地將析箸的原委，通過這個例證也可以看出析箸的眞正含義。

　　析箸，表示分家，在《清稗類鈔》裏還記載了朱彝尊在晚年無奈分家的情形：朱竹垞晚年有析產券，其文如下：「竹垞老人雖曾通籍，父子只知讀書，不治生產，因而家計蕭然，但瘠田荒地八十四畝零。今年已衰邁，會同親族，分撥付桂孫、稻孫分管，辦糧收息。至於文恪公祭田，原係公產。下

徐蕩續置蕩七畝，析荒地三分，均存老人處辦糧，分給管墳人餼米。孫等須要安貧守分，回憶老人析箸時，田無半畝，屋無寸椽，今存產雖薄，能勤儉，亦可稍供饘粥。勿以祖父無所遺，致生怨尤。倘老人餘年再有所置，另以續析。」〔註6〕

竹垞，為朱彝尊的號。朱彝尊（1629～1709），浙江秀水人，清代詩人、詞人、學者、藏書家。著《曝書亭集》、《曝書亭詞》、《竹垞文類》（二十五卷本）、《曝書亭著錄》（八卷）。輯《日下舊聞》、《經義考》、《易書》、《明詩綜》、《詞綜》、《食憲鴻秘》等。

然而就是這樣一位大詩人、收藏家朱彝尊及其兒子只知道讀書，並不擅長理財，到了晚年家境敗落，只好分家，各自生存。關於這一點，在朱彝尊的「析產券」裏都有說明。這種析箸，多少顯得淒慘，但又是無可奈何之舉。

筷子是分家時重要的分割用品，在《清稗類鈔‧風俗類1》裏就有記載：「婿或分爨，則細至椅桌碗箸，必取之婦家。女子歸寧，亦必私取母家所有攜之而歸，稍不遂意，怨恨交作，貧家之不願舉女，良有以也。」《廣雅》云：「爨，炊也。」分爨，即分家吃飯。清代有些地方的風俗是，女婿獨立門戶，要從女方父母家拿得生活用品，包括「椅桌碗箸」。碗箸比椅桌更細小，但卻是家庭生活的必需用具，更有實用價值，因此也就成為分家必須要需要考慮在內的對象了。

這裏雖然沒有說是析箸，但是已經清楚地表明筷子是分家的一個重要標誌了。

3、投　箸

投箸，顧名思義，就是放下拿著的筷子。但在投箸的背後，卻更多的隱藏著人的心緒與感情。

唐朝李白《行路難‧其一》前四句：「金樽清酒斗十千，玉盤珍羞直萬錢。停杯投箸不能食，拔劍四顧心茫然。」此詩寫的是朋友出於深厚友情，不惜金錢，為李白設宴為之餞行。李白面對美酒佳肴，卻是停下酒杯，丟開筷子，離開座席，拔劍起舞，心情茫然，形象地表露出內心抑鬱、苦悶。

《清稗類鈔‧獄訟類二》裏有一則《王祥雲殺徐二案》故事，說的是祥雲打工回來，發現妻子「花」有外遇，還假裝不知：「言次，已薄暮，投箸便行。花握手丁寧，涕淚俱下，祥雲已絕裾馳去，數十步外，偶一回首，花猶

倚門目送也。」在這裏，祥云「投箸便行」，表達的是既悔恨又不甘的複雜的心情，結果眞的就殺了花的情夫徐二。

關於投箸，在《清稗類鈔》中還有一個離奇的故事：

> 秦有估客，負販遠行，過荒祠而息。渴甚，見神龕側有杯水，交二箸其上，即一舉盡上，投箸覆杯，復前行。至一村，叩門投宿，具晚餐，與主人對食。食方半，忽有一衣服襤褸髮蓬蓬若囚人者，自外入，即立主人側，主人不顧。須臾餐畢，主人入，其人亦隨入。已，主人復出，從客談，客因從容問頃所見爲何許人，主人曰：「無之。」客因以告，曰：「此無乃鬼耶？不然，當爲盜。」主人請搜索之。客久於行旅，善武技，恒以一鐵尺自隨。於是主客秉燭入内，搜索至牀側，客指曰：「在是矣。」主人視之，不見。其人忽縱起揮拳，毆主人仆地，趨欲出，客急追之。其人方拔關，客以鐵尺擊之，傷其肩。主人已蹶起，見客手鐵尺，揮舞力鬥，隱約有物，主人頓悟，舉糞穢沃之，其人立現，然猛甚，主客合搏之。主人有妻有二子，一時並出，乃就縛。詢其人何所來，來何爲，則閉口不言。

〔註7〕

這個秦地來的買賣人，見荒廟裏有水，一飲而盡，且「投箸覆杯」，毫無對神靈的敬畏，果然遭到神靈的追究。此雖是不可信的傳聞，但反映了一個事實，即對筷子需要應有的尊重，切不可隨意丟棄，這可能是民間傳聞所要告訴人們的道理吧。

4、捨 箸

與投箸有近似意義的有捨箸一詞。兩者相同的是都表現了心中的憤懣情緒，而不同的卻表現了程度的差異。投箸的感情色彩更加劇烈，而捨箸則顯得弱些。

在《清碑類鈔》中，有曾國藩（文正公）對李鴻章（文忠公）的一番評論，有這樣一段描寫：

> （李鴻章）居逆旅幾一月，未見動靜。此時在文正幕者，爲候補道程桓生尚齋、翰林院庶吉士陳鼐作梅、江寧布政使許振禕仙屏，而鼐與文忠本亦同年，探文正意不得要領，因言曰：「少荃以昔年雅故，願侍老師，藉資歷練。」文正曰：「少荃，翰林也，志

〔註7〕《清稗類鈔‧盜賊類8》。

大才高。此間局面窄狹，恐艨艟巨艦，非潺潺淺瀨所能容，何不回京供職？」霈曰：「少荃多經磨折，大非往年意氣可比，老師盍姑試之？」文正諾，文忠入居幕中。文正每日黎明，必召幕僚會食，而江南北風氣與湖南不同，日食稍晏，文忠欲遂不往。一日，以頭痛辭。頃之，差弁絡繹而來，頃之，巡捕又來，曰：「必待幕僚到齊乃食。」遂披衣踉蹌而往。文正終食無言，食畢，**捨箸**，正色謂文忠曰：「少荃既入我幕，我有言相告。此處所尚，惟一誠字而已。」遂無他言而散，文忠爲之悚然。蓋文正素諗文忠才氣不羈，故欲折之使就範也。〔註8〕

　　曾國藩，字伯涵，號滌生，諡文正，湖南湘鄉人。晚晴的軍事家、理學家、政治家、文學家，官至兩江總督、直隸總督、武英殿大學士。李鴻章，本名銅章，字漸甫（一字子黻），號少荃（泉），晚年自號儀叟，別號省心，諡文忠。

　　李鴻章初次會試落榜後的「乙丙」年，以「年家子」身份投帖拜在湖南大儒曾國藩門下，學習經世之學。因此，曾國藩與李鴻章有師生關係。不僅如此，曾、李性格迥異。曾氏生性「懦緩」，而李的作風則明快果斷；曾國藩每有大計常猶豫再三，往往得李在旁數言而決。引文裏所說的「捨箸」就很清楚地表明曾國藩的性格特徵。捨箸，是放下筷子，不過是緩慢的動作，表現一種猶豫不決，依依不捨的感情。

5、停　箸

　　停箸，也是將筷子放下的意思，與捨筷相似，只是表達一種放下筷子的動作，而很少內心世界的眞切體現。《清稗類鈔・詼諧類8》：光緒乙未，科舉已廢，有人作《懷春闈發榜》詩，頗滑稽，詩曰：「乾鵲朝啼樂不支，賃傭門廡立多時。者番風鶴多疑警，似學元龍有臥癡。停箸忽教低躡足，耐吟故解笑拈髭。……」這裏，「停箸忽教低躡足」的詩句，就顯示了一般動作性的詞彙運用。

　　在某種情況下，停箸往往比事情發生要遲晚一步。《清稗類鈔・植物類23》：康熙庚申春，有徽人方姓者，商於都門，與其徒八人，合貨累千金，往江南，次河間之南腰跕，宿焉。八人與騾夫先食，方以持齋獨後。忽一人且食且語曰：「斷膠草。」如是者三。怪而問之曰：「君知食中有斷腸草乎，曷

勿食？」方問答間，騾夫已如中惡狀，仆地。方急令眾人**停箸**，而自走通衢呼眾，召醫視之，曰：「中毒也。」急解之，皆蘇，而騾夫食獨多，遂不救。

這裏，騾夫倒地，是因為其停箸太慢，也可能其在停箸之前吃得太多。不管怎樣，為我們留下了一段有關「停箸」的奇聞，

6、輟　箸

輟箸，也為停止進食。

徐珂《清稗類鈔·異稟類 10》：「壽州孫文正公家鼎食量甚小，光緒中，管理京師大學堂，嘗與教習同案用膳，孫性喜食麵，一日，適食米飯期，孫不樂食，令僕買油炸檜來，取一枝，劈其半置碗中，以蛋湯少許泡之，食訖，便輟箸。或曰：『公所食毋乃太少乎？』曰：『即此已足，吾每飯皆然。』孫卒年八十。」這裏，講的是孫文正非常注意飲食的故事。每當有米飯時，他不樂食，叫僕人買油條，只取半根放在碗裏，用雞蛋湯泡了之後吃。「食訖，便輟箸」。由此可見，其飯量之少。

另外一種輟箸，與此情形不同，為了吃烤鴨，一直從中午到四五點鐘才將筷子放下，即使這一批客人走了，烤鴨依然在進行之中。據記載：「試言其鴨，則火烤而鬆脆者，仿京師制也；紅燜而甘腴者，仿蘇州制也；清蒸而肥膩者，仿揚州制也，餘肴亦大率類是。自午至晡，客已輟箸，而尚燔炙紛陳，續續不已，類皆不待終席而散矣。」〔註9〕

還有一則例子，提及輟箸：「光緒庚子春，海鹽徐小雲尚書與錢塘汪柳門侍郎鳴鑾同在朝。侍郎一日與尚書宴飲，談及時事，輟箸太息，謂將決意告退，當避暑於西湖。並述且過『子遊子』『棄甲曳兵而』二句，蓋謂過夏即走也。洎八月，拳匪難作，尚書被誅，而讖應矣。」〔註10〕

光緒庚子，是多事之年，外有八國聯軍，內有義和團。在這種情況下，徐小雲尚書與汪柳門侍郎私下談及時事，都「輟箸」歎息，表現出一種無奈的神情。他們想要逃離京城，避暑杭州西湖，誰知到了八月尚書徐小雲卻被義和團所殺。

7、廢　箸

另有廢箸一詞，與投箸、捨箸、輟箸相似的意思，表現一種比憤恨更進一步的情緒。有一例這樣說道：施譽，宣城人，誉之弟也，讀書陽羨。會秋

〔註9〕 《清稗類鈔·豪侈類 6》。
〔註10〕 《清稗類鈔·迷信類 7》。

薦新穀，與客會食，烹池魚，訾忽泫然曰：「吾弟出門時，魚方二寸許，今盈尺矣。」遂嗚咽廢箸。兄弟間自爲知己，常恐年壽不齊，輒於月下相抱持而哭，願世世爲兄弟。很明顯，廢箸的詞彙更能夠表現出施訾的悲痛心情。「輒於月下相抱持而哭，願世世爲兄弟」，則進一步證明了施家兄弟情深。

所謂廢箸，可以解釋爲不要筷子。試想一下，吃飯不用筷子是難以想像的事情，而施訾寧願不要吃飯的工具，也不願意放棄「兄弟間自爲知己，常恐年壽不齊」的感情，這不可謂不是眞正的兄弟之情。

8、推　箸

推箸，也是一種放下筷子的意思。

《清稗類鈔・異稟類 8》：道、咸間，京師阜成門外三里河有民馬葵，美丰姿，性好潔，衣無纖塵。每值炎暑，日數易衣，惡汗垢也。好食瓜，賣瓜者果衣服清潔，筐筥齊整，無美惡必購之以嘗。鰥居無偶，井臼自操，所用器物不假手於人，或有手觸之者，即棄置不禦。偶入肆飲酒，必戒肆人洗杯箸，淨刀杓，遠座客，據獨案。或唾於旁，即推箸不復食，目炯炯，口喃喃，遽拂衣去。

這種推箸，比較溫文爾雅的動作，沒有廢箸的堅決，沒有輟箸的猶豫不決，也沒有停箸的乾脆，但肯定是一種表達情緒與心情的最眞實的方式。

9、運　箸

運箸，指的是出謀劃策。典出《史記・留侯世家》：「漢王方食，曰：『子房前！客有爲我計橈楚權者。』具以酈生語告，曰：『於子房何如？』……張良對曰：『臣請藉前箸爲大王籌之。』」裴駰集解引張晏曰：「求借所食之箸用指畫也。」後以「運箸」指運籌計謀。

徐珂《清稗類鈔・知遇類 1》：六奇世居潮州，爲明吳觀察道夫之後。略涉詩書，耽遊盧雉，失業蕩產，寄身郵卒。時王師由浙入廣，舳艫相銜，旌旗鉦鼓，喧耀數百里不絕，所過都邑，人民避匿村谷間，路無行者。六奇獨貿貿然來，邏兵執送麾下，因請見主帥，備陳粵中形勢，傳檄可定。奇有義兄弟三十人，素號雄武，苟假奇以遊箚三十道，先往馳諭，散給群豪，近者迎降，遠者響應，不踰月而破竹之勢成矣。如其言行之，粵地悉平。由是六奇運箸之謀，所投必合，扛鼎之勇，無堅不破，征閩討蜀，屢立奇功。數年之間，官至通省水陸提督。康熙初，開府循州，即遣牙將賫三千金存問查家，別奉書幣，邀之至粵，舟輿供帳，俱極腆備。居一載，軍事旁午，得查一言，

無不立應，義取之貲，幾至鉅萬。其歸也，復以三千金贈行。

10、借籌玉箸

徐珂《清稗類鈔・詼諧類 11》：直隸正定府屬十四州縣，好事者各綴二字，曰：正定將軍，行唐使者，元氏夫人，阜平老人，晉州客人，獲鹿道人，井陘童子，靈壽仙官，贊皇丞相，無極大帝，平山大王，欒城公子，新樂公主，藁城草寇，如小說中之稱謂，然頗覺連貫。山左戴紫垣集成對句，頗見巧思，更衍之為聯云：「公子何翩翩也，喜仙官暗繫赤繩，於是夫人議婚，老人主盟，彼童子無知，但憑使者行媒，聘定藏嬌公主；大帝其巍巍乎，賴丞相借籌玉箸，因而客人享利，道人服教，雖草寇竊發，可卜將軍報捷，削平恃險大王。」

借籌，指為人謀劃。典出於《漢書》卷四十《張陳王周傳張良》的「臣請借前箸以籌之」。玉箸，即玉做的筷子。在這幅對聯裏，上下聯共 80 個字，其中四字「借籌玉箸」，即占二十分之一，足見其重要性。

二、飲　食

筷子是一種工具，因此往往與飲食聯繫在一起。

1、吃飯之用

筷子是用於吃飯，之前先要將碗筷安排停當，無論是在家裏還是在飯店都如此。但是如果母親來安排筷子來招呼妻子，就有失尊老之序。在《孝友類》裏記載：安子外出數月，歸見母，方持一盤上樓，視之，火腿粥一甌，白片嫩雞一盆也。至樓，安排碗箸畢，喚次婦命之食，旁坐以待。安子怒，重斥妻曰：「爾以吾母為奴僕耶？」母應聲而言曰：「我願送來，不干爾事。」安子忍氣下樓，視兄嫂，則於竈下共席而飡，其肴僅白菜一碗而已。於是太息而言：「何勢利之一至於此也！」復上樓，母已撤饌俱竣，妻笑曰：「何如何如，此非吾之過也。」安子怒甚，揪妻髮而痛責之，旋欲跳樓出，兄止之，安子曰：「我不忍見。」遂去。〔註11〕

這是典型的孝子形象，安子數月後回家，見母親為次婦擺放筷子，拿來飯菜，怒不可遏，不僅責罵妻子還要以跳樓相威脅。為什麼會造成這樣的結局？就是因為擺放筷子、拿取食物，應該是妻子的行為，而不是母親的行為。

〔註11〕《清稗類鈔・孝友類 1》。

在是封建禮俗社會裏，長輩爲尊，小輩應該照顧長輩的飲食起居，其中就包括擺放筷子之類的小事。

當然筷子作爲吃飯的工具，假如遇到另外一種情況，飯茱難吃，這時候筷子的作用就不那麼明顯了。《清稗類鈔·廉儉類11》：「文介所御肴饌極粗惡，嘗招新學政飲，所設皆草具，中一碟則爲乾燒餅也，文介擘而啖之，若有餘味。學政終席不下一箸，故強之，勉盡白飯半盂，歸語人曰『此豈是請客，直祭鬼耳！』」文介是一廉儉的官吏，招待新來的學政卻是一盆乾燒餅，難怪學政「終席不下一箸」，還說這不是請客，而在祭祀鬼魅。

與此相反，奢華的宴會更是令人咋舌，許多茱肴都是用活體動物來製作，其中有豚肉、鵝掌、駝峰、猴腦等。

徐珂介紹：某督嘗設宴，座客咸贊豚肉之美。酒闌，一客起去，偶見院中有豕屍數十，枕藉階下，異而詢之典廚，始知席次所陳之一簋，實集眾豕背肉而成。其法，閉豚於室，屠者人持一竿，追而撻之，豕負痛，必叫號奔走，走愈亟，撻愈甚，待其力竭而斃，亟刲背肉一臠，復及他豕，死五十餘，始足供一席之用。蓋其背受撻，以全力護痛，則全體精華皆萃於背，甘腴無比，餘皆腥惡失味，不堪烹飪，盡委而棄之矣。至烹鵝掌之法，則用鐵籠籠鵝於地，熾炭其下，旁置酰醬。有頃，地熱，鵝環走，不勝痛，輒飲酰醬自救。及死，全身脂膏萃於兩掌，厚可數寸，而餘肉悉不堪食矣。有食駝峰者，選壯健橐駝縛於柱，以沸湯澆其背，立死，菁華皆在一峰，一席所需恒三四駝。又有吸猴腦之法，尤慘酷。選俊猴，被以錦衣，穴方桌爲圓孔，納猴首孔中，拄之以木，使不能進退，乃以刀剃其毛，刮其皮。猴不勝痛，號極哀，然後以沸湯灌其頂，用鐵椎擊破顱骨，諸客各手銀勺入猴首中，探其腦吸之。每客所吸，數勺而已。他如食一豆腐，製法有數十種之多，且須數月前購集材料，選派工人，統計所需，非數百金不能餐來其一箸也。〔註12〕

所謂「非數百金不能餐來其一箸」，就可以知道這「一箸」，何等之昂貴。其宴席不僅價值千金，而且採取食物的方法太殘忍，太恐怖。如果將此句話，改成爲「非數百金也不來餐其一箸」，似乎在當時來說，應該是更文明更好些。

如此貴重的食材並不是每個人都可以享用的，但是聚會卻經常會有，不過這時候遇到饕餮之徒，連主人都只好「舉箸相讓」。根據徐珂《清稗類鈔·

〔註12〕　《清稗類鈔·豪侈類3》。

異稟類 5》記載：「紀文達公昀生平未嘗穀食，米不進口，麥飯則偶一嘗之。飯時，烹肉一盤，熬茶一壺，別無他物。每宴客，肴饌亦精潔，主人惟在旁舉箸相讓而已。一日，偕人閒話，適有餉火腿數斤者，啖之立盡。」

紀昀，字曉嵐，一字春帆，晚號石雲，是清朝乾隆年間大學士，曾任《四庫全書》總纂修官，所作《閱微草堂筆記》最為出名，其中有根據民間傳說而記載的各種故事。紀昀的風流軼事也頗多，其愛吃肉的故事更是流行。每當聚會時候，他只顧自己大快朵頤，而主人只在旁邊「舉箸」相讓，完全是一副饕餮之形象。

2、祭祀之用

祭奠亡故的人，也要放置筷子，使之進食。這是中國人長期以來所形成的習慣，直到清代這種風俗依然存在。據徐珂記載：丹陽有貢寶楨者，教授鄉里。光緒初，年六十餘矣。及門者夥，與郜錫霖尤契。郜早世，貢哭之慟，久而不忘，每飯必別具杯箸於案，虛左以待，而舉以相讓曰：「錫霖，汝飲此乎？汝食此乎？」時或與郜談藝，郜且有語聲也。〔註 13〕這裏，有迷信的色彩，但是作為在祭奠對象面前擺放筷子，「每飯必別具杯箸於案，虛左以待」，卻真實地表現出中國固有的祭祀習俗。

只不過這裏的飲食者是亡靈而已。

3、以箸取魚

徐珂筆下有叫項學仙的，康熙時人。負膂力，工鏢，嘗遊秦、晉、燕、趙間，強暴聞其名，不敢犯。嗣陝督以千金聘至，厚遇之，隸標下。一日，出黃金五千，白銀三萬，命獻明珠。學仙因叩首曰：「今陝、甘、兩廣之地，天災流行，餓莩載道，明公盍以此賑饑，民將全活無算。小人不敏，不慣為人作暮夜求也。」督怒，繫之獄。及明敗，督亦去位，始釋歸。「爰杜門不出，以歧黃術自給。門臨河，荇藻掩映之，嘗以箸取魚，烹以佐酒。」〔註 14〕

顯然，這裏的項學仙被官府赦放，在家閉門不出，學習中醫，天天過著「以箸取魚，烹以佐酒」的恬靜生活，已經與世無爭了。「以箸取魚」，表現的是一種生活狀態，而不僅僅是吃魚的動作。

4、寓意之用

用筷子來表現各種寓意的吃飯時候的情景，有很多方法。如吃飯用筷，

〔註 13〕 《清稗類鈔·迷信類二 6》。
〔註 14〕 《清稗類鈔·正直類 2》。

而形容吃得非常高興，就用「不停箸」來表示。

　　光緒朝，龔某自岳州東下，過洞庭，遇風，泊小港，時港中避風之舟以十數，岸上有茅屋數間，酒肆也，乃登岸河飲。時肆中已有三客在，一年可工十許，一二十以來，一可十七八。主人鞠跽奉觴，屏息旁立，若侍貴客。最少者獨南面坐，二客東西坐，執禮殊下。龔顧而異之。見三客飲啖甚豪，酒兩甕，肉數斤，皆盡之，復索供饌，主人亦不敢辭，直出豕於牢，立宰以奉。時竈旁薪盡，主人揮斧伐門外巨柳，將析之，南面客忽起，顧二人曰：「主人勞甚，我爲彼了之，可乎？」皆曰：「善。」客即趨出，手握樹，左右撼之，硼然有聲，數圍之大樹中斷如劈。客更擘之踐之，應手碎裂，如錘斧所擊，木屑紛紛遍地。主人徐拾以焚之。自晨至日昃，客不停箸，不歇杯，盡酒五甕豕全體乃罷。

　　故事裏龔某所見的客，大俠也。不僅將數圍大樹劈倒，而且「應手碎裂，如錘斧所擊」。客既然有如此功夫，當然飯量、酒量亦大無疑，因此「客不停箸，不歇杯」，將全部的酒、肉都消滅已盡。

　　另外，吃飯前捧筷的一般都是自家人。

　　在徐珂《清稗類鈔》裏，很多是人物故事所構成，往往其中有許多生活細節，而這些生活細節會與筷子聯上關係。據說：蕭山毛大可爲怨家所陷，以殺人律負死罪在逮，出走十五年，中道遇赦，潛歸。將抵家，而怨家跡之，張南士自飾爲舟子，待之白魚潭而藏於家。越一年，遠近多有知之者，乃徙之南山之大衣寺，出入瞭眊。每以大可茹蔬久，私市肉炙之，搗魚蝦雜菜而合之爲菹，日捧箸以進，如家人。顧終以暴露徙去。〔註15〕

　　毛大可殺人之後，遇到大赦，欲潛回藏匿家中，卻被冤家發現，張南士扮作船工將他藏匿，還考慮毛大可經常吃素，就經常給他吃葷腥的肉、魚、蝦等，而且每天「捧箸」去送，如同家人，最後被人發現後逃逸。這個故事很簡單，但是卻將張南士冒著生命危險而去送吃送喝，的確不易，有義俠之風。

　　還有一種情況，將吃飯時的碗筷打落一地，就表示要存心破壞別人的宴請。

　　然而，一旦打翻別人的桌面，「杯盤匙箸，窣窣齊鳴，殘羹冷炙，污客殆徧，菜汁滴瀝自身下」的時候，這種尷尬的場景，令主人不悅，使得惡作

〔註15〕《清稗類鈔・義俠類7》。

劇者有一種大快人心的感覺。這種人徐珂稱之爲義俠，因爲被嘲弄的是欺壓一方的惡紳。《義俠類二》云：邑有惡紳，欺壓良懦，爲害一方，貝每覿紳面，輒言其家庭穢史，故使聞之，甚則拾瓦礫擊其臀，掬污泥傅其衣，紳送之於官。令以案無實證，終難置之死，笞數十，枷數月而已。即置之囹圄，釋則罵如故，紳無如何也。嘗語紳曰：「爾之技止此，不能死我，我之罵固自若也，吾何畏哉！」一夕，紳宴客酒樓，主賓興正酣，貝潛入，蛇行至桌底，力持桌足掀翻之，杯盤匙箸，窣窣齊鳴，殘羹冷炙，污客衣殆徧，菜汁滴瀝自身下。貝乃起立，笑揖眾客曰：「此誤也，非故也，諸君勿苛責也。」眾一哄而散。紳毀冠裂裳，詣縣自陳，令拘貝至，杖之，置於獄，仍不悛。

　　這種義俠有智慧有毅力，不屈不饒，使得惡紳哭笑不得，即使送官，進行鞭笞，數月牢壓，也無法改變他的態度。期間，其性格表現最主要的是，他在酒樓裏，「力持桌足掀翻之」，杯盤、筷子散落一地，完全破壞了惡紳宴請賓客氣氛的情景。

第三節　傳統用途

一、作爲武器

1、殺人工具

　　筷子作爲武器的故事，在《清碑類鈔》中有幾則，都從另外的視角，說明了筷子同樣可以是殺人的器具。

　　其中有「胡邇光用銅箸」一文，云：「無錫胡邇光，順治時秀才。精武藝，善用銅箸，時號無敵，異人授也。其銅箸有大有小，大者長二尺，粗一指許，臨大敵用之；小者長尺餘，細不盈指，平時應急用之，半藏於袖，半出指端。一日遊市，見僧索錢某店，邇光謂僧貌非良，店遂無所予，僧斷斷，邇光不措意也。後往武當禮佛，中途寓一庵，庵僧出款，貌似相識，意殷殷。晚餐畢，忽聞礪刀聲，心動，視戶已鎖，始憶似某店丐錢僧也。禮佛例不得攜械，倉卒無所得銅箸。適見案間餐具未收，有飯箸二擱甌上，取藏於袖以待之。僧啓門持刀入，叫罵曰：「爾猶憶某年事乎？」挺刀直砍。邇光以飯箸抵之，少頃，中僧手腕，刀落墮地，僧反跪頓地乞命。邇光曰：「從此釋怨，可乎？」僧叩首聽命，明晨厚款而別。」〔註16〕

─────────────

〔註16〕《清稗類鈔・技勇類1》。

這一記載屬實，無錫胡遍光，是個秀才，卻會銅箸，而且號稱無敵，可見其本領之高。曾經有人說：胡遍光生清順治時。吾聞時有大力者，遠道慕遍光名，來訪。值之道，猝出遍光不意，繞後環兩臂抱其腰，舉之離地數尺，按石柱上，詰曰：若爲胡某乎？遍光自以足懸空無所用力，乃曰：非也。不意大力者手甫釋，遍光即後起一足騰蹴大力者。仰仆地，返身自指鼻尖曰：若今識胡某否？其趫捷有如此，談者輒爲眉舞云。〔註17〕因此可見，胡遍光是武林高手，其會使用筷子來取勝於敵人，完全可能。

另外，一個以筷箸爲武器的人是褚復堂。

據《清稗類鈔・技勇類1》介紹：褚復堂，名士寶。負膂力，好技擊。及友畢昆陽武君卿，遂精槍法，橫槍旋轉，號曰四平槍。明末曾官伏波營游擊。有獨骨張擎者，橫行市廛，眾請褚除之，褚曰：「必先觀其技而後可。」眾乃設席宴張，並及褚。張自誇其勇，酒酣，攘臂而起舞，褚徐以箸向其胸點之，曰：「坐。」蓋褚善用氣，已運神功，中其要害矣，而張不知也，終席默坐。翼日，張死於亭橋，徧體色青如靛也。

褚復堂更爲屬害，可以用筷箸將「橫行市廛」的惡人張擎點死。筷子雖小，但褚復堂善於氣功，擊中張擎要害。張擎第二天徧體色青如靛而死。

2、練武工具

有一位叫戚的人，到處遊學，試圖獲得更大的武功技藝：乃出隴右至甘、涼，聞人言大青山某喇嘛者，曾在內廷，獨與侍衛數十人競技，任意提掣之如嬰兒，稱神力，遂往訪之，具述來意。喇嘛辭不出，謁數次不得見，乃即寓寺中不去，喇嘛始召入見。喇嘛年耄矣，坐石臺上，髮鬖髿被其肩，皓如銀絲，容古樸，行步蹣跚，如欲僕者。弟子進飲食，舉手接之，狀至漫緩，類有羸疾，戚甚疑焉。喇嘛問來意，具以對。曰：「此細事耳，術至易，然得之，適以自病，不可爲也。吾方悔之，子求之何爲？」戚疑喇嘛故爲大言，乃曰：「弟子千里來此，願得一睹大師龍象之力，並求以相授。大師倘不吝教者，雖死無恨。」喇嘛曰：「汝意決耶，吾遍來枯槁岑寂，守此不動，即懼以力貽禍之故。汝果獲此，他日雖欲解之，不可得也。」戚矢言不悔。喇嘛乃徐起，環室行數步，所踏磚石皆碎，又以指刺石壁，如以錐畫沙，深且數寸，戚大驚。喇嘛指山下綠草一叢曰：「拔之，服此三七日，雖蛟龍虎豹不足當一揮也。然須慎之，尤宜絕房事，不然，禍不救。」戚取草如法服之，覺通體

〔註17〕　（近人）錢基博撰《技擊餘聞補》。

火出，身手堅壯如鐵石，數日後漸和暢，步以歸。行及陝，偶背癢，引手隔衣搔之，衣頓碎裂如敗紙。乘壯驟行，股稍著力，驟腰斬如剪，不覺大駭。驟夫失驟，挽之索賠，一拂袖，立墜十丈外，眾不敢近，遂去。一日行七八百里，所踐木石輒破裂，食，輒碎器皿，折匕箸。比抵家，衣褲皆盡，心懊甚，知喇嘛言驗矣。叩家門，門牆俱頹，家人駭絕。戚自懲其力，自知爲力所苦，亦不敢與家人近，但遙立，語以故，家人亦惘然。戚夜獨寢一室，偶側身，炕爲之毀。比明，向父母妻子痛哭流涕，辭去，將更乞喇嘛解之，一去數載竟不歸。兒既長，頗知思父，乃求之於大青山中，見戚已披剃爲喇嘛，仍從大喇嘛居。蓋既不能解，又明知塵世不可近也。其子度父不能歸，乃自返。〔註18〕

　　這個故事非常神奇，難以令人信服，但是作爲一個民間流傳的口碑，的確可以吸引人。戚拜喇叭爲師之後，「取草如法服之」，力大無比，「身手堅壯如鐵石」，其後更有奇跡出現，吃飯時候，遇到碗盆，碗盆粉碎，拿到匕筷，匕筷立刻折斷。騎驟，驟子腰斷，睡炕，炕毀。雖有神奇本領卻無法正常生活。兒子長大之後，尋訪父親，才知道他已經剃度爲喇嘛，跟隨大喇嘛。戚的神異功夫，「既不能解，又明知塵世不可近也。其子度父不能歸，乃自返」。故事的結尾，表現得無可奈何。這是一則具有寓言性質的故事，說明了一個道理：即使你有再強的本領，脫離了世俗社會的基本生活原則，則將一事無成。

　　同樣還有另外一種奇人，功夫了得，能夠用頭頸將一把竹箸折斷。《清稗類鈔‧技勇類12》記載：「朱壽得者，楚二鬍子之徒也，人謂其多藝，然頗自秘，不欲暴其能。一日，赴魏姓宴，座客必欲觀其技，固卻不可，乃以竹箸七，束之可盈把，先以一端接幾緣，而後以頸承之，箸中斷。自言少時可斷十四箸，於時壽得年六十外矣。」朱壽得的技藝不可謂不厲害，而且還是獨家秘笈，一般人都沒有做到，難怪不會輕易暴露。

　　在《清碑類鈔》裏有一則《孫貢玉碎錢箸》的故事，也說的是頭頸斷筷箸的故事。

　　孫歸後，爲鏢師，商賈聘護囊篋。里有不逞子入北省爲魁，素驍勇，號大刀柳，然知孫善彈擊，戒其黨勿犯，以故，望幟即馳去。孫性和易，雖婦孺皆與狎，有固請觀技者，削箸作束，抵其項，以手擊箸，箸折而項不傷。

〔註19〕

　　這個故事的孫歸後比前面介紹的朱壽得故事更爲詳細，而且兩人的性格也相差甚大：朱壽得低調，「頗自秘，不欲暴其能」；孫歸後隨和，「雖婦孺皆與狎」。但他們都能夠用頭頸折斷筷箸。朱壽得將筷箸「先以一端接幾緣，而後以頸承之，箸中斷」；孫歸後則「削箸作束，抵其項，以手擊箸，箸折而項不傷」。從這些細節描寫中可以看出兩位武術大師的過人的本領何等高超。筷箸雖小且細，一枝筷子容易折斷，但是一把就不那麼容易，更不用說用頸部將一把筷子折斷了。

二、作爲禮物

　　《清稗類鈔・飲食類二 11》：「古稱脯修，亦所以佐匕箸。」脯修，指的是乾肉。《禮記・曲禮上》：「以脯脩置者，左朐右末。」孔穎達疏：「脩亦脯也。」另也泛指學費。就「脯修」「亦所以佐匕箸」而言，送乾肉時要配合調羹筷子，這樣才更好。因此可以推導出，筷子也是送禮的最好的伴侶。

　　筷箸作爲一個禮品，好像很不起眼，然而一旦是有名人刻畫的圖案，就身價不菲，甚至一筷難求。

　　《清稗類鈔・藝術類 7》：武風子者，武定州人，名恬，先世以軍功官於衛。凡遊藝雜技，過目即知之。滇中產細竹，堅實可爲箸，武以火繪其上，作禽魚、花鳥、山水、人物、城郭、樓閣，精奪鬼工。人奇之，每得其雙籌，爭以錢數百購之。於是武之戚友，因以爲利，而武顧未嘗自售也，頗自矜重，一箸成，輒把翫不釋，或醉後痛哭，悉焚之，醒復悔，悔而復作。然不輕與人，好事者每瞷其謀醉時，置酒招之。造必盡歡，酒酣，以火與箸，雜陳於前而不言。武攘臂起，頃刻完數十箸，揮手不顧也。或於酒中以箸相屬，則怒拂衣出，終身不與之見。或遇貧士及釋道者流，告以困窮，輒忻然爲之，雖累百不倦。於是滇之士夫或相餽遺，皆以武箸爲重。王公大人遊於滇者，不得武箸，即不光。

　　徐珂將武瘋子將在藝術類（當然古人所說的藝術與現代所說的不盡相同，但也有現代藝術中的文化韻味）裏，是獨具眼光的。因爲這時候的筷子已經擺脫了僅僅是吃飯工具的範圍，而是納入工藝品的行列。特別是武瘋子高超的筷子「火繪」技術，達到如火純情的地步，人們「爭以錢數百購之」，

〔註19〕　《清稗類鈔・技勇類 18》。

即使是王公大人到雲南旅遊，也以能夠得到其筷箸而感到高興。另一方面武瘋子爲人高潔「矜重」，他刻畫的筷箸可以無私的奉送窮苦人，而有權勢的，即使用再多的錢，他也爲其製作。關於這一點，在張潮《虞初新志》卷二中有詳細的記載。

1、新郎贈送竹筷

在雲南少數民族中，新郎要贈送竹筷等物品給長輩，而長輩則具備另外的禮物回贈。徐珂《清稗類鈔·婚姻類5》：「滇苗婚禮各異，惟宋家、蔡家、羅家、龍家、鳳家五姓得其正，不用樂，三月廟見，始作樂大會親戚。新郎見長者，用斑竹箸雉羽扇爲贄，長者贈以朱砂石、牛馬犬豕。」這裏所說的苗，不是現代意義上的民族劃分，其中包含有各種姓氏，而文中的宋、蔡、羅、龍、鳳五個家族繼承了傳統，在婚禮上用的是古禮，其中就有「斑竹箸」來作爲禮品奉獻給長者。由此可知，延續至今的婚禮上用筷子來作爲娶親的禮物，就是古代文化的遺存。

2、買筷送親友

喪葬之後，需要買筷箸送親友，這是黃陂一帶的古老風俗。

《清稗類鈔·喪祭類4》：黃陂鄉人每歲於農事畢，行朝山禮。每社香頭四人，四人中又舉一人爲長，先期齋戒。行日，沿途鳴鑼宣佛號。其宣佛號，先一人曰南無阿彌陀佛，群應之曰無量壽佛，一路呼號至山。冠染麻紅纓涼帽，躡草履，披天青布單套。朝山畢，必購山上所售木喇叭、木刀、木鎗箸及湯勺之類，攜歸以贈親友。

黃陂，在湖北，位於長江中游北岸，早在5萬年前的舊石器時期，就已有人類在黃陂這片沃土上繁衍生息，到了商代，還建立長江流域迄今所發現的盤龍古城。因此其保留了久遠的風俗習慣。每年人們在忙完農事後，「行朝山禮」，朝山之後要購買筷箸等對象，「攜歸以贈親友」，就是這樣的風俗之一。

四、作爲預示

徐珂《清稗類鈔·貞烈類5》：沈烈女，吳江諸生樞之女也。年十七，許字顧某，未嫁。其家倚城牆，鄰有鄒氏子聞其美，常登城窺之。一日，女病，推簾欲睡，遂得一見。夜伺樞出，踰垣入，見女方刺繡於燈下，向前抱，遽撲火。女驚呼捉賊，恐力不能拒，即取剪刀自刎。婢僕爭持杖火擊鄒，鄒就縛。聞戶內僕地聲，急往視女，喉已斷，血湧如泉，死矣。鄒乘間得走，揚

言曰：「是向私我，所以死者，羞見婢僕耳。」及縣讞時，賄吏張挺爲之脫罪。挺歸方食，忽顧見女形，挾箸含粥而死。縣再讞，論如律，時康熙丙午也。

這個案件事實很清楚，只不過縣中官吏張挺受賄，企圖幫助鄒氏子擺脫罪行，但是吃飯時候，忽然看見那個女子「挾箸含粥」而死，頓時醒悟，重新審理時候，不得不判其有罪。

「挾箸含粥」，這是吃飯情景。而常識告訴人們：吃飯的時候是不會尋死的，因此這種場景是一種預示。表現沈烈女的死，不是像鄒氏子所說與他私通，而是遭到羞辱之後的無奈自盡。在這種情景觀照之下，才避免了一個冤魂的出現。

五、作爲藝術

1、書　法

箸頭書，是一種用筷來書寫的方法，與流行的毛筆書、指頭書等一樣。清代有一位「善化莫我愚」的人頗爲懂得箸頭書的眞諦，其所畫山水，受到人們的喜好。

善化莫我愚，字若謙，性聰穎，於眞行草書、指頭書、箸頭書，皆不學而能。善畫山水，有興到筆隨之致，尤善寫照，每一點染，或白描，莫不畢肖。然不苟作，有以縑素請者，心所弗善，雖以勢脅，以利誘，弗得也。每風日清佳，忻然縱筆，作種種書畫示同好，即爲人所攫，亦一笑置之。間以持贈，必視其人，獲之者恒珍若拱璧。〔註20〕

可見箸頭書畫同樣受到人們歡迎。

另外一種字體與筷箸有關聯，如玉箸篆。這是因小篆的筆畫圓如玉箸，所以叫玉箸篆。明甘暘《印章集》說：「玉箸，即李斯小篆。」其代表性書家有秦代的李斯。

徐珂《清稗類鈔・鑒賞類三 1》：太和五銖，魏文帝鑄。永安五銖，孝莊帝從楊侃議鑄，高澄亦鑄之。常平五銖，齊文宣帝鑄。玉箸篆、布泉、五行大布，周武帝鑄。永通萬國，周宣帝鑄。古今書法，未變，不足觀；已變，不足觀；將變，最可觀。漢、唐人碑版，不過漢、唐人面目，實惟六朝爲最可觀，蓋漢將變爲唐也，是以異境百出。錢文亦然。北朝錢上承秦相，下啓少溫，正篆法之將變。戴文節嘗集北錢如上所述各種以摩挲之，意固自有在

〔註20〕《清稗類鈔・狷介類 6》。

也。

這裏，所說玉箸篆是北魏時期錢幣上的文字字體。任何一種錢幣上的文字字體是隨著朝代的迭更而變化的，一般不會使用上一個朝代的錢幣及其錢幣上的字體。

周武帝，即北周宇文邕（543 年～578 年），字禰羅突。在位期間，他擺脫鮮卑舊俗，學習漢族文化，鑄造新的錢幣，錢幣上用的是李斯所創建的小篆。「北朝錢上承秦相，下啓少溫，正篆法之將變。」也就是說，北魏使用的錢幣上的文字不再是過去的小篆，而是新的具有時代特徵的玉箸篆了。

2、詠 箸

對筷箸的歌詠，其實並不多見，到了清代才逐漸出現。袁枚的《詠箸》是一首可謂是代表作品。

袁枚是清代才子，擅長寫詩文，對茶、食都有獨到見解，是一位有豐富經驗的美食家。著有《隨園食單》一書，細膩地描摹了乾隆年間江浙地區的飲食狀況與烹飪技術，是我國清代一部系統地論述烹飪技術和南北菜點的重要著作。該書出版於 1792 年（乾隆 57 年）。全書分爲須知單、戒單、海鮮單、江鮮單、特牲單、雜牲單、羽族單、水族有鱗單、不族無鱗單、雜素單、小菜單、點心單、飯粥單和菜酒單十四個方面。在須知單中提出了既全且嚴的二十個操作要求，在戒單中提出了十四個注意事項。接著，用大量的篇幅詳細地記述了我國從十四世紀至十八世紀中流行的 326 種南北菜肴飯點，也介紹了當時的美酒名茶。同時，還對筷箸也是情有獨鍾，寫了歌詠筷子的詩歌。袁子才《詠箸》詩云：「笑君攫取忙，送入他入口。一世酸鹹中，能知味也否？」〔註21〕在這首詩裏沒有出現一個筷子的字樣，卻把筷子的功能，以及作者的情感的延伸做了很好的鋪墊，且提升了人生的價值與意義。

在另外一首詩歌裏，將饕餮之徒的形象做了展示，其中就利用「嘗將一箸箝三片」等一系列句子的描寫，充分地將「易七麻子」的食量無比的狀態寫了出來。徐珂《清稗類鈔・譏諷類二 3》：飲食之人，人皆賤之，謂之饕餮。有易七麻子者，食量素宏，或嘲以詩云：「好吃無如易七麻，肴猶未到口先呀。嘗將一箸箝三片，慣聳雙肩壓兩家。嚼進嘴邊流白沫，撓穿碗底藍花。酒闌人散無多事，閒倚欄干剔板牙。」在封建時代，普通老百姓食物來源十分有限，另一方面中國人非常節儉，一般都不會大快朵頤享受吃的愉悅，而

〔註21〕《清稗類鈔・譏諷類 5》。

是節約一點是一點，甚至會省下留到明天再吃，不允許絲毫的浪費。對於放開肚子吃飯的人，會嘲笑，給其一個雅號，叫「饕餮之徒」，言下之意責備其吃得太多。這是一首譏諷不雅的吃相的詩歌，揭露「易七麻子」「一箸箝三片」的狼吞虎咽的樣子，十分形象。

　　《清稗類鈔‧飲食類2》還將象牙筷放入詞曲中：易實甫觀察順鼎，湘人也，籍龍陽，嘗以《八聲甘州》調為詞，以詠美人之食，詞云：「憶食時初竟曉梅妝，對面飽端相，是天生兩口，甜恩苦怨，總要同嘗。還把檀郎二字，細嚼當檳榔。漱水休傾卻，中有脂香。聞道別來餐減，只相思一味，當作家常。想瓠犀微露，剔著盡思量。恁桃花煮成紅粥，早拚他心裏葬春光。儂只夢胡麻熟否，不夢黃粱。」復與其弟叔由及寧鄉程子大聯句以詠之，詞云：「憶食時脂暈尚留唇，含情遞餘杯，〔子大〕說春纖切筍，郎應可口，小婢親煨。〔叔由〕故向卿卿索哺，郎性忒如孩。〔實甫〕笑語加飧未，底用儂陪？〔子大〕總是團欒玉案，問有時對面，何似肩偎？〔叔由〕厭靈狸饞殺，嗅到鳳頭鞋。〔實甫〕似生成一雙象箸，也朝朝在手不分開。〔子大〕還向把牙兒剔著，替拔金釵。〔叔由〕」以《八聲甘州》為調，歌詠美人之食，其中提及象牙筷也是當然，否則就與美人之食，難以相匹配了。

　　在歌詠藕粉的詩歌裏，同樣運用到了筷子。眾所週知：藕粉以產自杭州之西湖者為佳，湖上茶肆、寺院悉售之，遊客必就嘗，以其調之得法也。仁和吳我鷗觀察玤有詠藕粉詩云：「銀芽揉碎碎，石臼搗團團。淘以霜泉潔，凝成雪片乾。調冰雙箸急，屑玉一甌寒。雲母何須煉，清心此妙丹。」〔註22〕

3、樂　器

　　筷子不僅是吃飯的工具，還有其它用途，這些在很多古籍裏都有文字記錄，而在《清稗類鈔‧方伎類5》就有術士使用筷子來做法的記載：

　　　　方夢園少時嘗從術士求術，術士乃以雕作嬰孩形長一寸許之樟柳人置瓦器中，羃以紅布，持竹箸擊器，則其中撲朔有聲。詢以願從否，側耳聽之，曰：「需使費。」費幾何。曰：「五萬。」蓋冥錢也，如數諾之。術士曰：「尚須鎮以五寶。」所謂五寶者，人參、珍珠、金、銀、玉也。因出二碗，碗中一書陽字，一書陰字，曰：「以陽碗盛樟柳人及銀，緘其口攜歸，其四寶則鎮於外。以陰碗貯符籙灰並米，亦緘之。留肆中為之祈禱，三七以後開視，則指揮如意矣。」

遂攜陽碗歸。越數日，往覘術者，已不知何往。盃返寓，啓碗視之，
乃陰碗也。碗內書陰，碗底則書陽。前視碗內，未視碗底，故爲其
所愚而不覺也，四寶存而銀去矣。樟柳人者，以商陸根制之。商陸，
亦作章陸，後訛爲樟柳。

這裏，將術士做法的過程做了一個全面的闡述。「持竹箸擊器」則是術士
做法的重要環節。沒有這一情節，術士做巫術就缺少這樣的過程，會使得整
個做法中少了聲音的魔力。這個聲音之所以重要，它是人、神之間的聯繫紐
帶，是互相信息的一種交流。有了這樣的聲響，就將巫術的行爲可以連續進
行下去。

用筷子作爲敲擊樂器的棒槌，史書上亦多有記載。其實道理很簡單，酒
足飯飽之餘，人們會自然地拿起筷子來擊打桌子或者碗盆，來表達一種情緒，
或愉悅，或痛苦。從筷箸民俗來看，這是一種不正確的筷子使用方法，屬於
應該忌諱的範疇。《清稗類鈔·飲食類二 3》：滕瑞子，名永祥。家貧，嗜酒，
然不能多飲。與自號鈍齋子者善，兩人數過從會飲，相對悲歌，輒以箸擊案，
箸折，乃歎曰：「惟我知子。」則應曰：「然。」文中可見，滕瑞子與朋友飲
酒悲歌，「輒以箸擊案，箸折」，表現的是兩個人感情深厚，氣味相投。

六、作爲中醫工具

筷子作爲輔助工具，在古代中醫典籍裏有很多記載，在《本草綱目》裏，
李時珍就記錄了這樣的例子。

在《清稗類鈔·藝術類二 7》裏也有類似的記載：「廬陵令富仁山，名興，
嘗自言幼年隨任楚南，有事登衡山，馳馬峻阪，失足跌深澗，脛斷骨折，血
流盈盎。舁歸，痛暈數次，醫療二月不效，膿血淋漓，宛轉牀褥。有一隸向
習祝由科，自云能治，姑試之。啓曰：「公子幸勿畏，諸僕從亦毋驚駭，稍張
皇，則吾術不驗矣。」於是息心靜慮，聽其所爲。隸乃市桐油十餘斤，熾炭
煮之，以長竹箸且攪且咒。須臾，油沸，投藥一刀圭，別索盆，瀉溫水。啓
衾，扶富脛，以帛輕拭膿腐，漸就盆，咸以爲將洗濯矣。隸突以沸油淋之，
從者大駭。富覺脛冷如冰雪沁骨，頗爽適。隸淋油畢，以紙蒙而縛之。富熟
睡一炊頃，撫之，骨接如故，試起履地，亦如常，無所苦。越數日，解紙縛，
瘡痂已落，皮色依舊，無纖痕。隸曰：『此脛受傷甚劇，今雖愈，後遇陰雨潮
濕，必隱然作痛，公子但記吾面目及醫治情景，即瘳。』如其言思之，遂止。」

這裏，長竹箸攪拌的燒沸桐油。「投藥一刀圭，別索盆，瀉溫水」之後，「以沸油淋之」，這種治療骨折的秘方，難以令人相信，似乎帶有某種巫術行爲，其治療的結果卻出乎意料。但是作爲一個傳聞，無可挑剔，徐珂加以記錄或許有其眞實的一面，也不得而知了。

七、作爲典當

典當的對象一般都是有價值的東西，筷子中的象牙筷就是值錢的東西之一。不得已的時候，可以典當以解燃眉之急。

據記載，明末清初的屈大均除了是詩人、學者之外，也是一位收藏家：「嘗藏玉杯一、玉小盤一、玉鎮紙一，皆漢代物。玉杯爲歙縣汪右湘所贈，蓋翁山曾應右湘之征，作《嘉蓮》詩二章。嘉蓮實產右湘之水香園，右湘見詩歡賞，以爲在所徵同人詩百餘篇之右，謂昔黎美周以黃牡丹詩稱狀元，鄭超宗以金罍二器，今屈子亦可稱爲嘉蓮榜眼，因以一玉杯，自所居黃山之下阮溪，寄贈翁山。翁山復賦玉杯詩二章以謝之，所謂「花園狀頭那有兩，香園詞客故多才」者是也。」〔註23〕然而一旦遇到事情，出現窘迫的情況，收藏家就會用藏品出售或者抵押，換取資金，解除一時之急。同樣是收藏家的屈大均亦如此。「翁山窘時，嘗以杯盤、鎮紙並珊瑚筆架、象箸三十雙，倩趙某質之長生庫，委曲求情，僅得銀兩許，因作《質古玩行》以寄慨焉。」〔註24〕

屈大均（1630～1696），初名邵龍，號非池，字騷餘，又字翁山，番禺人。明末清初著名學者、詩人，著有《翁山詩外》、《翁山文外》、《翁山易外》、《廣東新語》及《四朝成仁錄》等書。同時他也是象牙筷的收藏家。雖然他抵押的收藏品如杯盤、鎮紙、珊瑚筆架、象箸，本身價值不菲，但是到了典當行，再好的東西也是不值錢的。因此，他只好寫文章來抒發自己的感慨了。

第四節　歷史貢獻

清代是中國封建社會轉向沒落的階段，特別是在徐珂生活的時代，大量的西方文化衝擊著中國傳統的文明，因此各種文化互相交錯、互相碰撞，在孕育新的文化同時，也消滅了舊的傳統文化。在飲食文化方面，也發生變化，

〔註23〕　《清稗類鈔‧鑒賞類四9》。
〔註24〕　《清稗類鈔‧鑒賞類四9》。

使用用餐的工具有的也隨之變化，但是筷箸作為一種傳統卻始終沒有根本性的變化。

　　《清稗類鈔》集中記載了清代筷箸的各種文化信息，為後人留下珍貴的文獻資料，這就是其最大的歷史貢獻。

一、介紹了西方飲食文化

　　徐珂所生活的時代，西方飲食文化早已進入中國，一方面豐富了中國餐飲文化，同時也帶來西餐的禮儀文明：

> 　　國人食西式之飯，曰西餐，一曰大餐，一曰番菜，一曰大菜。席具刀、叉、瓢三事，不設箸。光緒朝，都會商埠已有之。至宣統時，尤為盛行。席之陳設，男女主人必坐於席之兩端，客坐兩旁，以最近女主人之右手者為最上，最近女主人左手者次之，最近男主人右手者又次之，最近男主人左手者又次之，其在兩旁之中間者則更次之。若僅有一主人，則最近主人之右手者為首座，最近主人之左手者為二座，自右而出，為三座、五座、七座、九座，自左而出，為四座、六座、八座、十座，其與主人相對居中者為末座。既入席，先進湯。及進酒，主人執杯起立，〔西俗先致頌詞，而後主客碰杯起飲，我國頗少。〕客亦起執杯，相讓而飲。於是繼進肴，三肴、四肴、五肴、六肴均可，終之以點心或米飯，點心與飯亦或同用。飲食之時，左手按盆，右手取匙。用刀者，須以右手切之，以左手執叉，叉而食之。事畢，匙仰向於盆之右面，刀在右向內放，叉在右，俯向盆右。欲加牛油或糖醬於麵包，可以刀取之。一品畢，以瓢或刀或叉置於盤，役人即知其此品食畢，可進他品，即取已用之瓢刀叉而易以潔者。食時，勿使餐具相觸作響，勿咀嚼有聲，勿剔牙。
> 〔註25〕

　　這種西餐文化，徐珂在此敘述得十分詳細，基本將西餐的禮儀與忌諱都做了一一介紹，其中最根本的是「不設箸」，這是中西餐最大的區別。

　　與此同時，徐珂還批評筷子使用的傳統習俗。雖然筷子是中國人的用餐工具，但其飲食習慣與西方不同，因此徐珂對此產生種種質疑。他認為：「歐美各國及日本之會食也，不論常餐盛宴，一切食品，人各一器。我國則大眾

雜坐，置食品於案之中央，爭以箸就而攪之，夾涎入饌，不潔已甚。」〔註26〕

　　所謂「以箸就而攪之，夾涎入饌，不潔已甚」，就很明顯地表達了他個人不滿意眾筷入菜這樣一種傳統習俗。同時，他還讚賞道：「惟廣州之盛筵，間有客各肴饌一器者，俗呼之曰每人每，價甚昂。然以昭示敬禮之意，非爲講求衛生而設也。」〔註27〕這裏說的是廣州宴席上「客各肴饌一器」的做法，在客觀上，也認同西方飲食餐具的做法。

　　晚清時期，人們希望在宴請賓客的時候，能夠使用公筷公碗，這種餐飲習俗顯然受到西方文化的侵蝕而改變的一種新的規矩。這是從衛生的角度來提倡的，其中包括葷素搭配，餐後水果等，總體而言，中國的餐飲文化在進步：

> 晚近以來，頗有以風尚奢侈，物價騰踴，而於宴客一事，欲求其節費而衛生者。則一湯四肴，葷素參半。湯肴置於案之中央，如舊式。若在夏日，則湯爲火腿雞絲冬瓜湯，肴爲荷葉所包之粉蒸雞、清蒸鯽魚、炒缸豆、粉絲豆芽、蛋炒豬肉，點心爲黑棗蒸雞蛋糕或蝦仁麵，飯後各一果。惟案之中央，必有公碗公箸以取湯取肴。食時，則用私碗私箸，自清潔矣。且一湯四肴，已足果腹，不至爲過飽之侏儒也。〔註28〕

　　公碗公箸是方便大家使用的，「食時，則用私碗私箸」。這種公私分明的做法，在晚清時期就有這種的文明意識，無疑是十分超前的。

二、保存了筷子的習俗

　　筷子有一定的規矩與習俗，無論在家裏還是在飯店裏用餐，筷子放置有一定的規矩。

　　《清稗類鈔・飲食類 11》：「食器宜整齊雅潔，案上有布覆之。每座前，杯一，箸二，碟三，一置匙，〔一置醬油，一置醋〕匙三，〔以一置碟中〕巾一。〔食時鋪於身，以防穢且拭口〕凡各器，食時宜易四次。」

　　這裏所說的規定，適用於飯店酒樓，其中有「箸二」（即筷子一雙）。這些食器的安排，是受到西餐文化的影響，其中最明顯的是臺子上鋪了桌布。

〔註26〕　《清稗類鈔・飲食類 7》。
〔註27〕　《清稗類鈔・飲食類 7》。
〔註28〕　《清稗類鈔・飲食類 6》。

另外，在宴會上進餐的程序是有講究的。例如吃滿漢大席，就必須遵循一種原則：「燒烤席，俗稱滿漢大席，筵席中之無上上品也。烤，以火乾之也。於燕窩、魚翅諸珍錯外，必用燒豬、燒方，皆以全體燒之。酒三巡，則進燒豬，膳夫、僕人皆衣禮服而入。膳夫奉以待，僕人解所佩之小刀臠割之，盛於器，屈一膝，獻首座之專客。專客起箸，籩座者始從而嘗之，典至隆也。次者用燒方。方者，豚肉一方，非全體，然較之僅有燒鴨者，猶貴重也。」〔註29〕

滿漢大席中，當在重中之重在「進燒豬，膳夫、僕人皆衣禮服而入」，然後，「僕人解所佩之小刀臠割之，盛於器，屈一膝，獻首座之專客」，最重要的是「專客起箸」之後，其它客人才可以隨之「嘗之」。這是中國傳統的文明禮儀，流行了數千年的歷史，直至清末依然存在。

晚清街頭有各種流動攤販，在這些流動攤販裏，除了備有各種調料之外，也有「匕箸小凳，供人坐啖」。《清稗類鈔・飲食類2》：「肩擔熟食而市者，人每購而佐餐，為各地所恒有。至隨意啖嚼之品，惟點心、糖食、水果耳。閩中則異是，雞鴨海鮮，烹而陳列擔上，並備醬醋等調料，且有匕箸小凳，供人坐啖，沿街唱賣，與粵中同。其後則上海亦有之矣。」這種流動攤販在各地都有，所賣的食物不盡相同，但是都為吃客準備了「匕箸」和「小凳」，否則是沒有辦法吃東西的。「小凳」是為了方便吃客坐下了吃東西，而「匕箸」則是吃食物的必須工具，兩種似乎缺一不可。

據研究，江浙地區的飲食行業除了酒樓茶館外，還有許多串街走巷、登門入戶的食品小販來滿足人們生活上的需要。在南京，果餌中煮熟的菱、藕、糖芋，粉粢中的茯苓糕、黃松糕、甗兒糕等都由「市人擔而賣之」。在蘇州，蔬果、鮮魚、涼粉、芥辣、涼冰、西瓜、湯糖等食品，或「市人擔買，四時不絕於市」，或「街坊擔賣」，或「往來河港叫賣」，或「寒宵擔賣，鑼聲鏗然」。〔註30〕在挑擔外賣的過程中，有凳子、筷子就方便多了，不僅對買方還是賣方，都提供了一種便利，其中最簡單、衛生而又實用的必備東西，就是筷子。

乞丐討飯，同樣離不開筷子。

根據記載：有個乞丐，馬姓，逸其名，徐州人，流徙至阜寧。自云先世為富家，嘗食稟餼，善音樂，狎妓嗜博，家以不戒於火而貧，久之，遂淪於

〔註29〕《清稗類鈔・飲食類6》。
〔註30〕來新夏《結網錄》第82頁，南開大學出版社1984年版。

丐。然衣履整潔，不與凡丐伍。入市求乞，不受飲食，但索錢，多則十數文，少亦須五文，否則拒而不受也。攜一竹籃，置短笛一、酒壺一、杯二、箸二，又有侑酒之蔬薑三數事。偶遇相知，必共飲，飲畢，索厚值。遇丐之穉與髦者，必罄其所有以食之。春秋佳日，輒弄笛高歌。及與人言論，則視其人為何如人，即與之言何如事。或問之曰：「以子之為人，何所不可，而乃甘於為丐耶？」丐曰：「嘻！子雖知我，實不我知也，且食蛤蜊可耳。」以乞遊於阜寧者七八年，一旦失其所在。〔註31〕

　　可見，即使是個乞丐也需要有筷子，否則是無法吃飯的。當然這裏所說的馬姓乞丐與普通乞丐不一樣，是從一個富家子弟，由於火災而淪為乞丐的。雖然他「入市求乞，不受飲食，但索錢」，但還是攜帶一個竹籃，裏面要放筷子等物品。其原因是在於乞丐需要有吃飯的工具。過去有一種用筷子和碗敲打出音樂來上門進行乞討的形式，正由於這樣的原因，形成一種民俗，就是禁止擊打碗筷，而成為這種筷子民俗，至今依然深刻在人們的腦海。

三、記錄了筷子製作的材料

　　筷子的材質來源很廣，鐵的銅的木的竹的等等，其中比較珍貴的有海南島的烏木。

　　《清稗類鈔》記載：烏木為常綠亞喬木，葉長橢圓而平滑，花單性，淡黃，雌雄同株。其木堅實，老者色純黑，瓊州諸島產之，土人以之析為箸及煙管等物，行用甚廣。志稱出海南。一名角烏，色純黑，甚脆。其它類烏木者甚多，皆可作几杖。〔註32〕

　　在廣東羅浮山有一種專門用來製作筷子的竹子。《清稗類鈔・植物類二16》：「廣東羅浮山有筷子竹，竹小而勁，截之可為箸。」

　　此處記載的筷子竹，在廣東羅浮山似乎難得一見。如今羅浮山有一種龍公竹，其徑大七尺許，節長丈二，葉若芭蕉。元李衎《竹譜詳錄・龍公竹》：「羅浮山第三峯有竹，大徑，七尺圍，長丈二，謂之龍公竹，常有鸞鳳宿，《圖志》云。」這些記載都與《清稗類鈔》所說的不一致。或許筷子竹已經不存在，或許早已被再用來製作筷子了。但作為竹類的龍公竹還是可以成為製作

〔註31〕　《清稗類鈔・乞丐類 4》。
〔註32〕　《清稗類鈔・植物類二 6》。

筷子的材料的。

四、留下少數民族的筷箸珍貴資料

1、苗　族

苗族的財產中，有各種各樣的物品、用具，筷子就包括其中：苗民器用頗多，如犁耙、鋤鐮、長柄刀斧、籮筐、背籠、背枷、桔槔、筒車、機梭、紡車、蠶筐、鼎鍋、釜鬵、碗箸、杓盂、項圈、手釧、網巾、衣服、升斗、戥秤、剪刀、針錐、尺、梳櫛、碓磨、火鎗、杆子、環刀、弓弩、兜鍪、皮甲、鑼鼓、號頭、蘆笙、畫角、腰鼓、鐃鈸之屬，皆自爲之，能通其用。〔註33〕

苗族是與漢族關係十分密切的民族，他們互相之間的文化認同性比較高，因此漢族的筷子文化也很早就被苗族所接受，成爲了他們日常生活的一部分，特別是經濟條件十分有限的情況下，碗筷同樣是家庭非常寶貴的財產。

2、滿　族

《清稗類鈔·飲食類3》：「寧古塔人之飲食品，康熙以前以稗子爲貴人食，下此皆食粟，曰粟有力也。不飲茶，無陶器，有一磁碗，視之如重寶，久之亦不之貴矣。凡器，皆木爲之。高麗製者精，復難得，大率出土人手。匕、箸、盆、盂，比比皆具，大至桶甕，高數尺，亦自爲之。」《清稗類鈔·飲食類二8》：「寧古塔俗尚黃虀湯，每飲用匙。箸曰叉不哈，碗曰麼樂。」

以上兩則關於寧古塔人的習俗記載，都眞實地說明了滿族的筷子文化。

寧古塔是一個城名，是一個清朝時期的關外流放罪犯場所。舊城在今黑龍江省安寧縣西海林河南岸舊街鎮。它是滿族的發源地，是清皇族的老家。可以這樣說，寧古塔的民俗是地道的滿族文化。筷子是漢語，在滿語來說，就是「叉不哈」，其材料是木質的原料。從此，可以看出滿族是受到漢族文化的影響的。滿族敢於接受漢族飲食中的筷箸文化，並使之成爲自己文化的一部分，這是一種了不起的行爲。

3、蒙古族

《清稗類鈔·飲食類3》：「青海之蒙長飲食，或用箸、勺與磁碗，番目則以手取食食。器以木爲之。」

蒙古族是接觸漢族文化比較早的一個游牧民族，由於狩獵的生產方式關

〔註33〕《清稗類鈔·物品類1》。

係，他們既吸收了筷子的習俗，同時也保留了本民族的文化元素。因此就造成這樣一種狀況：他們一方面會用木製的筷子、碗勺進行用餐，另一方面還保留「以手取食」的傳統。

蒙古族還有一種特殊的筷子與刀的連爲一體的「刀箸」。

刀箸，是游牧民族的特殊用餐工具，是刀和箸的結合，反映了游牧民族吸收漢民族文化之後而產生的新的器具。在北方游牧民族中，「男婦胸前懷木碗，〔以方尺許之布包之，布即洗面巾也。〕腰繫刀箸。宰牛羊，不洗而煮食。所飲之水，腥羶觸鼻。終日捫虱而談，王公亦多有如此者。」〔註 34〕這種刀箸，是一種新的創造，一方面是適應宰殺牛羊的需要，另一方面也是爲了夾取沸水中肉類的需要。

4、藏族飲食不要筷子

藏族是一個有其特殊生活方式的民族，因此他們在以往的飲食時候一般不使用筷子，這在《清稗類鈔・飲食類 3》一記錄：藏人飲食，以糌粑、酥油茶爲大宗，雖各地所產不同，然捨此不足以云飽。人各有一碗，納於懷。食畢，不洗滌，以舌舐之，亦納之懷中。其食也，不用箸而用手。日必五餐，餐時，老幼男女環坐地上，各以己碗置於前，司廚者以酥油茶輪給之，先飲數碗，然後取糌粑置其中，用手調勻，捏而食之。食畢，再飲酥油茶數碗乃罷。惟晚餐或熬麥麵湯、芋麥麵湯、灣豆湯、元根湯。如仍食糌粑，亦須熬野菜湯下之，或以奶湯、奶餅、奶渣下之。食牛肉則微煮，不熟也。牛之四腿，懸於壁，經霜風則酥，味頗適口。其殺牛羊，不以刀而用繩，故牛羊血悉在腹中。將血貯於盆，投以糌粑及鹽，調和之，以盛於牛羊之大小腸，曰血灌腸，微煮而分啗，或贈親友，蓋以此爲上品也。

還有一些民族由於有本民族的風俗習慣，是用手來抓飯，也不用筷子。他們「每食，淨水盥手，頭必冠，倘事急遺忘，則以草一莖插頭上，方就食，否則爲不敬。食掇以手，謂之抓飯。其飯，米肉相淪，雜以葡萄、杏脯諸物，納之盆盂，列於布毯。主客席地圍坐相酬酢。割肉以刀，不用箸。禁煙酒，忌食豕肉，呼豕爲喬什罕，見即避之。尤嗜茶，以其能消化肉食也。」〔註 35〕

這種手抓飯的習慣，是世界上三大用餐形式之一，具有古老的歷史傳統，至今在印度、中東等地區與國家依然流行這樣的飲食習慣。

〔註 34〕　《清稗類鈔・風俗類 5》。
〔註 35〕　《清稗類鈔・飲食類 8》。

五、說明了筷子的其它功用

在《清稗類鈔》裏，還記載了筷子的其它功用，說明了筷子是一種用餐工具的同時，但又不僅僅是吃飯時候所使用，換句話說，筷子還有其它用處。

1、測試食物

徐珂在介紹豬蹄的燒煮方法，就提到用筷子來測試它的生熟：鮮豬蹄煮法有二，曰白蹄，曰紅蹄。煮紅蹄時，用醬油、冰糖，而白蹄無之。食白蹄時，用蔥、椒、麻醬油，而紅蹄無之。其它作料，如酒如鹽，則並同。約四五小時煮好，以箸試之，驗其爛熟與否而後起鍋。火候須文武並用，硬柴最宜。又法，將豬蹄去爪，白水煮爛，去湯，加酒、醬油及陳皮一錢、紅棗四五個，煨爛。起鍋時，用蔥、椒、酒潑入，去陳皮、紅棗。又法，先用蝦米煎湯代水，加酒及醬油煨之。〔註36〕

2、筷子具有隔離作用

據《清稗類鈔・飲食類三 6》記載：「以新出水之鱘魚置淨炭上炙乾，去頭尾，切爲段，油炙熟。每段間以箸，盛瓦罐，封以泥。欲食，取出蒸之。」這裏的筷子是用來間隔鱘魚，使得每一段魚有一定的空隙。

在燒鵝的時候，也用到筷子：將鵝洗淨後，用鹽三錢擦其腹，以蔥填實，外將蜜拌酒，滿塗之。鍋中一大碗酒，一大碗水，蒸之。用竹箸架之，不使近水。竈用山茅二束，以緩緩燒盡爲度。俟鍋蓋冷，揭開之，將鵝翻身，仍將鍋蓋封好蒸之，再用茅柴一束，燒盡爲度。柴俟其自盡，不可挑撥。鍋蓋用棉紙糊封，逼燥裂縫，以水潤之。起鍋時，鵝爛如泥，湯亦鮮美。以此法制鴨，味美亦同。每茅柴一束，重斤半。擦鹽時，攙入蔥、椒末，以酒和勻。〔註37〕

當然筷子也不是萬能的，有時候在烹飪荣肴時，就不能使用筷子，生怕破壞其原形。如：以豆腐嫩片切碎，加香蕈屑、蘑菇屑、松子仁屑、瓜子仁屑、雞肉屑、火腿屑，同入濃雞汁中，燒滾起鍋。腐腦亦可。用瓢不用箸。〔註38〕可以肯定的是，豆腐的起鍋只能「用瓢」而不能「用箸」的。

3、攪拌作用

筷子是吃飯之用，其實有時候不盡然，也可以作爲攪拌的對象。

〔註36〕《清稗類鈔・飲食類三 1》。
〔註37〕《清稗類鈔・飲食類三 4》。
〔註38〕《清稗類鈔・飲食類三 10》。

（1）做肉鬆

肉鬆者，炒豬肉使成末也。以肩肉為佳，切長方塊，加醬油、酒，紅燒至爛，加白糖收鹵，檢去肥肉，略加水，以小火熬至極爛，鹵汁全入肉內，用箸攪融成絲，旋攪旋熬。至極乾無鹵時，再分數鍋，用文火，以鍋鏟揉炒，焙至乾脆即成。此蘇人製法也。閩中所製，則色紅而粒粗，炒時加油，食時無渣滓。〔註39〕

（2）調和雞蛋

用雞蛋三枚去殼，置碗中，加去油之火腿湯一茶杯、鹽少許，用箸極力調和，蒸熟形如極嫩之水豆腐，再加火腿屑兩匙、蘑菇屑兩匙、鮮蝦仁兩匙、生雞蛋去殼一枚，連蒸熟之蛋同入大碗，再加蘑菇湯一茶杯、鹽少許，極力調和，仍蒸透食之。以此法蒸成之蛋，碗面碗底，各料均勻，嫩而不硬，故為可貴。若尋常燉蛋，雖加入火腿屑等珍貴之物，往往上清下渾，上嫩下老，碗底必為堅硬之肉塊也。〔註40〕

另有一例：雞蛋或鴨蛋數枚，破殼，傾黃白於碗中，以箸調勻，另將鮮豬肉、蝦仁、香菌、冬筍細切成丁，隨後加入，攪和之，傾入沸油鍋中，使平，成一大塊，略煎，以鏟刀翻轉。俟蛋熟色黃，則自香鬆鮮美矣。〔註41〕

第三例子：蛋皮拌雞絲，為極佳之食品。先以雞蛋數枚破殼，入黃白於一碗，加鹽少許，用箸十分調勻，在鍋上攤成蛋皮，鍋中須先熬菜油或豬油少許，否則蛋皮與鍋不易分開。取出，切為長寸許之細絲待用。另以嫩雞切塊，煮爛候冷，用手撕碎成絲，揀去筋骨，與蛋絲同拌。拌時加入好醬油、麻油，倘用糟油或芥辣少許拌食，食味更自不同。〔註42〕

第四例子，《清稗類鈔‧飲食類三 4》記載：「雞蛋拍碎入碗，略加鹽，而以箸調勻其黃白，再將精豬肉切碎，加蔥頭、筍丁、香蕈、鹽，反覆斬細，置碗中，上澆酒、醬油，一再拌和。然後舉火熱鍋，灑油其中，略熬，取蛋一匙、肉一小團，用鏟刀裹於蛋肉，其形如餃，翻轉稍熬，取出。仍依前法，續續為之。既畢，一同下鍋，加各種作料，蓋好煮熟，沸透為度。」

（3）調拌橘酪

藕粉是一種需要慢慢地調和的食品，如果缺失這樣的步驟，則達不到預

〔註39〕 《清稗類鈔‧飲食類三 1》。
〔註40〕 《清稗類鈔‧飲食類三 4》。
〔註41〕 《清稗類鈔‧飲食類三 4》。
〔註42〕 《清稗類鈔‧飲食類三 4》。

想的效果。《清稗類鈔‧飲食類二 9》:「各種橘實,味香而甜,能增進食欲,輔助消化。若製成橘酪,自成一種風味。法用蜜橘或廣橘二三枚,剝其皮,再將內皮撕下,去核待用。先將熱水一大碗,在鍋煮沸,傾入與冷水調和之藕粉適宜,〔過多則太厚,味因不佳。〕用箸不停手調和之,徐加入剝淨之橘肉。待略沸,即取起。復用剝下之橘皮,以手擠緊,使皮中所含之香油射入酪中,香味更濃。」這裏面不僅是橘酪,即使是藕粉,同樣需要慢慢地調拌。

這裏,筷子雖然不作為飲食之用,但是卻與飲食製品的製作直接相關,成為一種最簡單最方便的輔助性工具。

4、夾 取

夾取是筷子的基本功能。筷子雖是手指的延伸,但卻不是同一的材質,比手有了更廣泛的用途。

《清稗類鈔‧植物類二 3》:廣西思恩府有怕老婆草,疑即含羞草也。其草每枝發十餘葉,中抽一心,長二寸許,花淡黃,若蒲公英,葉類鳳尾,細葉對生於莖,生於陰濕之處,牆角路隅皆有之。人每俯身離草尺許,大聲叱之,則其葉對對相合,良久始開,女人叱之則否。或謂此直怕老公耳,非怕老婆也。又偶呵之以氣,其葉亦合。以鐵箸夾炭火,自上微熨之,亦然。蓋一遇陽氣,即能合併也。廣東惠州山中亦有之,土人號為喝呼草。

這裏的鐵箸,不是吃飯時候使用的工具,而是一種夾取東西的工具,但在古人看來都是屬於箸的一種。

攫取食物需要有地道的功夫。《清稗類鈔‧飲食類二 16》:「揚州南門外法海寺,大叢林也,以精治肴饌聞。宣統己酉夏,林重夫嘗至寺,留啖點心,佐以素食之肴核,甚精,然亦有葷品。設盛席時,亦八大八小,類於酒樓,且咄嗟立辦。其所製燜豬頭,尤有特色,味絕濃厚,清潔無比,惟必須豫定。燜熟,以整者上,攫以箸,肉已融化,隨箸而上。食之者當於全席資費之外,別酬以銀幣四圓。李淡吾嘗食之,越歲告重夫,謂尙齒頰留香,言時猶津津有餘味也。」這裏的筷子用途就是攫取、搬運豬頭;沒有這種特殊的夾取本領,是很難將燜熟即將肉化的豬頭搬上桌子的。

夾取茶葉,也是筷子的功能之一。

《清稗類鈔‧飲食類 14》:馮正卿,名可賓,益都人,明湖州司理。入國朝,隱居不仕。嗜茶,曾著《岕茶箋》。其論烹茶云:「先以上品泉水滌烹器,務鮮務潔。次以熱水滌茶葉,水不可太滾,滾則一滌無餘味矣。以竹箸夾茶,

於滌器中反覆滌蕩，去塵土、黃葉、老梗使淨，以手捰乾，置滌器中，蓋定。少頃開視，色青香烈，急取沸水瀹之。夏則先貯水而後入茶葉，冬則先貯茶葉而後入水。

以筷子夾取茶葉，也是品茶的工序。

另外，麵食、糖餅也可以用筷子夾取。《清稗類鈔‧飲食類二 12》：「麵老鼠者，以熱水和麵，雞汁滾時以箸夾入，不分大小，加鮮茶心。曰老鼠以其形似也。」《清稗類鈔‧飲食類二 15》：「糖餅，糖水溲麵，起油鍋，令熱，用箸夾入。」在這裏，筷子夾取的東西，大多數爲手拿不方便不衛生的黏汁、油炸的食品。

2015 年 2 月 20 日星期五年初二
2015 年 2 月 24 日星期二年初六

晚清時代上海人在吃飯（美國珍藏晚清中國上色照）

第十四章 中國筷箸向朝鮮、日本傳播的路徑

筷箸是中國飲食文化的一部分，是中國文明的重要表現，是中國獨一無二的創舉，也對周邊的國家產生巨大影響。

筷箸既然作爲一種文化，就不可能完全局限在一個地域，會隨著中國人口的流動而不斷流動，給其它地方的飲食文化帶來變化與發展；而這種變化與發展不是行政式的命令性的，而水到渠成的、自然地接受中國的筷箸文化。

第一節 朝鮮的傳播

中國筷箸文化的傳播，就不能不提及箕子。

箕子是中國商朝末年紂王的叔父，名胥餘，因封國在箕，所以稱箕子。其專職是占卜陰陽、觀測天象、授時製曆，並以此指導國家的農事、漁牧或者出征討伐活動。箕子與比干、微子並稱爲商紂王時期的「三賢」，也孔子稱之爲「三仁」〔註1〕之一。

後，箕子離開商朝，帶領一批人前往朝鮮，這樣就將筷箸文化也很自然地傳播到朝鮮。

箕子到朝鮮的原因有三個：

一是周武王戰勝商朝，將箕子囚禁。赦放之後，移居朝鮮。周武王知道後，著個順水人情，將朝鮮做了箕子的封國。《尙書大傳》云：「武王勝殷，繼公子祿父，釋箕子之囚。箕子不忍周之釋，走之朝鮮。武王聞之，因以朝

〔註1〕 《論語·微子》。

鮮封之。」箕子受封建立朝鮮箕氏王朝後，促進了朝鮮半島的文明開化。據《漢書‧地理志》記載，「殷道衰，箕子去之朝鮮，教其民以禮義，田蠶織作。」箕子入朝鮮後，帶去了先進的殷商文化。他以禮義教化人民，又教給耕織技術。這裏，無疑也會將筷箸文化傳播開來。

　　二是箕子是作為商朝遺民而到朝鮮的。根據《漢書‧地理志》記載，箕子來朝鮮的時間是在商朝末年，而不是武王滅商以後。當時箕子也許是看到商朝大勢已去，便率領一部分商民遷居朝鮮，而不願意做周王朝的臣民。後來周武王封箕子於朝鮮，只是承認一種既成事實罷了。《史記‧宋微子世家》中說：「於是武王乃封箕子於朝鮮而不臣也。」就是這樣一種心情的表露。

　　三是箕子看不慣紂王荒淫無恥的生活而出走朝鮮。紂王當政時，箕子曾官居太師，輔佐朝政。

　　《韓非子‧喻老》篇載：「昔者，紂為象箸，而箕子怖。以為象箸必不加於土鉶，必將犀玉之杯。象箸玉杯，必不羹菽藿，則必旄象豹胎；旄象豹胎，必不衣短褐而食於茅屋之下，則必錦衣九重，廣室高臺。吾畏其卒，故怖其始。居五年，紂為肉圃，設炮烙，登糟邱，臨酒池，紂遂以亡。故箕子見象箸以知天下之禍，故曰見小曰明。」此段文字是說：紂王即位不久，箕子見他開始使用象牙筷子，就歎息道：「用了象牙筷，就要用玉杯來配，然後就會追求其它的珍奇物品，這就是奢華享樂的開端呀！國君一講究享樂，國家怎麼能搞得好呢！」

　　晉葛洪《抱朴子‧廣譬》：「故越人見齊桓不振之征於未覺之疾，箕子識殷人鹿臺之禍於象箸之初。」這也是說，箕子從紂王使用象牙筷箸的生活細節上看到了有關國家安危的高度。

　　這裏，需要說明的是，箕子不喜歡紂王使用象牙筷箸，不等於他反對一切筷箸，再說，他帶來的一批人也會在生活中使用筷箸。這樣對朝鮮人的筷箸使用也會產生積極的影響力，因此而改變其飲食的習慣。

　　中國商周之際，大致相當於朝鮮考古學上新石器時代中期。在這一時期中，考古出土了大量的石器，有石斧、石鏃、石刀等。這些都說明朝鮮尚未到達文明程度，還沒有使用筷箸，這是肯定的。據說今之朝鮮喜愛白色之民俗即商代尚白之遺風。

　　朝鮮《東史綱目》卷一記載：

　　　　己卯（周武王十三年），朝鮮箕子元年。殷太師箕子東來，周

天子因以封之。箕子，子姓，名胥餘。封於箕而子爵，故號箕子。仕殷爲太師。紂爲淫佚，箕子諫，不聽而囚之，乃被髮佯狂而爲奴，鼓琴以自悲。及周武王伐紂入殷，命召公釋箕子囚，問殷所以亡，箕子不忍言，王乃問以天道。箕子爲陳《洪範》九疇。箕子不忍周之釋，走之朝鮮。武王聞之。因以朝鮮封之而不臣也。都平壤。築城郭。施八條之教。箕子之來，中國人隨之者五千。詩、書、禮、樂、醫、巫、陰陽、卜筮之流，百工技藝，皆從焉。初至，言語不通，譯而知之。設禁八條，其略：相殺償以命；相傷以穀償；相盜者，男沒爲家奴，女爲婢自贖者人五十萬。雖免爲民，俗猶羞之，嫁娶無所售。是以其民不盜，無門戶之閉；婦人貞信不淫。其民飲食以籩豆。崇信讓，篤儒術，釀成中國之風教。以勿尚兵鬥，以德服強暴，鄰國皆慕其義歸附。衣冠制度，悉同乎中國。

箕子到了朝鮮，將商周文化傳授於當地的民眾，並使之民俗風氣發生巨大變化。《三國志》卷三十《魏書》三十《烏丸鮮卑東夷傳》第三十：「昔箕子既適朝鮮，作八條之教以教之，無門戶之閉而民不爲盜。」

關於箕子東來朝鮮說，雖然學術界存有不同觀點，但箕子墓和箕子廟等遺留下來的古代建築，不僅平壤存在，而且朝鮮其它地方亦有發現。

《尚書大傳·洪範》中都有記載。周武王滅殷封箕子於朝鮮，箕子朝鮮侯國正式成立。其受封之地即今之平壤。《三國遺事》記載：「都平壤城（小字注：今西京）。」

箕子朝鮮的歷史延續千餘年，直到西漢被燕國人衛滿所滅，建立了衛滿朝鮮。《中國大百科全書·考古學》說：「朝鮮青銅時代的年代大體在公元前10世紀至前5世紀，主要遺址在平安北道和黃海北道。」「與周圍地區存在著文化聯繫。」這時代正好與箕氏王朝開發朝鮮的時代相吻合；箕子朝鮮的國都王儉城的故址也正好在平壤市南郊大同江岸邊。而且，古朝鮮的青銅器和支石墓跟中國遼寧和山東的青銅器與支石墓，形制一致。今平壤有箕子墓，也決不是空穴來風。

另外，除了箕子外，大量的中國普通百姓進入朝鮮，也不可避免第將筷箸文化傳播到朝鮮。

在歷史上，出現多次大規模的移民現象。

據《三國志》卷三十《魏書》三十《烏丸鮮卑東夷傳》第三十記載：

陳勝等起，天下叛秦，燕、齊、趙民避地朝鮮數萬口。燕人衛滿，魋結夷服，復來王之。漢武帝伐滅朝鮮，分其地爲四郡。自是之後，胡、漢稍別。無大君長，自漢已來，其官有侯邑君、三老，統主下户。其耆老舊自謂與句麗同種。其人性愿愨，少嗜欲，有廉恥，不請【句麗】句。言語法俗大抵與句麗同，衣服有異。男女衣皆著曲領，男子繫銀花廣數寸以爲飾。

桓、靈之末，韓濊強盛，郡縣不能制，民多流入韓國。

辰韓在馬韓之東，其耆老傳世，自言古之亡人避秦役來適韓國，

從這些記載來看，由於戰爭等原因，中國民眾流入朝鮮的不在少數，而大量的百姓到了新的地方，就會帶進自己的傳統生活習慣，其中就包括筷箸文化，當然也就會影響到當地的飲食習慣於飲食方式。

根據民俗調查，朝鮮族習慣於席炕而食，「餐具多取匙子，筷子僅供夾菜使用」。〔註2〕作爲同一個族源，在南朝鮮依然保留這樣的習俗。筆者在高麗大學開會時，這個答案，就再次被他們的教授所證實。匙是用來吃米飯，而筷子則是用來夾菜的。

在筷箸發展史上，也是如此。筷子的出現就是用於夾菜，這是最初筷子的使用功能。《禮記·曲禮》記載：「飯黍毋以箸」，即「吃黍米飯不要用筷子」。言下之意，就是吃飯不用筷子的。

第二節　日本的傳播

日本的筷箸是中國傳播過去的，還是日本本土產生的，學說界有不同的說法。但是有一點是無法抹殺的，那就是中國的筷箸要遠遠早於日本的筷箸的產生。

日本最早出現筷箸的記載是《古事記》（712 年）中「須佐之男命殺八歧大蛇」的傳說部分，須佐之男命被眾神驅逐後，降到出雲國肥河上游的鳥發地方。在這裏，須佐之男命忽然看見有箸順流而下，斷定此河上游必定有人居住，便向上游尋找。〔註3〕

《古事記》是日本古代官修史書。太安萬侶奉命據稗田阿禮背誦之帝

〔註2〕陳見微編《東北民俗資料薈萃》440～441 頁，吉林文史出版社 1992 年版。
〔註3〕呂琳《中日筷箸歷史與文化之探討》，載《科技信息》（學術研究）》2008 年第 10 期，第 115～117 頁。

記、舊辭筆錄。日本和銅四年（711 年）9 月 18 日，日本元明天皇命太安萬侶編纂日本古代史。和銅四年（712 年）1 月 28 日完成，共三卷。本書記載了日本開天闢地至推古天皇（約 592～628 年在位）間的傳說與史事。

而公元 711 年正是唐睿宗時代，也是唐朝強盛、興旺時期。而在這個時期，筷箸早已成爲家家戶戶日常飲食的工具，並且有了各種各樣的高檔材質的筷箸，如金筷等。

考古工作者發現了不少隋唐時代的銀質的筷箸。銀箸，如隋代長安李靜訓墓中發現的最早的銀箸，長 29 釐米；陝西藍田楊家溝出土唐代銀箸長 33 釐米，直徑半釐米，是少見的粗長箸。唐代銀箸形狀多爲首粗足細，箸首開始出現了一些裝飾，有的鏤刻爲螺旋蓮花形，有的打製成葫蘆形，還有的鏨刻有文字。

隋唐五代流行細長柄舌勺匕。漢唐時代，人們在詩文中常常以匕箸連稱。如上文「金平脫犀頭匙、箸」、「木香匙、箸」都是顯例。貞元十九年（803），杜佑自淮南升任宰相，唐德宗遣人到他家中賜食，杜佑深感任重恩深，在謝狀中稱：「舉其匕箸，若負丘山」。高崇文治軍甚嚴，行軍途中，「軍中有折逆旅之匕箸，斬之以徇。」孝女李妙法事母至孝，「母病，或不飲食，女終日未嘗視匕箸。」以上史例都表明，匕與箸是最主要的進食具，而且往往是一起配合使用的。〔註4〕

而早在三國時期，日本還沒有筷箸，只是用手來抓食物來吃。《三國志》卷三十《魏書》三十《烏丸鮮卑東夷傳》第三十：「倭地溫暖，冬夏食生菜，皆徒跣。有屋室，父母兄弟臥息異處，以朱丹塗其身體，如中國用粉也。食飲用籩豆，手食。」

跣足、文身，很明顯帶有原始文化的特徵。日本「男子無大小皆黥面文身。自古以來，其使詣中國，皆自稱大夫。夏后少康之子封於會稽，斷髮文身以避蛟龍之害。今倭水人好沉沒捕魚蛤，文身亦以厭大魚水禽，後稍以爲飾。」〔註5〕這裏可知，文身是夏代文化的特徵之一，而「夏王朝是我國歷史上第一個奴隸制的國家政權。它的建立標誌著我國若干萬年的原始社會至此結束，數千年的階級社會至此開始」〔註6〕。而在夏文化裏，由於去古未遠，

〔註4〕 《中國風俗通史‧隋唐卷》第 38 頁，上海文藝出版社 2005 年版。
〔註5〕 《三國志》卷三十《魏書》三十《烏丸鮮卑東夷傳》第三十。
〔註6〕 《夏文化論文選集‧前言》，中州古籍出版社 1985 年版。

還存在著明顯的原始社會的文化痕跡，這是毫無疑義的。

　　籩和豆。古代食器，竹製爲籩，木製爲豆。引申指祭祀：籩豆之事。《論語・泰伯》第八中有記載：曾子有疾，孟敬子問之。曾子言曰：「鳥之將死，其鳴也哀；人之將死，其言也善。君子所貴乎道者三：動容貌，斯遠暴慢矣；正顏色，斯近信矣；出辭氣，斯遠鄙倍矣。籩豆之事，則有司存。」眾所週知，祭祀是要用食物的，那個時期的日本民眾用「手食」祭祀器物裏的供品，不是對神靈的不敬，而是當時的一種社會風俗。同時，也恰恰反映出這樣的現實，日本人尚未（或曰還不知道）利用筷箸工具來作爲飲食的輔助工具。

　　根據明代文獻記載，當時在日本民間尚未有筷子的普遍使用，在宴會上都還是就地取材，削成筷狀，來進行使用。

　　沈德潛《萬曆野獲編》卷十七記載：「惟敬渡海時，余家有一舊僕隨之。及還，云日本國多風，四時皆然，四面皆至，所謂颶風也。俗好樓居，至十餘層，而又不善陶埴，即王居亦以茅覆，故易敗，亦易成。土俗與舊傳略似，唯所譚用箸最奇。其俗侈於味，強半海錯，中國所未名者，每宴會，雖黃白雜陳，不設匕箸，臨食則侍奴取小材長尺許者，對客削成箚，人置一雙；既腝，便對客折之，不復再用。每堂廡間，必設箸材半楹，以備朝夕供具。」

　　雖然，宴會上「不設匕箸」，但爲了禮貌，要給客人臨時做一雙筷子，用完之後，就將之折斷，或許這就是最早的一次性筷子的原型。

　　儘管有史料的證明，還是有人對日本筷子的產生有各種不同的看法與見解。

　　中國筷箸文化傳入日本的時間，有人推斷是在日本古墳時代。

　　公元 720 年《日本書記》中有三輪山大物主神之妻倭跡跡日百襲姬知道自己丈夫的正體爲一條蛇後，用筷箸戳入陰部自殉的記載。因此可以推斷，日本的古墳時代（三世紀～七世紀）筷箸已極有可能傳入日本。〔註7〕

　　古墳時代（Era of Great Tombs），又稱大和時代，日本繼彌生時代之後的時代，從公元 300 年開始，迄於公元 600 年，因當時統治者大量營建「古墳」而得名。古墳的分佈基本上遍及除北海道以外的日本全境。年代從 4 世紀開始，迄於 7 世紀。一般分爲前期、中期、後期，分別相當於 4 世紀、5 世紀、6 世紀，7 世紀或歸入後期，或另稱晚期或終末期。

〔註7〕呂琳《中日筷箸歷史與文化之探討》，載《科技信息》（學術研究)》2008年第10期，第115～117頁。

　　還有一種觀點，認為箕子到了日本後，就將筷箸文化帶到了日本。

　　張華《博物志》：「箕子居朝鮮，其後燕伐之，朝鮮亡，入海為鮮國師。」這段記載清楚地表明了朝鮮的變遷。箕子朝鮮滅亡的原因是「燕伐之」。近人以為「鮮」字是日本人蔑稱，據《博物志》知道「鮮」自很早為國名，與「朝」、「韓」同為古老的稱號。〔註8〕

　　如果此判斷正確的話，箕子到日本也是真實的事情。既然這樣，筷箸傳入日本就存在很大的可能性。同時，從這段文字裏，也可以發現，筷箸文化的進入途徑：是先入朝鮮，然後再從朝鮮傳入日本的。

　　也有人持有筷箸直接傳入日本的觀點。其最根本的論據，就是秦始皇派五百童男童女前往東海採集仙藥，中途迷失方向，而留在了日本列島。這裏，暫且不論秦始皇派徐福採藥故事的真偽，即使徐福等人登上日本的島嶼，其文化影響力也是相當有限的，而且還無史料加以實證。

　　而日本受到中國筷箸文化的影響，從隋唐開始就顯得非常清楚而清晰了。

　　還有人持有筷箸是從隋唐時期傳入日本的觀點，只是傳入的路徑有所不同，不是直接從中國大陸傳入，而是經過朝鮮半島進入日本。

　　筷箸東渡日本後，日本也成為用筷子吃飯的民族。筷箸在日語中寫為「箸」（はし），與古漢語相同，反映了中日古代用品與文字的交流。據傳，筷子是公元四世紀至六世紀之間從中國經朝鮮半島傳到日本的。

　　不過，日本古時的筷子不是兩根細棍，而是把兩端削細後的一根竹棍彎在一起夾食物，如鳥嘴一般，故釋為其音來源於「端」（はし）一詞。中國古代的「箸」傳入日本之後，日本人只借用了漢字，而未改其原來的讀音，形成了與古漢語同字同義不同音的語言特點。

　　日本歷史上最早在朝廷的宴會上使用「箸」的是聖德太子（574～622年）。推古天皇 15（607）年，日本的第一次遣隋使小野妹子等被派往中國（隋朝），遣隋使一行受到隋朝廷的盛大款待，宴會上用了「箸」以及調羹等配套餐具，令日本遣隋使大開眼界。第二年，小野妹子和其它 12 名遣隋使回國，隋朝國使裴世清隨同前往，成為中國政府最早的訪日使臣。當時的攝政聖德太子聽了小野妹子對中國「箸」的描述，當即決定用中國禮儀款待隋朝使者，於是在宮廷歡迎隋朝國使裴世清的宴會上使用「箸」進食。由此開啟

〔註8〕王立《說「箕子之明夷」》，淇河文化研究第一卷（2005～2006）。

了日本使用「箸」的先河。〔註9〕

到了唐代，筷箸文化對於日本官方還是民間影響力越來越大，特別是日本上層社會在很多方面還保留了唐代用箸的風俗。

例如，在日本筷箸橫放在碗盆之前，而不是像現在的中國人豎放著，針對著對面的人，這種做法，原本是中國文化的一大忌諱。這樣的忌諱，在唐代敦煌473窟的壁畫《宴飲圖》中就可以清晰地看到。

唐代・宴飲壁畫摹本（敦煌473窟）
右邊五位仕女餐桌邊皆橫放著筷箸

唐代當年常舉行盛大飲宴，涼亭中長桌兩邊，男左女右，坐著四男五女，僅從女方一面來看，人人面前皆放有箸和匙，都是橫放著。還有一幅西安出土的唐代墓室壁畫《野宴圖》，赴宴者人更多，坐立者十九人還有侍女兩名，餐桌上放滿了耳杯盤盞之類，同樣也可明顯的看到一雙雙橫放的筷箸。由此可見，筷箸橫放是唐代的傳統。

現在，在筷箸的放置方法上，中國人的筷子一般豎放在右邊，但也有橫的放置，一般習俗上認爲橫放不吉利。而日本禮法上豎放是禁忌的，習慣上要橫放。〔註10〕

〔註 9〕春風秋水《筷箸物語》，見《天涯社區・天涯論壇・煮酒論史》。
〔註10〕呂琳《中日筷箸歷史與文化之探討》，載：《科技信息（學術研究）》2008年第10期。

　　相比較而言，這種橫放筷箸的習慣，是唐代中國人的傳統，而如今日本人依然保持這樣的傳統，保留了唐代文化習俗，也是一種中國文化的延伸。

2012 年 11 月 28 日星期三

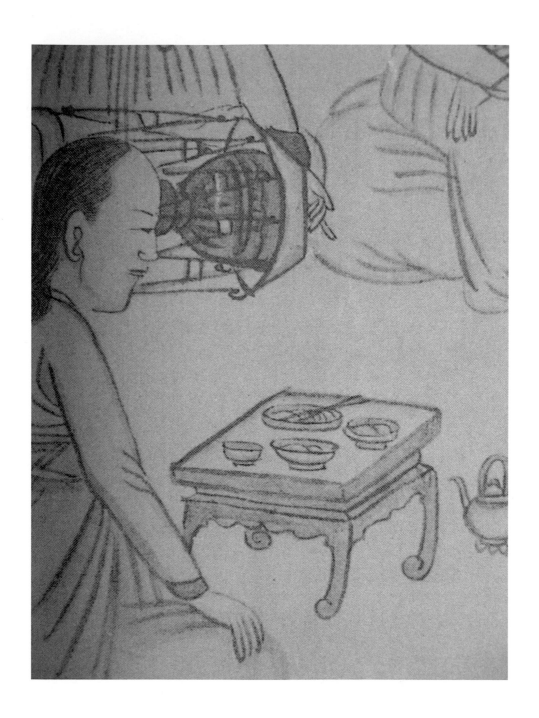

參考書目

一、圖　書

《易經》

《尚書》

《詩經》

《周禮》

《儀禮》

《禮記》

《左傳》

《公羊傳》

《穀梁傳》

《呂氏春秋》

《路史》

《竹書紀年》

《論語》

《孝經》

《爾雅》

《史記》

《漢書》

《後漢書》

《三國志》

《晉書》

《宋書》

《南齊書》

《梁書》

《陳書》

《魏書》

《北齊書》

《周書》

《隋書》

《南史》

《北史》

《舊唐書》

《新唐書》

《舊五代史》

《新五代史》

《宋史》

《遼史》

《金史》

《元史》

《明史》

《清史稿》

《清稗類鈔》

《金瓶梅》

《水滸傳》

《紅樓夢》

《西遊記》

鄭傑祥，《夏史初探》，中州古籍出版社 1988 年版。

嚴文明，《夏代的東方》，齊魯書社 1985 年版。

葉喆民，《中國陶瓷史》，三聯書店 2006 年版。

陶文臺，《中國烹飪史略》，江蘇科學技術出版社 1983 年版。

宋兆麟等，《中國原始社會史》，文物出版社 1983 年版。

林乃燊，《中國飲食文化》，上海人民出版社 1989 年版。

北京大學歷史系考古教研室商周組，《商周考古》，文物出版社 1979 年版。

馬承源，《中國青銅器》，上海古籍出版社 1988 年版。

河南省考古學會等編，《夏文化論文選集》，中州古籍出版社 1985 年版。

西安半坡博物館編，《半坡博物館三十年學術選編》，西北大學出版社 1989 年版。

浙江省文化局等編，《河姆渡文化研究》，杭州大學出版社 1989 年版。

徐海榮，《中國飲食史》，華夏出版社 199 年版。

陳高華、童芍素主編，《中國婦女史》，杭州出版社 2010 年版。

徐吉軍，《南宋臨安社會生活》，杭州出版社 2011 年版。

宋兆麟，《中國風俗通史·原始社會卷》，上海文藝出版社 2001 年版。

宋鎮豪，《中國風俗通史·夏商卷》，上海文藝出版社 2001 年版。

陳寶良、王熹，《中國風俗通史·明代卷》，上海文藝出版社 2005 年版。

胡樸安，《中華風俗志》，上海文藝出版社.1988 年版。

尚秉和，《歷代社會風俗事物考》，江蘇古籍出版社 2002 年版。

衛聚賢，《中國幫會》，上海文藝出版社 1991 年版。

林永匡，《清代宮廷文化通史》，上海文藝出版社 2014 年版。

二、刊　物

《中原文物》

《考古》

《考古與文物》

《南方考古》

《考古學報》

《農業考古》

《華夏考古》

《文史知識》

後　記

　　《辭海》解釋筷子：用於夾取食物的中國傳統餐具。又稱箸。早在商紂時期已開始使用，《史記》有「紂始為象箸」的記載。製作筷子的材料初用竹、木，後逐漸採用骨、玉、象牙、金、銀等貴重材料。近現代又採用塑料、有機玻璃等。筷子還傳入朝鮮、日本等國。

　　應該說，比較準確的介紹了筷子及其主要功能。

　　對於筷箸文化研究的深入，會發現歷史上所記載的有關這方面的資料不僅十分寶貴，而且還非常豐富，大大地超出我們原來的想像；這些文獻上點點滴滴的筷箸文化的資料，為中國筷箸文化的研究提供了堅實的基礎，也為筷子條目的完善增添了可能。

　　研究中發現，筷子的材質現在越來越多，這是好事，同時還有的材質的筷子卻消失了，例如紅箸，就是用紅漆刷成紅漆的筷子，這種筷子在江南十分流行。

　　《夜譚隨錄》卷二：嚴十三言其秋試時，同闈一舉子，係下江人。夜間偶出登廁，即歸號，見所坐矮屋中，燭光映簾，簾上有人影黯然，心殊懼怯，徘徊不敢入。問老軍：「何人坐我號中？」老軍曰：「烏知其為誰，想亦君之相識也。」舉子曰：「汝為我密觀之，看是何形狀，亟來告我。」老軍潛從簾隙窺之，良久卻報曰：「其背燈危坐，年可四十許，瘦黃面，短黑鬚，無甚異人處，惟鬢旁氈帽下，斜插一紅漆竹箸，為不可解耳。」舉子聞之，驟驚，狂叫「有鬼」而走。老軍追問之，但蹲身柵邊，擺手搖頭，不敢復返。老軍白諸職事，問之，亦隕涕不言。重至其號視之，已失鬼之所在，恐生他變，令人守之。次日送出，終莫測紅箸之由。

　　很明顯，這個故事之所以有紅箸的出現，絕非平白無故，而是生活眞實的寫照。可惜的是，現在紅箸已經消失。其原因多種多樣，但其早已不再在人們的視野裏，原本其承載的民俗文化也隨之亡矣。成爲一種不爭的事實。

　　筷子雖非常大眾化的，其文化知曉的卻是非常小眾的，研究的人更是少之又少。筆者對筷子文化的研究興趣，一在於其屬於民俗文化的一個組成部分，二在於目前有這樣一個筷箸文化會長的頭銜；再說，也喜歡不斷挑戰自己的能力極限，於是就有了這本書。

　　與大多數人一樣，沒有涉及筷子文化時候，對此不以爲然，認爲材料很少，難以研究，更無法超越前人，深入研究之後，才發現過去的想法過於簡單，進行材料梳理，才覺得此項研究太有價值，好比開掘了一個金礦，要寫的內容太多。如今只好抓住史的線索，勾勒一個大概的框架，故名爲「箸史」。

　　如今呈現給大家的這本書，是個人的粗淺研究，肯定有不足乃至有誤錯，還希望方家指正。

　　最後，要感謝花木蘭文化出版社對弘揚中華民族文化所做出的巨大貢獻；也要感謝楊嘉樂副總編，在只看了書名、目錄之後，就與我簽訂了出版合同，這種大膽和有魄力的行爲，使人感動、敬佩。

2015 年 8 月 20 日